Colonel R. HENRY

L'ESPRIT DE LA GUERRE

MODERNE

D'APRÈS LES GRANDS CAPITAINES

ET LES PHILOSOPHES

DEUXIÈME ÉDITION

LIBRAIRIE MILITAIRE BERGER-LEVRAULT & Cie

PARIS | NANCY
5, RUE DES BEAUX-ARTS | 18, RUE DES GLACIS

1894

Tous droits réservés

8° R
12118

L'ESPRIT DE LA GUERRE

MODERNE

D'APRÈS

LES GRANDS CAPITAINES

ET LES PHILOSOPHES

NANCY, IMPRIMERIE BERGER-LEVRAULT ET Cie.

Colonel R. HENRY

L'ESPRIT DE LA GUERRE

MODERNE

D'APRÈS LES GRANDS CAPITAINES

ET LES PHILOSOPHES

DEUXIÈME ÉDITION

LIBRAIRIE MILITAIRE BERGER-LEVRAULT & Cie

PARIS	NANCY
5, RUE DES BEAUX-ARTS	18, RUE DES GLACIS

1894

Tous droits réservés

A L'ILLUSTRE

GÉNÉRAL CHANZY

ET A

SES COMPAGNONS D'ARMES

DE

L'ARMÉE DE LA LOIRE

*Hommage
d'un combattant de Coulmiers,
de Loigny et du Mans.*

PRÉFACE

DE LA DEUXIÈME ÉDITION

Vingt années se sont écoulées depuis l'invasion des Allemands en France. Malgré les agitations intéressées des partis et l'instabilité de la haute direction militaire, on a beaucoup travaillé dans notre armée et, le patriotisme de la nation aidant, d'importants progrès ont été réalisés. Pendant que des politiciens ou des utopistes perdaient leur temps en discussions aussi bruyantes que stériles, quelques penseurs éminents accomplissaient sans bruit l'œuvre de la régénération nationale en ramenant les esprits sérieux aux vrais principes de gouvernement et à la notion juste des questions militaires. De ces études impartiales s'est enfin dégagée une vérité incontestable : c'est que la cause de nos revers en 1870 ne peut être attribuée, comme on l'avait prétendu, ni à la fatalité, ni à la faiblesse de nos troupes, mais bien aux irrésolutions d'un *conseil aulique* improvisé qui, renouvelant les erreurs de la Cour d'Autriche en 1796, imprima aux opérations une direction contraire à toutes les règles de la stratégie. Par une incurie inexplicable, on a constamment méconnu en haut lieu les lois scientifiques de la Guerre si magistralement formulées et appliquées par Turenne, Vauban, Carnot, Napoléon et le maréchal Bugeaud, bien avant l'État-major allemand. Celui-ci, pour nous battre en 1870, n'a fait que reprendre à son profit nos traditions napoléoniennes en les conciliant avec les progrès de la science moderne.

La France a compris qu'elle ne pouvait reprendre son rang en Europe qu'en réorganisant complètement son état militaire, non seulement au point de vue matériel, mais surtout au point de vue intellectuel et social.

Grâce à l'activité et à l'initiative déployées par nos officiers, nos savants et nos ingénieurs, de rapides et sérieuses améliorations ont déjà été apportées dans l'armement et le matériel de guerre.

Quant à la partie morale de nos institutions militaires, qui embrasse plus spécialement la préparation stratégique, le choix des officiers, la discipline, les vertus militaires, l'organisation solide du commandement, le développement de la science et de l'initiative individuelle à tous les degrés de la hiérarchie, c'est une œuvre longue et difficile qui est loin d'être accomplie. C'est qu'en effet, l'éducation psychologique et intellectuelle, qui seule peut à notre époque former des hommes de guerre supérieurs, ne saurait se décréter; elle échappe à notre système bureaucratique et centralisateur. La connaissance approfondie des choses de la guerre ne se transmet pas par des ordonnances réglementaires, et elle ne s'acquiert pas dans les écoles ou dans les casernes. Cette délicate initiation à ce que l'on a si justement appelé *l'Esprit de la guerre* est une évolution d'ordre essentiellement moral et antibureaucratique. Elle dépend surtout de l'*habitus* intellectuel, de l'expérience de la vie militaire, de la réflexion, de la méthode de travail et de la puissance d'initiative de chaque officier, qui ne peut guère se développer si elle n'est encouragée et entretenue par l'émulation et les récompenses.

Dans le but d'apporter notre faible concours cette œuvre commune de la *régénération psychologique* de l'Armée, nous avons cru utile de rechercher et de condenser dans une sorte de *Memento* les lois et les règles essentielles de la guerre moderne, telles que les ont conçues et formulées les maîtres et les auteurs d'une autorité incontestée. Cet ouvrage, dont la première édition a paru en 1878, doit être considéré, non pas comme un traité didactique, mais simplement comme le compte rendu sincère d'un *congrès idéal,* auquel nous aurions pu convoquer les penseurs et les hommes de guerre les plus illustres de tous les temps pour recueillir, dans un ordre logique, leurs opinions motivées sur les parties les plus élevées de la science militaire, de façon à en dégager en quelque sorte *l'essence et la philosophie.*

Les observations et les témoignages sympathiques que ce travail nous a déjà attirés de la part de personnalités éminentes appartenant au monde politique et militaire ont été pour nous la preuve que notre tentative n'était pas restée stérile. Plusieurs professeurs de l'École de guerre nous ont fait l'honneur d'approuver notre méthode, de l'appliquer et d'introduire dans leurs cours quelques-unes de nos considérations sur le service d'état-major, sur l'administration, sur l'instruction et le moral des armées. C'est donc pour répondre au désir exprimé par nos meilleurs compagnons d'armes de la guerre de 1870 et de l'État-major de l'Armée, que nous nous sommes décidé à publier une nouvelle édition de notre recueil de maximes militaires.

En insistant sur les considérations relatives aux états-majors, à la stratégie positive, à la force morale et à l'intervention de plus en plus obligatoire de la science et de la mécanique dans les choses militaires, nous nous sommes attaché à démontrer, par des exemples, que le génie de la guerre moderne n'est nullement le monopole exclusif du grand État-major allemand, ainsi que certains écrivains se plaisent trop souvent à l'affirmer.

Nous rappelons à ceux qui semblent l'oublier, que c'est la France qui, la première, a enseigné à l'Europe la toute-puissance d'une direction savante et unique de la guerre et de la *stratégie d'ensemble* appliquée à la conduite simultanée de plusieurs armées. C'est avec l'illustre Carnot que cet art nouveau s'est révélé pour assurer le triomphe du peuple français contre la coalition étrangère. C'est cet homme de génie, si bien nommé l'*Organisateur de la victoire,* qui a conçu et appliqué la stratégie positive dont Napoléon a su tirer ensuite de si merveilleux résultats.

Point n'est besoin, pour ramener la victoire à nos drapeaux, d'imiter servilement nos voisins; nous n'avons qu'à revenir à nos glorieuses traditions et à nous inspirer du génie qui guidait nos bataillons à Valmy, à Marengo, à Iéna.

Nous nous trouverons largement récompensé de nos travaux si ce modeste ouvrage, encouragé à ses débuts par l'approbation de nos chefs les plus respectés, les généraux Chanzy, Faidherbe, Berthaut, de Miribel, peut rendre encore aujourd'hui quelques services aux officiers studieux qui font de la défense et de la grandeur de la patrie l'objet de leurs constantes méditations.

Nous avons cru utile de maintenir en tête de cette deuxième édition l'introduction qui figurait dans la première.

Quant aux additions et aux modifications que nous avons introduites, elles ont eu principalement pour objet les chapitres relatifs à la psychologie de l'homme de guerre, aux devoirs des gouverneurs de place, à l'instruction de la Nation Armée, à l'avancement et au commandement, à la préparation de la guerre, à la conduite des armées, à la tactique de combat et en général aux parties de la science qui sont encore à l'état d'étude et de discussion dans le monde militaire.

Oran, le 15 décembre 1893.

Colonel R. HENRY.

INTRODUCTION

« Il est plus aisé et souvent moins utile de dire des choses nouvelles que de concilier celles qui ont été dites. »   (VAUVENARGUES.)

« La guerre est un art simple et tout d'exécution; il n'a rien de vague, tout y est bon sens, rien n'y est idéologie. »
(NAPOLÉON, *Commentaires.*)

Qualités indispensables à l'homme de guerre.

Vigueur dans l'action et dans la pensée. — L'adage célèbre : *Mens sana in corpore sano,* résume la condition essentielle que doit remplir celui qui est appelé à diriger ou à exécuter une action militaire. Tous les capitaines qui ont laissé une trace dans la mémoire des peuples, ont su réunir à un haut degré les qualités du *penseur* à celles de l'homme d'action.

On peut être poète, artiste, philosophe, homme d'État, avec un corps débile; on peut être laboureur, charpentier ou forgeron avec une âme ordinaire; mais il est impossible d'être un homme de guerre accompli sans posséder une âme forte dans un corps agile et robuste. La pratique de la guerre est donc de tous les arts celui qui exige au plus haut point le développement et l'équilibre complets des forces physiques et morales de l'homme. C'est pour cette raison que de tout temps les meilleurs esprits ont considéré le *service militaire obligatoire* comme la plus solide institution à donner à une nation qui veut conserver intactes ses forces vives et son influence politique.

La santé, la vigueur, l'adresse et le caractère sont toujours le résultat de qualités naturelles sagement développées par une virile éducation première. L'instruction technique, la volonté et la discipline, qui font naître l'esprit d'ordre et de méthode, s'acquièrent par l'application au travail, le séjour dans les écoles et dans les régiments, l'étude des règlements, la vie des camps, et surtout par l'exercice intelligent de la profession des armes.

Coup d'œil militaire et jugement. — Quant au *coup d'œil militaire* et au *jugement,* ces deux qualités maîtresses sans lesquelles il est impossible à un homme de diriger la moindre opération de guerre, ils ne s'acquièrent ni sur les bancs de l'école, ni à la caserne; ils sont le résultat d'une aptitude naturelle, cultivée par l'observation, par la lecture raisonnée et par la méditation des choses de la guerre.

Nous entendons par *coup d'œil militaire* cette faculté à la fois physique et intellectuelle qui permet à un officier de saisir rapidement la configuration générale des positions militaires occupées par les siens ou par l'ennemi, d'apprécier les avantages et les inconvénients relatifs qu'elles présentent, soit pour la sécurité des troupes, soit pour leur action offensive ou défensive, et d'en déduire les dispositions les plus favorables à adopter pour tirer du terrain le meilleur parti possible en toute circonstance.

La seconde qualité capitale, le *jugement*, suppose toujours à la guerre le coup d'œil militaire, mais elle va plus loin dans l'ordre intellectuel. C'est cette faculté précieuse qui permet au chef d'embrasser avec calme dans son esprit les rapports simultanés et variés des objets qui intéressent sa mission, de saisir instinctivement et froidement le point délicat d'une situation compliquée, de prendre un parti sans hésitation, de dicter la solution la plus pratique, eu égard aux circonstances où il se trouve et aux moyens dont il dispose.

La faculté du jugement entraîne comme conséquence la *circonspection* et la *prudence*, qui sont les guides les plus fidèles des conducteurs d'hommes.

Comment acquérir ou développer ces éminentes facultés? — Comment avez-vous découvert les lois de la gravitation, demandait-on à Newton? En y pensant sans cesse, répondit-il. — Telle est la situation d'esprit dans laquelle doit se placer celui qui veut sincèrement devenir un chef militaire : *y penser sans cesse*[1] ! Il faut que chaque jour, à chaque heure, en garnison, à pied ou à cheval, en voyage, à la chasse, au bivouac, en toute circonstance de sa carrière, il

---

1. C'est cet état d'âme du « Chef de Guerre » que Michel-Ange a si noblement symbolisé dans son admirable statue de Laurent de Médicis « Il Pensieroso ».

exerce constamment ses yeux par l'examen et la comparaison des localités, et son jugement par l'application raisonnée des principes de l'art militaire.

Cette méthode d'instruction si féconde, d'une application si simple, a été presque constamment l'objet d'une défaveur en quelque sorte systématique dans l'armée française. Tout en s'assujettissant, en temps de paix, à l'observation routinière des règlements militaires, on s'était accoutumé à ne compter, en temps de guerre, que sur la fortune, sur l'improvisation des chefs, sur l'élan et l'incomparable bravoure de nos soldats. Par une étrange contradiction, on tuait chez l'officier, par l'existence artificielle et automatique de la caserne, cette *initiative* réglée et réfléchie qui, maintenant plus que jamais, est le ressort le plus puissant des champs de bataille. On a oublié que cette brillante improvisation, dont quelques-uns de nos généraux ont donné l'exemple, n'est une qualité solide que chez l'homme instruit, doué d'un esprit vif et éclairé, et servi par un jugement très sûr. Sans l'instruction et le jugement, le fameux *Art de se débrouiller* serait aujourd'hui le moyen le plus certain et le plus rapide de conduire une armée à sa ruine.

Esprit d'invention. — Aux qualités précieuses qui se rattachent au coup d'œil et au jugement, celui qui dirige des armées doit joindre le don mystérieux de l'invention, puissance spontanée et instinctive qui procède d'une imagination audacieuse, tempérée par la justesse d'esprit. L'invention, supérieure à la science, permet de condenser très rapidement, par un simple effort du cerveau, les éléments les plus divers d'un problème compliqué et d'en dégager la conception géniale d'où découle la solution simple et précise de toutes les difficultés.

Cette initiative et ces éclairs de génie par lesquels se révèlent les grands généraux, ne doivent pas être confondus avec les combinaisons classiques lentement et péniblement élaborées par les esprits ordinaires.

Ces vives inspirations d'une intelligence créatrice et supérieure dominent la science elle-même et ne sont comprises du vulgaire qu'après l'accomplissement des opérations et des événements qu'elles ont dirigés. L'esprit d'invention de héros comme Alexandre, César ou Napoléon, déroutait les savants trop méthodiques, en leur imposant brusquement, sans explication, des vérités et des combinaisons tellement simples et inattendues que la routine du métier ne pouvait les prévoir ou les deviner.

Cette faculté d'invention et de coordination des moyens matériels est aujourd'hui plus que jamais nécessaire aux généraux de terre et de mer en raison de l'intervention de plus en plus grande de la science pratique et de l'industrie dans l'art de la guerre.

Amour de la gloire. — L'amour de la gloire, qui ne doit pas se séparer de l'amour de la patrie, est une qualité réelle chez les grands hommes de guerre. C'est un stimulant puissant qui surexcite toutes les facultés et leur donne cette puissance d'entraînement qui engendre l'héroïsme et décide de la victoire.

Nécessité de l'étude et du travail personnels.

Les plus puissants esprits ont reconnu la nécessité de s'entraîner à la carrière des armes par des travaux opiniâtres. A l'âge de trente-quatre ans, Montecuculli, prisonnier à Hofkirch, consacra sa longue captivité à l'étude de tous les historiens militaires de l'antiquité. Mirabeau, le fougueux et sublime improvisateur, avait préparé ses triomphes par les plus laborieuses études. Il nous apprend lui-même que s'étant destiné, dans sa jeunesse, à la carrière des armes, il consacra cinq années de sa vie à son instruction militaire. « Il n'est point, dit-il, un livre de guerre dans aucune langue, morte ou vivante, que je n'aie lu ; je puis montrer les *extraits raisonnés,* comparés et commentés, et les mémoires que j'ai faits sur toutes les parties du métier, depuis les plus grands objets de la guerre jusqu'aux détails du génie, de l'artillerie et des vivres (1778). » Il sut, du reste, mettre à profit ses souvenirs dans les vigoureuses discussions qu'il soutint sur le droit de guerre et sur l'organisation des armées.

Hoche, le jeune héros de la République, se faisait adresser de Paris, à son quartier général, les œuvres de Thucydide, de Xénophon et de Polybe, ne dédaignant pas, au milieu des préoccupations d'une campagne difficile, de remonter directement aux sources mêmes de l'art de la guerre.

C'est dans ces nobles exemples que l'officier soucieux de servir dignement son pays doit puiser ses inspirations. Portant ses regards au delà de l'horizon étroit de la caserne et des règlements du champ de manœuvre, il doit se préparer à sa mission par un exercice continuel de ses forces et de son esprit, par l'étude attentive des terrains les plus variés, par la méditation de la vie, des actes et des pensées des grands hommes de guerre.

Moyens d'acquérir le coup d'œil et le jugement.

Nous trouvons une éclatante confirmation de cette opinion dans les appréciations pleines de sens du chevalier Folard, à propos des moyens à employer pour acquérir le coup d'œil militaire :

« *Philopœmen, dit-il, possédait un coup d'œil admirable : on ne doit pas considérer cette qualité en lui comme un présent de la nature, mais bien comme le fruit de l'étude, de l'application et de son extrême passion pour la guerre. C'est ce que Plutarque nous apprend dans le passage suivant qui mérite d'être rapporté :*

Philopœmen écoutait et lisait avec plaisir les traités des philosophes, surtout ceux qui pouvaient l'aider à faire des progrès dans la vertu. De toutes les hautes pensées d'Homère il recherchait et retenait de préférence celles qui peuvent aiguiser le courage et porter aux grandes actions. Pour ses autres lectures, il aimait surtout les traités d'Évangelus qu'on appelle *les Tactiques,* et les histoires de la vie d'Alexandre.

Il pensait, en effet, qu'il faut toujours rapporter les paroles, et ne lire que pour apprendre *à penser et à agir.*

Quand il avait lu les préceptes et les règles des *Tactiques*, il ne faisait nul cas d'en voir les démonstrations seulement sur des plans, mais il en faisait l'application sur les lieux mêmes et en pleine campagne : ainsi, dans les marches, il observait avec attention la position des lieux élevés et des vallées ou ravins, toutes les coupures et les irrégularités du terrain, et toutes les différentes formes auxquelles les bataillons et escadrons doivent se plier à cause des ruisseaux, des défilés ou des monticules qui les forcent de se resserrer ou de s'étendre; puis, après avoir médité en lui-même sur toutes ces choses, il en causait et discutait avec ceux qui l'accompagnaient.

« N'est-ce pas là un abrégé des principes les plus excellents qu'on saurait donner à un prince, à un général d'armée et à tout officier qui veut parvenir aux grades les plus éminents de l'armée ? » (Folard.)

De même que l'on peut acquérir le coup d'œil par l'examen raisonné des accidents du terrain, de même aussi il est facile de se former un jugement sûr en méditant journellement, et dans toute circonstance, les préceptes ou les œuvres essentielles laissées par ceux qui ont traité en maîtres la science de la guerre.

Il ne faut pas attendre les rares occasions des champs de bataille pour s'accoutumer à juger sainement les questions militaires.

Dans ce moment suprême, il est trop tard pour apprendre, nous dit le général de Brack, et en matière d'instruction, on n'est riche au jour de l'application que lorsqu'on est trop riche.

L'*Art de la guerre* étend son domaine tous les jours et, par conséquent, exige plus d'études et de travaux à notre époque qu'autrefois. Quant à la *Science de la guerre*, elle repose sur des principes généraux qui restent invariables, parce qu'ils sont l'expression des lois naturelles qui président à la vie, ainsi qu'aux combinaisons de la pensée, du mouvement et des masses. La connaissance de ces lois, dont les applications sont si variées, et l'intuition des phénomènes militaires, ont de tout temps été le partage des grands capitaines et de quelques profonds penseurs. On a donc la certitude de retrouver dans leurs ouvrages les éléments épars, et comme l'essence de cette partie morale et intuitive de la science qui ne peut se traduire en règlements et qui constitue ce que nous appelons : l'*Esprit de la guerre*.

L'Esprit de la guerre [1].

Celui qui analyserait avec méthode les bons écrivains militaires de l'antiquité et des temps modernes, et qui recueillerait et classerait, tous les préceptes, les conseils contrôlés par l'expérience, les pensées judicieuses et les observations qu'une connaissance approfondie et pratique de la science a inspirées à ces penseurs d'élite, augmenterait singulièrement la pénétration de son intelligence et la rectitude de son jugement. Il créerait ainsi peu à peu un recueil encyclopédique contenant tout ce qui est essentiel et qui remplacerait avantageusement une bibliothèque. Chacun pourrait avoir ainsi sous la main une sorte

---

1. Nous attribuons ici à cette expression : *Esprit de la guerre*, le même sens que lui a si bien donné le colonel Maillard dans son livre sur les *Éléments de la guerre*, où il dit avec tant de raison : « Il faut aux chefs « militaires. . . . . . cet *esprit philosophique de la guerre* qui, agissant « dans la plénitude de son indépendance, approprie dans chaque circons- « tance les moyens au but. »

de bréviaire de la science militaire, complément indispensable des règlements ; véritable guide et conseiller silencieux, auquel l'officier pourrait à chaque instant emprunter des sujets de méditations aussi variées qu'instructives.

Nous avons la conviction que bien des officiers studieux ont déjà fait pour eux-mêmes des travaux de ce genre, et qu'ils en ont retiré grand profit. Il est à souhaiter que ces divers travaux soient réunis et fondus dans un livre encyclopédique et suivant un classement rationnel. En attendant la réalisation de cette œuvre de longue haleine, nous avons essayé de faire ici, avec nos seuls moyens, l'extrait philosophique des maximes les plus remarquables que nous avons notées au cours de nos lectures, dans les principaux auteurs anciens et français.

Les Grecs, les Romains et les Français ont posé les bases de la véritable science de la guerre. — Or, nous avons ainsi été conduits à reconnaître et à démontrer ce fait remarquable : c'est que de tous les peuples de l'Europe moderne, ce sont les Français qui ont fourni les plus grands maîtres, et qui ont montré l'intelligence la plus soudaine et la plus complète des choses de la guerre. Cette assertion peut paraître étrange et présomptueuse au lendemain de nos désastres, et à un moment où nos esprits se dégagent à peine de la confusion et de l'obscurité où ils sont restés plongés pendant quinze ans. Nous pensons cependant qu'on en reconnaîtra la justesse, si on apprécie sans passion les qualités et les défauts de notre nation, et si l'on se rend bien compte de l'influence qu'elle a toujours exercée sur le reste du monde.

Nous ferons remarquer à ce sujet que la lutte disproportionnée de 1870-1871 a donné naissance en France à une nouvelle école de censeurs prétentieux qui, sans avoir pris part aux combats autrement que par de vaines déclamations, se sont imaginé tout à coup être devenus des foudres de guerre, et se sont érigés en juges infaillibles de leurs concitoyens. Aux yeux de ces mentors de bureau ou de tribune, les Français n'ont jamais su ce que c'est que la guerre; nous sommes un peuple dégénéré et sans vigueur; toutes nos fautes doivent être attribuées à l'absence de règlements, à l'ignorance des officiers, à la faiblesse des soldats et à la grande supériorité de nos adversaires. Nous sommes perdus, ajoutent-ils, si nous n'allons pas à l'école chez les Allemands, ce peuple merveilleux qui a inventé la guerre moderne et qui possède à lui seul tous les secrets de la tactique et de la stratégie. La lecture de ce livre dissipera ces erreurs en prouvant clairement que, parmi les préceptes utiles et pratiques qui ont été avancés dans les nombreux écrits germaniques, il y a très peu de chose qui n'ait été déjà dit, et mieux dit par les écrivains militaires français et anciens. La véritable supériorité de nos adversaires s'est montrée dans la régularité de leur mécanisme militaire et dans la patience laborieuse avec laquelle ils ont pris la peine de réduire en règlements, en catéchismes, les maximes formulées par les anciens et par nos grands capitaines dont ils ont su malheureusement mieux que nous apprécier la science et le mérite.

A notre avis, la France est la mine féconde d'où la Prusse a extrait les matériaux de sa récente grandeur; c'est pourquoi il nous semble assez étrange qu'on nous conseille d'aller étudier chez nos voisins un art qu'ils sont venus apprendre chez nous. C'est dans l'antiquité et auprès des maîtres immortels enfantés par notre nation, c'est dans notre histoire militaire bien interprétée, que nos officiers, devenus plus laborieux, retrouveront les traces glorieuses de leurs ancêtres et ce véritable *Esprit de la guerre* qui doit les inspirer.

Ce que nous devons aller chercher au delà du Rhin, ce ne sont ni des idées nouvelles, ni des principes, ni des vertus, mais bien des procédés de dressage psychologique, des perfectionnements mécaniques, une administration plus prévoyante et plus économe, la persistance dans l'application et dans la préparation des détails. Ces procédés que nous avons méprisés jusqu'ici ne sont pas à négliger; ils sont à la portée de tout le monde et prennent une grande importance dans une guerre d'invasion.

Rappelons-nous cette observation du maréchal Bugeaud, qui s'applique si bien à nos vainqueurs, et qui suffit à rendre compte de leurs succès :

« Un grand résultat final est plus fréquemment pro-
« duit par beaucoup de combinaisons vulgaires, réu-
« nies, ou successives, que par l'effet d'un seul et
« puissant effort de génie. »

Mais n'oublions pas non plus l'éloquente et patriotique protestation de notre grand poète Victor Hugo :

« La France fait le jour, la Civilisation lui doit
« l'aurore. L'Esprit humain, pour voir clair, se tourne
« du côté de la France. Cinq mois de ténèbres et de
« ruines st'.iles ! voilà ce qu'en 1870 l'Allemagne
« a réussi à donner aux Nations. — La France leur a
« donné quatre siècles de lumière. »

CLASSIFICATION

des maximes et réflexions extraites des divers auteurs qui ont traité de la Guerre.

Afin de rendre la lecture du présent recueil plus facile et moins fatigante, nous avons classé méthodiquement nos extraits dans une série de vingt chapitres embrassant les principales questions militaires.

La Science de la guerre, considérée dans ses rapports généraux avec les États et les particuliers, avec les facultés et les passions de l'homme, avec la mécanique et les diverses industries matérielles, avec la topographie et la statistique, embrasse la presque totalité des connaissances humaines. Il faudrait donc dresser pour ainsi dire l'inventaire de toutes les connaissances si l'on voulait classer dans un ordre logique et précis les faits et les lois dont s'occupe cette science. Le but que nous nous proposons ici étant beaucoup plus modeste, nous nous contenterons d'adopter les divisions suivantes, qui nous paraissent suffisantes pour soulager l'esprit.

L'ensemble des questions militaires peut se partager en trois branches qui sont :

1° *La Politique de la guerre,* comprenant toutes les questions qui se rattachent aux rapports des États entre eux, aux lois sociales, à l'état de paix, à l'état de guerre, au droit de guerre, à la diplomatie, au droit des gens, à l'honneur national, aux conventions et capitulations.

2° *La Préparation de la guerre,* embrassant tous les moyens moraux et matériels qu'une nation met en œuvre pour réunir, préparer, commander et administrer ses forces militaires, et mettre le pays en état de défense. C'est la science de l'État-major de l'Armée.

3° *La Direction et l'exécution de la guerre,* qui comprend la stratégie et la tactique. Elle traite de la mise en mouvement des armées, des plans de campagne, des lignes et des bases d'opérations, de l'offensive et de la défensive, du service de sûreté, des camps, des positions militaires, des manœuvres en présence de l'ennemi, de l'emploi simultané des trois armes, des batailles et des combats.

Le tableau suivant, en indiquant la subdivision en chapitres des trois parties principales de l'ouvrage, achèvera de donner une idée complète du plan que nous avons adopté :

PREMIÈRE PARTIE.

Science et politique de la guerre.

I. — Définitions générales. — Science et art de la guerre.
II. — Causes, but et influence de la guerre. — Politique de la guerre.
III. — Lois de la guerre. — Droit des gens.
IV. — Capitulations.

DEUXIÈME PARTIE.

Préparation de la guerre.

V. — Organisation des armées.
VI. — Éducation militaire de la Nation armée.
VII. — Commandement et avancement.
VIII. — Discipline et justice militaires. — Récompenses.
IX. — Du moral des chefs et des troupes. — Vertus militaires.
X. — Administration militaire. — Entretien et conservation des armées.
XI. — Moyens d'action de l'armée. — Les quatre armes.
XII. — Industrie militaire. — Fortifications, attaque et défense des points fortifiés.
XIII. — Communications et télégraphie militaires. — Chemins de fer.
XIV. — Préparation de la guerre. — Grand État-major. — Mobilisation des troupes et du matériel.

TROISIÈME PARTIE.

Direction et exécution de la guerre.

XV. — Direction générale de la guerre. — Armées. — Stratégie.
XVI. — Tactique générale. — Marches. — Campements et Cantonnements.
XVII. — Sûreté des armées. — Avant-gardes. — Reconnaissances.
XVIII. — Détachements. — Convois. — Partisans. — Francs-tireurs.
XIX. — Tactique appliquée. — Combats et batailles.
XX. — Exemples d'opérations stratégiques, de batailles offensives et défensives.

Nous n'avons pas la prétention d'avoir classé dans ces vingt chapitres toutes les citations nécessaires pour indiquer les nombreuses théories ou controverses qu'ont soulevées de tout temps les questions militaires. Au milieu de tant d'opinions respectables, mais souvent contradictoires, nous avons cherché à faire un choix impartial basé sur la raison et sur l'expérience. C'est ainsi que nous avons écarté, comme n'ayant aucune valeur scientifique ou morale, tous les aphorismes qui nous ont paru dictés par la passion, par l'esprit de parti et par la routine. Il résulte de l'application de ce procédé de sélection que les divers extraits composant un même chapitre, doivent offrir, malgré l'absence de transition, un certain enchaînement logique que le lecteur saura facilement rétablir.

Du reste, afin de bien faire comprendre la simplicité pratique de notre méthode et montrer comment le rapprochement et la coordination des opinions formulées par d'excellents esprits sur un même sujet peuvent l'éclairer d'une lumière toute nouvelle, nous avons fait suivre chaque chapitre de considérations qui en précisent les pensées dominantes.

Ces résumés philosophiques nous ont été inspirés à la fois par les maximes des maîtres, par nos propres réflexions, et par notre expérience de la campagne de 1870. Nous espérons que ces études pourront contribuer à vulgariser dans les esprits les principes généraux de la science et de la discipline militaires auxquelles nul citoyen ne saurait aujourd'hui rester étranger.

Alger, 1878.

PREMIÈRE PARTIE

SCIENCE ET POLITIQUE DE LA GUERRE

> La Politique détermine la Guerre. Elle influe sur sa conduite et sur ses résultats.
>
> (Général Lewal.)

PREMIÈRE PARTIE

SCIENCE ET POLITIQUE DE LA GUERRE

CHAPITRE Iᵉʳ

DÉFINITIONS GÉNÉRALES. — LA SCIENCE. — L'INVENTION. — LA POLITIQUE. — L'ART. — LA GUERRE EST UNE SCIENCE ET UN ART.

La Science.

1. — Les lois sont les rapports nécessaires qui dérivent de la nature des choses.

(Montesquieu.)

2. — La science est la classification des notions positives et des lois fournies par l'observation, l'expérience et le raisonnement.

(Fontenelle.)

3. — Il n'est presque aucun objet saisi par les sens dont la réflexion n'ait fait une science.

(D'Alembert.)

4. — La classification rationnelle des faits d'ordre physique ou moral conduit toujours à la découverte de lois ou de catégories qui permettent de réduire un grand nombre de notions à un seul principe.

(A. Comte.)

5. — L'histoire des sciences, si nécessaire à l'éducation générale, a cessé depuis le commencement du siècle, depuis Delambre et Bailly, d'être cultivée parmi nous.
(L. Figuier.)

6. — La science est la connaissance raisonnée de la vérité. Tout ce que notre raison, par ses propres forces ou avec le secours de nos sens, peut démontrer, constitue la science.
(Geoffroy Saint-Hilaire.)

La Philosophie.

7. — La philosophie consiste dans les efforts que fait l'esprit de l'homme pour déterminer les principes généraux qui président aux phénomènes physiques et moraux dont la science a découvert les lois. Elle embrasse et domine toutes les sciences.
(Cousin.)

8. — L'esprit philosophique de la nation allemande lui procure d'immenses avantages, parce qu'il engendre dans la vie pratique : la méthode, le système et la bonne organisation.
(Dumont.)

9. — C'est véritablement livrer bataille que de tâcher à vaincre toutes les difficultés et les erreurs qui nous empêchent de parvenir à la connaissance de la vérité.
(Descartes.)

10. — La philosophie est la science des sciences. Toutes les autres lui communiquent une lumière qu'elle concentre, et elle leur renvoie blancs et éclatants les rayons colorés qu'elle en a reçus.
(Colonel Rustow, *Introduction générale à l'étude des sciences militaires.*)

11. — Aux gens non pensants qui demandent à quoi sert la philosophie? le penseur répond : à adoucir et régler les mœurs des peuples et à instruire ceux qui les gouvernent.
(Voltaire.)

L'Art et les Inventions.

12. — L'art est la mise en œuvre de moyens d'action ou d'expression, de procédés d'exécution, empruntés à la nature ou à la science, et combinés de manière à créer une œuvre physique ou morale qui produise sur les sens ou sur l'âme une impression nouvelle.

(Topffer, *passim*.)

13 — La science recherche les lois, constate et classe les faits ; l'art choisit, combine et produit.

(Littré.)

14. — La science dégage les principes rationnels des choses; elle ne crée point; elle montre et enseigne. L'art, par la combinaison des moyens d'expression, révèle soit aux sens, soit à l'âme, les caractères notables qui restaient cachés dans un groupe de sensations ou de sentiments.

(Taine.)

15. — Ce que les anciens ont estimé par-dessus tout, c'étaient les premiers inventeurs des arts ; ils leur attribuaient des facultés olympiennes et les divinisaient.

(Edgar Quinet, *La Révolution*.)

16. — Qui aime son pays doit aimer la Science et l'Invention féconde qui seules peuvent forger les armes nécessaires aux luttes de tout genre du présent et de l'avenir.

(De Quatrefages.)

17. — Il me semble que parmi les actions humaines, la plus belle, sans comparaison, c'est de doter le monde de grandes découvertes, et c'est ainsi qu'en ont jugé les siècles anciens. Ils décernaient les honneurs divins aux inventeurs.

(Bacon, *Novum organum*.)

18. — Quels plus nobles exemples à offrir à l'esprit du peuple que ceux de la vie et des travaux des grands hommes dans l'art et dans la science; presque toujours sortis des rangs les plus

humbles de la Société, ils ont su s'élever par leur seul travail et leur génie aux plus glorieuses destinées.

(Louis Figuier, *Histoire des Savants illustres.*)

La Politique et la Civilisation.

19. — Toute société humaine est une association de familles qui n'ont d'autre but en se réunissant que de travailler à leur bonheur commun.

(Aristote.)

20 — Nous sommes nés pour vivre en commun. La Société humaine est comme une voûte formée de pierres unies ensemble, qui tomberait si chaque pierre ne soutenait l'une en s'appuyant sur l'autre.

(Sénèque.)

21. — L'État moderne est une association volontaire formée par un grand nombre d'individus égaux et libres, en vue d'assurer, à frais communs, leur commune sécurité.

(Edm. About, *Le Progrès.*)

22. — La Politique est l'ensemble des faits et des lois qui résultent de l'existence et des relations des sociétés organisées. C'est à la fois la science et l'art du Gouvernement.

(*Encyclopédie.*)

23. — Instruire une nation c'est la civiliser ; y éteindre les arts et les sciences, c'est la ramener à l'état primitif de barbarie.

(Diderot.)

24. — La déclaration des droits de l'homme est la base de la civilisation moderne. C'est le Décalogue du genre humain dans toutes les langues.

(Lamartine.)

25. — L'administration des États est une véritable tutelle établie pour le bien de ceux qui sont gouvernés et non de celui qui gouverne.

(Cicéron, *Des Devoirs.*)

26. — Il y a en présence dans la société moderne deux grands intérêts : celui de la défense du pays et de la supériorité par les armes, celui de la civilisation et de la supériorité par la science ; ce n'est pas en les sacrifiant l'un à l'autre qu'on rendra le pays puissant, c'est en les conciliant.

(Beudant, doyen de la Faculté de droit.)

27. — Le despotisme grandit dans les sociétés primitives par la même raison qui fait grandir la démocratie dans les sociétés modernes ; c'est le gouvernement qui répond au besoin le plus pressant, qui est le plus conforme à l'esprit de l'époque.

(Bagehot.)

28. — Le droit des gens est l'ensemble des principes qui règlent les rapports de nation à nation. Il a pour bases l'humanité, la philosophie et la nature.

(A. Morin.)

29. — La déclaration des droits de l'homme et du citoyen a fondé d'une manière indestructible les bases de la Société moderne. Elle a fait tous les Français égaux devant la loi. Elle a jeté à travers le monde comme une semence féconde les principes de liberté, d'égalité, de fraternité, évangile du droit moderne, qui, dans les plis du drapeau tricolore, sont allés germer et jeter de profondes racines chez tous les peuples de l'univers.

(N. Ney. Discours sur la tombe du général Championnet à Antibes, mai 1889.)

La Guerre.

30. — La guerre est un débat qui se vide par la force.

(Cicéron.)

31. — La guerre est l'ensemble des actes par lesquels un peuple ou un État fait respecter ses droits en luttant les armes à la main contre un autre peuple ou un autre État.

(Bluntschli.)

32. — La guerre est la lutte préméditée et méthodique de deux partis qui, à l'aide de leurs forces armées, s'efforcent d'atteindre un but politique.
(Rustow.)

33. — La guerre est divine en elle-même, parce qu'elle est une loi du monde.
La guerre est divine par la manière dont elle se déclare. Combien ceux qu'on regarde comme les auteurs de la guerre sont entraînés par les circonstances !
La guerre est divine par ses résultats qui échappent absolument aux spéculations des hommes.
(Joseph de Maistre.)

34. — La guerre est l'action par laquelle les agglomérations politiques appelées États se constituent sous certaines conditions de temps, de limites et d'assimilation.
(Proudhon.)

35. — La guerre est un jeu, mais un jeu sérieux où l'on compromet à la fois sa réputation, ses troupes et son pays.
(Napoléon.)

36. — La guerre est un métier pour les ignorants et une science pour les habiles gens.
(Folard.)

Art de la Guerre.

37. — La guerre est par-dessus tout une œuvre d'art, et il y faut infiniment d'esprit avec une valeur à toute épreuve.
(Cousin.)

38. — L'art militaire a, comme tout ce qui tend aux sciences exactes, des principes invariables d'où l'on tirera toujours des conséquences à peu près semblables.
(De Terray.)

39. — Il est indispensable de bien connaître et de bien manier les principes les plus familiers et de savoir les mettre tous en

semble sous un point de vue qui en découvre la fécondité et la liaison.

(Vauvenargues.)

40. — Il y a encore un grand nombre de militaires qui ne croient pas même qu'il existe des règles de conduite à la guerre, et qui sont persuadés que tout l'art consiste à se jeter sur l'ennemi.

(Jomini.)

41. — Il faut avoir des principes. Il y a bien assez des accidents qu'on ne peut prévoir, sans laisser encore dans le vague des questions qui peuvent être résolues par anticipation à l'aide de l'étude et d'un raisonnement sain.

(Bugeaud.)

42. — Les principes reconnus, le génie en fait l'application; c'est en cela que consiste l'art de la guerre.

(Marmont.)

43. — L'art de la guerre est l'ensemble des connaissances nécessaires pour conduire une masse d'hommes armés, l'organiser, la mouvoir, la faire combattre, et donner aux éléments qui la composent leur plus grande valeur tout en veillant à leur conservation.

(Marmont.)

44. — Les progrès de l'art de la guerre constituent le fait le plus éclatant de l'histoire de l'humanité.

(Bagehot.)

Science de la Guerre.

45. — On a vu des généraux n'avoir d'autre mérite que celui de connaître les manœuvres d'ordonnance, et qui ont fait battre les troupes qu'ils savaient faire parader au champ de Mars, mais qu'ils étaient incapables de mener contre l'ennemi, parce que leur tête n'était pleine que de formules, et que, contents de leur vain savoir, ils n'avaient jamais songé à acquérir la *Science de la guerre*.

(Marmont.)

46. — La science seule ne peut faire un général éminent, mais il n'y a point de grand capitaine sans la science.

(Général Lewal.)

47. — L'art de la guerre sur terre est surtout un art de génie et d'inspiration. Dans la guerre sur mer, rien n'est génie ni inspiration; tout est positif et d'expérience. Le général de mer n'a besoin que d'une science, celle de la navigation ; celui de terre a besoin de toutes, ou d'un talent qui équivaut à toutes, celui de profiter de toutes les connaissances.

(Napoléon.)

48. — J'ai toujours vu les officiers ignorants et incapables se montrer les plus acharnés contre ceux qui pensent, travaillent et s'instruisent..... Ils sont malheureusement le plus grand nombre et il faudra bien du temps pour que leur opinion ne fasse plus loi.

(Général Desaix.)

49. — Le guerrier et le politique, non plus que le joueur habile, ne font pas le hasard ; mais ils le préparent, l'attirent et semblent presque le déterminer.

(La Bruyère.)

50. — La guerre est une science qui met à contribution l'universalité des connaissances humaines.

(Général Pelet.)

51. — La science de la guerre est aussi noble qu'utile et digne des grands esprits. Par son moyen, on arrive souvent à réduire les plus puissants ennemis presque sans combattre.

(L'empereur Léon le Philosophe)

52. — La guerre est d'ordre supérieur. Elle est un mode de l'évolution humaine. A ce titre, elle constitue l'un des facteurs de la science sociale.

(Général Jung.)

53. — C'est en se plaçant au-dessus des temps, des événements, et surtout des passions du jour, que l'on peut espérer découvrir une théorie de l'*Art militaire* qui soit claire, simple,

identique dans ses rapports et dans ses détails, applicable à toutes les parties de l'art et à toutes les circonstances de la guerre.

(Général Morand.)

54. — Achille était fils d'une déesse et d'un mortel : c'est l'image du génie de la guerre ; la partie divine, c'est tout ce qui dérive des considérations morales, du caractère, du talent, de l'intérêt de votre adversaire ; de l'opinion, de l'esprit du soldat qui est fort et vainqueur, faible et battu, selon qu'il croit l'être ; la partie terrestre, ce sont les armes, les retranchements, les positions, les ordres de bataille, tout ce qui tient à la combinaison des choses matérielles.

(Napoléon.)

55. — Malheur aux hommes de guerre et aux nations pour qui la science de la guerre est un fardeau, et qui ne veulent pas reconnaître l'influence de l'art pour n'être point forcés de l'apprendre !

(Jomini.)

La guerre est à la fois un art et une science progressant avec la civilisation.

Les différentes citations réunies dans ce chapitre nous permettent de donner une réponse à cette question si souvent discutée : La guerre est-elle une science ou un art ?

D'après les opinions les plus respectables, toute question militaire se ramène à un principe rationnel, s'appuie sur des données expérimentales, dérive d'une loi physique ou morale ; or, un ensemble de principes, de faits, d'observations et de lois classés avec méthode, constitue précisément une science ; donc la guerre est une science. C'est une science essentiellement humaine qui suit les progrès de l'évolution sociale et de la civilisation. La guerre emprunte aux autres sciences tous ses moyens d'action ; la philosophie la plus élevée lui donne la puissance morale, et dans l'ordre matériel, elle provoque tous les progrès et met à profit, à chaque ère nouvelle, les plus grandes inventions du génie humain.

D'autre part, les opérations de la guerre ne peuvent être exécutées qu'avec des hommes instruits et un outillage perfectionné, sous la direction d'une intelligence supérieure qui combine, avec habileté, les principes et les ressources de la science, de l'industrie et de la nature. Cet emploi sagace de moyens variés et perfectibles, ce contrôle pratique de la théorie par l'expérience, s'exerçant malgré les résistances de la nature et de l'ennemi, à travers mille difficultés imprévues, est un art sublime auquel chaque nation, chaque grand capitaine imprime le caractère spécial de son génie.

Pour un général d'armée, l'art consiste à obtenir, contre son adversaire, le maximum d'effet, en tirant le parti le plus habile des forces morales et matérielles mises à sa disposition. Ainsi l'art suppose, chez celui qui dirige, une science préalablement acquise par l'étude et par la réflexion.

Cette science militaire est un patrimoine dont la valeur est en raison du degré d'avancement de la civilisation, patrimoine que l'homme peut acquérir par un travail assidu, par des exercices pratiques, et qu'il enrichit lui-même par l'application des inventions nouvelles. C'est par la façon originale et toute personnelle, dont un général fait usage de sa science, pour résoudre les difficultés d'une situation stratégique ou tactique que l'on peut mesurer son degré d'habileté dans l'art de la guerre.

En résumé, la connaissance et la direction pratique des choses de la guerre constituent à la fois une science et un art.

C'est une science, puisque les faits militaires sont soumis aux lois invariables de la physiologie et de la mécanique qui président à la vie humaine, ainsi qu'aux combinaisons de la pensée, du mouvement et des masses.

C'est un art, puisque les grands résultats ne s'obtiennent que par la mise en œuvre habile et opportune de procédés techniques perfectibles, et par l'impulsion supérieure du génie de l'homme.

Notre grand Pascal a très bien dit : « Non seule-
« ment chaque homme s'avance de jour en jour dans
« les sciences, mais tous les hommes ensemble y sont
« dans un continuel progrès, à mesure que l'univers
« vieillit. »

En effet, l'histoire constate que l'humanité, dans son évolution générale vers l'unité scientifique, offre à travers les siècles, les mêmes phases que l'être humain dans son évolution individuelle. Ces trois phases, dans chaque branche où se développe l'activité de l'homme, sont :

1° *L'intuition* ou conception concrète des rapports

des choses. C'est elle qui engendre les premières inventions ;

2° L'*accumulation des efforts* et des tâtonnements en vue d'une réalisation pratique, avec perfectionnements successifs ;

3° La *sélection* qui, par l'élimination des erreurs, conduit à la synthèse scientifique et à la formule définitive de l'invention première.

Cette grande loi du génie de l'humanité se manifeste très clairement dans la science de la guerre à laquelle aucun homme civilisé ne doit aujourd'hui rester étranger.

Au point de vue social, nous devons considérer la guerre comme une crise fatale, amenée par le besoin d'extension du territoire, ou par l'évolution civilisatrice prépondérante d'un peuple dont les conditions d'équilibre intérieur subissent une transformation.

Pendant cette crise passagère, les deux nations adverses groupent et orientent toutes leurs ressources de manière à concentrer tous leurs efforts sur un but unique : l'attaque ou la défense d'un territoire.

Au fur et à mesure que les nations deviennent plus homogènes et plus instruites dans les sciences et dans l'industrie, le caractère des guerres se modifie ; leur fréquence diminue, mais l'intensité de la lutte augmente avec la puissance des moyens nouveaux mis en action par les deux partis.

A notre époque, la guerre, pour atteindre son but, doit mettre en œuvre, suivant des principes absolus, toutes les ressources accumulées par la civilisation, et elle réclame le concours énergique des plus puissantes facultés de l'homme.

Elle se rattache à la politique et aux sciences sociales par ses causes et ses résultats ; elle combine tous les éléments accumulés par les sciences mathématiques, physiques, chimiques, pour centupler la force de l'homme et accroître l'intensité de son action collective. Enfin, elle donne naissance à une véritable *philosophie* par la considération des principes simples et des lois naturelles auxquels le penseur peut rapporter toutes les questions sociales, morales et techniques, que mettent en jeu ces conflits où viennent périodiquement se retremper l'intelligence et la vitalité de l'espèce humaine.

CHAPITRE II

CAUSES, BUT ET INFLUENCE DE LA GUERRE. POLITIQUE DE LA GUERRE.

Causes générales de la guerre.

56. — La vie des États est comme celle des hommes; ceux-ci ont le droit de tuer dans le cas de la défense naturelle; ceux-là ont le droit de faire la guerre pour leur propre conservation.
(Montesquieu.)

57. — Ce n'est pas pour attaquer les nations étrangères qu'on doit se former dans l'art de la guerre; c'est pour assurer son repos en se garantissant des insultes de l'ennemi.
(L'empereur Léon le Philosophe.)

58. — Les États s'acquièrent par les armes d'autrui ou par les siennes, par la fortune ou par la vertu.
(Machiavel.)

59. — Un empire fondé par les armes ne peut se soutenir que par les armes.
(Montesquieu.)

60. — La sélection naturelle est la véritable sanction morale. Les races corrompues, qui sont entièrement vouées au plaisir, sont fatalement supplantées dans la lutte pour l'existence par celles dont les mœurs tendent à l'accroissement de la science, de la richesse, de la population et de la force nationale.
(Dumont.)

61. — Prise dans son ensemble, la puissance de combat du

genre humain s'est accrue considérablement et n'a pas cessé de s'accroître depuis les temps les plus reculés où elle s'est manifestée.

(Bagehot.)

But et influence de la guerre.

62. — Les Romains prévoyant de loin les embarras politiques, surent toujours s'y préparer de manière à n'avoir jamais besoin d'esquiver la guerre, sachant que la différer ce n'est point l'éviter, mais plutôt provoquer l'avantage d'autrui. Ils croyaient plus sûr, étant prévenus, de se prévaloir de leur prudence et de leur courage que d'attendre le bienfait du temps.

(Machiavel.)

63. — Lorsqu'on voit deux grands peuples se faire une guerre longue et opiniâtre, c'est souvent une mauvaise politique de penser que l'on peut demeurer spectateur tranquille, car celui des deux peuples qui est le vainqueur entreprend d'abord de nouvelles guerres, et une nation de soldats va combattre contre des peuples qui ne sont que citoyens.

(Montesquieu.)

64. — Il est funeste de s'attaquer à un prince prudent qui tient ses États dans une défensive vigilante et qui n'est point détesté par son peuple.

(Machiavel.)

65. — La célèbre maxime des Romains de ne jamais entreprendre deux grandes guerres à la fois, est trop connue et trop appréciée, pour qu'il faille s'efforcer d'en démontrer la sagesse politique.

(Jomini.)

66. — Dans l'origine, tout progrès intellectuel ou physique réalisé par une nation était appliqué, dépensé à la guerre. La conquête améliorait le genre humain par le mélange et le croisement des forces de toute nature. La trêve armée qui portait alors

le nom de paix améliorait aussi les sociétés par la concurrence des procédés d'éducation et la création d'une puissance nouvelle.

(BAGEHOT.)

Alliance et Neutralité.

67. — Il arrivera toujours que celui qui n'est point ton ami sollicitera ta neutralité, et l'autre te demandera ton intervention armée. Les princes irrésolus adoptent d'ordinaire la neutralité pour se tirer de l'embarras présent, et le plus souvent ils se perdent.

(MACHIAVEL.)

68. — Dans les guerres d'intervention, l'essentiel est de choisir un chef d'armée à la fois politique et militaire; de bien stipuler avec ses alliés la part que chacun doit prendre aux opérations, et de déterminer un point objectif qui soit en harmonie avec les intérêts communs.

(JOMINI.)

69. — Il n'y a pas de petits ennemis ni de petits alliés qu'un grand État, si redoutable qu'il soit, puisse impunément dédaigner.

(JOMINI.)

70. — La neutralité n'est que la continuation de l'état pacifique pour une puissance qui évite de s'engager dans la querelle à vider par les armes.

(A. MORIN.)

Guerre offensive et défensive.

71. — Il ne peut y avoir qu'un seul cas où la guerre, malgré tous ses maux, devient nécessaire; c'est le cas où l'on ne pourrait l'éviter qu'en donnant trop de prise et d'avantages à un ennemi injuste, artificieux et trop puissant. Alors, en voulant par faiblesse éviter la guerre, on y tomberait encore plus dangereu-

sement; on ferait une paix qui n'aurait qu'une apparence trompeuse. Dès lors il faut, malgré soi, soutenir la guerre vigoureusement.

(Fénelon.)

72. — N'oublie pas, mon fils, que trop souvent les hommes forment leurs desseins sur de simples conjectures, et distinguent mal ce qui doit leur être le plus utile. Nombre d'hommes, qui passaient pour de grands politiques, ont engagé leur patrie dans des guerres contre des peuples qui les ont précipités à leur perte. Ne décide donc rien sans prendre conseil des plus sages et des dieux.

(Xénophon. Cambyse à Cyrus. *Cyropédie*, chap. VI, Des Devoirs d'un bon général.)

73. — Il y a souvent de l'avantage à faire la guerre d'invasion ; il y en a souvent aussi à attendre l'ennemi chez soi. Une puissance fortement constituée chez elle, qui n'a point de motifs de division, ni de craintes d'une agression tierce sur son propre territoire, trouvera toujours un avantage réel à porter les hostilités sur le sol ennemi. D'abord elle évitera le ravage de ses provinces, ensuite elle fera la guerre aux dépens de son adversaire; puis elle mettra toutes les chances morales de son côté en excitant l'ardeur des siens, et frappant au contraire l'ennemi de stupeur dès le début de la guerre.

(Jomini.)

Insurrections, guerres civiles, brigandages.

74. — Une guerre sans déclaration préalable est un véritable brigandage; c'est la guerre des pirates et des flibustiers.

(De Rayneval.)

75. — Quiconque aura, par des actions hostiles non approuvées par le gouvernement, exposé l'État à une déclaration de guerre, sera puni de bannissement ; et, si la guerre s'en est suivie, de la déportation.

(*Code pénal*, 1852.)

76. — Les insurrections trahissent la République, car elles finissent toujours par la livrer à la tyrannie d'un parti ou d'un despote.
(MACHIAVEL.)

77. — La guerre civile est le règne des crimes et des passions.
(CORNEILLE.)

78. — Pompée se servit de la plus vile populace pour troubler les magistrats dans leurs fonctions, espérant que les sages, lassés de vivre dans l'anarchie, le créeraient dictateur par désespoir.
(MONTESQUIEU.)

79. — César pardonna à tout le monde; mais il semble que la modération que l'on montre après avoir tant usurpé, ne mérite pas de grandes louanges.
(MONTESQUIEU.)

80. — La démagogie est la corruption de la véritable République et une cause fréquente de guerres civiles.
(ARISTOTE.)

81. — La chose la plus difficile en temps de révolution, ce n'est pas de faire son devoir, c'est de le connaître.
(SAINT-RENÉ TAILLANDIER.)

82. — Vouloir donner des maximes pour les guerres civiles ou religieuses serait absurde; il n'y en a qu'une sur laquelle les hommes sensés devraient se mettre d'accord, c'est de réunir les deux sectes ou les deux partis pour chasser l'étranger qui voudrait se mêler de la querelle, puis de s'expliquer ensuite avec modération pour fondre les droits des deux partis dans un pacte de réconciliation et dans une politique nationale. En effet, l'intervention d'une puissance tierce dans une dispute religieuse ou civile ne saurait jamais être qu'un acte d'ambition et de perfidie.
(JOMINI.)

Déclaration de guerre. — Comment elle doit être décidée.

83. — Il vaut mieux courir le risque de faire une guerre malheureuse, que de donner de l'argent pour avoir la paix ; car on respecte toujours un prince lorsqu'on sait qu'on ne le vaincra qu'après une longue résistance.
(Montesquieu.)

84. — Quand il est question de juger si on doit faire la guerre et tuer tant d'hommes, c'est un homme seul qui en juge, et encore intéressé ! Ce devrait être un tiers indifférent.
(Pascal.)

85. — Dès que le pouvoir exécutif a notifié comme il le doit l'état de guerre au corps législatif, cette assemblée doit tout d'abord examiner si, les hostilités étant commencées, l'agression coupable n'est pas venue de nos ministres ou de quelque agent du pouvoir exécutif. Dans un tel cas, l'auteur de l'agression doit être poursuivi comme criminel de lèse-nation.
(Mirabeau.)

86. — Voyez les assemblées politiques : c'est toujours sous le charme de la passion qu'elles ont décrété la guerre.
(Mirabeau.)

87. — Décréter la guerre et la déclarer, ou la faire, sont deux choses essentiellement distinctes. Si l'on réfléchit que *la loi* est l'acte du pouvoir qui crée des *droits* ou des devoirs, et que l'ordonnance doit se borner à rendre efficaces les droits et les devoirs créés par la loi, on comprendra que la décision par laquelle on prescrit à une nation de se porter à des hostilités contre une autre nation est un *acte législatif ;* car, en vertu de cette décision, les citoyens se trouvent constitués dans le *devoir* de contribuer de leurs biens et de leurs personnes à des actes auxquels ils n'étaient nullement tenus auparavant.
(Vattel.)

Influence générale de la guerre.

88. — Ce n'est pas la fortune qui domine le monde : on peut le demander aux Romains, qui eurent une suite continuelle de

prospérités quand ils se gouvernèrent sur un certain plan, et une suite non interrompue de revers lorsqu'ils se conduisirent sur un autre. Il y a des causes générales, soit morales, soit physiques, qui agissent dans chaque monarchie, l'élèvent, la maintiennent ou la précipitent; tous les accidents sont soumis à ces causes; et si le hasard d'une bataille, c'est-à-dire une *cause particulière*, a ruiné un État, il y avait une *cause générale* qui faisait que cet État devait périr par une seule bataille.

(Montesquieu, *Grandeur et décadence des Romains.*)

89. — Résultat inévitable du jeu des passions humaines dans les rapports des nations entre elles, la guerre, dans les desseins de la Providence, est un agent puissant dont elle use, tantôt comme d'un instrument de dommage, tantôt comme d'un moyen réparateur. La guerre fonde et renverse successivement, détruit et reconstruit les États. Tour à tour féconde en calamités et en améliorations, retardant, interrompant, ou accélérant le progrès ou le déclin, elle imprime à la civilisation qui naît, s'éclipse et renaît, pour s'éclipser encore, ce mouvement fatidique qui met alternativement en action toutes les puissances et les facultés de la nature humaine, par lequel se succèdent et se mesurent la durée des empires et la prospérité des nations.

(Portalis, *De la Guerre considérée dans ses rapports avec les destinées du genre humain.*)

Principes généraux de la politique.

90. — Le bonheur du peuple doit être la loi suprême des gouvernants, parce que son malheur est le malheur général.

(Bernardin de Saint-Pierre.)

91. — Les principaux fondements des États sont les bonnes lois et les bonnes troupes.

(Machiavel.)

92. — Tous les législateurs et les philosophes ont admis comme principe fondamental de la société qu'il faut préférer le

bien public à soi-même, non par espérance de quelque intérêt, mais par le seul amour du bien et de la justice.

(Fénelon.)

93. — Une république sage ne doit rien hasarder qui l'expose à la bonne ou à la mauvaise fortune; le seul bien auquel elle doit aspirer, c'est la perpétuité de son état.

(Montesquieu.)

94. — Que peuvent au dehors les plus fortes armées, quand la sagesse des conseils manque au dedans?

(Cicéron, *Des Devoirs*.)

95. — L'orateur politique, pour être digne de persuader le peuple, doit être un homme incorruptible, sinon son talent et son art se tourneraient en poison mortel contre la République même.

(Fénelon.)

96. — C'est la faiblesse qui appelle la guerre; une résistance générale serait la paix universelle.

(Mirabeau.)

97. — Diviser pour régner, disent certains politiques. Cette maxime a perdu l'Italie, d'où elle est venue. La maxime contraire est bien préférable : Plus les citoyens ont d'ensemble, plus la nation est heureuse ou puissante.

(Bernardin de Saint-Pierre.)

98. — Vaincre les ennemis n'est en quelque sorte qu'un accessoire au prix de bien dresser les citoyens.

(Paul-Émile.)

99. — Le paysan n'est pas mal disposé pour le curé de sa paroisse, mais le gouvernement des prêtres n'est pas de son goût.

(Taine.)

100. — Socrate appelle fourbe insigne celui qui vole de l'argent ou tout autre objet qu'il a reçu de confiance; mais fourbe plus grand encore l'homme sans valeur dont l'effronterie cherche à convaincre le peuple qu'il est capable de diriger l'État.

(Xénophon.)

101. — On ne doit jamais confondre la religion avec l'État. La religion est la société de l'homme avec Dieu ; l'État est la société des hommes entre eux.

(Portalis.)

102. — L'histoire impartiale reconnaîtra un jour que le pouvoir temporel du pape a coûté à la France l'Alsace et la Lorraine.

(Prince Napoléon.)

103. — Tous ceux qui ont médité sur l'art de gouverner les hommes ont reconnu que c'était de l'*éducation* de la jeunesse que dépendait le sort des empires.

(Barthélemy, *Voyage d'Anacharsis.*)

104. — Une des choses que les gouvernants doivent imprimer le plus fortement dans l'esprit des hommes est l'estime et l'amour de leur patrie.

(Bossuet.)

105. — L'humanité ne peut faire de progrès qu'en s'organisant par groupes coopératifs ayant des intérêts communs.

(Bagehot, *Développement des nations.*)

106. — Un prince peut parfois employer la ruse avec un individu ou avec un autre État, dans l'intérêt de son peuple ; mais il est impardonnable de se laisser tromper, car il trompe alors la nation et la jette dans les aventures.

(Machiavel.)

107. — Un prince (ou chef d'État) doit avoir surtout une éducation politique et militaire ; il trouvera plutôt dans ses conseils de bons administrateurs que des hommes d'État et d'épée ; il doit donc chercher à l'être lui-même.

(Jomini.)

108. — La véritable aristocratie n'est pas un groupement de quelques familles privilégiées, vivant dans l'oisiveté de la gloire d'un ancêtre qui a été un homme d'action et de pensée ; la véritable aristocratie, la seule légitime, c'est l'ensemble des hommes réellement dirigeants.

(Michelet.)

109. — Le génie du législateur consiste à suivre l'esprit de la nation lorsqu'il n'est pas contraire aux principes du gouvernement ; car nous ne faisons rien de mieux que ce que nous faisons librement.
(Montesquieu.)

110. — La liberté est la puissance qui fortifie et développe une nation ; c'est la lumière et la chaleur du monde politique. Si quelque césarisme, ainsi qu'il arrive parfois, fait preuve de quelque originalité d'esprit, cela tient à ce qu'il s'est approprié les résultats obtenus par la liberté, soit dans les temps passés, soit dans les pays voisins.
(Bagehot, *Développement des nations.*)

111. — La science des lois doit servir à prévenir le mal et la jurisprudence à le corriger.
(Fénelon.)

112. — L'heureuse réunion des sages institutions militaires, de patriotisme, d'ordre dans les finances, de richesse intérieure et de crédit public, constituera la nation la plus forte et la plus capable de soutenir une longue guerre.
(Général Jomini.)

113. — La science politique est aussi nécessaire au général en chef que la science stratégique générale est indispensable à l'homme d'État.
(Colonel Vandevelde.)

État de paix.

114. — La paix est l'état des hommes et des nations qui vivent ensemble tranquillement et qui se rendent de leur propre mouvement, comme principe d'obligation, ce qu'ils se doivent les uns aux autres.
(Puffendorf.)

115. — Le monde entier réclame la paix : elle a ses victoires plus glorieuses que celles qu'on remporte sur les champs de bataille.
(Général Grant.)

116. — Le corps diplomatique, dont la principale mission est d'entretenir les relations pacifiques ou de les rétablir en cas de rupture, est convié par la morale et par sa conscience à faire tous ses efforts pour atteindre toujours ce but.

(A. Morin, *Des Lois relatives à la guerre*.)

117. — La paix ne peut pas s'acheter sans résistance, parce que celui qui l'a vendue n'en est pas plus en état de la faire acheter encore.

(Montesquieu.)

118. — Sans doute la paix perpétuelle, rêvée par l'abbé de Saint-Pierre, est pour le moment un projet absurde ; mais qu'on nous rende un Henri IV et un Sully, la paix perpétuelle redeviendra un projet raisonnable.

(Jean-Jacques Rousseau.)

On ne doit faire la guerre qu'en vue d'obtenir la paix.

119. — Quand nous nous décidons à faire la guerre, il faut que tout le monde voie clairement que notre principal but est la paix.

(Cicéron.)

120. — Quand Dieu vous aura donné la victoire, si l'ennemi demande la paix, il ne faut pas lui imposer des conditions trop dures. Songez que la fortune est inconstante et que d'un jour à l'autre la moindre circonstance peut vous placer dans la situation où vous venez de réduire votre adversaire.

(Empereur Léon.)

121. — Des deux factions qui régnaient à Carthage, l'une voulait toujours la paix et l'autre toujours la guerre, de façon qu'il était impossible d'y jouir de l'une ou de bien faire l'autre.

(Montesquieu.)

122. — Le penseur qui considère la paix comme un bienfait facile à obtenir dans un temps relativement court, doit, avant tout, examiner dans le cours de l'histoire quelles sont les causes et les occasions de la guerre.

(Rustow.)

123. — Lorsqu'on a pour voisin un État qui est dans sa décadence, on doit bien se garder de hâter sa ruine, parce qu'on est à cet égard dans la situation la plus heureuse où l'on puisse être, n'y ayant rien de si commode pour un prince que d'être auprès d'un autre qui reçoit pour lui tous les coups et tous les outrages de la fortune, et il est rare que par la conquête d'un pareil État on augmente autant en puissance réelle qu'on a perdu en puissance relative.

(Montesquieu.)

124. — L'équilibre des êtres n'est établi que par leurs combats, et c'est du sein même d'une guerre non interrompue que sortent les harmonies de la nature.

(Bernardin de Saint-Pierre.)

125. — La guerre moderne a pour cause générale le paupérisme. Provoquée par le déficit, elle place la nation qui l'entreprend entre la spoliation totale de l'ennemi et la consommation de son propre capital.

(Proudhon.)

126. — La guerre n'est jamais aussi onéreuse que la servitude.

(Vauvenargues.)

État de guerre.

127. — L'*état de guerre* n'est point une relation d'homme à homme, mais une relation d'État à État, dans laquelle les particuliers ne sont ennemis qu'accidentellement, non comme membres de la patrie, mais comme ses défenseurs.

(Jean-Jacques Rousseau.)

Conquêtes.

128. — Les conquêtes sont aisées à faire, parce qu'on les fait avec toutes ses forces ; elles sont difficiles à conserver, parce qu'on ne les défend qu'avec une partie de ses forces.

(Montesquieu.)

129. — Les provinces conquises doivent être contenues dans l'obéissance au vainqueur par des moyens moraux : la justice, la responsabilité des communes, un mode sage d'organisation et d'administration. Les otages sont un des moyens les plus puissants, mais, pour cela, il faudrait qu'ils fussent nombreux et choisis parmi les hommes prépondérants, et que les peuples puissent être persuadés que la mort des otages est la suite immédiate de la violation de leur foi.

(NAPOLÉON.)

130. — C'est à un conquérant à réparer une partie des maux qu'il a faits. Je définis le droit de conquête : un droit nécessaire, légitime et malheureux, qui laisse toujours à payer une dette immense pour s'acquitter envers la nature humaine.

(MONTESQUIEU.)

131. — Des batailles perdues, la diminution du peuple, l'affaiblissement du commerce, l'épuisement du trésor public, pouvaient faire accepter à Carthage les conditions de paix les plus dures ; mais Rome ne se conduisait pas par le sentiment des biens ou des maux ; elle ne se déterminait que par sa gloire, et comme elle n'imaginait point qu'elle pût exister si elle ne commandait pas, il n'y avait point d'espérance ni de crainte qui pût l'obliger à faire une paix qu'elle n'aurait point imposée.

(MONTESQUIEU.)

Honneur militaire des nations.

132. — La lâcheté et la perfidie, même lorsqu'elles triomphent, ne sont pour les Romains que l'objet d'un profond mépris.

(PAUL-ÉMILE.)

133. — Chaque nation a son honneur qui résume les sentiments et les nobles actions de sa vie politique avec le caractère propre des individus qui la composent ; c'est ce qu'on nomme l'*honneur national.*

(A. MORIN, *Des Lois relatives à la guerre.*)

134. — Après la bataille de Cannes, où tout autre État eût succombé à sa mauvaise fortune, il n'y eut pas un moment de faiblesse parmi le peuple romain, pas une pensée qui n'allât au bien de la république. Tous les ordres, tous les rangs, toutes les conditions s'épuisèrent volontairement : l'honneur était à retenir le moins, la honte à garder le plus.

(Saint-Évremond.)

135. — Le peuple romain, si jaloux de ses libertés, pour devenir le plus grand de tous les peuples, se faisait lui-même l'esclave de la vertu et de l'honneur.

(Plutarque.)

136. — On ne peut forcer un prisonnier à prendre l'engagement d'honneur de ne point s'échapper ; mais s'il fait cette promesse de plein gré, il doit tenir la parole donnée, sous peine d'emprisonnement ou même de mort.

(Dahn.)

137. — L'honneur militaire est altéré, si des chefs ordonnent à leurs subordonnés quelque fourberie qui, différant d'un simple stratagème, impliquerait perfidie ou déloyauté et serait de nature à empêcher dans l'avenir toute confiance et tout traité.

(A. Morin.)

138. — Le droit de la guerre n'admet aucune spoliation, ni indemnité. Jusqu'à pleine et entière défaite, le vaincu reste dans son droit ; en combattant, il ne manque pas au droit de la guerre, il y obéit. Il ne peut donc y avoir de ce côté pour le vainqueur aucun motif de réclamer une indemnité ; son indemnité c'est sa conquête.

(Proudhon.)

139. — L'honneur s'est de tout temps affirmé avec puissance dans les armées civilisées, plus encore que le respect du droit naturel. Les lois de la guerre réprouvent la violation de la parole donnée à l'ennemi et tout ce qui est contraire aux lois de l'honneur militaire.

(Bluntschli.)

140. — La justice n'est autre chose que le respect de la dignité humaine. Ce respect nous est inné ; rapporté à l'individu,

il constitue son droit; rapporté à ses semblables, il constitue son devoir.

(Proudhon.)

Armistices et Traités.

141. — Chaque général agissant isolément peut conclure un armistice ; mais les effets n'en sont valables que pour les troupes placées directement sous ses ordres.

(Maréchal Bugeaud.)

142. — Les préliminaires de paix constituent un traité plus étendu que l'armistice. Ils donnent ordinairement des avantages positifs à l'un des partis, tandis que par l'armistice on conserve le *statu quo*.

(Maréchal Bugeaud.)

143. — Est puni de mort tout chef militaire qui prolonge les hostilités après avoir reçu l'avis officiel de la paix, d'une trêve ou d'un armistice.

(*Code militaire*, art. 227.)

144. — Ne donnons pas à notre ennemi, déjà si fier de son triomphe, la satisfaction que lui causerait le spectacle de nos luttes intimes, dans ce moment suprême où tout bon citoyen ne doit songer qu'au malheur du pays. Forçons-le à nous conserver son estime sur le terrain de la politique, comme nous l'avons forcé à le faire sur le champ de bataille. Donnons enfin à nos mandataires, dans les négociations qui vont s'ouvrir, l'appui moral nécessaire pour leur permettre de parler haut et ferme ; qu'ils sachent bien que la France, tout en désirant la paix, reste entière debout derrière eux, unie et prête à continuer la lutte si elle est inévitable.

(Général Chanzy.)

Politique générale de la guerre.

A toutes les époques, la guerre a été condamnée par la raison et par la saine philosophie, comme étant un fléau pour l'humanité. Cependant, aussi longtemps que le despotisme, l'esprit de secte, le désir immodéré des conquêtes, l'emporteront sur les doctrines libérales, le vrai patriotisme, le respect des nationalités établies; aussi longtemps que l'ignorance, l'égoïsme et la routine obscurciront la connaissance des lois économiques et la notion de la justice, chaque nation doit s'attendre à voir éclater, autour d'elle, ou chez elle, une guerre à laquelle elle devra forcément prendre part sous peine de voir anéantir son autonomie.

La guerre nous apparaît donc, non comme un accident ou un caprice du hasard, mais comme une crise suprême amenée logiquement par le conflit des lois positives qui régissent l'existence des sociétés. S'il n'est point au pouvoir des hommes civilisés de prévenir infailliblement de pareilles complications, c'est que, soit ignorance, soit insouciance ou faiblesse, ils ne savent pas diriger, par une politique clairvoyante et par des associations opportunes, les évolutions de ces grandes lois dont ils resteront pendant longtemps encore les aveugles esclaves.

Dans les États civilisés modernes, la guerre est toujours une crise momentanée amenée par les oppositions ou les combinaisons de la politique des gouvernements intéressés.

Nous entendons ici par politique d'une nation l'orientation, plus ou moins judicieuse, donnée par le pouvoir exécutif aux forces vives du pays pour maintenir l'ordre, faciliter le progrès à l'intérieur et assurer la sécurité à l'extérieur.

La mission la plus élevée de la politique générale consiste à conserver comme un précieux patrimoine la civilisation antérieurement acquise par la nation, et à enrichir ce patrimoine par de nouveaux progrès sagement dirigés en vue de la grandeur de la patrie.

Le véritable progrès, dans chaque branche de l'activité sociale, n'est pas autre chose qu'un acheminement régulier et libre vers la simplification et l'unification de la science et de l'industrie.

La meilleure politique d'un gouvernement républicain est celle qui respecte les lois et ne place au pouvoir que des hommes d'une probité au-dessus de tout soupçon et d'un patriotisme éprouvé. — C'est en cela que consiste la *Vertu politique* définie par Montesquieu.

Dans tout État civilisé il y a trois espèces de politiques : la politique intérieure et la politique extérieure qui sont relatives au temps de paix, et : la *politique de la guerre*.

Lorsque l'harmonie qui constitue l'état de paix d'une nation vient à être violemment rompue, elle entre dans l'état de guerre. Dès lors, l'orientation de l'action gouvernementale se modifie pour veiller au salut public, et concentrer toutes les ressources nationales à la défense du territoire et à la destruction des armées de l'adversaire. — Cette nouvelle orientation de l'activité d'un peuple constitue *la politique de la guerre.*

Une nation arrivée à l'unité, contenue dans des limites bien définies qui lui fixent un territoire suffisant pour assurer le développement normal de sa vie propre, régie par un gouvernement sage et libéral, aura tout intérêt à ne point compromettre son état dans les aventures d'une guerre offensive; mais elle doit toujours être préparée à soutenir victorieusement une guerre de défense. Elle obtiendra généralement ce résultat : 1° en adoptant des institutions politiques telles, que la guerre ne puisse être brusquement déclarée ou acceptée par le caprice d'un souverain ou par la légèreté d'un ambassadeur; — 2° en entretenant un système de défense territoriale, une armée nationale, des troupes coloniales, un matériel et des approvisionnements de guerre dans des conditions telles qu'il suffise de quelques jours pour mettre le pays entier en état de défense.

On peut résumer de la façon suivante les principes de politique générale que doit observer tout gouvernement soucieux de ne point livrer au hasard les intérêts qui lui sont confiés :

1° Bannir de la conduite des affaires l'esprit de parti, de réaction et les intrigues personnelles; respecter et faire respecter les lois. Fuir les mesures arbitraires ou violentes, et placer toujours l'intérêt général de la nation au-dessus de l'intérêt des personnalités. Laisser le progrès se faire naturellement en favorisant le libre développement des lois économiques. Conserver toujours l'unité de vues dans la direction, l'énergie dans l'exécution, la loyauté et le contrôle dans la politique et l'administration.

2° Diminuer le nombre des sénateurs et députés. Rendre les conditions d'éligibilité plus sévères. Constituer un Conseil d'État composé des capacités les plus honorables et chargé de la préparation des lois, afin de mettre la nation à l'abri du parlementarisme.

3° Exciter le patriotisme, les vertus civiques et l'esprit militaire par une forte et sévère éducation de la jeunesse et par une solide organisation de l'armée nationale, qui doit devenir l'École de la nation.

4° Prendre pour principe absolu que tout fonctionnaire de l'État, tout employé rétribué par les ministères ou les administrations publiques, doit être militaire ou avoir servi comme officier ou sous-officier.

5° Donner à la politique étrangère une orientation constante basée sur le maintien intégral des intérêts territoriaux et commerciaux du pays. Observer envers les autres nations une attitude ferme, calme et pacifique; mais ne jamais différer la guerre et être toujours prêt à l'entreprendre avec toutes les forces du pays, si l'étranger élève des prétentions inacceptables.

6° Constituer à l'avance, par une loi organique, un comité directeur de la politique militaire ayant pour organes immédiats d'exécution : l'État-major de l'armée et le Ministère de la défense nationale. Cette institution nouvelle est indispensable pour assurer l'unité de direction à la nation armée en temps de guerre.

7° S'assurer toujours des alliés sûrs et ne jamais, par une fausse générosité, prêter les mains à l'agrandissement démesuré des puissances limitrophes.

8° N'entreprendre jamais deux guerres à la fois et éviter les expéditions lointaines quand elles ne sont pas justifiées par des intérêts généraux de premier ordre. — Organiser des troupes coloniales distinctes de l'armée continentale.

9° Se constituer un puissant système d'informations politiques; ne pas dédaigner ses ennemis; étudier leurs institutions, et les surveiller sans cesse en temps de paix.

10° Prévenir les guerres civiles et les discordes religieuses par une fermeté éclairée, la justice, la modération, et par les réformes que réclament les progrès de la civilisation.

11° Tenir ses armées toujours prêtes et bien entraînées pour le cas de légitime défense.

12° Ne jamais traiter avec l'ennemi que sur des bases honorables, la tête haute et les armes à la main.

CHAPITRE III.

LOIS GÉNÉRALES DE LA GUERRE. — LE DROIT DES GENS.

Bases du droit des gens.

145. — L'opinion est la reine du monde, la force en est le tyran.
(Pascal.)

146. — Il n'y a point de droit contre le droit, contre la loi des lois, contre la loi naturelle.
(Bossuet.)

147. — Tout acte exercé contre un homme, hors des cas et sans les formes que la loi détermine, est arbitraire et tyrannique; celui contre lequel on voudrait l'exécuter par la violence a le droit de le repousser par la force.
(*Déclaration des Droits de l'homme.*)

148. — Un peuple doit agir à l'égard des autres peuples comme il désire que l'on agisse à son égard.
(L'abbé Grégoire, conventionnel.)

149. — La fin de la guerre étant la destruction de l'État ennemi, on a le droit d'en tuer les défenseurs tant qu'ils ont les armes à la main; mais sitôt qu'ils les posent et se rendent, ils redeviennent simplement hommes et l'on n'a plus de droit sur leur vie.
(J.-J. Rousseau.)

150. — Le droit des gens n'est pas général : c'est à peine s'il est admis par tous les peuples de l'Europe.

(Maréchal Bugeaud.)

151. — Trois propositions fondamentales régissent les nations en matière de guerre et de droit international :
1° Il existe un droit de la guerre ;
2° La guerre elle-même est un jugement ;
3° Ce jugement est rendu au nom et en vertu de la force.

(Proudhon.)

152. — C'est au christianisme qu'appartient l'honneur d'avoir posé largement le principe fondamental de l'unité humaine, d'où dérivent les droits et devoirs d'égalité, de fraternité, qui servent de fondements à la science du droit international.

(A. Morin, *Des Lois relatives à la guerre.*)

153. — Je ne connais que deux sortes de droits parmi les hommes : la force, si tant est qu'on puisse l'appeler un droit, et l'équité, car les conventions qui semblent former une des principales sources des droits qui régissent le genre humain, se rapportent toutes à l'une ou à l'autre de ces deux espèces.

(Turgot, *Lettres sur la tolérance.*)

154. — Toute nation envahie a le droit, pour repousser l'invasion, d'user de toutes les ressources de son territoire et de toutes les forces collectives et individuelles de ses habitants ; ce droit ne peut être subordonné, dans son exercice, à aucune condition, soit de signe extérieur, soit d'organisation militaire.

(*Art. VIII d'un projet de code international proposé par le Congrès de la paix de Genève.*)

155. — L'histoire des nations nous montre qu'à mesure que la civilisation s'est développée, les véritables principes du droit des gens ont été accueillis et ont fini par être généralement reconnus et proclamés.

(Pinheiro-Ferreira.)

Respect de la propriété privée et de l'existence des citoyens non belligérants.

156. — Comme la guerre ne se fait pas entre les simples citoyens, elle n'a point pour conséquence l'extinction des droits privés, et ces derniers ne peuvent jamais dépendre du bon plaisir de l'ennemi. Pour tout ce qui concerne les droits privés, c'est le pied de paix et les droits admis en temps de paix qui doivent faire règle.
(Bluntschli.)

157. — Les propriétés privées sont inviolables ; on ne fait d'exception à cette loi que pour les biens qui se trouvent en mer.
(Dahn.)

158. — L'adage « *salus populi suprema lex* » domine quelquefois tellement la situation qu'aucun général dévoué à son pays n'hésite à se mettre au-dessus des règles ordinaires posées par les hommes. On obéit alors à ce qu'on pourrait appeler le droit de la guerre, qui se place au-dessus de tout, *en exceptant la vie des habitants inoffensifs*.
(Maréchal Bugeaud.)

159. — Toute convention contraire aux droits de l'humanité n'a d'autre autorité que le droit du plus fort, c'est une vraie tyrannie. On peut être opprimé par un seul tyran, mais on peut l'être autant et tout aussi injustement par une multitude.
(Turgot.)

Limites morales des excès de la guerre. — Droits inviolables de l'humanité.

160. — En guerre comme en politique, tout mal, fût-il dans les règles, n'est excusable qu'autant qu'il est absolument nécessaire ; tout ce qui va au delà est un crime.
(Napoléon.)

161. — Au-dessus de la nécessité, au-dessus de la raison de la guerre, sont les droits de l'humanité, auxquels chefs et soldats doivent rester fidèlement soumis.
(Maréchal Bugeaud.)

162. — Le droit des gens à la guerre, comme dans toutes les œuvres humaines, est plus ou moins respecté selon que les nations s'éloignent du christianisme ou s'en rapprochent.

(De Maistre.)

163. — Les razzias ne doivent s'exécuter que contre des peuples réputés barbares, parmi lesquels elles sont en usage.

(Maréchal Bugeaud.)

164. — Le droit de la guerre moderne interdit formellement de menacer les localités de pillage ou de bombardement pour obtenir le paiement des contributions qui leur sont imposées.

(Dahn.)

165. — Vous pouvez enlever à une nation son indépendance, dissoudre sa collectivité, etc., vous ne pouvez pas en exiger, sans le payer, le moindre service. Tel est le droit de la guerre.

(Proudhon, la Guerre et la paix.)

166. — Qui ne souhaiterait de voir inaugurer entre les nations une justice arbitrale, dont les décisions respectées termineraient les différends des États et maintiendraient entre eux la paix, comme les tribunaux le font parmi les citoyens ?

(Prévost-Paradol, la France nouvelle.)

Devoirs des chefs d'armée.

167. — Les chefs d'armée, dans leurs ordres ainsi que dans les jugements sommaires qu'ils rendent en vertu de la loi martiale, doivent observer les exigences de l'honneur militaire, de la justice et de l'humanité.

(A. Morin.)

168. — Les usages de la guerre autorisent quelquefois à prendre des otages, dans des cas de haute gravité, mais leur vie doit toujours être sacrée.

(Maréchal Bugeaud.)

169. — C'est un crime de fusiller des prisonniers sans jugement, lorsqu'on a accepté leur reddition et que l'excitation du combat est passée.

(Maréchal Bugeaud.)

170. — Le droit public et la loi criminelle, en tout pays civilisé, placent la violation du secret des lettres au nombre des abus punissables. C'est une action déloyale que l'ennemi ne peut se croire autorisé à commettre que lorsqu'il s'agit d'une correspondance officielle.

(A. Morin.)

171. — Il n'est pas admissible que des généraux qui se disent hommes d'honneur puissent donner à leurs soldats l'exemple d'inviter ceux de l'ennemi à déserter leurs drapeaux et à trahir leur patrie.

(Pinheiro Ferreira.)

172. — Le droit international condamne toute provocation à un acte criminel quelconque, même lorsqu'il serait utile à la cause pour laquelle on combat.

(Bluntschli.)

173. — Le camp prussien, en 1793, fabriqua un *Moniteur de la République française*, y inséra la fausse nouvelle d'une défaite subie par une armée de la République et le fit distribuer dans le camp français. On sait comment fut déjouée et flétrie une telle perfidie. N'osant pas reproduire une fraude aussi déloyale, lorsqu'ils ont occupé l'Est de la France et même Versailles, les chefs prussiens ont néanmoins employé un moyen analogue en forçant par intimidation des imprimeurs français à imprimer de prétendus journaux officiels de département[1].

(A. Morin.)

Droits des belligérants. — Loi martiale.

174. — Une fois que les tribunaux criminels ne sont plus respectés, et que, de fait, deux partis politiques en sont venus à lutter les armes à la main, ce qu'il y a de plus logique, c'est de suspendre l'application des lois pénales, de considérer politiquement et militairement ses adversaires comme de vrais ennemis, et de leur reconnaître la qualité de belligérants.

(Bluntschli.)

---

1. Il convient de rapprocher ce fait de la falsification déloyale par laquelle le chancelier Bismarck a provoqué la guerre de 1870.

LOIS DE LA GUERRE.

175. — La loi martiale n'est autre chose que l'exercice de l'autorité militaire conformément aux lois et usages de la guerre. On ne doit pas la confondre avec l'oppression militaire qui est l'abus du pouvoir que cette loi confère.

(Instructions américaines.)

176. — Lorsqu'un prisonnier de guerre cherche à s'évader, il s'expose à être blessé ou tué, mais s'il est repris après avoir réussi à s'échapper, il ne peut être puni, car on doit admettre que c'est le patriotisme qui l'a inspiré, et ce dessein n'a rien de déshonorant.

(Dahn.)

177. — Les espions sont ceux qui, à leurs risques et périls, moyennant salaire, s'introduisent dans les rangs de l'ennemi pour surprendre ses plans et ses mouvements, s'informer de ses ressources, s'assurer de ses forces numériques. Les lois de la guerre autorisent à infliger la peine de mort aux espions découverts et arrêtés en flagrant délit.

(Calvo, Droit international.)

178. — Si l'on ne veut pas recevoir un parlementaire, le droit des gens exige qu'avant de le traiter en ennemi, on lui ait fait comprendre clairement qu'il doit se retirer.

(Maréchal Bugeaud.)

179. — L'officier ennemi qui, revêtu de son uniforme, pénètre dans un poste en vue d'une reconnaissance ne doit pas être traité en espion.

(Heffter.)

180. — Aucun belligérant n'a le droit de déclarer qu'il traitera chaque homme de la levée en masse, pris les armes à la main, comme un brigand ou un bandit.

(Instructions américaines.)

Insurgés et rebelles armés.

181. — L'insurrection est le soulèvement d'une minorité armée contre le gouvernement établi et accepté par la nation.

(Maréchal Bugeaud.)

182. — On ne doit jamais punir comme insurgés les représentants ou autres citoyens qui ne font que résister à l'usurpation illégale du pouvoir.

(A. Morin.)

183. — L'application aux rebelles sur le champ de bataille des lois et usages de la guerre n'a jamais empêché le gouvernement légitime de juger les chefs directs de la rébellion comme coupables de haute trahison, et de les traiter en conséquence, à moins qu'ils n'aient été compris dans une amnistie générale.

(Art. 154 des Instructions pour les armées en campagne des États-Unis.)

184. — Les crimes de la Commune de Paris contre les personnes sont de ceux qui, dans tous les pays, sont punis de mort sans atténuation, comportent l'extradition des coupables fugitifs, et ne sauraient jamais être amnistiés.

(A. Morin.)

Le mépris du droit des gens attire la réprobation universelle.

185. — On peut tromper les peuples, mais la fourberie finit toujours par se découvrir, et alors ils reconnaissent des amis dans ceux qu'on leur présentait comme des ennemis. Or, les amis sont ceux qui respectent le droit des gens, et les ennemis sont ceux qui le violent.

(Le Bas, Encyclopédie.)

186. — Allez dire à Lacédémone que si cette ville est capable de violer le droit des gens, Xerxès ne suivra jamais un pareil exemple ; jamais il n'expiera, en vous ôtant la vie, le crime dont elle s'est souillée.

(Réponse de Xerxès aux otages que Lacédémone lui envoyait après le meurtre de ses ambassadeurs.)

187. — A la générosité avec laquelle nous traitons vos prisonniers et vos blessés, vous répondez par l'insolence, l'incendie et le pillage. Je proteste avec indignation, au nom de l'humanité et du droit des gens, que vous foulez aux pieds.

(*Lettre du général Chanzy au commandant des troupes prussiennes à Vendôme, 26 décembre* 1870.)

Supériorité morale de la France.

188. — De tous les peuples modernes, aucun n'a aussi loyalement compris le droit international que le peuple français. Là est le secret de la supériorité et de l'étonnant crédit dont la France jouit dans le monde.

(Le Bas, *Encyclopédie.*)

189. — Non, ce n'est pas le machinisme industriel de l'Angleterre, ce n'est pas le machinisme scolastique de l'Allemagne qui fait la vie du monde, c'est le souffle de la France dans quelque état qu'elle soit.

(Michelet, *le Peuple,* 1866.)

190. — Cette grande nation a deux choses très fortes que je ne vois chez nulle autre. Elle a à la fois le principe et la légende, l'idée plus large et plus humaine et en même temps la tradition plus suivie.

(Michelet, *le Peuple,* 1866.)

191. — Le jour où la France a dû payer à ses envahisseurs une rançon de cinq milliards, le monde lui en a offert quarante-cinq. Ce fait est plus qu'un fait de crédit, c'est un fait de civilisation.

(V. Hugo, *Lettres au congrès de Genève, 4 septembre* 1874.)

192. — Les hommes qui prennent les armes les uns contre les autres dans une guerre régulière, *ne perdent pas le caractère d'êtres moraux, responsables les uns envers les autres et envers Dieu.*

(*Art.* 15 des *Instructions aux armées en campagne des États-Unis.*)

193. — Le choix de la constitution d'un peuple dépend du vœu de la nation même, et en principe aucune puissance étrangère n'a le droit de s'en mêler.

(De Martens.)

Le droit des gens.

Entreprendre d'écrire l'histoire du droit des gens, ce serait raconter l'histoire de la civilisation, car l'existence de ce droit remonte à l'origine des nations. Si l'on n'est pas toujours d'accord sur les diverses formules ni sur la codification du droit des gens, il n'en est pas moins certain que la notion de ce droit est aussi profondément gravée dans la conscience d'un peuple civilisé que peut l'être le sentiment de la probité dans l'âme d'un honnête homme.

Et pourtant, tout récemment encore, on a cru pouvoir, pour les besoins d'une mauvaise cause, imaginer un prétendu droit de la force et poser dans l'ordre moral et politique la maxime odieuse : « *La force prime le droit.* » Ce paradoxe brutal rappelle la célèbre boutade lancée par un socialiste de mauvaise humeur : « *La propriété, c'est le vol.* » Ces deux sophismes sont parfaitement comparables et procèdent tous deux de la même aberration philosophique. Ni l'un ni l'autre ne peuvent supporter l'examen ; ils révoltent la conscience humaine et leur application régulière ramènerait rapidement la société moderne aux ténèbres de la barbarie.

La force peut être employée pour faire triompher un droit dont la validité est discutée, mais elle ne peut se substituer à la notion morale de ce droit ni la faire disparaître. Le droit individuel, dont le respect est précisément la base fondamentale de toute société, n'est autre chose que cette faculté insaisissable et immortelle de l'homme qui résiste et survit à l'abus de la force. En supprimant brutalement l'être intelligent et désarmé dont la dignité s'oppose à sa violence, le tyran ne supprime pas les droits de sa victime, il ne fait que les affirmer davantage aux yeux de la postérité. C'est ce que démontre la philosophie de l'histoire.

Il n'y a donc pas de droit absolu de la force à la guerre; il y a, au contraire, de l'aveu de tous les êtres civilisés, des lois qui constituent un frein moral aux abus de la force, et que le vainqueur a plus d'intérêt encore à respecter que le vaincu. Le peuple le plus habile et le plus puissant n'est point celui qui, dans la lutte, foule aux pieds les lois de la guerre et le droit des gens, mais bien celui qui sait vaincre, en tenant compte de ces lois, et dont le génie, supérieur aux événements, les dirige de manière à réduire à leur minimum les maux inévitables de la guerre. Et, comme l'a dit avec un grand sens l'éminent auteur de la *France nouvelle*, si l'homme d'État le plus habile est celui qui réduit à son minimum l'emploi des moyens violents dans la politique, le meilleur général est celui qui réduit à son minimum l'emploi de la force dans la guerre.

On ne saurait donc trop encourager les tentatives généreuses des hommes d'État qui cherchent à limiter les excès et les violences inutiles de certains belligérants, en fixant les bases d'un droit international dont presque tous les hommes ont conscience et qu'ils sont naturellement disposés à respecter [1]. Les tueries en masse, les tortures, les exactions et les outrages envers les simples particuliers, les trahisons, les vols et les incendies systématiques, etc., sont des moyens sauvages, indignes d'un grand peuple, et que le prétendu droit de la force, invoqué récemment par un tyran d'un autre âge, n'excusera jamais aux yeux des générations futures. Nous ne craignons pas d'affirmer qu'à l'époque moderne le degré de civilisation et de moralité d'une nation peut être évalué en raison du respect qu'elle professe pour le droit des gens. Nul ne doit, en effet, oublier que la conscience du droit et du devoir est le caractère permanent le plus notable qui distingue l'être humain appelé aux progrès de la civilisation, de la brute fatalement condamnée à l'immobilisme par l'asservissement aux lois de la force matérielle.

---

1. Ce respect du droit des gens et de l'honneur national vient d'être affirmé une fois de plus par l'unanimité avec laquelle la presse et le public civilisé ont flétri la honteuse complicité des quelques Européens qui se sont déshonorés en fournissant aux sauvages du Dahomey des armes contre les soldats français. Aucune voix ne s'est élevée, même en Allemagne, pour défendre l'acte de félonie de ces misérables que leurs nationaux se sont empressés de désavouer.

CHAPITRE IV.

CAPITULATIONS.

> « Il n'y a point de place faible là où il y a
> « des gens de cœur pour la défendre. »
> (BAYARD.)

194. — Quand la perte est inévitable, le parti le plus glorieux et le plus sage pour un général est de succomber en combattant jusqu'à la dernière extrémité.
(L'empereur LÉON.)

195. — Au moyen âge, une garnison qui se retirait le « bâton blanc à la main », c'est-à-dire avec le bois de la pique sans fer, était notée d'infamie.
(*Encyclopédie.*)

196. — Dites à ceux qui vous envoient, qu'avant que j'abandonne une place que le roi a bien voulu confier à ma foi, j'aurai fait des corps de ses ennemis entassés le seul pont par où il me soit permis de sortir.
(BAYARD au siège de Mézières, 1520.)

197. — La reddition à l'ennemi d'une armée ou d'un corps d'armée en rase campagne, ou celle d'une ville, forteresse ou poste, défendu par des troupes, s'appelle capitulation.
(Colonel DE SAVOIE.)

198. — Si les habitants de Corbie avaient connu leurs devoirs, ils ne seraient pas tombés au malheur, en se rendant lâchement, d'être non seulement le mépris et la proie, ainsi qu'ils sont pré-

sentement, de leurs ennemis, mais encore odieux et en horreur à tous gens de bien. Nous nous assurons que vous et vos sujets profiterez de ce lamentable exemple, et que vous aimerez bien mieux conserver, par votre courage, vos biens, votre honneur et vos vies, que d'attirer sur vous, par aucune lâcheté, une infamie perpétuelle et votre propre ruine.

(Le roi Louis XIII, *Lettre au maire et aux échevins de la ville d'Amiens, après la honteuse capitulation de Corbie,* 19 août 1638.)

Responsabilité des gouverneurs de place.

199. — Il serait bien à souhaiter que les gouvernements des places ne fussent donnés qu'à des officiers dont *la capacité dans la fortification* et le service de l'infanterie serait entièrement éprouvée ; elles se défendraient tout autrement qu'elles ne le font aujourd'hui, où les meilleures et les plus exactement fortifiées ne font guère plus de défense que les médiocres.

(Vauban.)

200. — Le gouverneur d'une place assiégée doit faire jurer et signer à tout le monde de vouloir vivre et mourir ensemble, avec peine de mort au premier qui parlera de se rendre.

(Montecuculli.)

201. — Il faut aller à la conviction et faire connaître aux soldats et aux officiers que, dans un poste retranché, leurs avantages sont si grands qu'il n'est pas possible qu'ils puissent être forcés sans une lâcheté manifeste et une honte éternelle.

(Folard.)

202. — A la guerre, le chef seul comprend l'importance de certaines choses, et il peut seul, par sa volonté et ses lumières supérieures, vaincre et surmonter toutes les difficultés.

(Napoléon.)

Exemples de capitulations honorables.

203. — En 1813, la garnison de la place de Pampelune, forte de 3,500 hommes, fut assiégée par une armée de 20,000 hommes, du 26 juin au 1ᵉʳ novembre. Elle ne se rendit qu'après une résistance prolongée où elle perdit plus de la moitié de son effectif et après avoir supporté la famine pendant 9 mois avec une constance admirable.

(Belmas.)

204. — La défense la plus glorieuse de la campagne d'Espagne, en 1813, fut celle du château de Monzon, près de Lerida, qui n'avait pour toute garnison que 90 gendarmes et 2 officiers. La place fut assiégée par 3,000 hommes. L'âme de la défense fut le garde du génie Saint-Jacques qui, à force d'intelligence et d'opiniâtreté, engagea une lutte souterraine qui prolongea la résistance pendant 4 mois et demi, au bout desquels la garnison, manquant de vivres, capitula aux conditions les plus honorables.

(Général Thoumas.)

205. — En 1815, Carnot défendit la place d'Anvers comme devait le faire l'homme dont la brillante valeur et les talents militaires avaient décidé la victoire de Wattignies. Il supporta avec héroïsme et fermeté le bombardement et le blocus et ne se rendit qu'à la dernière extrémité, sur l'ordre du roi Louis XVIII.

(Lavallée.)

206. — En 1815, la place de Huningue, renfermant 135 hommes de garnison, fut investie par l'archiduc Jean d'Autriche, commandant une armée de 25,000 hommes. Le général Barbanègre, qui commandait cette place, refusa de se rendre. L'ennemi construisit 28 batteries armées de 130 pièces qui commencèrent le feu le 14 août. Le 26 août, par ordre de Louis XVIII, un armistice fut conclu et Barbanègre capitula avec tous les honneurs de la guerre. Lorsqu'il sortit de la place ruinée [1], pré-

---

[1]. Notre grand peintre Detaille a immortalisé cette scène héroïque dans un admirable tableau rempli de sentiment et de patriotisme.

cédé de 2 tambours et suivi de 50 hommes épuisés, glorieux débris de la garnison de Huningue, l'archiduc Jean et les soldats autrichiens, saisis d'admiration, saluèrent cette troupe héroïque de leurs acclamations enthousiastes.

(Général THOUMAS.)

207. — Tout le monde connaît la belle défense de Mayence (en 1793), dans laquelle s'illustrèrent Kléber, Aubert-Dubayet et surtout cet héroïque Meunier dont les funérailles furent saluées par l'artillerie prussienne pendant la trêve accordée par Frédéric-Guillaume. . . . Il fallut enfin, après 3 mois d'une lutte incessante, signer la capitulation ; mais la garnison fut honorée par le vainqueur qui lui témoigna les plus nobles égards.

(Général THOUMAS, *Capitulations*.)

Danger d'assembler des conseils pour discuter la durée de la défense.

208. — Le prince Eugène disait qu'il n'assemblait de conseil de guerre que lorsqu'il n'avait pas l'envie de se battre. Je le conçois aisément, puisque, d'une douzaine de personnes qui le composent, il y en a certainement huit qui n'en ont pas envie.

(Prince DE LIGNE.)

209. — Quand un commandant paraît disposé à se rendre, il trouve toujours auprès de lui des approbateurs et des officiers disposés à lever les scrupules et les doutes qui pourraient se trouver dans son esprit.

(Maréchal MARMONT.)

210. — A force de disserter, de faire de l'esprit, de tenir des conseils, il arrivera ce qui est arrivé dans tous les siècles, en suivant une pareille marche : c'est qu'on finit par prendre le plus mauvais parti qui, presque toujours, à la guerre, est le plus pusillanime, ou, si on veut même, le plus prudent. La vraie sagesse pour un général est dans une détermination énergique.

(NAPOLÉON.)

211. — Si, pour empêcher qu'une place que le roi m'aurait confiée tombât au pouvoir de l'ennemi, il ne fallait que mettre à

la brèche ma personne, ma famille et tout mon bien, je ne balancerais pas.

(Maréchal DE FABERT.)

212. — « Sire, quand vous entendrez dire que Thérouanne est prise, dites hardiment que d'Essé est guéri de sa jaunisse, et mort. » Et ainsi comme il le dit, ainsi le tint-il, car il fut tué glorieusement sur la brèche, par un soldat espagnol, d'un coup d'arquebuse.

(BRANTÔME.)

213. — La conservation d'une place forte est une chose si importante et si capitale, elle influe souvent d'une manière si puissante sur le salut d'une armée et de tout un pays, que sa reddition devrait être toujours l'objet d'un examen légal qui forcerait à constater les circonstances qui ont accompagné la défense et amené à capituler.

(Maréchal MARMONT.)

Devoirs du gouverneur d'une place de guerre.

214. — Le gouverneur d'une place de guerre ne doit jamais perdre de vue qu'il défend l'un des boulevards de la patrie, l'un des points d'appui de ses armées, et que de la reddition d'une place, avancée ou retardée d'un seul jour, peut dépendre le salut de la nation.

Le gouverneur ne doit pas oublier que les lois militaires condamnent à la peine de mort, avec dégradation, le commandant d'une place reconnu coupable d'avoir capitulé sans avoir épuisé tous les moyens de défense dont il disposait et sans avoir fait tout ce que prescrivaient le devoir et l'honneur. . . . .
. . . .
Lorsqu'il juge que le dernier terme de la résistance est arrivé, il consulte le conseil de défense sur les moyens de prolonger le siège. Les opinions des membres du conseil sont recueillies en commençant par le moins élevé en grade et en rang, et consignées nominativement au registre des délibérations.

Le gouverneur, le conseil entendu et la séance levée, *prend de lui-même*, en s'inspirant de l'avis le plus énergique, s'il n'est absolument impraticable, les résolutions que le sentiment de son devoir et de sa responsabilité lui suggère.

Dans tous les cas, il décide seul, et sous sa responsabilité, de l'époque et des termes de la capitulation.

. . . .

Dans la capitulation, le gouverneur ne se sépare jamais de ses officiers ni de ses troupes, et il partage leur sort après comme pendant le siège . . . .

Il ne peut comprendre dans cette capitulation les forts ou ouvrages isolés de la place qui seraient encore susceptibles de prolonger leur résistance.

(Décret du 23 octobre 1883.)

215. — On devra à l'avenir graver en lettres de fer sur la porte intérieure de chaque forteresse, l'article suivant : « Tout commandant de place ou de fort qui, ayant encore des vivres et des munitions, rend la place confiée à son honneur et à son patriotisme, avant d'avoir subi un assaut régulier, est *puni de mort*, avec dégradation. »

(Commandant FERRON, *Considérations sur la défense de Paris*, 1872.)

Les capitulations en rase campagne ne sont jamais honorables.

216. — Le colonel Coutard, dans la capitulation de Ratisbonne, ayant stipulé que lui et les officiers du 65ᵉ de ligne seraient seuls renvoyés en France, l'Empereur décréta qu'à l'avenir les officiers d'un corps réduit à capituler suivraient le sort de leurs soldats, ce qui devait porter les chefs à faire une plus vive résistance.

(*Mémoires* du général MARBOT.)

217. — Les capitulations faites par des corps cernés, soit pendant une bataille, soit pendant une campagne active, sont des contrats dont toutes les clauses avantageuses sont en faveur des individus qui contractent, et dont les clauses onéreuses sont pour l'État et les autres corps de troupes. Or, se soustraire au péril en rendant la position de ses camarades plus dangereuse est évidemment une lâcheté.

(Napoléon.)

218. — Il n'y a pour les braves gens qu'une seule manière de se rendre : c'est comme François Ier et le roi Jean au milieu de la mêlée et sous les coups de crosse.

(Napoléon.)

219. — Il est défendu à tout général, à tout commandant d'une troupe armée, quel que soit son grade, de traiter en rase campagne d'aucune capitulation par écrit ou verbale. Toute capitulation de ce genre, dont le résultat aurait été de faire poser les armes, est déclarée déshonorante et criminelle et sera punie de mort.

(Décret du 1er mai 1812.)

220. — Le général Baraguey-d'Hilliers acheva de se perdre aux yeux de l'empereur par sa capitulation sans combat à Smolensk, en violant le décret qui prescrit au chef d'un corps, réduit à mettre bas les armes, de suivre le sort de ses troupes, et lui défend de solliciter des ennemis des conditions favorables à lui seul.

(Général Marbot.)

221. — La législation doit-elle autoriser un général, cerné loin de son armée par des forces très supérieures et lorsqu'il a soutenu un combat opiniâtre, à disloquer son armée la nuit, en confiant à chaque individu son propre salut, en indiquant un point de ralliement plus ou moins éloigné? Cette question peut être douteuse; toutefois, il n'est pas douteux qu'un général qui prendrait un tel parti, dans une situation désespérée, sauverait les trois quarts de son armée et, ce qui est plus précieux encore que la vie des hommes, il se sauverait du déshonneur de remettre ses armes et ses drapeaux par un contrat qui stipule des avantages pour les individus, au détriment de l'armée et de la patrie.

(Napoléon.)

222. — « Cette main, Général, comment ne s'est-elle pas séchée en signant la capitulation de Baylen? »

(Napoléon au général Legendre à la revue de Valladolid.)

223. — Dans aucun cas on ne doit déposer les armes ; on est déshonoré lorsqu'on se rend sans combat. L'empereur préfère la mort des 1,500 hommes qui sont à Cracovie, plutôt que de leur voir poser les armes.
(Berthier, Lettre à Poniatowski.)

224. — La place de Magdebourg, défendue par le général Kleist, en 1806, ne résista pas un mois et capitula le 8 novembre, avec 20,000 hommes de garnison, 800 canons et d'immenses approvisionnements.
(Th. Lavallée.)

225. — Le fait le plus extraordinaire de la campagne de 1806 fut la prise du fort de Czenstochau, au sud de Kalisch. Le chef d'escadron Deschamps arriva le 18 novembre devant ce fort avec un détachement de 120 chasseurs et parvint, par un habile stratagème, à faire croire au major Hume qu'il était attaqué par un fort détachement de toutes armes. Sommé de se rendre, le major Hume capitula avec une garnison de 500 hommes, 25 canons, des provisions et un trésor considérable.
(Général Thoumas.)

Capitulations. — Honneur militaire.

La guerre de 1870 a donné lieu, chez quelques commandants de place, à des actes de faiblesse qui, bien qu'ils n'approchent pas des nombreuses capitulations signées pendant la campagne de Prusse en 1806, n'en sont pas moins très regrettables. Il s'est également manifesté dans les rangs les plus éclairés de l'armée et dans la bourgeoisie, des tendances malsaines, des erreurs étranges en matière d'honneur militaire qui dénotent chez ceux qui y sont tombés un affaiblissement du sens moral, ou tout au mois une ignorance impardonnable des devoirs du citoyen et du soldat.

Nous ne nous garantirons à l'avenir de telles défaillances qu'en introduisant des réformes radicales dans l'éducation des enfants et de la jeunesse. C'est dans la famille, c'est à l'atelier, au lycée, dans nos écoles, qu'il faut inculquer profondément le sentiment de la patrie, du devoir et de l'honneur dans le cœur des jeunes gens.

Quant aux militaires dont la conscience troublée hésite en présence de difficultés imprévues, qu'ils s'inspirent, au moment critique, des belles et énergiques paroles des Bayard, des Fabert, des Carnot, des Napoléon. Qu'ils soient fortement convaincus qu'en aucune circonstance il n'y a d'autre conduite à tenir que celle tracée par ces grands hommes.

Les admirateurs systématiques des Allemands seront bien forcés, pour cette fois, de se dispenser d'aller chercher de l'autre côté du Rhin des exemples de belles défenses de places et de capitulations honorables. La vanité tudesque en imposerait moins aux naïfs, si on lui rappelait plus souvent les honteuses et désastreuses capitulations d'Ulm, de Magdebourg, de Zehdenick, de Stettin, de Spandau, etc., etc.

Que nos officiers reprennent l'étude de nos annales et suivent les traces de leurs ancêtres ; qu'ils se souviennent que, si faibles que soient les ressources d'une place fortifiée, il y a toujours moyen pour un homme de cœur qui commande à des soldats français, d'opposer à l'ennemi une longue et glorieuse résistance !

Que celui qui se trouve investi de l'honneur de défendre un poste important, sache élever son âme à la hauteur du danger, et qu'il évoque les exemples immortels donnés par : Bayard à Mézières, Boufflers à Lille, Guise à Metz, Lamarre à Badajoz, Meunier à Mayence, Masséna à Gênes, le garde du génie Saint-Jacques à Monzon, Barbanègre à Huningue, Davout à Hambourg, Todleben à Sébastopol, Denfert à Belfort !

Qu'il s'inspire de la conduite héroïque du brave commandant Dominé et du modeste et dévoué sergent du génie Bobillot, les glorieux défenseurs de Tuyen-Quan !

Que nos marins de leur côté aient toujours devant les yeux la glorieuse apothéose du *Vengeur* s'abîmant dans les flots pour sauver l'honneur de la France !

C'est en revenant à ces fortes et patriotiques traditions, que le peuple français reprendra son rang à la tête des nations civilisées.

Les citations que nous avons réunies dans ce chapitre et qu'il nous eût été facile de multiplier, montrent que de tout temps les vrais hommes de guerre sont tombés d'accord sur les principes d'honneur qui doivent guider l'officier dans une guerre entre nations civilisées. Ces préceptes peuvent se résumer de la manière suivante :

I. — Ne jamais capituler en rase campagne, les armes à la main. — Il faut mourir ou se laisser emmener prisonnier, et subir sans adoucissement les conséquences de la faute commise, ou de la fatalité.

II. — Dans les situations désespérées, écarter toute préoccupation politique ou sentimentale. — Ne prendre conseil que de son patriotisme, de son devoir et de l'honneur militaire poussé jusqu'à l'exaltation.

III. — L'officier, à la guerre, ne doit jamais séparer son sort de celui de ses soldats.

IV. — Tout officier prisonnier qui signe avec l'ennemi un engagement quelconque ayant pour but d'adoucir son sort ou celui des siens, en enchaînant sa liberté morale, commet une lâcheté et doit être cassé de son grade.

V. — Celui qui a l'insigne honneur de commander la défense d'une place ne doit jamais s'inspirer que de sa conscience et des lois militaires, interprétées dans leur sens le plus rigoureux. Il ne doit pas oublier que le *commandant d'une place forte porte seul, devant le pays, la responsabilité de ses actes.*

VI. — Tout officier qui prend le commandement d'une position fortifiée doit avoir présents à l'esprit les exemples mémorables de Bayard, Boufflers, Meunier, Carnot, Masséna, Denfert, Dominé, etc., et s'inspirer des traditions héroïques de l'armée française.

DEUXIÈME PARTIE

PRÉPARATION DE LA GUERRE

INSTITUTIONS MILITAIRES. — MOYENS MORAUX, MATÉRIELS,
ADMINISTRATIFS ET INDUSTRIELS DE LA GUERRE

> L'organisation des armées a une telle influence que le sort des nations semble en dépendre.
>
> (Général comte MORAND.)

> L'armée, étrangère aux agitations des partis, ne doit avoir qu'une préoccupation et qu'un seul but : Se préparer silencieusement aux nobles et lourdes tâches qui peuvent lui incomber un jour et conserver intactes dans les plis de son drapeau les traditions d'honneur et d'héroïsme dont elle a reçu le dépôt.
>
> (DE FREYCINET, 1892.)

DEUXIÈME PARTIE

PRÉPARATION DE LA GUERRE

INSTITUTIONS MILITAIRES — MOYENS MORAUX, MATÉRIELS
ADMINISTRATIFS ET INDUSTRIELS DE LA GUERRE

CHAPITRE V

ORGANISATION DES ARMÉES PERMANENTES

Recrutement. — Principes généraux d'organisation. — Unités stratégiques et unités tactiques.

> Les lois sur le recrutement sont des institutions nationales.
> (GOUVION SAINT-CYR.)

Influence de l'organisation sur les masses armées.

226. — J'établis une différence essentielle entre une armée organisée et une masse de troupes. Ainsi des pierres, des briques, des poutres, des tuiles, ramassées et entassées sans ordre, ne servent de rien ; mais si l'on dispose avec art, dans les fondements et sur les combles, les matériaux qui ne peuvent se pourrir ni s'altérer, comme les pierres et les tuiles ; si on ajoute au milieu les briques et les poutres, comme dans une bâtisse, il en résulte un système qui prend une grande valeur, une maison. Il en est de même de la composition des armées.

(SOCRATE, d'après XÉNOPHON.)

227. — On voyait s'avancer en ordre les nombreuses phalanges des Grecs qui marchaient au combat. Elles avaient à leur tête chacune leur chef, qu'elles suivaient avec respect dans un silence profond, afin de bien entendre leurs ordres et de les exécuter avec promptitude. Au contraire, les Troyens étaient dispersés dans leurs camps, semblables à des troupeaux de brebis, répandus dans les parcs et qui font retentir la campagne de leurs bêlements bruyants.

(Homère, *Iliade*.)

228. — La première cause qui fait perdre les nations, c'est de négliger l'art de la guerre, de même que l'excellence dans cet art est le plus sûr moyen d'acquérir et de conserver les États.

(Machiavel.)

229. — Rome fut sauvée par la force même de ses institutions.

(Montesquieu.)

230. — Les principaux succès que les Romains ont toujours remportés avec de petites armées contre des multitudes de barbares, ne doivent s'attribuer à autre chose qu'à l'excellente composition de leurs troupes.

(Maréchal de Saxe.)

231. — Les armées de la Révolution ont prouvé que les Français, pris en masse, étaient capables des plus hautes vertus républicaines; car rien de semblable ne s'était montré depuis les plus beaux temps de la Rome antique.

(E. Quinet.)

232. — Ce qu'il faut le plus éviter dans l'organisation des troupes, est la multiplication des emplois au delà du strict nécessaire. Et ce n'est pas seulement parce que la raison économique le veut ainsi, mais encore parce que tout ce qui est surabondant est inutile, et que tout ce qui est inutile ne peut tendre qu'à produire des complications qui sont toujours nuisibles.

(Général de Vaudoncourt, 1835.)

Supériorité des armées permanentes nationales.

233. — Les meilleures troupes sont les troupes nationales (qu'il ne faut pas confondre avec les gardes nationales).
(Machiavel.)

234. — Les véritables armées sont celles qui sont composées de tes sujets, de tes citoyens ou de tes créatures; toutes les autres sont mercenaires ou auxiliaires et ne valent rien.
(Machiavel.)

235. — L'histoire démontre que la profession des armes fut dédaignée par les citoyens et abandonnée à des mercenaires partout où le commerce et l'industrie élevèrent les peuples à de grandes richesses. (Général Morand.)

236. — Le recrutement des troupes jusqu'à la Révolution française ne reposait sur aucune idée patriotique bien arrêtée; on ne cherchait qu'à racoler le plus grand nombre possible d'hommes, sans tenir compte de leur nationalité ni de leurs qualités morales. (Delaperrierre, *Cours d'administration*.)

237. — Tout homme peut engager volontairement ses services, son temps, mais il ne peut se vendre ni être vendu; sa personne n'est pas une propriété aliénable. La loi ne connaît point de domesticité; il ne peut exister qu'un engagement de soins et de reconnaissance entre l'homme qui travaille et celui qui l'emploie. (*Déclaration des droits de l'homme.*)

238. — Ne vaudrait-il pas mieux établir par une loi que tout homme, de quelque condition qu'il fût, serait obligé de servir son prince et sa patrie pendant cinq ans? Cette loi ne saurait être désapprouvée, parce qu'elle est naturelle, et qu'il est juste que les citoyens concourent également à la défense de la patrie. Cette méthode de lever les troupes ferait un fonds inépuisable de bonnes et belles recrues, qui ne seraient pas sujettes à déserter. L'on se ferait même, par la suite, un honneur et un devoir de servir; alors ceux qui auraient accompli leur temps verraient avec mépris ceux qui répugneraient à cette loi.
(Maréchal de Saxe.)

Impuissance des armées improvisées.

239. — Pas plus que les armées, les cadres ne s'improvisent, et il ne suffit pas d'un décret pour faire en quelques jours d'un sergent un capitaine, d'un chef de bataillon un général.

(Général CHARETON, *Projet de réorganisation militaire*, 1872.)

240. — Un pays ne manque jamais d'hommes pour résister à une invasion ou pour soutenir une longue guerre, mais il manque souvent de soldats.

(NAPOLÉON.)

241. — En 1813, l'empereur Napoléon a échoué comme ont échoué les révolutionnaires de 1792, et de ce double exemple résulte cette commune conclusion, qui est la vérité même : On n'improvise pas des soldats, on n'improvise pas des armées.

(CAMILLE ROUSSET, *la Grande Armée de 1813.*)

242. — Gardons-nous de croire que les armées improvisées soient une garantie suffisante dans les grandes crises nationales. Les événements de 1870 établissent, au contraire, d'une façon irréfutable, qu'une nation n'est sûre de son indépendance et réellement forte, que si son organisation militaire est sérieuse, complète et puissante. S'il subsistait encore un doute, il suffirait de regarder autour de nous : la Russie, l'Autriche, l'Italie, l'Espagne, l'Angleterre, changent et fortifient leur système militaire.

(Général CHANZY.)

243. — Il faut une *conscription nationale* qui comprenne la seconde tête de l'empire et le dernier citoyen actif. Il faut que chaque homme, dès que la patrie sera en danger, soit prêt à marcher.

(DUBOIS-CRANCÉ.)

ORGANISATION DES ARMÉES.

Le service obligatoire et personnel est une charge publique. — Il doit être la base du recrutement des armées nationales.

244. — Ce fut la loi de 1790 qui proclama pour la première fois que le service militaire est un honneur et une charge publique à laquelle nul ne peut se soustraire.

(Delaperrierre.)

245. — Un peuple moral et austère fournit toujours d'excellents soldats, terribles seulement sur le champ de bataille.

(J. de Maistre.)

246. — Jusqu'au moment où les ennemis auront été chassés du territoire national, tous les Français seront en réquisition permanente pour le service des armées.

Les jeunes gens iront au combat; les hommes mariés forgeront les armes et transporteront les subsistances; les femmes feront des tentes, des habits et serviront dans les hôpitaux; les vieillards se feront porter sur les places publiques, pour exciter le courage des guerriers et le dévouement à la République.

(Décret de la levée en masse, 1792.)

247. — Tout citoyen doit être soldat par devoir; nul ne doit l'être par métier. Tel fut le système militaire des Romains; tel est aujourd'hui celui des Suisses; tel doit être celui de tout État libre.

(J.-J. Rousseau.)

248. — C'est maintenant un droit pour tout Français de servir la patrie; c'est un honneur d'être soldat, quand ce titre est celui de défenseur de la constitution de son pays.

(Dubois-Crancé.)

249. — La loi de 1855, en introduisant dans l'armée la honteuse institution du remplacement administratif, abaissa la dignité et la valeur morale du soldat, en effaçant de nos codes militaires le principe que dans les troupes françaises il n'y a ni primes en argent, ni prix quelconque d'engagement.

(Delaperrierre.)

250. — I. — Tout Français doit le service militaire personnel.

II. — Il n'y a dans les troupes françaises ni prime en argent, ni prix quelconque d'engagement.

III. — Tout Français qui n'est pas déclaré impropre au service militaire, peut être appelé, depuis l'âge de 20 ans jusqu'à celui de 40 ans, à faire partie de l'armée et des réserves, selon le mode déterminé par la loi.

IV. — Le remplacement est supprimé. — Les dispenses du service dans les conditions spécifiées par la loi ne sont plus accordées à titre de libération définitive.

(Loi du 27 juillet 1872.)

251. — L'exonération anticipée de la présence sous les drapeaux ne doit jamais constituer un privilège au profit des familles aisées; elle ne peut être que la récompense du travail et un encouragement au zèle.

(Général LEWAL, *la Réforme de l'armée*.)

Principes qui doivent servir de bases aux institutions militaires.

252. — La milice des Romains ne pouvait manquer d'être admirable, parce qu'on y trouvait, avec des courages fermes et des corps vigoureux, une prompte et exacte obéissance.

(BOSSUET.)

253. — L'ordonnance des Romains était si forte, qu'ils ne furent battus que lorsqu'ils ne purent en faire usage, ou lorsqu'ils l'abandonnèrent en remplaçant dans leurs armées les légions par des masses de barbares.

(Général MORAND.)

254. — Il est impossible de ne pas attribuer la suprématie des Romains à leur gouvernement. Les discussions de l'assemblée entretenaient le principe du progrès, l'influence des vieillards

maintenait le calme et conservait le monde ancien de la pensée ; et dans les cas les plus heureux, la discipline militaire ne trouvait pas un obstacle dans la liberté, quoique l'intelligence militaire fût secondée par l'intelligence générale. Une armée romaine était un corps libre, gouverné par un despotisme sévère de son propre choix.

(BAGEHOT, *Lois scientifiques du développement des nations*, 1875.)

255. — La liberté n'est qu'une chimère si le plus fort peut impunément opprimer le plus faible, si nos frontières dégarnies nous exposent aux envahissements de voisins puissants. La garantie des droits et de la liberté des citoyens nécessite une force publique ; cette force doit donc être instituée pour l'avantage de tous, et non pour l'utilité particulière de ceux à qui elle est confiée.

(DUBOIS-CRANCÉ.)

256. — Entre l'égalité morale et civile, fondée sur le respect dû à toute personne et à toute profession, et l'égalité sociale, qui est le plus vain et le pire de tous les rêves, il y a un abîme ; car, à côté de la loi d'égalité, il y a une autre loi non moins impérieuse : celle de la hiérarchie des forces par lesquelles les sociétés existent et prospèrent.

Élevé par le désintéressement, éclairé par l'expérience, le patriotisme doit comprendre qu'il faut tenir également compte des besoins divers et complexes du pays, que si tous les Français se doivent à la patrie, tous n'ont pas envers elle des devoirs identiques ; qu'un même régime dès lors ne peut être imposé à tous sans péril.

Voilà la vraie et féconde égalité, comme doit la pratiquer un grand peuple soucieux de son avenir : l'égalité par la participation aux divers services que réclame le pays.

(BEUDANT, Discours à la Faculté de droit.)

257. — Un habile général, de bons cadres, une bonne organisation, une bonne instruction, une sévère discipline, font de bonnes troupes, indépendamment de la cause pour laquelle elles combattent.

(NAPOLÉON, *Mémoires*, VIII.)

258. — Dix conditions essentielles concourent à la perfection d'une armée :

1° Un bon système de recrutement et de remonte.

2° Une répartition rationnelle des troupes, favorisant la mobilisation rapide.

3° Une forte organisation des réserves nationales.

4° Un système d'instruction pratique qui plie complètement les officiers et les soldats aux manœuvres et au service de campagne.

5° Une discipline sévère sans être humiliante, un esprit de subordination passé dans les convictions de tous les grades plus encore que dans les formalités du service.

6° Un système d'avancement basé sur le mérite et les capacités reconnues, et un système de récompenses bien échelonnées pour reconnaître les actions d'éclat et le dévouement.

7° Une forte et savante organisation de l'industrie militaire (génie, artillerie, fortifications, matériel de guerre, chemins de fer, télégraphes).

8° Un service d'état-major général recruté dans l'élite de toutes les armes, présentant l'instruction et l'expérience pratique indispensables pour la direction des opérations militaires.

9° Une sage organisation des services administratifs basée sur la décentralisation, permettant d'arriver au but par des moyens simples, pratiques et rapides.

10° Une large organisation du ministère de la guerre ; des règlements généraux simples, précis, à la portée de tous ; un *conseil supérieur* bien composé pour organiser le commandement et donner l'impulsion à la haute direction des armées.

(D'après Jomini.)

259. — Il est de l'essence du pouvoir exécutif de tendre à la domination absolue ; d'un autre côté, nous devons faire un devoir aux troupes d'obéir passivement à leurs chefs. Donc la liberté nationale confiée toujours aux mains d'un petit nombre d'hommes, court le danger d'être envahie si la sagesse des représentants de la nation n'oppose, dans l'organisation de l'armée, une barrière insurmontable aux prétentions du despotisme.

(Dubois-Crancé, 1790.)

ORGANISATION DES ARMÉES.

260. — Il importe à la solidité et à la durée des institutions militaires, que leurs actes fondamentaux soient originaires d'une même époque et inspirés par son esprit et par ses besoins. Autrement ils ne représentent qu'un tout décousu et boiteux qu'il faut incessamment retoucher, d'où naissent la confusion, l'instabilité, et, dans les armées, une certaine déconsidération des institutions elles-mêmes.

(Maréchal Bugeaud.)

261. — Les conseils ne sont faits que pour masquer l'indécision des chefs, ou leur faciliter les moyens d'échapper à la responsabilité de leurs actes.

(Richelieu.)

262. — Sous le rapport de son organisation et de son action, une armée peut être comparée à une machine qui, pour être utile, doit réunir à la solidité une grande simplicité dans ses organes, de sorte que l'homme le plus ordinaire puisse la faire mouvoir, l'entretenir et la réparer.

(Général Morand.)

263. — Lequel est préférable de ces deux systèmes : placer dans les mêmes régiments les recrues de la même région, ou les répartir dans différents corps? Le premier est adopté en Autriche, en Prusse et en Allemagne ; le second, en France et en Russie. Chacun d'eux a ses avantages et ses inconvénients ; mais mon opinion est en faveur du premier système.

(Maréchal Marmont.)

264. — En général, la perfection pour le service demanderait, dans toutes les armées, une organisation qui pût à la fois s'appliquer au combat et à l'existence journalière, c'est-à-dire à la police des casernes, à l'administration et aux manœuvres.

(Maréchal Marmont.)

Une nation doit toujours maintenir son organisation militaire au niveau, sinon au-dessus de celle de ses ennemis.

265. — Ce qui a le plus contribué à rendre les Romains les maîtres du monde, c'est qu'ayant combattu successivement contre tous les peuples, ils ont toujours renoncé à leurs usages, sitôt qu'ils en ont trouvé de meilleurs.

(Montesquieu.)

266. — Il faut savoir abandonner en temps opportun les règlements surannés et les remplacer par de nouveaux accommodés aux progrès de l'époque.

(Colonel Rustow.)

267. — Il ne suffit pas que nous soyons aussi forts que nos ennemis, nous devons leur être supérieurs. Nous ne devons donc pas hésiter à les imiter dans ce qu'ils ont de bon et à les surpasser dans ce qu'ils ont encore d'incomplet et de défectueux.

(Général Chanzy, 1873.)

268. — Dans un État républicain, nul ne doit pouvoir obtenir une fonction rétribuée, s'il n'a servi comme soldat et prouvé son aptitude au poste qu'il sollicite.

(Gambetta.)

269. — L'indifférence envers ses ennemis est toujours une mauvaise et fausse politique, et la meilleure manière de se créer des ressources pour les combattre ne se trouve pas dans l'insulte, mais bien dans l'observation.

(Général de Brack.)

270. — En adoptant le principe du service obligatoire personnel, l'institution des volontaires d'un an, et l'exclusion des mauvais citoyens reconnus indignes de servir, la loi a fait de la nouvelle armée française un milieu social épuré, une grande école nationale où le citoyen vient acquérir les sentiments d'honneur, de devoir et de patriotisme, base de tout ordre social.

(Delaperrierre.)

271. — Les armées ne peuvent répondre au but de leur institution qu'à la condition de ne dépendre que d'une seule volonté, de *n'obéir qu'à un seul commandement,* et de n'être soumises qu'à une loi unique, depuis le soldat jusqu'au général en chef.

(*Code de justice militaire,* 1857.)

Importance des mesures qui ont pour objet la mobilisation et l'alimentation des armées en hommes et en matériel.

272. — Pour qu'une organisation militaire soit puissante, il n'est pas nécessaire qu'il y ait constamment un grand nombre d'hommes sous les armes, mais il faut que le mécanisme militaire soit solidement établi, qu'il y ait toujours des hommes exercés prêts à entrer dans les rangs avec leurs places inscrites et désignées d'avance ; que le matériel d'armement, d'habillement et d'équipement soit prêt ; que les soldats appartenant à chaque groupe constitué se connaissent entre eux et connaissent leurs chefs, ce que l'on ne peut obtenir que par l'adoption d'un système militaire territorial.

(Colonel Rustow.)

273. — On peut admettre en principe qu'une *réserve* ne répond pratiquement à son objet, dans la guerre contemporaine, que si elle est en mesure de jeter activement des soldats faits dans les rangs des troupes de toutes armes que le combat a désorganisées.

(Général Trochu.)

274. — La Révolution française sut mettre en mouvement des forces dont on n'avait aucune idée autrefois et qui produisirent des résultats d'autant plus considérables et stupéfiants qu'elles avaient été rassemblées plus secrètement.

(Général Paris, *Traité de tactique appliquée,* 1873.)

275. — Il n'est pas possible d'accorder une valeur militaire sérieuse à un État qui, au début d'une guerre, ne peut répondre

de mobiliser la majeure partie de ses troupes avant que son territoire soit envahi par l'adversaire.

(Baron Lahure, *Notes sur les états-majors.*)

L'armée doit être répartie sur le territoire par unités stratégiques toujours prêtes à marcher.

276. — L'isolement des troupes par régiments dans les garnisons est un des plus mauvais systèmes que l'on puisse suivre.

(Jomini.)

277. — L'usage en France est de disperser et d'isoler les régiments au moment de la paix ; de dissoudre les corps d'armée, les divisions et les brigades. Cet usage nuit beaucoup à la facilité de la mobilisation ; il est très regrettable et peut être considéré comme un reste de régime féodal.

(Général Morand.)

278. — On peut imputer une partie de nos désastres, dans les guerres précédentes, à l'absence de toute organisation régulière et permanente dans les dépôts.

(Général de Préval.)

279. — Au nom de la patrie, faites décréter l'embrigadement de la ligne avec les volontaires ; vous remettrez l'ordre, l'union partout, et vous économiserez plus de cent millions dans cette campagne.

(Dubois-Crancé.)

280. — Il serait très avantageux d'organiser l'armée en brigades, en divisions et en corps d'armée permanents, qui, placés chacun sur une portion de nos frontières, en occuperaient les places fortes, et auraient un *dépôt général* au centre et sur la base de ses opérations. Le commandant de chaque corps d'armée aurait sous ses ordres et sa surveillance, non seulement les places fortes et les combattants, mais encore le *dépôt* des ressources

destinées à leurs divers besoins. L'armée conserverait beaucoup mieux sur ce pied de guerre la tradition et le sentiment des devoirs que la gloire et le salut de la patrie lui imposent.

(Général Morand.)

281. — Dans ce système, les troupes demeurent constamment sous les ordres des généraux qui doivent les conduire en campagne, et elles sont d'ailleurs pourvues de tout ce qui est nécessaire à la guerre ; leur mobilisation est très rapide : elles peuvent donc opérer ou repousser une *invasion* beaucoup plus facilement qu'avec toute autre organisation. Qu'on nous permette d'exprimer ici le regret de ce qu'un usage aussi favorable au maintien de l'indépendance et de la gloire d'une nation n'ait point encore été adopté parmi nous.

(Rocquancourt.)

282. — L'intervention du pouvoir central et de l'administration provinciale eut, au commencement de la lutte américaine, beaucoup plus d'avantages que d'inconvénients. Les conflits entre eux furent rares et insignifiants, et, en partageant la tâche, en favorisant entre les divers États une salutaire émulation, ce système permit de constituer l'armée beaucoup plus promptement que si le gouvernement fédéral avait dû entreprendre entièrement, et à lui seul, cette formation dans ces instants suprêmes où l'existence d'une nation dépend, non de la perfection des moyens employés pour la sauver, mais de la rapidité avec laquelle ils sont appliqués.

(Comte de Paris, *Histoire de la guerre civile en Amérique*.)

Unité tactique et unité stratégique. — Corps d'armée organisés en permanence.

283. — Une armée en marche se compose d'une avant-garde, d'un corps de bataille, d'une réserve ; elle a de l'artillerie, de la cavalerie, des munitions, des bagages ; elle doit pouvoir se diviser et se recomposer ainsi que l'exigent les circonstances de la guerre.

Telle doit être l'unité tactique, c'est-à-dire le bataillon, l'escadron ou la batterie, dans sa composition.

(Général Morand.)

284. — La véritable unité stratégique est le corps d'armée. Elle est toujours formée de trois armes, comprend des troupes de toutes les branches de service, et doit toujours pouvoir se suffire à elle-même, sous tous les rapports et sans restriction. Sa composition en Prusse est de deux divisions d'infanterie, une de cavalerie et d'une réserve d'artillerie, environ 37,000 hommes.

(Von Ludinghausen.)

285. — Les avantages des *divisions et brigades mixtes* ont été particulièrement appréciés par l'armée prussienne. Chaque brigade, chaque division est composée d'infanterie, cavalerie, artillerie. Cette réunion les met en état de manœuvrer sur tous les terrains et permet de les pousser en avant sans danger.

(Général La Roche-Aymon.)

286. — Le système des corps d'armée fut définitivement consolidé au camp de Boulogne, où ils furent organisés *en permanence* sous des maréchaux qui commandaient trois divisions d'infanterie, une de cavalerie légère et 36 à 40 pièces de canon avec un bataillon de sapeurs.

(Général Jomini.)

L'esprit de patrie est préférable à l'esprit de corps.

287. — Le roi de Prusse a inspiré à ses soldats, au lieu de l'esprit de corps qui les divise, *l'esprit de patrie qui les réunit*. Il y est parvenu en donnant la plupart des emplois civils de son royaume comme récompense des services militaires.

(Bernardin de Saint-Pierre.)

288. — Par suite de notre éducation et de nos mœurs, tout ce qui forme parmi nous, corps, congrégation, secte, parti, est communément ambitieux, intolérant et stérile. Ce n'est pas que la

plupart des membres de ces corps n'aient en particulier d'excellentes qualités, mais leur ensemble ne vaut rien, par cela seul qu'il présente des centres différents du centre commun, de la patrie.

(Bernardin de Saint-Pierre.)

289. — Le premier moyen d'encourager l'esprit militaire, c'est d'entourer l'armée de toute la considération publique et sociale qu'elle doit savoir mériter. Le second, c'est d'assurer aux services rendus à l'État, la préférence dans tous les emplois de l'administration civile vacants, ou d'exiger même un temps donné de service militaire pour tous les emplois officiels.

(Jomini.)

Principes généraux des institutions militaires.

Dans une société éclairée qui repousse également le despotisme, l'esprit de caste et l'esclavage, le principe du service militaire obligatoire et personnel s'impose comme un axiome politique. C'est le seul système de recrutement susceptible de fournir une armée qui soit la personnification complète et active des forces nationales, et qui puisse mettre réellement le pays à l'abri de l'entraînement des conquêtes et des invasions désastreuses. Si, à toutes les époques, les troupes nationales ont été considérées comme les plus parfaites par les vrais hommes d'État, on peut affirmer qu'elles sont aujourd'hui les seules troupes possibles. Les plus incrédules ont été forcés de se rendre à l'évidence, et nous devons saluer comme un gage de régénération sociale la proclamation de ce principe en tête de notre nouvelle loi militaire.

Quant aux autres conditions qui déterminent l'organisation des armées modernes, elles doivent toutes rester conformes aux maximes suivantes :

1° Repousser comme funeste le système des troupes mercenaires et des armées improvisées, condamné de tout temps par la raison et l'expérience.

2° La solide organisation d'une armée *nationale* suffisamment nombreuse, soutenue par une réserve territoriale mobilisable, est la première condition d'existence d'une nation civilisée.

3° Il faut considérer le service personnel non comme un impôt, mais comme une charge et un honneur publics. Tout citoyen doit être soldat par devoir; nul ne doit l'être par métier.

4° En temps de paix, les troupes doivent être constamment groupées, exercées et entraînées sous les ordres des chefs supérieurs permanents désignés pour les mobiliser et les commander à la guerre.

5° La répartition sur le territoire des unités stratégiques constituées d'avance, de leurs dépôts, de leurs réserves, des centres de commandement, des places de guerre et de casernement, des magasins d'armes, d'habillement et de vivres, des moyens de transport, des voies ferrées et de leur matériel, etc., doit être étudiée et arrêtée dans tous ses détails, en sacrifiant tous les intérêts personnels ou administratifs à la nécessité absolue d'obtenir le maximum de rapidité, d'ordre et de précision dans la mobilisation et dans la concentration des armées.

6° Constituer, instruire et administrer les unités

tactiques exclusivement en vue du rôle qu'elles sont appelées à jouer dans les opérations de la guerre et sur le champ de bataille.

7° Maintenir incessamment, par l'étude et par des améliorations progressives, l'armement, la science et les institutions militaires au même niveau chez soi que chez les nations voisines.

8° Créer une section de l'Institut de France de 20 membres, ouverte aux officiers de terre et de mer qui auront accompli les travaux scientifiques ou les inventions les plus utiles à l'armée et à la marine. — Organiser des prix d'encouragement et des récompenses à décerner chaque année aux meilleurs travaux techniques des officiers.

9° Faire de l'armée la grande école de la nation en y développant par tous les moyens possibles, à tous les degrés de la hiérarchie, le respect de la loi et l'habitude de la discipline, l'amour de la patrie, le sentiment du devoir et de l'honneur, la sobriété et la résistance aux fatigues; en y faisant du travail, des qualités physiques et morales et de l'instruction, les conditions primordiales de l'avancement.

10° Réserver exclusivement les emplois de la magistrature et des administrations officielles aux citoyens qui auront fourni, dans l'armée active, au moins une année de service comme officiers ou sous-officiers.

11° Ramener l'ordre de la Légion d'honneur aux principes posés par Napoléon en n'accordant les croix qu'aux officiers méritants, aux savants ou ingénieurs ayant fait d'importantes découvertes, aux artistes de premier rang déjà médaillés et aux grands fonctionnaires de l'État, à l'exclusion des innombrables compétiteurs qui sollicitent par l'intrigue ou l'argent cette distinction réservée jadis aux mérites désintéressés et dûment justifiés avec dossiers à l'appui.

CHAPITRE VI

ÉDUCATION MILITAIRE DE LA NATION ARMÉE.

Principes généraux de l'éducation. — Préparation physique et morale de l'homme de guerre.

« Mens sana in corpore sano. »
(ÉCOLE DE SALERNE.)

« On n'est pas né pour la gloire lorsqu'on ne connaît pas le prix du temps. »
(VAUVENARGUES.)

Importance capitale de l'éducation au point de vue politique et militaire.

290. — Pour obtenir le nombre d'hommes intelligents nécessaire à la prospérité d'une nation, il y a beaucoup plus à attendre d'un bon plan d'éducation de la jeunesse que d'un plan de réforme générale.

(FRANKLIN.)

291. — Voulons-nous que les peuples soient vertueux, commençons par leur faire aimer la patrie.

(J.-J. ROUSSEAU.)

292. — Partout où les hommes sont religieux, guerriers, disciplinés et instruits, on peut être à juste titre plein de bonnes espérances.

(XÉNOPHON.)

293. — Une bonne éducation politique est la première condition pour être citoyen d'une république libérale.

(D'ALEMBERT.)

294. — La nature en plaçant l'homme, pendant ses premières

années, sous la tutelle de la femme, donne à celle-ci la plus grande part dans la destinée morale des individus et des peuples.

(A. Vinet.)

295. — Il est très important d'apprendre à la jeunesse les rapports qui l'unissent à la patrie, de se saisir de bonne heure des mouvements du cœur humain pour les diriger au bien général, et d'attacher aux premières années de l'homme les anneaux de cette chaîne qui doit lier toute son existence à l'obéissance des lois et aux devoirs du citoyen.

(Mirabeau.)

296. — Il n'y a de bon patriote que l'homme vertueux ; celui qui comprend, celui qui aime tous ses devoirs et qui met tout son zèle à les accomplir.

(Silvio Pellico.)

297. — Le patriotisme qui naît des localités est aujourd'hui le seul véritable. On retrouve partout les jouissances de la vie sociale. Il n'y a que les habitudes et les souvenirs qu'on ne retrouve pas. Il faut donc attacher les hommes aux lieux qui leur présentent des souvenirs et des habitudes ; et, pour atteindre ce but, il faut leur attribuer dans leur domicile, au sein de leur commune, autant d'importance politique qu'on peut le faire sans nuire à l'ordre général.

(Benjamin Constant.)

298. — L'ignorance des masses est la condition nécessaire des gouvernements despotiques.

(Aimé Martin.)

299. — L'instruction est le besoin de tous. La société doit favoriser de tout son pouvoir les progrès de la raison publique, et mettre l'instruction à la portée de tous les citoyens.

(*Déclaration des Droits de l'homme.*)

300. — La source de la puissance d'une nation c'est l'éducation de la jeunesse. Ce n'est que par un nouveau système d'éducation très viril que la France pourra conquérir la sécurité et reprendre le premier rang parmi les puissances militaires.

(Raoul Frary.)

ÉDUCATION MILITAIRE.

Principes généraux de l'Éducation publique.

301. — Les lois perses vont au-devant du mal par l'éducation, et pourvoient dès le principe à ce que les citoyens ne se laissent pas entraîner à rien faire de mauvais ou de honteux.

(Xénophon, *Cyropédie*.)

302. — Il convient que le prince sache plus de choses et de meilleures qu'aucun de ses sujets, puisque ses connaissances doivent toujours contribuer au bien public.

(Végèce.)

303. — L'homme libre ne doit pas apprendre en esclave. Que les exercices du corps soient forcés, le corps n'en profite pas moins que s'ils étaient volontaires. Mais les leçons qui entrent de force dans l'âme n'y demeurent point.

(Platon, *République*.)

304. — Il n'y a qu'une science à enseigner à l'enfant, c'est celle des devoirs de l'homme.

(J.-J. Rousseau.)

305. — Le seul gouvernement qui se soit occupé, d'un grand cœur, de l'éducation du peuple, c'est celui de la Révolution. L'Assemblée constituante et la Législative en posèrent les principes dans une admirable lumière, avec un sens vraiment humain.

(Michelet, *le Peuple*.)

306. — Voulez-vous cultiver l'intelligence de votre élève? Développez les forces qu'elle doit gouverner; exercez continuellement son corps, rendez-le robuste et sain pour le rendre sage et raisonnable; qu'il travaille, qu'il agisse, qu'il crée, qu'il soit toujours en mouvement; qu'il soit homme par la vigueur, et bientôt il le sera par la raison.

(J.-J. Rousseau.)

307. — Il faut habituer les jeunes gens dès l'enfance à bien faire tout ce qu'ils ont à faire, à concentrer toute leur attention, toutes leurs facultés dans l'occupation qu'ils ont dans le moment,

à ne point s'en distraire, à ne jamais permettre de vagabondage à leurs pensées.

(Général Morand.)

308. — Loin que la véritable raison de l'homme se forme indépendammment du corps, c'est la bonne constitution du corps qui rend les opérations de l'esprit faciles et sûres.

(J.-J. Rousseau.)

309. — S'il y a une chose au monde qui soit progressive par sa nature, c'est l'enseignement. Qu'est-ce, en effet, sinon la transmission, de génération en génération, des connaissances acquises par la société, c'est-à-dire un trésor qui s'épure et s'accroît tous les jours ?

(Bastiat.)

310. — La seule habitude nécessaire aux enfants est de s'asservir sans peine à la nécessité des choses, et la seule habitude utile aux hommes est de s'asservir sans peine à la raison.

(J.-J. Rousseau.)

311. — L'antique Sparte avait fait une loi qui ordonnait aux jeunes gens de se lever à l'approche d'un vieillard, de se taire dès qu'il parlait, de lui céder le pas partout où ils le rencontreraient. Ce que chez nous la loi n'ordonne pas, faisons-le au nom de la bonne éducation.

(Silvio Pellico.)

312. — Nous ne travaillons qu'à remplir la mémoire et laissons l'entendement et la conscience vides.

(Montaigne.)

313. — Puisque l'État se charge d'instruire quiconque peut payer et suivre ses leçons, il doit enseigner d'abord à tous ce qui sera utile et nécessaire à tous, c'est-à-dire les langues vivantes et les éléments des sciences.

(De Quatrefages, *Discours prononcé à Lyon en 1874.*)

314. — Un programme d'instruction est toujours incomplet lorsqu'il ne comporte l'étude ni de l'hygiène, ni des moyens d'acquérir la force en même temps que la science.

(Lahaussois.)

315. — L'activité de l'intelligence, les efforts nécessaires à sa culture trouvent dans les grandes réunions de l'éducation publique un aliment et un soutien que rien ne remplace.

(Prévost-Paradol.)

316. — Nous demandons que l'on fasse des réductions sur le développement devenu trop considérable des matières scientifiques dans l'enseignement. On saura un peu moins peut-être, mais on saura mieux. Le luxe des programmes ne produit que l'appauvrissement des esprits.

(Gréard, membre de l'Académie française.)

317. — La conscience de l'homme éclairé n'a de repos que dans la vérité. Celui qui ment, son mensonge demeurât-il ignoré, porte son châtiment en lui-même ; il sent qu'il trahit un devoir et qu'il se dégrade.

(Silvio Pellico.)

318. — Sous le titre d'éducation morale, il faut comprendre l'ensemble des moyens qui peuvent agir sur l'esprit et sur le caractère de l'homme, depuis sa naissance jusqu'à sa mort ; car l'homme, environné d'objets qui font sans cesse sur lui de nouvelles impressions, ne discontinue pas son éducation.

(Cabanis.)

319. — La possibilité de l'éducation (dont l'instruction militaire n'est qu'une forme particulière) est fondée sur cette faculté que possède le système nerveux de faire passer dans l'organisation des actions volontaires en les transformant en opérations plus ou moins inconscientes, c'est-à-dire réflexes. On peut poser en règle que, si deux états mentaux quelconques sont provoqués simultanément ou successivement un certain nombre de fois et avec une certaine vivacité, il suffira plus tard que l'un d'eux se produise pour provoquer l'autre, et cela indépendamment de notre volonté.

(Huxley, *Éléments de physiologie.*)

320. — Si les pères sont assez stupides ou assez avares pour ne pas envoyer leurs enfants aux écoles, j'estime que c'est pour l'autorité un droit et même un devoir de les y contraindre. L'ignorance est plus dangereuse pour un peuple que les armes de l'ennemi.

(Luther.)

321. — Ceux-là sont les meilleurs serviteurs de Dieu, qui consacrent leur vie au développement des facultés naturelles de l'homme ; ceux qui enseignent les sciences et la sagesse sont les flambeaux et les vrais législateurs du monde, lequel sans leur secours retomberait dans les ténèbres et dans la barbarie.

(Ali-Mamoun, calife de Bagdad, 900.)

Exercices et instruction des armées.

322. — Dans les armées romaines, on craignait plus l'oisiveté que les ennemis.

(Montesquieu.)

323. — Notre supériorité tient à ce que nous savons enseigner à des soldats bien choisis la guerre par principes, les fortifier par des exercices journaliers, prévoir tout ce qui peut arriver, les diverses sortes de combats, de marches, de campements.

(Végèce.)

324. — Le Français est doué d'une vive intelligence ; il faut la développer et la guider au lieu de l'opprimer ; les partisans de l'ignorance et de la stupidité ne sont plus des gens de notre âge. Leur opinion ne prouve que leur impuissance et leur manque d'habileté ; ce sont des cavaliers maladroits qui ne trouvent d'autre moyen de se rassurer qu'en privant leur coursier des sources de sa vigueur.

(Général Morand.)

325. — C'est la valeur accompagnée des connaissances et des bonnes mœurs qui doit être portée au commandement.

(Le Comité de Salut public, Instruction.)

Nécessité d'étudier d'avance les choses de la guerre.

326. — N'est-il pas étrange qu'on en soit encore à prendre des hommes de vingt ans pour en faire des soldats sans les y avoir

préparés et qu'on attende l'âge adulte pour inculquer aux guerriers les premiers éléments de la guerre ?

(R. FRARY, *le Péril national*.)

327. — Loin d'être persuadé qu'il faille attendre la guerre pour apprendre comment on la doit faire, je pense, au contraire, que les plus grands capitaines, qui ne se sont formés que par la guerre seule, ont été sujets à commettre bien des fautes dont ils se seraient garantis s'ils avaient étudié les règles et les principes des différentes parties de la guerre. Je pense que, sans guerre, sans armée, on peut apprendre par l'étude seule et par l'exercice toute la théorie de la guerre de campagne. Cette théorie est ce que j'appelle l'art libéral de la guerre.

(Le maréchal DE PUYSÉGUR.)

328. — La guerre ne donne pas l'éducation militaire ; elle ne fait que la perfectionner ; elle ne sert même presque de rien si l'on n'y joint pas l'étude des principes. Il est donc nécessaire d'étudier la guerre avant de penser à la faire, et de s'appliquer toujours et sans cesse lorsqu'on la fait.

(FOLARD.)

329. — Philopœmen, prince d'Achaïe, est loué par les historiens de ce qu'en temps de paix il pensait toujours à la guerre, et qu'étant à la campagne avec ses amis, il s'arrêtait souvent pour examiner une position et leur demander : Si les ennemis se trouvaient sur cette colline et que nous fussions ici même avec notre armée, qui aurait l'avantage ? Comment pourrions-nous attaquer suivant les règles de l'art ? Comment ferions-nous pour battre en retraite ? Et, s'ils se retiraient, comment ferions-nous pour les couper et les poursuivre ?

(MACHIAVEL.)

330. — Quand Philippe mourut, Alexandre n'avait encore que vingt ans, et, à vingt-six ans, par sa grande capacité, il avait avec une petite armée gagné trois batailles contre Darius et conquis l'Asie. Aussi l'on peut dire que ce n'est pas à une longue expérience qu'il faut attribuer la science et la conduite d'Alexandre dans la guerre, mais à l'étude, à une excellente éducation

jointe aux grands talents distingués que la nature avait réunis dans sa personne.

(Le maréchal DE PUYSÉGUR.)

331. — Menez en campagne avec vous vos enfants, ainsi que ceux des personnages les plus considérables, et des officiers choisis, pour les instruire dans l'art de la guerre et les former au commandement. Ils apprendront à supporter les fatigues, à braver les dangers, à voir sans frissonner la mort et la douleur, à ne point s'émouvoir des cris et du tumulte des combats.

(Empereur LÉON.)

332. — Pompée, à l'âge de cinquante-huit ans, allait combattre tout armé avec les jeunes gens; il montait à cheval, courait à bride abattue à travers tout terrain et lançait des javelots.

(PLUTARQUE.)

333. — Une étude d'histoire militaire qui ferait connaître comment nos frontières ont été défendues, dans les différentes guerres par les grands capitaines, ne saurait produire que de très grands avantages. J'ai beaucoup étudié l'histoire et souvent, faute de guide, j'ai été induit à perdre un temps considérable en lectures inutiles.

(NAPOLÉON, 1807.)

334. — Il importe de développer dans tous les rangs de l'armée le goût du travail intellectuel et de la réflexion qui seuls peuvent donner aux officiers l'instruction indispensable pour accomplir les devoirs imposés par la noble carrière des armes.

(Général CHANZY.)

Endurcissement corporel et entraînement des armées par des exercices continuels.

335. — Nous remarquons aujourd'hui que nos armées périssent beaucoup par le travail immodéré des soldats; et cependant c'était par un travail immense que les Romains se conservaient. La raison en est, je crois, que leurs fatigues étaient continuelles,

au lieu que nos soldats passent sans cesse *d'un travail extrême à une extrême oisiveté,* ce qui est la chose du monde la plus propre à les faire périr.

(Montesquieu.)

336. — Il faut endurcir les armées aux travaux et aux fatigues, ne pas les laisser chômer dans la mollesse des garnisons en temps de paix.

(Jomini.)

337. — L'état du soldat est un perpétuel exercice de la force et de la vertu, par la nécessité où il met l'homme d'éprouver un grand nombre de privations et d'exposer fréquemment sa vie.

(Bernardin de Saint-Pierre.)

338. — C'est par les travaux de Boulogne, d'Ambleteuse et de Vimereux, que se formèrent les soldats de la Grande-Armée.

(Général Morand.)

339. — Il importe d'exercer les armées à de grandes manœuvres, à bivouaquer, à cantonner; ce sont là des simulacres fort incomplets des guerres effectives, mais qui y préparent incontestablement les troupes.

(Jomini.)

340. — Les succès d'une armée et la victoire définitive peut-être dépendent de l'habitude que les soldats ont acquise des fatigues qu'il faut supporter en campagne.

(Général Morand.)

341. — Ayant pris garde que les hommes se plaisent surtout aux exercices qui entretiennent l'émulation, Cyrus propose des luttes pour tous les travaux dans lesquels il juge que ses soldats doivent exceller; il distribue des récompenses aux vainqueurs, recommandant toujours au simple soldat de se montrer docile à ses chefs, laborieux, audacieux sans indiscipline, bien instruit de son métier, soigneux de ses armes, jaloux de bien faire en toutes choses.

(Xénophon, *Cyropédie.*)

342. — Napoléon, cherchant à répandre un peu d'animation dans ses camps, où ses jeunes troupes, sauf les heures consacrées

aux manœuvres, avaient été oisives pendant deux mois, imagina, pour les occuper, un genre d'exercice à la fois attrayant et utile. Il avait ordonné de les faire tirer à la cible, et, pour les intéresser davantage à cet exercice si important, il voulut qu'on leur distribuât des prix proportionnés à leur adresse. Les meilleurs tireurs de chaque compagnie, au nombre de six, devaient recevoir un prix de 4 francs, puis se réunir à tous ceux du même bataillon, se mesurer ensemble et concourir pour un nouveau prix triple du précédent. Ceux des bataillons devaient se réunir par régiments, ceux des régiments par divisions, ceux des divisions, par corps d'armée, et concourir de nouveau pour des prix successivement plus élevés, de telle façon que les meilleurs tireurs d'un corps d'armée pouvaient remporter des prix qui allaient jusqu'à cent francs. Tous ces prix représentaient une dépense d'une centaine de mille francs, ce qui était peu de chose et avait, outre l'avantage inappréciable d'améliorer le tir, celui d'occuper, d'amuser les hommes, de leur fournir l'occasion et le moyen de régaler leurs camarades.

(Thiers, *Histoire de l'Empire.*)

343. — C'est une chose banale de le répéter aujourd'hui tant cela est devenu évident : l'adresse au tir est à présent l'un des facteurs les plus importants de nos succès militaires. C'est donc faire œuvre éminemment utile que de généraliser les concours de tir et de les faire entrer dans la pratique et dans les mœurs du pays.

(Général Saussier, 1892.)

Tous les exercices militaires doivent avoir pour but d'habituer l'officier et le soldat à ce qui se fait à la guerre.

344. — Il faut que tous les exercices aient pour but d'habituer l'officier et le soldat à ce qui se fait à la guerre, qu'ils aient lieu la nuit comme le jour, sur des terrains boisés, mamelonnés, accidentés, sur les flancs des montagnes, à travers les marais, les ravins, comme dans une plaine ou au champ de Mars.

(Général Morand, 1826.)

345. — Le principal de l'exercice, ce sont les jambes et non pas les bras; c'est dans les jambes que se trouve tout le secret des manœuvres, des combats, et c'est aux jambes qu'il faut s'appliquer.

(Maréchal DE SAXE.)

346. — Après trois ans de services et d'exercices bien dirigés, le soldat d'infanterie, de cavalerie et même d'artillerie est instruit suffisamment, l'expérience l'a prouvé.

(Général MORAND.)

347. — L'instruction doit être donnée au soldat, à tous les degrés, dans l'unité tactique même (compagnie, escadron, batterie) sous la responsabilité de son chef, en y plaçant les hommes du contingent dès leur appel à l'activité. Mais il faut pour cela rompre avec nos habitudes de lenteur et de théories compliquées. En deux mois, l'homme doit être apte à figurer dans le rang; en quatre mois, son instruction première peut être complète. A partir de ce moment, la compagnie doit passer les trois quarts de son temps en dehors du quartier et même du champ de manœuvres, occupée exclusivement à la pratique des véritables mouvements de la guerre.

(Général CHANZY.)

348. — L'instruction tactique doit être conduite de façon à appliquer toutes les manœuvres aux terrains et aux événements de la guerre; de sorte que, dans tous ses mouvements, par tous les ordres qu'elle reçoit, une troupe voie l'ennemi en sa présence; de sorte qu'après une longue paix les officiers et les soldats aient l'expérience et l'habitude de la guerre; de sorte que l'instruction d'un chef de bataillon suffise à un général, et qu'un chef de bataillon sache et ne puisse agir que comme doit le faire un bon général.

(Général MORAND.)

349. — C'est en temps de paix que l'on forme les soldats; mais il faut les former pour la guerre par des exercices variés et intelligents et non par des parades.

(Colonel COURNAULT.)

Éducation psychologique et formation de l'esprit guerrier
chez les soldats et les chefs.

350. — Il faut bien enseigner aux soldats l'avantage de l'ordre, du travail, de l'obéissance complète aux lois, afin qu'ils parviennent à comprendre qu'il n'y a de bonheur que dans l'accomplissement du devoir du citoyen.
(Général Morand.)

351. — Plus les devoirs sont grands et pénibles, plus les raisons sur lesquelles on les fonde doivent être sensibles et fortes.
(J.-J. Rousseau.)

352. — Il considérait l'armée comme un apprentissage des vertus nécessaires, comme le complément de toute éducation virile ; il estimait que c'est là que se trempent fortement les âmes.
(Émile Augier.)

353. — Les Romains, en général, ne connaissaient que l'art de la guerre, qui était la seule voie pour aller aux magistratures et aux honneurs. Aussi les vertus guerrières restèrent à Rome après qu'on eut perdu toutes les autres.
(Montesquieu.)

354. — La guerre contre Pyrrhus ouvrit l'esprit aux Romains ; avec un ennemi qui avait tant d'expérience, ils devinrent plus industrieux et plus éclairés qu'ils n'étaient auparavant.
(Montesquieu.)

355. — Les Romains n'avaient aucune connaissance de la navigation : une galère carthaginoise échoua sur leurs côtes ; ils se servirent de ce modèle pour en bâtir ; en trois mois de temps, leurs matelots furent dressés, leur flotte fut construite, équipée ; elle mit à la mer, elle trouva l'armée navale des Carthaginois et la battit.
(Montesquieu.)

356. — Les Romains ont vaincu toutes les nations par leur activité et leur discipline ; ils se sont fait de la guerre une méditation continuelle, et *ils ont toujours renoncé à leurs usages*, sitôt

qu'ils en ont trouvé de meilleurs, différant en cela des Gaulois, qu'ils ont vaincus pendant plusieurs siècles, sans que ces derniers aient songé à se corriger.

(Maréchal de Saxe.)

357. — Sous la discipline du prince d'Orange, son oncle maternel, Turenne apprit l'art de la guerre en qualité de simple soldat.

(Fléchier.)

358. — Parmi les connaissances nécessaires à un chef d'armée, une des plus importantes est celle des sites et des pays, parce que, sans cette connaissance, on ne peut former aucune solide entreprise de guerre. Cette pratique des localités s'acquiert par la chasse plus que par tout autre exercice. Aussi les historiens de l'antiquité rapportent que ces héros qui, dans leur temps, gouvernèrent le monde, passaient leur vie dans les forêts et à la chasse, parce que ce délassement, outre la connaissance particulière des lieux, donne une infinité d'autres notions indispensables à la guerre.

(Machiavel, Discours sur la première Décade de Tite-Live.)

359. — Le jeune Bonaparte, doué de ce génie universel qui rend les hommes propres à tous les emplois, avait de plus une disposition qui lui était particulière, c'était l'application à étudier le sol sur la carte et le penchant à y chercher la solution des phénomènes de la politique comme des problèmes de la guerre. Sans cesse couché sur des cartes, ce que font trop rarement les militaires et ce qu'ils faisaient encore moins avant lui, il méditait continuellement sur la configuration du sol où la guerre sévissait alors.

(Thiers, *Histoire du Consulat.*)

360. — Philopœmen était savant, comme la plupart des grands capitaines, et s'attachait surtout à l'étude de la philosophie et de l'histoire, si nécessaire aux gens de guerre.

(Folard.)

361. — Craignons-nous donc de ne pouvoir pas apprendre ce que les autres ont appris de nous? C'est dans les livres qu'il faut

étudier ce qui se pratiquait autrefois; mais personne, depuis longtemps, ne s'est donné la peine d'y rechercher ces pratiques négligées, parce qu'au sein d'une paix florissante on ne voyait la guerre que dans un grand éloignement.

(VÉGÈCE.)

362. — Sans théorie fondée sur des principes, projets, marches, sièges, camps, entreprises, batailles, tout ce que l'on exécute se fait *casu non arte,* comme dit Végèce.

(Maréchal DE PUYSÉGUR.)

363. — Marcher quand on marche, s'arrêter quand on s'arrête, se camper quand on campe, manger quand on mange, se battre quand on se bat, voilà ce qu'est la guerre pour la plupart des officiers qui la font.

(FRÉDÉRIC II.)

364. — Un jeune homme qui veut savoir à fond le métier de la guerre ne doit pas tenir au-dessous de lui d'aller en partie, soit à pied, soit à cheval, avec les bons partisans de l'armée et de s'en faire aimer, afin d'apprendre d'eux cette espèce de guerre si instructive, et se rendre dans la suite capable de l'ordonner à propos, lorsqu'il sera parvenu au commandement.

(FEUQUIÈRES.)

365. — L'instruction est dans l'étude des campagnes les plus mémorables. L'enseignement dogmatique s'appuie sur des faits : on peut les choisir dans les succès comme dans les revers, en faisant dans le récit de chaque événement la part des combinaisons et du hasard.

(MARMONT.)

366. — Le jeune Bonaparte ignorait beaucoup de choses, mais il devinait celles qu'il ne savait pas. Il avait fait la guerre, pourvu à l'entretien d'armées nombreuses, administré des provinces conquises, négocié avec l'Europe : c'était là le meilleur apprentissage dans l'art de gouverner. Pour les esprits supérieurs, mais pour ces esprits seulement, la guerre est une excellente école : on y apprend à commander, à se décider et surtout à administrer. Aussi le nouveau consul paraissait-il avoir sur toute chose une opinion faite ou une opinion qui se faisait avec la ra-

pidité de l'éclair, surtout après avoir entendu les hommes spéciaux qui étaient les seuls qu'il écoutât, et uniquement sur l'objet de leur spécialité.

(Thiers, *Histoire du Consulat.*)

367. — Lisez, relisez les campagnes d'Alexandre, Annibal, César, Gustave-Adolphe, Turenne, Eugène et Frédéric ; modelez-vous sur eux. Voilà le seul moyen de devenir grand capitaine et de surprendre les secrets de l'art de la guerre. Votre génie, éclairé par cette étude, vous fera rejeter les maximes opposées à celles de ces grands hommes.

(Napoléon.)

368. — Si Wurmser avait profité des leçons de Frédéric, il n'aurait pas, sans doute, formé de son armée deux corps séparés par un lac, qui furent battus l'un après l'autre. On sait qu'Alvinzi, Cobourg, le prince de Lorraine et Brown furent accablés en détail pour avoir manqué aux premiers principes de l'art de la guerre.

(Jomini.)

369. — L'étude est l'arsenal dans lequel vous puiserez vos armes au jour de l'action. Étudier avec soin aide à penser et à agir vite, c'est tout le secret de l'officier modèle.

(De Brack.)

370. — Gardez-vous de vouer à une science devenue favorite, un culte tellement exclusif qu'il vous fasse mépriser les autres sciences auxquelles vous n'aurez pu vous appliquer.

(Silvio Pellico.)

371. — L'idée que la théorie et l'étude de la guerre ne sauraient donner de résultats positifs, séduit les paresseux, qui se figurent volontiers qu'on réussit sans travailler lorsqu'on a le *génie*, et qui croient naturellement avoir d'autant plus de génie qu'ils sont plus paresseux.

(Rustow, *l'Art militaire au* XIXe *siècle.*)

372. — Lorsque l'empereur Napoléon partait pour l'armée, il emportait une bibliothèque de voyage composée, en petits for-

mats, de ce qu'il y avait de meilleur en littérature, en histoire et en livres et cartes relatifs aux pays qu'il devait parcourir.

(*Notice sur M. Barbier*, ex-administrateur de la Bibliothèque royale.)

373. — De même que le magistrat doit connaître les règles de la justice, le prêtre la religion, le médecin l'art de guérir nos maux, de même le guerrier doit connaître à fond l'art militaire. Il répond du sang de ses frères, que, faute d'instruction et de vigilance, il a laissé répandre, et du sang même de l'ennemi, qu'avec plus de science et d'habileté il eût pu épargner.

(M. A. de Noë, évêque de Luçon.)

374. — Quel membre du grand corps de l'armée ne sent pas aujourd'hui le besoin de s'exercer par l'étude à traduire le plus sûrement et le plus vite possible devant l'ennemi l'impulsion de plus en plus instantanée de la tête ? Qui ne reconnaît enfin que la poussière des livres peut habituer à lire à travers celle des champs de bataille ?

(Colonel Fervel, 1869.)

375. — Ne bornez pas votre instruction aux limites resserrées du cadre de vos devoirs de garnison ; franchissez-les par l'étude, par cette étude ardente qui jette pour ainsi dire notre âme tout entière à la recherche des objets dont nous voulons acquérir la connaissance.

(Général de Brack.)

376. — Il importe que l'étude des sciences militaires *soit protégée et récompensée* par le Gouvernement.

(Jomini.)

377. — La création d'un « Institut militaire » en France offrirait les mêmes avantages que les autres académies pour le perfectionnement de la science de la guerre.

(Général Lewal.)

Nécessité absolue d'organiser en France l'éducation militaire nationale.

378. — Tous les sacrifices que la France s'impose depuis dix ans au point de vue militaire, les approvisionnements de vivres et d'effets, la construction à grands frais des armes, des casernes, des forteresses, les études savantes des états-majors, les règlements techniques, les combinaisons profondes des stratégistes doivent tendre vers un but unique : « Donner à notre pays une armée nombreuse, disciplinée, composée de soldats solides, bien instruits et bien conduits. » C'est là une vérité fondamentale que personne n'osera contester.

Qu'entend-on par un soldat bien instruit ? C'est un homme de 20 à 40 ans, capable de faire campagne et sachant tirer un coup de fusil avec sang-froid et précision. Or, l'expérience a montré qu'il ne suffit pas d'enrôler un homme et de lui donner un fusil de munition pour qu'il devienne instantanément un bon soldat. Il faut, pour faire d'un simple citoyen un combattant, une forte éducation nationale suivie d'une instruction militaire pratique dirigée avec méthode.

Pour qu'un jeune homme de 20 ans appelé sous les drapeaux puisse acquérir en trois ans de service une instruction militaire suffisante, il faut qu'il ait déjà passé par une période de préparation élémentaire. Il est indispensable que de 15 ans à 20 ans il ait subi dans sa famille, à l'école, au collège, à l'atelier ou dans sa commune, un premier dressage moral et physique qui ait fortifié son intelligence et son corps. Cette éducation a existé chez presque tous les peuples guerriers sous forme d'institution nationale. Elle est passée dans les mœurs des Allemands et des Anglais, chez qui les exercices de vigueur et d'adresse sont en grand honneur ; elle est très peu développée chez nous, où la population s'est progressivement amollie en prenant des habitudes bourgeoises ou bureaucratiques. Voilà douze ans que l'invasion a mis en pleine lumière notre faiblesse constitutionnelle au point de vue de l'éducation nationale. On a pu improviser, en 1870, des soldats de bonne volonté, mais on a été impuissant à former rapidement un grand nombre de troupiers sachant marcher et employer leurs armes. Tous les hommes de sens et les législateurs dignes de ce nom ont reconnu que cette impuissance provenait surtout de l'absence d'éducation première, et cependant aujourd'hui que douze années sont écoulées, aucune institution nouvelle n'a été créée par nos législateurs pour remédier à ces défauts constitutionnels. Rien ou presque rien n'a été fait pour élever les cœurs et fortifier les corps ; aucun ministre n'est venu nous proposer une loi patriotique dont l'application pût nous donner une jeunesse saine, vigoureuse, rompue aux exercices du corps, capable de porter les armes et de subir les fatigues des marches et de la guerre. Il n'existe ni gymnases communaux, ni tirs cantonaux, ni concours annuels de marche et de tir pour exciter l'émulation des citoyens et encourager la pratique des exercices de la guerre. On donne des prix aux chevaux et aux bêtes de labour, on n'en donne pas aux hommes qui se signalent par leur vigueur et leur adresse. On fait partout des concours agricoles ou hippiques, on ne songe pas à faire des concours de marcheurs, de coureurs et de tireurs. Or, ces institutions, qui florissaient dans les républiques de l'antiquité et qui font la force de l'armée fédérale suisse, sont de celles qu'un gouvernement prévoyant peut créer facilement en quelques années avec le concours de toutes les bonnes volontés.

Bon pied, bon œil, bon coup de fusil, tout l'essentiel du soldat moderne est renfermé dans ces trois attributs. Aujourd'hui, comme en 1869, quand le conscrit arrive au régiment, il est généralement mal dégrossi, incapable de faire 30 kilomètres sans fatigue et de tirer un coup de fusil. Il ne possède donc aucune des trois qualités primordiales. Tout est à faire pour transformer en soldat cet homme primitif lourd et maladroit qui n'a jamais tenu un fusil. Il faut qu'en trois ans ses instructeurs lui apprennent à marcher et à manier son arme.

Comment doit-on s'y prendre pour faire du conscrit un marcheur solide ?

Il faut d'abord le pourvoir de bonnes chaussures, faites pour son pied et qui ne le blessent pas [1]. On doit ensuite l'assouplir par une série d'exercices préparatoires de gymnastique et de marche, de façon à l'amener *progressivement* à exécuter sans grande

---

[1]. C'est là un détail qui semble insignifiant et qui a cependant une importance capitale. Un mauvais type de chaussure peut empêcher des régiments entiers de marcher.

fatigue dix étapes consécutives de 35 kilomètres, sac au dos. Il ne s'agit pas de donner cette éducation à quelques régiments, au hasard du changement de garnison et selon la fantaisie des colonels ; il faut veiller à ce que ce dressage à la marche soit appliqué réglementairement à la totalité des hommes de chaque contingent. Nous avons maintes fois constaté, dans nos garnisons, que cette partie de l'instruction est généralement négligée ou conduite par à-coups et sans méthode uniforme. Si l'on veut s'en convaincre, on n'a qu'à examiner la façon dont 10 régiments, pris au hasard dans l'armée, mettent en pratique ce que l'on nomme la *marche militaire*, on sera frappé de la discordance et des irrégularités que présentent ces exercices dans chacun des régiments soumis à l'épreuve. Les uns font une promenade militaire par mois, tout au plus ; celui-ci fait des marches de 4 ou 5 kilomètres, celui-là pousse jusqu'à 20 kilomètres, mais c'est une exception. Aucune règle ne fixe le nombre, l'étendue, la durée et la progression des marches d'école pendant une année. Le ministre n'arrivera à réglementer cette partie si importante du dressage du soldat, qu'en chargeant spécialement certains inspecteurs généraux d'examiner rigoureusement, chaque année, à l'improviste, la manière dont les soldats sont chaussés et dont les marches militaires sont exécutées dans chaque régiment. Une preuve frappante de l'infériorité qui caractérise certains régiments d'infanterie au point de vue de la marche, ce sont les réclamations que leurs colonels adressent à l'autorité supérieure quand, par hasard, le champ de manœuvre ou le champ de tir se trouvent à plus de 4 kilomètres de la garnison. Ils n'hésitent pas à demander un champ d'exercices plus rapproché, sous prétexte que les troupes sont fatiguées d'aller à 5 kilomètres de la ville pour exécuter l'école de bataillon ou le tir à la cible. Nous doutons que des régiments comme ceux-là soient capables de renouveler les belles marches soutenues des troupes napoléoniennes. N'oublions pas qu'apprendre au soldat à bien marcher et savoir régler la marche des colonnes, c'est la moitié de la science militaire [1].

---

1. Aujourd'hui ce contrôle comparatif de la marche des divers régiments pourra être utilement fait par les généraux inspecteurs d'armée qui seuls sont en mesure de faire faire des expériences de marche et de vitesse sur des régiments appartenant à des corps d'armée différents.

En ce qui concerne *le tir du fusil de guerre,* il règne encore beaucoup d'incertitude et d'irrégularité. L'instruction du tir, dont *l'importance capitale domine tout,* n'a pas encore été réglementée d'une façon uniforme et méthodique. C'est en effet une œuvre difficile que d'arriver à dresser en trois ans 400,000 hommes à bien tirer un coup de fusil, quand ces hommes n'ont pas été antérieurement familiarisés avec l'usage des armes à feu. Plusieurs ministres de la guerre se sont déjà succédé au pouvoir sans obtenir de résultats satisfaisants dans cette partie de l'instruction militaire la plus importante de toutes et sans laquelle les autres accessoires de l'armée deviennent en quelque sorte inutiles. Il est en effet absolument oiseux de nourrir, d'habiller et de loger aux frais du budget 400,000 citoyens, si ces citoyens sont incapables de se servir utilement de leurs fusils en présence de l'ennemi. — Il est donc essentiel (et l'on ne saurait se lasser de le répéter), que le Gouvernement songe enfin à créer ou au moins à patronner dans toute la France des *tirs cantonaux* ou *des concours territoriaux* dans lesquels les jeunes gens de 15 à 20 ans seraient *obligés* de venir s'exercer au tir des armes de guerre, sous la direction et la surveillance d'officiers retraités.

Chaque trimestre il y aurait au chef-lieu du département un concours de tir public ouvert entre tous les jeunes gens de moins de 20 ans, et l'on distribuerait aux vainqueurs des prix et des médailles offertes par les villes et les communes. Tout conscrit qui arriverait au régiment porteur de la médaille civile de tir et de gymnase serait aussitôt inscrit au contrôle des bons tireurs du corps et renvoyé dans ses foyers six mois ou un an avant les hommes de sa classe. Ce serait là un moyen très efficace et très pratique d'avoir rapidement de jeunes soldats en état de tirer un coup de fusil en arrivant sous les drapeaux.

Cette institution des Gymnases et tirs cantonaux avec concours trimestriels est une œuvre patriotique dont la nécessité s'impose et dont les conséquences seront immenses au point de vue de la constitution d'une armée nationale. Grâce à elle, l'instruction complète du soldat dans les champs de tir aux grandes distances deviendra possible et rapide. On pourra alors arriver sans difficulté à faire dès le début de l'instruction, dans chaque régiment, un classement entre les hommes destinés à devenir des tireurs d'élite aux grandes distances et ceux dont on ne peut faire que des tireurs moyens. On sait en effet qu'un soldat quelconque peut parvenir, avec de l'exercice, à tirer suffisamment bien jusqu'à 400 ou 500 mètres, mais peu d'hommes ont une assez bonne vue pour être en état de tirer avec précision au delà de 500 mètres. Ainsi avec le fusil nouveau modèle, qui est une arme à longue portée, on devra former deux catégories distinctes d'élèves : ceux qui tireront au-dessous de 500 mètres, ce sont les plus nombreux, et les *sujets choisis* à qui on enseignera le tir aux grandes distances. Chaque année, à l'inspection générale, on désignerait dans les corps les hommes possédant pour le tir une aptitude spéciale et dont on peut espérer faire des tireurs d'élite. Ces tireurs d'élite seraient conservés dans l'armée à l'aide d'un système de rengagement, avec prime, de façon à en maintenir environ 10 p. 100 dans chaque compagnie ou dans chaque escadron. On créerait ainsi une catégorie de tirailleurs de 1re classe qui, dans les circonstances difficiles ou exceptionnelles du combat, rendraient les plus grands services contre l'artillerie, contre la cavalerie, ou bien dans l'attaque et la défense des positions fortifiées. Tous les officiers qui ont fait la guerre savent par expérience que 40 à 50 bons tireurs bien postés et chargés de la mission d'éteindre le feu d'une batterie d'artillerie, produisent un effet destructeur plus certain qu'un bataillon entier de tireurs médiocres. Il ne faut rien négliger pour développer et encourager dans l'armée le goût et la pratique du tir. Un moyen sûr d'accroître le nombre des bons tireurs serait de créer des grades spéciaux de caporal et de sergent de tir dans chaque compagnie, et d'instituer des concours de tir réguliers avec des prix d'une certaine importance, comme le faisait Napoléon au camp de Boulogne. C'est fort bien d'avoir créé une école spéciale où l'on forme des capitaines de tir très savants, mais il faut que ces capitaines de tir transforment nos 400,000 hommes en tireurs, et ce problème est loin d'être résolu actuellement.

Un inspecteur général qui veut se rendre pratiquement compte de la valeur guerrière d'un régiment d'infanterie, n'a qu'à ordonner une prise d'armes et emmener lui-même la troupe exécuter une séance de tir à la cible à 12 ou 15 kilomètres de la garnison. Si le régiment ne laisse pas de traînards en route, s'il se forme bien en arrivant sur le terrain et si les hommes fournissent une bonne moyenne générale de tir entre 200 et 800 mètres, le régiment peut être considéré comme instruit pour la guerre. Si, au contraire, la troupe marche mal, se forme difficilement et en désordre et si l'épreuve du tir laisse à désirer, il est inutile d'entrer dans plus de détails, on peut affirmer que le régiment est mal instruit et mal commandé. C'est là un criterium infaillible qui devrait être appliqué réglementairement chaque année. Nous ne cesserons pas de le répéter avec l'obstination du vieux Caton : *Il faut enseigner à tout citoyen français à marcher et à tirer*. Le ministre qui parviendra à vulgariser et à rendre méthodique en France l'instruction *de la marche et du tir de guerre* aura fait plus pour la grandeur et le salut de sa patrie que tous ses prédécesseurs réunis. Son nom restera gravé dans les annales de notre nation [1].

Mars 1882.

(R. H., chef de bataillon du génie.)

379. — Un État n'acquiert des officiers capables qu'en soignant l'éducation publique et en protégeant les sciences dont le résultat s'applique à la guerre, à la marine, comme aux arts, à la culture des terres, à la conservation des hommes et des êtres vivants.

(NAPOLÉON.)

Éducation civile et militaire.

> « S'il est vrai que l'homme soit un assemblage de misères et de grandeurs, il faut reconnaître que le privilège de recevoir et de transmettre l'éducation est une grandeur qui compense bien des misères. »
> (PRÉVOST-PARADOL.)

La première et la dernière pensée de ce chapitre sont empruntées à deux grands hommes qui ont exercé

---

1. Depuis quelques années, l'idée d'une éducation militaire nationale a fait de sérieux progrès en France. Grâce à l'initiative intelligente de quelques officiers de l'armée territoriale, encouragée par M. le général Saussier, on a réussi à organiser des concours de tir et de marche qui ont déjà donné d'excellents résultats.

une influence profonde sur les destinées du nouveau et de l'ancien monde. Franklin et Napoléon, le génie de la paix et le génie de la guerre, sont tous deux d'accord pour proclamer l'importance capitale de l'éducation publique, qu'ils considèrent comme la cause prépondérante de la grandeur des peuples.

Cette éclatante vérité a été reconnue par tous les hommes d'État qui ont su s'élever au-dessus des préjugés aristocratiques, et l'expérience a montré que le degré de civilisation et de supériorité morale d'une nation a pour mesure l'étendue des efforts et des sacrifices qu'elle s'impose pour mettre tous les citoyens qui la composent en possession de toute la puissance physique et morale dont ils sont susceptibles. Quelle garantie de force et de sécurité la France ne trouvera-t-elle pas dans une armée nationale composée de soldats qui, tous sans exception, auront puisé, dans la famille et à l'école : la vigueur physique, une bonne instruction première, la moralité des habitudes, la vivacité de l'intelligence et la fermeté du caractère! Dans une telle armée, ainsi recrutée avec des éléments bien préparés et déjà instruits, le développement de l'instruction et des qualités militaires, le maintien de la discipline, s'obtiendront avec une facilité extrême et une économie considérable de temps et d'argent. Ainsi, on peut affirmer que toute dépense supplémentaire affectée au budget de l'instruction publique se transforme, à courte échéance, en une forte économie sur le budget de la guerre.

L'*Éducation* a pour objet d'amener progressivement

l'adulte au développement harmonieux et complet de ses facultés physiques, morales et intellectuelles. Elle doit se proposer de faire des hommes, c'est-à-dire des êtres vigoureux, bien équilibrés, maîtres d'eux-mêmes, et préparés par des épreuves viriles à toutes les luttes de la vie.

Mettre en œuvre et diriger les forces, l'activité et les aptitudes nationales de façon à leur donner leur maximum de valeur et à les faire tourner au profit de l'ordre et du bien publics, telle est la haute mission de l'éducation populaire.

L'*Instruction* n'est qu'une partie de l'éducation ; elle a plus particulièrement pour but de faire acquérir aux organes et à l'esprit de l'homme l'habitude des procédés pratiques et les connaissances nécessaires à tout citoyen d'une société civilisée : elle comprend aussi les hautes études scientifiques qui sont le partage d'une minorité douée d'aptitudes exceptionnelles. Il ne faut pas oublier que l'instruction sans l'éducation peut offrir de sérieux dangers : c'est un instrument puissant, une arme à deux tranchants, dont l'éducation seule peut enseigner l'usage utile et opportun.

C'est aux chefs de famille et au ministre de l'instruction publique qu'incombent le devoir et la haute responsabilité de l'éducation publique. L'historien et le philosophe sont donc en droit de leur demander un compte sévère de la valeur de nos officiers et de nos soldats, car ils ont la tâche de préparer la pépinière où l'armée nationale puisera des défenseurs d'autant plus dévoués et d'autant plus intelligents qu'ils auront été mieux cultivés.

L'éducation nationale comprend deux branches, qui doivent être toutes deux, en France, l'objet de perfectionnements auxquels le Gouvernement ne saurait consacrer trop d'attention et d'encouragements ; ce sont :

I. L'éducation et l'instruction générale des citoyens ou éducation civile ; — II. L'éducation et l'instruction spéciales de l'armée nationale.

Éducation civile. — Nous sommes obligés de reconnaître que, dans notre pays, cette partie capitale de l'art de former des citoyens laisse encore beaucoup à désirer ; malgré quelques légères améliorations réclamées et difficilement obtenues par les meilleurs esprits, nous sommes restés dans cette voie bien en arrière de la Suisse, de l'Allemagne et des États-Unis. Or, en matière d'éducation, celui qui n'avance pas recule, comme a dit Franklin. Une nation qui ne fait pas tous ses efforts pour inculquer à ses enfants une bonne éducation, leur en donne nécessairement une mauvaise. L'enfance et la jeunesse doivent être entourées de soins incessants, ayant pour objet de développer simultanément, et dans de justes proportions, la santé, la vigueur et les facultés physiques, l'esprit de discipline, les mœurs, les sentiments, le caractère et l'intelligence ; d'où trois divisions distinctes qui sont : le dressage physique, l'éducation morale, l'enseignement intellectuel.

1° *Le dressage physique* consiste à développer et à exercer régulièrement les organes du corps et les sens par l'application méthodique de procédés pratiques. Il comprend : l'hygiène de l'allaitement et de l'enfance ; — l'organisation sanitaire des bureaux de nourrices, des crèches, des salles d'asile ; — la salubrité publique ; — la surveillance de l'aménagement intérieur des écoles, des pensionnats, des ateliers, des lycées, des lieux de réunions publiques, au triple point de vue de la lumière, de la ventilation, de la salubrité ; — l'endurcissement du corps des jeunes gens aux fatigues par une alimentation frugale, par des vêtements larges et simples, par des exercices bien gradués, exécutés à l'air libre en toute saison, tels que : la marche, la course, la gymnastique, les manœuvres militaires simples, les chants en chœurs, la danse, l'équitation, l'escrime, la natation, la chasse, les voyages à pied, etc. — Ce dressage est la meilleure préparation à la discipline militaire.

2° *L'Éducation morale* qui a pour but de former les mœurs, le sens moral, les sentiments et le caractère. — C'est la partie la plus difficile et la plus délicate ; elle est intimement liée à l'organisation de la famille et des grands centres industriels, aux habitudes morales de la nation, au respect de l'opinion publique ; l'État peut néanmoins exercer sur elle une influence très efficace par l'amélioration de certaines lois, par des récompenses nationales, par l'encouragement des sociétés et des œuvres moralisatrices, par un contrôle très sévère des industries immorales et par les bons exemples. Il faut dresser de bonne heure l'enfant à l'obéissance, au respect de la famille, de l'autorité et de l'armée; favoriser l'éducation religieuse au sein de la famille; développer le goût du travail individuel et des occupations utiles, par la régularité de l'emploi du temps et par des lectures bien choisies; accoutumer la jeunesse à fixer son attention, à dominer ses passions en fuyant l'oisiveté, à observer la discipline et la politesse dans les relations; exciter en elle, par des récompenses, par l'exemple et par l'émulation, les sentiments du juste et de l'injuste, du bien, du beau, du respect de la propriété et de la liberté; les habitudes de sincérité, de probité et de générosité; le courage, la persévérance, la fermeté du caractère; la passion de l'honneur et l'amour de la patrie.

3° *L'Enseignement intellectuel* a pour objet le développement progressif des forces cérébrales et des facultés de l'entendement, telles que la mémoire, le jugement, l'imagination, le goût; et l'acquisition des connaissances littéraires, scientifiques et techniques, qui constituent l'instruction, véritable patrimoine intellectuel d'une nation civilisée. Cet enseignement, qui peut s'élever jusqu'aux plus hautes conceptions de la pensée humaine, comprend trois degrés :

a) *L'Enseignement primaire*, qui embrasse la lecture, l'écriture, les éléments de la langue nationale, le calcul arithmétique, les exercices de mémoire, les premières notions d'histoire, de géographie, de comptabilité et des sciences industrielles.

b) *L'Enseignement secondaire*, qui comporte à peu près le programme de nos lycées et celui des écoles dites d'enseignement secondaire spécial dont M. Duruy a posé les bases en France. Ce genre d'enseignement a encore besoin d'être amélioré dans le sens pratique et moderne; on devra y accorder une sérieuse importance à l'étude des langues vivantes, de l'histoire contemporaine, de la cosmographie, de la géographie et de l'anthropologie modernes, — des sciences mathématiques, physiques et chimiques appliquées à l'industrie, — de l'agriculture, — de la topographie, — du dessin. — Sans négliger la littérature et la philosophie, qui doivent dominer dans les classes supérieures, il faudra y introduire des notions pratiques du droit moderne, — de finances, — de comptabilité, — d'administration, — d'économie politique et d'art militaire. Il ne s'agit pas de former dans ces établissements des orateurs, des poètes, des philosophes, des savants, des inventeurs, des artistes hors ligne. Ceux-là se forment seuls ou dans des écoles spéciales. Ce n'est, en effet, que par le travail personnel et par la méditation profonde que l'homme bien doué peut sortir de la foule et devenir un homme supérieur. L'État ne peut créer des hommes de génie, mais il a le devoir de former des citoyens sains de corps et d'esprit, doués d'un jugement droit et sûr; connaissant leurs devoirs, capables de remplir simplement et consciencieusement leurs fonctions dans l'armée, dans l'agriculture, l'industrie, le commerce, les administrations publiques, etc. Or, on ne peut arriver à ce résultat qu'en mettant à la portée de toutes les fortunes et des intelligences moyennes, une instruction secondaire simple, pratique et conforme aux progrès de la société moderne.

c) *L'Enseignement supérieur* se donne dans les facultés, dans les grandes écoles du Gouvernement et dans quelques institutions libres. Il doit embrasser toutes les sciences humaines, la littérature générale, l'histoire, la philologie, les sciences physiques, mathématiques et morales, la médecine, — les beaux-arts, — l'art de la guerre, — les arts industriels, l'économie politique et sociale, la philosophie, la psychologie, etc. Cet enseignement, destiné à fournir au pays des magistrats, des médecins, des ingénieurs, des savants, des artistes, doit être prodigué et encouragé avec la plus grande libéralité. C'est au développement et à la protection éclairée accordée aux études libérales qu'une nation doit toujours demander les plus solides éléments de sa grandeur et de sa supériorité morales, de même que c'est à la bonne organisation de l'enseignement primaire et secondaire, ainsi qu'à l'hygiène publique, qu'elle devra la vitalité, l'activité, la moralité, l'abondance et le bien-être matériels.

Éducation de la nation armée. — Il est incontestable que l'éducation militaire d'une nation est d'autant plus rapide et plus efficace que l'éducation populaire est plus complète et plus pratique, puisque la seconde est la préparation de la première.

L'éducation militaire a pour objet :

1° De perfectionner par des exercices méthodiques les aptitudes naturelles des chefs et des soldats.

2° De leur faire acquérir par un dressage et par une instruction spéciale des qualités de discipline et des habitudes de corps et d'esprit qui les rendent propres à supporter facilement les épreuves prolongées de la vie de campagne, et à exécuter avec précision, rapidité et intelligence toutes les opérations de la guerre. Elle comprend donc l'éducation physique et morale et l'instruction technique du soldat.

Le chef de l'armée a en France pour l'aider dans sa tâche trois puissants auxiliaires; ce sont : 1° La loi militaire qui fait de l'instruction technique une obligation à laquelle le soldat ne peut se soustraire. — 2° Le prestige de l'autorité immédiate et incontestée de professeurs qui sont en même temps les supérieurs hiérarchiques de leurs élèves, et qui doivent être choisis de manière à leur donner constamment l'exemple de la science, de la discipline et de l'honneur. — 3° La bonne volonté, la vivacité et la souplesse physiques et morales, l'amour-propre, le dévouement, le cœur, qui sont les traits caractéristiques du tempérament français, qualités précieuses qu'un chef habile saura toujours diriger et utiliser. Cependant nous devons reconnaître que l'on n'a pas encore obtenu dans l'armée tous les résultats que les excellents éléments qui la composent permettent d'espérer. Cette imperfection a tenu jusqu'à présent à divers inconvénients qu'une bonne organisation peut facilement supprimer et dont les principaux sont :

1° L'antagonisme qui existait entre l'armée et le reste de la nation, et le peu de considération accordée, même dans les régiments, aux officiers laborieux qui s'adonnaient aux fonctions d'instructeurs, et en général aux études militaires.

2° Les préjugés, la lourdeur et l'ignorance d'un grand nombre de conscrits, résultats d'une éducation primitive trop négligée par les communes.

3° L'insuffisance des conseils municipaux des petites communes, la mollesse et l'indifférence regrettables de la classe dirigeante en ce qui concerne la moralisation du peuple et les exercices militaires.

Or, le premier obstacle est déjà considérablement diminué par l'organisation de l'armée active et de l'armée territoriale qui doit effacer toute distinction entre le soldat et le citoyen. Il ne tardera pas à disparaître complètement pour peu que le Gouvernement consente à suivre et à encourager par une bonne loi sur l'avancement et par la création d'une école supérieure de la guerre[1], ce mouvement de renaissance aux études sérieuses et à l'esprit militaire qui s'est manifesté dans notre armée avec autant d'énergie que de spontanéité. Il reste à détruire complètement les au-

---

[1]. Cette école de guerre, que nous réclamions dès 1872, a été instituée et commence à donner de précieux résultats ; mais elle n'est pas arrivée à la perfection et doit être encore l'objet de très sérieuses améliorations.

tres obstacles qui proviennent de l'imperfection de notre éducation civile dans les classes ouvrières et dans les campagnes. Ces réformes nécessaires seront couronnées d'un succès d'autant plus certain que l'ignorance et la lourdeur accidentelles de nos conscrits ne tiennent nullement à un défaut de race. L'histoire a prouvé, et l'expérience nous montre chaque jour, que dans la race française l'individu possède une aptitude merveilleuse à subir l'influence modificatrice de l'éducation et de la discipline. Rien n'est plus facile que de mettre à profit cette aptitude en vulgarisant les lumières et en multipliant les écoles primaires et les concours cantonaux. Ce progrès obtenu dans l'organisation civile, nos généraux et nos officiers n'auront plus qu'à appliquer les règlements avec intelligence et avec esprit de suite pour obtenir en très peu de temps des soldats disciplinés et instruits.

L'éducation militaire a surtout pour bases l'habitude de la discipline, le respect de la hiérarchie et le sentiment de l'honneur ; il faut donc de bonne heure inculquer aux jeunes gens ces habitudes viriles de façon à les rendre en quelque sorte instinctives.

En nous plaçant à ce point de vue élevé, nous ne craignons pas d'affirmer que la puissance de nos armées et la sécurité de la France dépendent presque exclusivement d'une bonne éducation populaire. Or, les progrès de cette éducation populaire, si bien organisée en Suisse, dépendent de la bonne volonté de nos hommes politiques, des préfets et des administrateurs des communes. Que la classe dirigeante s'occupe davantage de la jeunesse; qu'elle provoque moins de meetings politiques et plus de réunions d'instruction morale et patriotique, et elle sera digne de la mission qu'elle prétend se donner. Qu'elle n'oublie jamais que l'honneur national est le grand inspirateur de la défense du territoire.

L'amélioration et la vulgarisation de l'éducation physique morale et intellectuelle sont donc pour ceux qui gouvernent la France un devoir sacré qui engage au plus haut point leur responsabilité et leur honneur envers la nation et devant le jugement de la postérité.

CHAPITRE VII

COMMANDEMENT ET AVANCEMENT

> « The right man in the right place. »
> (Proverbe anglais.)

> « Les principes et les faits qui aboutissent dans une armée à la constitution du commandement ont une importance de premier ordre. »
> (Général Trochu.)

QUALITÉS INDISPENSABLES A CEUX QUI COMMANDENT. — PORTRAIT DU GÉNÉRAL EN CHEF. — PRINCIPES RATIONNELS QUI DOIVENT RÉGLER L'AVANCEMENT.

Conditions générales du commandement.

380. — L'unité du commandement est la chose la plus importante à la guerre.
(Napoléon.)

381. — Le meilleur moyen de se faire obéir et de recueillir des succès est de se montrer en toute chose plus habile que ceux auxquels on commande, car généralement quand on a la certitude que quelqu'un connaît mieux la route que soi, on n'hésite pas à marcher derrière lui.
(Xénophon, *Conseils de Cambyse à Cyrus*.)

382. — Comment ne serait-il pas juste de punir un homme qui, après avoir négligé d'apprendre à être général, mettrait tout en œuvre pour se faire nommer au commandement d'une armée ?
(Socrate.)

383. — Jamais la nature humaine n'est aussi avilie que lorsque l'ignorance superstitieuse est armée du pouvoir.

(Voltaire.)

384. — Si vous croyez qu'un autre soit plus capable que moi de bien conduire la guerre, je lui cède de suite le commandement; mais si vous avez confiance en moi, pas de contrôle à mes démarches, ni en actions ni en paroles. Ce que je demande, c'est qu'on exécute sans discussion tout ce que je croirai utile au succès de la guerre.

(Paul-Émile, *Discours rapporté par Plutarque.*)

385. — Proxène de Béotie pensait à tort qu'il suffit, pour être un bon général, de donner des éloges à ceux qui font bien et de n'en point donner à ceux qui se conduisent mal. De la sorte, les honnêtes gens placés sous ses ordres lui étaient dévoués, il est vrai; mais les méchants, le prenant aisément pour dupe, conspiraient contre lui.

(Xénophon, *Retraite des Dix mille.*)

386. — Si un homme n'est pas né avec l'esprit et les talents de la guerre et que ces talents ne soient pas perfectionnés par l'exercice et par l'étude, il ne sera jamais qu'un général médiocre. J'ai vu de fort bons colonels devenir de très mauvais généraux.

(Maréchal de Saxe.)

387. — Les victoires dépendent plus de l'habileté et du caractère du général qui commande l'armée que du talent du tailleur qui fait les vestes.

(Napoléon Ier.)

388. — Si nous n'avons pas d'hommes d'État en France, nous n'aurons pas non plus de bons généraux; Turenne et Vauban étaient contemporains de Colbert et de Louvois.

(Général Ambert.)

389. — Le génie seul commande parce qu'il voit et veut; et lui-même il dépend des bons conseils, car il ne saurait tout voir, et si, aveuglé par l'orgueil, il écarte ces conseils, il aboutit à la folie, et par la folie à la ruine.

(Thiers, *Histoire de l'Empire.*)

390. — Catinat s'éleva par degrés sans aucune brigue ; il sut rester philosophe au milieu des grandeurs et de la guerre, qui sont cependant les plus grands écueils de la modération.

(Voltaire.)

391. — Juge et général, au besoin pontife comme l'était le dictateur romain ; voilà ce que le peuple entend que soit son chef. Heureuse donc la nation dont le chef est à la fois le plus brave et le plus juste ! Cela ne s'est vu que deux fois dans les temps modernes avec Gustave-Adolphe et Washington.

(Proudhon.)

Responsabilité des chefs.

392. — Je crois à la toute-puissance de la conscience humaine, base de la responsabilité.

(Mirabeau.)

393. — Tu peux te laisser donner l'objet et le but ; mais dès que tu es en face de l'ennemi, et que tu commandes en chef, n'accepte de ton gouvernement aucun plan tout fait, aucune instruction déterminée sur la manière de conduire la guerre.

(Maréchal Bugeaud.)

394. — Le général de l'armée est comme la tête de la vipère ; si celle-ci est brisée, le corps n'est plus à craindre et devient inutile.

(L'empereur Léon.)

395. — Tout général en chef qui se charge d'exécuter un plan qu'il trouve mauvais ou désastreux est criminel.

(Napoléon.)

396. — Il ne faut qu'un général en chef par armée, un lieutenant-général par corps d'armée, un maréchal de camp par division, un colonel brigadier par brigade.

(Napoléon.)

397. — Délibérer avec plusieurs, résoudre avec peu ou seul.

(Montecuculli.)

398. — Rappelle-toi Montecuculli, rapportant au retour d'une campagne tous les plis encore cachetés qu'on lui avait adressés pour lui dicter ses opérations.
(Maréchal Bugeaud.)

399. — Au bord du Danube, au milieu des débris de cette sinistre journée (Essling, 22 mai 1809), on tint un conseil de guerre. Napoléon n'avait pas pour habitude d'assembler de ces sortes de conseils, dans lesquels un esprit incertain cherche, sans les trouver, des résolutions qu'il ne sait pas prendre lui-même.
(Thiers, *Histoire de l'Empire*.)

400. — Et par ainsi, il ne faut point qu'un chef s'excuse jamais sur les soldats, car il n'y a homme en la chrétienté qui l'ait plus expérimenté que moi, et je n'ai jamais vu advenir faute par eux, mais bien par les capitaines ; car un bon et sage capitaine rendra de bons et sages soldats. Parmi une grande troupe, dix ou douze poltrons et couards s'enhardissent et se font vaillants ; mais un capitaine peureux, mal sage et improvident, perd tout et gâte tout.
(Montluc, *Commentaires*.)

401. — La responsabilité seule inspire juste : mais il faut qu'elle soit une et entière. Chef, ne convoque jamais un conseil de guerre ; tu ferais douter par là de tes capacités ; tu détruirais la confiance et tu n'obtiendrais en échange que des avis, trop nombreux d'abord pour être suivis tous, et généralement dictés par de mauvaises passions : l'envie, la jalousie, la peur.
(Maréchal Bugeaud.)

402. — Comme tout gouvernement régulier, la République a le devoir de demander des capacités et des garanties à ceux qui aspirent à la servir.
(Ranc.)

Qualités dirigeantes.

403. — Quand on sait bien choisir et employer les hommes, on dirige également bien les affaires privées et les affaires publiques ; quand on ne le sait pas, on ne commet que des bévues.
(Socrate.)

404. — Celui qui a vieilli dans la milice et qui est couvert de blessures, est assurément estimable ; mais il n'a pas nécessairement les qualités pour être un bon général. Je dis qu'un homme qui, placé à la tête d'une entreprise quelconque, sait voir ce qui est nécessaire et se le procure, sera dans toute circonstance un bon directeur, qu'on le place à la tête d'une maison, d'une ville ou d'une armée.
(Socrate.)

405. — Vouloir tout faire soi-même est d'un homme mal habile et d'esprit étroit. Vous consumez tout votre temps dans les détails. Il ne faut donc pas vous mêler des fonctions de vos préfets, mais veiller sévèrement à ce qu'ils accomplissent leurs devoirs.
(L'empereur Léon.)

406. — Celui qui serait né pour obéir obéirait jusque sur le trône.
(Vauvenargues.)

407. — Il y a des hommes faits pour obéir ; il en est de faits pour commander, et cela ne se ressemble pas.
(Jean Mirabeau.)

408. — Tel homme est né général, tel autre caporal : il faut que la destinée de tous deux s'accomplisse : c'est une loi de justice et de devoir que la conscience de tous deux sera la première à établir.
(De Brack.)

409. — Quand on est né avec un esprit court et un génie qui se borne ou se plaît aux détails, on n'est propre qu'à exécuter sous les ordres d'autrui.
(Fénelon, *Télémaque*.)

410. — Alexandre, interrogé comment en si peu d'années il avait pu terminer tant d'œuvres si considérables, répondit : « En ne remettant jamais au lendemain ce que je pouvais faire le jour même. »
(L'empereur Léon.)

411. — Le vrai génie qui gouverne l'État est celui qui, ne faisant rien lui-même, fait tout faire, qui pense, qui invente, qui accueille le progrès, qui pénètre dans l'avenir.
(Fénelon.)

412. — Une froideur ou une incivilité qui vient de ceux qui sont au-dessus de nous, nous les fait haïr ; mais un salut ou un sourire nous les réconcilie.
(La Bruyère.)

413. — La véritable habileté en matière de commandement consiste à aller droit à ce qui fait parvenir au but proposé. Plus on passe par-dessus les petites choses qui se rencontrent en chemin, plus on est capable de diriger.
(Turenne.)

414. — Je n'ai pas vu un seul homme distingué et capable de la conduite des grandes affaires, qui n'ait eu pour système de s'affranchir de toute espèce de détails, et s'en tenir à juger le travail dont il avait chargé les autres. Et cette observation a été toujours pour moi un thermomètre sûr de la capacité véritable des hommes de réputation, comme de la médiocrité de ceux qui avaient des habitudes contraires ; jamais mon observation ne s'est trouvée en défaut.
(Duc de Raguse, Mémoires.)

415. — En administration comme en guerre, Napoléon possédait un art merveilleux pour se servir du temps qu'il avait. De même qu'il savait faire doubler les étapes aux troupes, il savait faire doubler leur travail aux administrations, en leur traçant leur marche, en décidant lui-même les questions douteuses devant lesquelles elles sont souvent arrêtées, en faisant exécuter simultanément des opérations qu'elles n'accomplissent d'ordinaire que l'une après l'autre, surtout en surveillant chaque chose de ses propres yeux, en suivant l'exécution de ses ordres, en dépêchant

partout, comme aux époques où il déployait le plus d'ardeur et de jeunesse, une multitude d'officiers de confiance qui, chaque soir avant de se coucher, lui rendaient compte de ce qu'ils avaient vu, en ne faisant pas lire, en lisant lui-même leur correspondance, et en demandant compte aux agents en retard du moindre de ses ordres resté inexécuté, pour les réprimander si c'était omission de leur part, pour vaincre l'obstacle si c'était difficulté naissant de la nature des choses.

(Thiers, Empire.)

416. — Si tu es libre, n'accepte pas un commandement ou une mission au-dessus de ta capacité, de ton courage ou de tes moyens.

(Maréchal Bugeaud.)

417. — Les belles actions témoignent en faveur de l'âme d'un pays. La persistance dans le bien affirme la noblesse d'une nation et sa véritable supériorité sur les autres. Sous ce rapport, la France n'a rien à envier aux autres peuples.

(Maxime du Camp.)

Importance du choix des hommes que l'on emploie.

418. — Ce que je recommande par-dessus tout, c'est de ne faire remettre en activité aucun général, colonel ou officier supérieur en retraite ou réformé. Il faut laisser au repos des hommes jugés inutiles depuis longtemps.

(Napoléon.)

419. — C'est merveilleusement gouverner que de savoir choisir et appliquer selon leurs talents les gens que l'on emploie.

(Fénelon, Télémaque.)

420. — Le talent de juger les hommes et de les employer suivant leurs capacités est un des plus importants que doive posséder un *général en chef,* dont la gloire dépend souvent de la manière dont on exécute ses ordres. La première et la plus grande preuve

de ce talent qu'il puisse donner à son armée, doit être dans le choix de son *chef d'état-major général*.

(Général Thiébault.)

421. — L'empressement à rendre justice au mérite n'est pas une qualité commune ; les esprits médiocres, toujours jaloux, sont enclins à s'entourer d'incapacités, parce qu'ils craignent de passer dans le monde pour être menés, et ne savent pas comprendre que l'homme placé à la tête d'une armée a toujours la gloire presque entière du succès, lors même qu'il y aurait la moindre part.

(Jomini.)

422. — On ne choisit pas, pour gouverner un navire, celui des passagers qui est de meilleure maison.

(Pascal.)

423. — Les honnêtes gens ne manquent jamais pour remplir les postes importants. Afin de les discerner, il faut écarter d'abord les incapables qui les briguent ; c'est parmi les autres que l'on trouvera ceux qui méritent d'être choisis.

(Sénèque.)

424. — Les gens qui n'ont point de principes dans les grandes affaires et qui ne se connaissent point en hommes, vont toujours comme à tâtons ; c'est un hasard quand ils ne se trompent pas. Il ne savent que se défier, et se défient plutôt des honnêtes gens qui les contredisent, que des trompeurs qui flattent leur vanité.

(Fénelon, *Télémaque.*)

425. — Tandis que le vrai mérite cherche la gloire dans la rigide observation du devoir, l'intrigue s'empare des places et l'on voit la médiocrité couronnée insulter au talent obscur et méconnu.

(De Saint-Maurice, *Éloge de Vauvenargues.*)

426. — Celui qui exige l'obéissance aveugle pour avoir seulement la vaine satisfaction d'être obéi, ne sait pas commander et n'est point digne du commandement.

(Colonel Rustow.)

427. — Il est également injuste d'accuser la fortune de la perte

d'une armée, ou de priver un général de l'honneur de la victoire, en accordant au hasard ce qui n'est que l'effet de la prudence.

(Onosander.)

428. — Ce qui est nécessaire par-dessus tout, c'est que le général en chef soit équitable dans la distribution des grâces qui dépendent de lui ; s'il les accorde seulement au mérite, il se conciliera l'estime des honnêtes gens, ce sera la source d'une émulation générale. On ne risque guère d'être trompé dans le choix de ses amis ou de ses confidents quand on s'en rapporte à l'opinion publique.

(Lloyd.)

429. — Plier par l'autorité du caractère et de l'exemple les troupes aux habitudes et aux règles d'une ferme discipline, les disposer à de bienveillants ménagements pour les populations paisibles, inspirer au soldat avec le respect de lui-même, le respect de la mission qu'il tient de son pays, et le dévouement porté jusqu'au sacrifice de la vie pour les intérêts que représente son drapeau ; quels soins plus dignes d'occuper un grand cœur et un grand esprit ?

(Général Trochu.)

430. — Lorsque dans un État la fantaisie remplace la justice, la protection devient le titre principal, l'adulation tient lieu de valeur et de mérite. En haut, on ne recherche plus les hommes capables ; on comble ses parents, on gratifie ses amis et ses flatteurs ; on donne une place ou un grade comme on ferait un cadeau ; — en bas, on ne s'occupe plus d'acquérir des titres sérieux, on mendie les recommandations. C'est le naufrage complet de la dignité du caractère, la destruction des sentiments élevés et puissants ; c'est la démoralisation nationale.

(Général Lewal.)

Qualités et connaissances nécessaires aux généraux en chef.

431. — De nos jours les légions se sont abâtardies depuis que l'intrigue est venue surprendre les récompenses dues au vrai mé-

rite, et que la faveur suffit pour monter aux grades que l'on n'obtenait jadis que par les talents et les services constatés.

(Végèce, *Causes de la décadence des légions.*)

432. — Il n'était pas, si j'ose m'exprimer ainsi, de ces héros incultes qui de la bravoure et de la connaissance de la guerre se font un titre et un droit d'ignorance pour tout le reste.

(Bourdaloue, *Éloge de Condé.*)

433. — L'homme de génie est généralement celui qui, tout en acquérant les dons du savant et du critique, a gardé les dons du simple. Ces deux hommes, opposés ailleurs, sont réunis et conciliés en lui. Il conserve la faculté des vues d'ensemble, de voir les choses à leur état naturel, organisées, vivantes.

(Michelet.)

434. — Les qualités les plus essentielles à un général d'armée sont toujours : un grand caractère, un courage moral qui mène aux grandes résolutions, puis le sang-froid ou courage physique, qui domine les dangers.

(Jomini.)

435. — Sois actif et vigilant dans ton service, plein de sollicitude et surtout juste envers tes inférieurs.

(Maréchal Bugeaud.)

436. — C'est la simplicité, la bonté, qui sont le fonds du génie, sa raison première, c'est par elles qu'il participe à la fécondité de Dieu.

(Michelet, *le Peuple.*)

437. — Développer l'esprit d'une armée, augmenter sa confiance, parler à son imagination, exalter l'âme du soldat, tel doit être l'objet constant des soins et des efforts d'un général.

(Marmont.)

438. — Un bon général doit être comme un habile athlète qui emploie à propos la ruse ou la force pour vaincre son adversaire. Il doit être préparé à toutes les attaques de l'ennemi, avoir prévu tous les cas, s'être renseigné sur toutes choses. Alors, quoi qu'il arrive, il n'est jamais pris au dépourvu.

(L'empereur Léon.)

439. — Un bon général d'armée doit avoir de promptes et heureuses ressources, savoir pénétrer les hommes et leur être impénétrable ; il doit posséder la capacité de se prêter à tout, l'activité jointe à l'intelligence, l'habileté de faire en tout un choix convenable et la justesse du discernement.

(Maréchal de Saxe.)

440. — Pour produire tout son effet utile, l'expérience du général réclame, comme auxiliaire indispensable, une santé vigoureuse avec des aptitudes d'activité physique et intellectuelle, que l'âge exclut trop souvent.

(Trochu.)

441. — Les grands revers font souvent mieux connaître les bons généraux que les victoires.

(Plutarque.)

442. — Comme l'athlète qui a besoin de sentir une résistance pour déployer toute sa force, le général Chanzy se raidit contre l'insuccès et apparut alors plus grand que dans la victoire.

(Amédée Delorme.)

443. — Annibal avait beaucoup de courage pour se jeter dans les hasards et n'avait pas moins de prudence quand il était dans les dangers. Il n'y avait pas de travail qui pût fatiguer son corps ou rebuter son esprit ; il endurait également le froid et le chaud, il ne buvait et ne mangeait que pour contenter sa nature. Il n'avait pas de temps affecté pour dormir ou pour veiller, soit durant la nuit, soit durant le jour. On le vit souvent coucher parmi les sentinelles ou dans les corps de garde, couvert seulement d'un manteau.

(Tite-Live.)

444. — Tout en étant doué de bon sens, d'intelligence militaire et de courage, Joseph n'avait pas cette ardeur dévorante, cette vigilance sans sommeil du véritable homme d'action, qui ne croit qu'à ce qu'il a vu, qui ne se repose que sur les promesses accomplies, et ne donne pas un ordre sans en suivre lui-même l'exécution, qualité que Napoléon possédait au plus haut degré, et à laquelle il devait en partie ses prodigieux succès.

(Thiers, *Empire.*)

445. — Macdonald, très brave de sa personne, était constamment malheureux à la guerre, non qu'il manquât d'aptitude, mais parce que, semblable aux généraux de l'armée autrichienne et surtout au célèbre maréchal Mack, il était trop compassé et trop exclusif dans ses mouvements stratégiques. Avant le combat, il se traçait un plan de conduite qui était presque toujours bon ; mais il aurait dû le modifier selon les circonstances, et c'est ce que son esprit lent ne savait pas faire. Il agissait comme certains joueurs d'échecs qui, lorsqu'ils dirigent leur partie et celle de l'adversaire absent, conduisent tout à bien dans leur intérêt tant qu'ils jouent seuls, et ne savent plus que faire lorsque, dans une partie réelle, l'adversaire place une des pièces tout autrement qu'ils ne l'avaient supposé !

(Général Marbot, *Mémoires*.)

446. — Tout chef d'armée qui néglige de parfaitement s'instruire de la topographie et de la statistique du pays où il fait la guerre ne mérite point le nom de général.

(Folard.)

447. — Cyrus savait bien que c'était augmenter le courage et la capacité des chefs que de les assurer qu'on jugerait d'eux et qu'on leur donnerait l'avancement selon leurs œuvres et leur mérite.

(Xénophon, *Cyropédie*.)

448. — Bien des généraux en chef ne sont occupés, un jour de combat, que de faire marcher les troupes bien droites, de voir si elles conservent bien leurs distances, de répondre aux questions que les aides de camp viennent leur faire, d'en envoyer partout, de courir eux-mêmes sans cesse ; enfin, ils veulent faire tout, moyennant quoi ils ne font rien. Je les regarde comme des gens à qui la tête tourne et qui ne voient plus rien, qui ne savent faire que ce qu'ils ont fait toute leur vie, c'est-à-dire mener des troupes méthodiquement sous les ordres d'un chef. D'où vient cela ? C'est que très peu de gens s'occupent des grandes parties de la guerre. Ils passent leur vie à faire manœuvrer des troupes et s'imaginent que tout l'art militaire consiste dans cette partie. Quand ils viennent au commandement des armées, ils y sont tout neufs, et faute de savoir ce qu'il faut faire, ils font ce qu'ils savent.

(Maréchal de Saxe.)

449. — A aucune époque de sa carrière, Vauban ne connut les heures pesantes de la vie de garnison. En pleine paix, il se préparait par des études approfondies et par une vie active aux rudes labeurs de la guerre.

(G. Michel, *Histoire de Vauban.*)

450. — Pour déployer toutes ses qualités, il faut qu'un général d'armée ne soit occupé d'aucun détail un jour de bataille. — Il n'en verra que mieux l'ensemble, se conservera le jugement plus libre et sera plus en état de profiter des situations où se trouve l'ennemi pendant le combat.

(Maréchal de Saxe.)

451. — En 1870, les généraux des armées allemandes ont opposé des masses énormes d'hommes et d'artillerie à la bravoure française; mais ils furent eux-mêmes bien loin d'approcher du génie guerrier des Gustave-Adolphe, Turenne, Frédéric II et Napoléon 1er.

(Le général Ambert.)

452. — Un général doit ménager sa vie pour la conservation de son armée. Il doit se présenter avec précaution et ne pas se laisser entraîner à charger lui-même sans nécessité. C'est sa tête et non son bras qui doit agir.

(L'empereur Léon.)

453. — Il faut deux choses dans un général, de l'esprit et du caractère. De l'esprit, car sans lui, on ne combine rien, on se livre sans défense. Du caractère, car sans une volonté forte et suivie, on ne peut assurer l'exécution des plans conçus. Mais ici les qualités relatives l'emportent sur les qualités absolues, et le caractère doit dominer l'esprit. C'est dans ce rapport que se trouve l'élément du succès.

Toutefois, on conclurait à tort qu'il n'est pas besoin de beaucoup d'esprit et de science pour faire de grandes choses. Un esprit médiocre ne s'est rencontré dans aucun des grands capitaines de l'antiquité et des temps modernes. Alexandre, Annibal, Scipion, César, possédaient les plus hautes facultés de l'intelligence. Il en a été de même du grand Condé, de Luxembourg, du prince Eugène, de Frédéric et de Napoléon. Mais tous ces grands hommes, à un esprit supérieur, joignaient encore plus de caractère.

(MARMONT.)

454. — Entraîné par le feu de la conversation, dans laquelle il était éblouissant quand il s'y livrait, Napoléon dit que les généraux n'apportaient pas assez de réflexion dans leurs opérations ; que, s'il en avait jamais le temps, il composerait un jour un livre, dans lequel il leur enseignerait les principes de la guerre, de manière à en rendre l'application claire et facile à tous, et parla de ce projet d'écrire un jour, comme s'il avait prévu qu'il passerait les six dernières années de sa vie dans un exil, réduit à écrire sur un rocher de l'Océan ! Le maréchal de Saint-Cyr, que son penchant pour la contradiction rendait souvent paradoxal, nia la science, même l'expérience, soutint qu'on naissait général et qu'on ne le devenait pas, que les généraux gagnaient peu à vieillir dans l'exercice de leur profession, et que lui, Napoléon, avait fait sa plus belle campagne à vingt-six ans. Napoléon lui concéda en effet que lorsque les généraux n'étaient pas doués par la nature de certaines facultés, l'expérience leur profitait peu, et plongeant dans le passé : « Il n'y en a qu'un, s'écria-t-il, qui, méditant sans cesse sur son métier, ait gagné à vieillir ; c'est Turenne. »

(*Entretien de Dohna*, 8 septembre 1813.)

455. — Il passe le Rhin, et trompe la vigilance d'un général habile et prévoyant : il observe et devine les mouvements de l'ennemi, il relève le courage des alliés, il ménage la foi suspecte et chancelante des voisins, il ôte aux uns la volonté, aux autres le courage de nuire ; et profitant de toutes ces conjonctures importantes qui préparent les grands et glorieux événements, il ne laisse rien à la fortune de ce que le conseil et la prudence humaine lui peuvent ôter.

(FLÉCHIER, *Oraison funèbre de Turenne*.)

456. — C'était une de ses maximes, « qu'il fallait craindre les ennemis de loin pour ne les plus craindre de près, et pouvoir se réjouir de leur approche ». Le voyez-vous comme il considère tous les avantages qu'il peut se donner ou prendre ? Avec quelle vivacité il se met dans l'esprit en un moment les temps, les lieux,

les personnes, et non seulement leurs intérêts et leurs talents, mais encore leurs humeurs et leurs caprices ! Rien n'échappe à sa prévoyance. Avec cette prodigieuse compréhension de tout le détail et du plan universel de la guerre, on le voit toujours attentif à ce qui survient ; il tire d'un déserteur, d'un transfuge, d'un prisonnier, d'un passant, ce qu'il veut dire, ce qu'il veut taire, ce qu'il sait et, pour ainsi dire, ce qu'il ne sait pas, tant il est sûr dans ses conséquences ! Ses partis lui rapportent jusqu'aux moindres faits ; on l'éveille à chaque moment, car il tenait encore pour maxime : Qu'un habile capitaine peut bien être vaincu, mais qu'il ne lui est pas permis d'être surpris.

(Bossuet, *Oraison funèbre du prince de Condé*.)

De l'avancement par le mérite personnel.

457. — Ce n'est point le propre d'une âme courageuse d'attendre son sort de la seule faveur et du seul caprice d'autrui. C'est à son travail à lui faire une destinée digne d'elle.

(Vauvenargues.)

458. — Il est étrange que personne ne puisse être reçu maître dans les moindres métiers, à moins qu'il n'en soit jugé capable par l'examen de son ouvrage, et que dans le métier de la guerre, qui est d'une si grande importance, on reçoive souvent des officiers sans qu'on ait aucune preuve de leurs capacités.

(Montecuculli, *Mémoires*.)

459. — L'avancement doit être uniquement le prix de la capacité reconnue et non la récompense exclusive des services rendus.

(Feuquières.)

460. — L'avancement, qui est une récompense et un avantage pour celui qui le reçoit, est aussi une charge et un dépôt : ce sont les désastres, c'est le sang du soldat qui expient les fautes de l'officier et l'erreur d'un mauvais choix.

(Général Morand.)

AVANCEMENT.

461. — La vigueur, le mérite et la capacité éprouvés sont les seuls titres que l'on doive apprécier pour élever un homme au commandement d'une armée.
(L'empereur Léon.)

462. — En temps de paix comme en temps de guerre, l'ancienneté, la faveur et même une action d'éclat pourront élever au grade de colonel un officier incapable de commander un régiment.
(Général Morand.)

463. — Vauvenargues, esprit supérieur inconnu, sans protection, n'avait pour toute recommandation à la faveur que ses services et son grand mérite ; il fut oublié.
(De Saint-Maurice.)

464. — Combien de dégoûts et d'ennuis ne pourrait-on pas s'épargner, si on osait aller à la gloire par le seul mérite !
(Vauvenargues.)

465. — Nos plus sûrs protecteurs sont nos talents.
(Vauvenargues.)

466. — La distribution équitable des grades est la pierre angulaire de notre édifice militaire.
(Général Trochu.)

467. — Que l'officier se rappelle que l'aptitude est le droit, et que, malgré tout, le droit triomphe toujours.
(Général de Brack.)

468. — Aucun moyen ne peut suppléer à une loi inflexible sur l'avancement dans l'armée.
(Général de Préval.)

469. — Quand, dans un pays, il y a plus d'avantage à faire sa cour qu'à faire son devoir, tout est perdu.
(Montesquieu.)

Nécessité de n'accorder l'avancement qu'au mérite reconnu par un tribunal spécial et dans des formes légales.

470. — L'avancement non justifié par des droits assez évidents pour que *personne ne les conteste,* ne peut qu'allumer des ambitions illégitimes, exciter chez d'autres et propager dans la masse un esprit de désaffection et de découragement.

(Général Comte d'Anthouard, *Discussion de la loi sur l'avancement.*)

471. — L'avancement à l'élection est la perte de la discipline, et il peut devenir funeste en temps de trouble en servant d'instrument aux factieux.

(De Chambray.)

472. — Trop d'hommes incapables arrivent au sommet dans l'armée.

(Maréchal Bugeaud.)

473. — Les droits de l'ancienneté peuvent souvent ne pas se trouver réunis à ceux de capacité ; tel officier qui peut être bon chef de bataillon peut n'avoir pas l'étoffe nécessaire pour faire un colonel.

(Général Chareton.)

474. — Le procédé qui sert à apprécier le coefficient proportionnel qui différencie chacun, doit être un crible d'épreuves et de travaux successifs réglé par les lois.

(Baron Lahure, *Notes sur le service d'état-major.*)

475. — On trouve chez nous le concours à la base même de l'avancement, c'est-à-dire à la sortie des écoles militaires. Il est regrettable qu'il s'arrête là, car avec lui s'arrête, il faut bien le reconnaître, l'amour du travail et le goût de l'étude.

(Général Chareton.)

476. — Depuis 1815 et 1830, le favoritisme a présidé à la distribution des hauts grades, et de faiblesse en faiblesse on avait abaissé le commandement et atteint des limites fort regrettables.

(Général Ambert.)

AVANCEMENT.

477. — L'avancement à *l'ancienneté* n'est qu'un remède contre la faveur et la corruption, remède qui serait inutile et funeste si *ces fléaux* n'étaient plus redoutables, et si *les droits du travail et du mérite* étaient seuls admis après avoir été constatés d'après *des règles invariables et sûres*.

(Général MORAND.)

478. — On doit circonscrire l'exercice du choix dans des limites qui préviennent sans retour les abus qui en ont été faits, et qui sauvegardent les légitimes intérêts des officiers (en trop petit nombre) qui confient leur fortune militaire au travail et au devoir accompli plutôt qu'à la protection et à l'intrigue.

(Général CHARETON.)

479. — Il faut que le commandement, à tous les degrés, ne puisse jamais n'être confié qu'à ceux qui en ont été reconnus publiquement dignes par leur honorabilité, leur mérite réel et leurs aptitudes constatées dans des formes légales.

(R. H., *Projet de loi sur l'avancement*, 1873.)

480. — C'est surtout le caractère qui fait le général en chef; mais les caractères puissants et fortement trempés se manifestent ordinairement d'une façon qui, en temps de paix, est plutôt défavorable à leur avancement. Sans la Révolution française, Bonaparte et Carnot auraient probablement fini comme colonels. Frédéric le Grand, s'il n'était pas né sur les marches du trône, eût probablement été mis à la retraite comme lieutenant.

(VON DER GOLTZ, *la Nation armée*.)

481. — Pourquoi ne prendrait-on pas pour constater le mérite, les mesures que la prudence et la sagesse ont inspirées aux législateurs pour constater le crime ou l'innocence?

(Général MORAND.)

482. — Nous assistons depuis trois quarts de siècle au spectacle de l'insuffisance et de la fragilité de toutes les supériorités que donne le sort de la naissance, de la richesse, de la tradition, du rang; nous avons vu en même temps, à tous les étages et dans toutes les carrières de la société, une foule d'hommes s'élever et prendre leur place au sommet *par la seule puissance de l'esprit*,

du caractère, du savoir et du travail réunis. A côté des tristes et mauvaises impressions que suscite dans les âmes ce trouble violent et continu des situations et des existences, il en sort une grande leçon morale : la conviction que l'homme vaut surtout par lui-même, et que de sa valeur personnelle dépend entièrement sa destinée et celle de la société.

(Guizot, Mémoires.)

483. — Nous posons en principe que l'avancement doit, à l'avenir, avoir pour bases :

1° L'ancienneté, qui est une garantie d'expérience ;

2° La présentation à l'élection par en haut qui est une garantie d'éducation et d'aptitude morale ;

3° Le concours, qui est à la fois une garantie de capacité et un stimulant au travail et à l'étude ;

4° Enfin le choix, qui est l'affirmation du principe d'autorité et de l'action gouvernementale.

(Général Chareton.)

Principes de l'avancement et du commandement.

Que pourrions-nous ajouter à toutes ces pensées étincelantes de bon sens et de justice, qui mettent si bien en vive lumière les conditions essentielles auxquelles doivent satisfaire ceux qui sont appelés à commander ou à diriger les hommes dans les armées ou dans les grands services publics ? Choisir avec discernement les fonctionnaires militaires et civils, tirer le plus grand parti possible de leur intelligence et de leurs capacités, c'est le devoir le plus important et la pierre de touche d'un sage Gouvernement.

Venir rappeler ces maximes dont l'éternelle et brutale évidence a depuis longtemps frappé tous les bons esprits, peut paraître une naïveté. Et pourtant, pour peu que l'on y réfléchisse, on reconnaîtra avec étonnement qu'aucun de ces principes, si simples et si logiques, n'a presque jamais servi de guide en France ni pour le choix des fonctionnaires ni pour la législation de l'avancement dans l'armée. Depuis des siècles, la répartition des plus hauts commandements a toujours été livrée au bon plaisir du souverain, au caprice des élections, aux considérations d'ancienneté, à la routine ou à l'intrigue administratives. Il a fallu toute la clairvoyance de certains souverains, toute l'intelligente fermeté de quelques ministres, ou les bouleversements d'une grande crise nationale, pour élever de temps à autre à la direction des armées ou des hautes affaires, des hommes tels que Condé, Turenne, Vauban, Louvois, Catinat, Villars, Suffren, Turgot, de Saint-Germain, Hoche, Carnot, Bonaparte, Davout, Suchet, Bugeaud, Pélissier, Chanzy, Faidherbe.

De nos jours, les intérêts mis en jeu par les progrès de la civilisation sont tellement variés et puissants, la bonne direction des affaires publiques exige tant de science et d'habileté, que c'est dans sa constitution même qu'une nation doit chercher ces garanties sévères qui écartent les incapacités, et n'admettent dans les hauts emplois que des citoyens parfaitement honorables, réellement doués d'aptitudes dirigeantes et ayant fourni des preuves de leur mérite. Si un pareil problème n'est pas susceptible d'une solution régulière dans le monde politique et administratif, où les choix sont généralement livrés à l'arbitraire ou aux intrigues des partis, il n'en est pas de même dans l'armée, où la discipline, la hiérarchie, le sentiment du danger et de la gloire du pays, maintiennent le respect de la loi et font apprécier la nécessité d'avoir des chefs dont les talents éprouvés inspirent toute confiance. Dans l'armée française, surtout, où le jugement de la masse est très sain, on peut être assuré que toute législation qui aura pour objet de donner à l'avancement des bases rationnelles et équitables, sera d'autant mieux accueillie et plus respectée qu'elle est attendue avec plus d'impatience.

Avancement.

L'expérience a déjà prouvé que nos soldats deviennent excellents quand ils sont dirigés par les chefs les plus actifs, les plus vigilants, les plus braves et les plus instruits. Or, nous serons à cet égard bien près de la perfection, le jour où une loi sévère, repoussant toute mesure arbitraire et toute convention factice, prendra pour principe absolu qu'en matière de commandement, la valeur réelle et l'instruction des chefs, l'intérêt de l'armée et le salut de la France doivent être placés au-dessus des coteries intéressées.

La nomination aux grades est une question qui engage tellement la responsabilité du Gouvernement qu'on ne doit pas hésiter à entourer la constatation du mérite des mêmes garanties et des mêmes formalités légales que lorsqu'il s'agit de constater le crime ou l'innocence. Tout chef à qui la loi donne le droit de noter, d'apprécier et de proposer pour l'avancement ses subordonnés devient un véritable juge ; tout candidat au grade supérieur est un prévenu qui doit fournir des témoignages en sa faveur et justifier de ses aptitudes dans des formes légales. La proposition d'un officier est une procédure dont l'instruction détaillée exige d'autant plus de soins que le grade est plus élevé.

Quant à la formation du tableau d'avancement, elle ne peut être confiée qu'à un tribunal suprême, peu nombreux, composé d'une dizaine de généraux désignés chaque année par le ministre et ayant pour mission, non pas de discuter les mérites des candidats, mais de contrôler l'exactitude matérielle de leurs dossiers et de constituer une liste de classement par ordre de points, analogue au tableau de sortie des écoles militaires.

Les articles de la nouvelle loi devront fixer avec précision : la nature et le nombre des épreuves théoriques et pratiques à subir pour chaque grade, jusqu'au grade de colonel inclusivement ; la composition des commissions de présentation et des jurys d'inspection par corps d'armée ; la méthode à suivre pour former les tableaux de classement, la valeur des coefficients, le calcul des points, etc.

En traçant ainsi d'une façon claire et loyale aux juges et aux candidats leurs obligations respectives et les règles d'une procédure invariable qui tient un compte équitable du mérite personnel, de l'instruction acquise, des travaux exécutés et des services rendus, on évitera les équivoques, on rétablira dans l'armée l'esprit d'impartialité, la confiance et ce courant sympathique qui doit toujours exister entre les supérieurs et les inférieurs pour maintenir le respect et la discipline.

Alors l'officier laborieux, instruit, modeste et tout dévoué à ses devoirs acquerra la certitude de pouvoir, par son seul mérite et sans intrigues, obtenir le grade dont il est digne. La dignité du commandement supérieur sera mise à l'abri de toute critique en même temps que le corps des officiers gagnera en considération. En excluant par une sélection inflexible ou par la mise à la retraite les officiers ignorants, incapables ou trop fatigués, on rendra la vie et la jeunesse aux cadres. On éveillera ainsi, chez les officiers ardents et studieux, une émulation favorable et le goût des hautes études militaires ; enfin on fera cesser, par la précision et la sincérité des classements, les vagues réclamations des mécontents, les prétentions trop souvent favorisées des intrigants et ces sourdes jalousies si nuisibles au maintien de la discipline et de l'esprit hiérarchique [1].

Commandement des armées.

En ce qui concerne les hauts commandements, la question est beaucoup plus délicate et difficile à résoudre, car elle touche à la politique, à l'administration et à la philosophie même du gouvernement.

---

[1]. Depuis 1872, où nous avons exprimé ces idées dans une étude sur l'avancement, plusieurs projets de loi ont été déposés d'urgence à la Chambre, mais aucune solution complète n'a encore été adoptée.

Le général d'armée doit être à la fois un homme de pensée, de décision et d'action. *Mens agitat molem.* A une intelligence vive et capable de fortes conceptions, il doit joindre une volonté énergique et persévérante, un caractère calme et inébranlable, une instruction étendue, la connaissance du cœur humain, une santé robuste. La réunion de ces qualités maîtresses chez un seul homme est tellement rare qu'il existe des peuples entiers où elle ne saurait se rencontrer.

Dans l'état actuel de la civilisation moderne, on peut dire qu'il n'y a plus de classe dirigeante, spécialement vouée par droit de naissance au commandement; il y a surtout une élite d'hommes doués de qualités dirigeantes naturelles développées par l'étude, la réflexion et l'expérience; c'est en eux que dans les grandes crises réside la véritable puissance morale et gouvernementale de chaque nation. Si ce groupe dirigeant est homogène et composé de chefs vivant dans une concorde patriotique, la nation peut rester forte et résister aux attaques extérieures; si la puissance dirigeante est désunie, divisée par des partis égoïstes et avides de jouissances, elle s'affaiblit, perd toute cohésion et peut être complètement ruinée par l'action énergique d'une nation voisine dont la puissance dirigeante bien réglée obéit à une impulsion unique. Telles furent les situations respectives de la France et de l'Allemagne au moment de la guerre de 1870.

Les conditions essentielles pour qu'une *Nation armée* douée d'éléments dirigeants suffisants et bien unis puisse obtenir, au moment du danger commun, des généraux capables de commander ses armées, se résument dans les maximes suivantes :

1° Entourer les hauts commandements militaires de beaucoup de respect, de considération et d'honneurs;

2° Interdire tout rôle politique aux officiers de l'armée active;

3° Créer un système d'éducation nationale qui développe l'énergie, la volonté, le caractère, le sang-froid et l'initiative chez les jeunes gens qui se destinent à la carrière militaire;

4° Régler l'avancement des officiers supérieurs de façon à éliminer les incapables ou les faibles par sélection et à amener promptement à l'état-major de l'armée et à la tête des régiments les officiers les plus instruits, ayant donné des preuves de talent, d'initiative et de caractère. Ne pas se montrer trop sévère pour les défauts, qui sont souvent la conséquence de ces qualités maîtresses;

5° Choisir les généraux de brigade parmi les chefs de corps ou les officiers du service d'état-major les plus jeunes, les plus instruits qui, dans leur carrière, ont donné des preuves de volonté, de sang-froid, de coup d'œil militaire et de réflexion, jointes à une aptitude marquée pour le commandement;

6° Abaisser la limite d'âge pour la retraite des colonels, de manière à ne pas nommer de généraux de brigade ayant plus de 53 ans d'âge;

7° Faire des grandes manœuvres une école de commandement en laissant aux généraux chargés de les concevoir et de les diriger la plus grande initiative;

8° Constituer d'avance les états-majors des armées avec les officiers qui, par leurs notes et leurs talents, ont été reconnus les plus aptes aux fonctions directrices. Faire faire chaque année aux états-majors constitués de chaque armée des voyages d'instruction d'après un plan de campagne donné ;

9° Instituer des prix considérables et des citations spéciales pour récompenser les officiers qui se seront le plus distingués dans les grandes reconnaissances et dans les missions incombant au service d'état-major.

Par ces dispositions sagement appliquées, on facilitera considérablement parmi les officiers de valeur l'éclosion des qualités de combinaison et de direction indispensables à de futurs généraux. Loin de reléguer au second et au troisième plan les officiers d'initiative et de caractère qui agissent et produisent, on les encouragera dans leurs travaux et l'on fera tomber les obstacles accumulés devant eux par la jalousie et la médiocrité.

En rajeunissant le cadre des généraux de brigade, le Gouvernement pourra choisir sûrement parmi les plus actifs et les plus distingués d'entre eux de bons divisionnaires dont les meilleurs seront rapidement appelés au commandement des corps d'armée.

Enfin en nommant nos meilleurs divisionnaires gouverneurs de nos grandes colonies, on leur donnera l'occasion de faire preuve de ces qualités d'initiative, de commandement et d'administration qui, autrefois, ont révélé des hommes de premier ordre tels que le bailli de Suffren, La Bourdonnaye, Dupleix, Bugeaud,

Duperré, Faidherbe, Chanzy, Jauréguiberry, Courbet, tous aptes à commander des armées.

Mais quelque soin que le Gouvernement apporte à ne pas entraver l'élévation rapide des hommes exceptionnels capables de commander avec talent les armées nationales, il n'aurait rien fait et n'aboutirait qu'à des désastres s'il ne respectait pas le principe absolu de *l'unité dans la direction* et dans le commandement des armées et des expéditions militaires.

CHAPITRE VIII

DISCIPLINE ET JUSTICE MILITAIRES

> « L'observation des lois militaires est la source
> « des victoires et des succès durab'es. Elles sont
> « les gardiennes de la prospérité, du salut public
> « et de la grandeur des nations. »
> (Empereur Léon le Philosophe.)

Nécessité de maintenir d'une façon absolue l'ordre et l'obéissance dans les armées.

484. — Tu t'informas si, dans ses leçons, il m'avait donné des conseils sur les meilleurs moyens de se faire obéir de son armée.
(Xénophon, *Cambyse à Cyrus.*)

485. — Sans chefs, rien de beau, rien de bien, rien absolument ne se fait, à la guerre surtout. La discipline est le salut des armées ; combien l'indiscipline n'en a-t-elle pas anéanties !
(Discours de Xénophon, *Retraite des Dix mille.*)

486. — Il ne faut point mener les hommes par les voies extrêmes : on doit être ménager des moyens que la nature nous donne pour les conduire. Qu'on examine la cause de tous les relâchements, on verra qu'elle vient de l'impunité des crimes, et non pas de la modération des peines.
(Montesquieu.)

487. — La supériorité des soldats disciplinés sur les masses barbares, résulte principalement de la confiance que chacun d'eux met dans ses camarades et dans ses chefs.
(Darwin.)

488. — En Ukraine, un soldat se plaignit au roi Charles XII, en lui présentant devant l'armée un morceau de pain noir et moisi, fait d'orge et d'avoine, seule nourriture que l'on avait alors. Le roi reçut le morceau de pain sans s'émouvoir, le mangea tout entier et dit ensuite froidement au soldat : « Il n'est pas bon, mais il peut se manger. »

(VOLTAIRE.)

489. — Sans discipline, les hommes réunis sous la dénomination d'armée, ne sont plus que des bandes d'animaux féroces.

(Général MORAND.)

490. — Le soldat s'avance avec calme sous les projectiles meurtriers parce qu'il voit son vision faire de même, que ses chefs marchent devant et qu'il ne peut pas les abandonner.

(VON DER GOLTZ.)

491. — Il n'était pas nécessaire de recommander au maréchal Davout la discipline ; il ne fallait veiller avec lui qu'à la rendre moins sévère. Le maréchal Davout promit aux magistrats de Berlin de respecter les personnes et les propriétés, comme le doivent des conquérants civilisés, à condition qu'il obtiendrait des habitants une soumission complète et des vivres, pendant le temps fort court que l'armée avait à passer dans leurs murs, ce qui, pour une ville telle que Berlin, ne pouvait constituer une charge bien pesante. Du reste, le lendemain de l'entrée des Français dans Berlin, les boutiques étaient ouvertes, les habitants circulaient paisiblement dans les larges rues de cette capitale, et même en plus grand nombre que de coutume.

(THIERS, *Empire*.)

La discipline dans les armées de l'antiquité.

492. — Si l'on considère quelle est la discipline des Romains et leur conduite dans toutes les choses de la guerre, on ne peut douter que ce ne soit à leur valeur et non point à la fortune qu'ils doivent l'empire du monde.

(JOSÈPHE, *Siège de Jérusalem*.)

DISCIPLINE. 141

493. — *Périclès.* — C'est précisément à la guerre que les Athéniens ne font plus preuve d'aucune discipline. — *Socrate.* — C'est que peut-être aussi ils y sont commandés par des gens incapables. Ordinairement les gens qui veulent en diriger d'autres dans un art peuvent dire d'où ils ont reçu les principes de cet art; mais la plupart de nos généraux sont de vrais improvisateurs.

(*Dialogue de Périclès et de Socrate.*)

494. — Caton l'Ancien pensa qu'il deviendrait encore plus utile à sa patrie en écrivant des préceptes sur la discipline militaire qu'il ne l'avait été par ses victoires sur l'ennemi.

(Végèce.)

495. — Métellus reçut, en Afrique, une armée qui venait de passer sous le joug entre les mains d'Albin; il la ramena si énergiquement à l'ancienne discipline qu'elle put vaincre ensuite ceux qui lui avaient infligé cette ignominie.

(Végèce.)

496. — On raconte qu'Annibal ayant mené en pays étranger une très grosse armée, composée de mille sortes de gens, il ne s'y éleva jamais la moindre discussion ni entre eux ni contre lui, dans la mauvaise comme dans la bonne fortune ; ce qui ne peut être attribué qu'à son extrême sévérité, qui, jointe à ses grandes qualités militaires, le rendait vénérable et formidable à ses soldats, et sans laquelle toutes ses autres vertus ne lui auraient servi de rien pour obtenir ce résultat.

(Machiavel.)

497. — Toutes les fois que les Romains se crurent en danger ou qu'ils voulurent réparer quelque perte, ce fut une pratique constante chez eux d'affermir la discipline militaire.

(Montesquieu.)

498. — C'est uniquement à leur discipline militaire que les Romains doivent leur élévation et leur gloire ; c'est à la corruption de cette même discipline qu'il faut attribuer leur décadence, comme celle des autres grands empires. Car c'est par elle que les

États se relèvent ou tombent dans le mépris, parce que le courage et la science naissent d'elle.

(Folard.)

499. — Telle était la discipline des premiers Romains qu'on y vit des généraux condamner à mourir leur fils pour avoir, sans leurs ordres, gagné la victoire.

(Montesquieu.)

500. — Chez les Carthaginois, les armées qui avaient été battues devenaient plus insolentes : quelquefois elles mettaient en croix leurs généraux et les punissaient de leur propre lâcheté. Chez les Romains, le consul décimait les troupes qui avaient fui, et les ramenait contre l'ennemi.

(Montesquieu.)

501. — Après la bataille de Cannes, il ne fut plus permis aux femmes même de verser des larmes : le sénat refusa de racheter les prisonniers et envoya les misérables restes de l'armée faire la guerre en Sicile sans récompense ni aucun honneur militaire, jusqu'à ce qu'Annibal fût chassé d'Italie.

(Montesquieu.)

502. — De deux grands empereurs, Adrien et Sévère, l'un établit la discipline militaire et l'autre la relâcha. Les effets répondirent très bien aux causes. Les règnes qui suivirent celui d'Adrien furent heureux et tranquilles ; après Sévère, on vit régner toutes les horreurs.

(Montesquieu.)

Objet de la discipline.

503. — La discipline tient à quatre causes principales :
1° A l'esprit de la nation d'où procède l'armée ;
2° A la valeur des officiers qui commandent ;
3° A la valeur morale des soldats ;
4° Aux moyens de répression du code militaire.

La condition d'existence d'une armée réside dans la discipline et l'obéissance absolue.

(Colonel de Savoye.)

DISCIPLINE.

504. — La discipline militaire nous impose à tous l'obligation de défendre jusqu'à la mort le poste qui est confié à notre fidélité.

(CARNOT.)

505. — La base de la discipline est l'étude et la connaissance des hommes sous nos ordres. La discipline n'est pas un fait, mais un moyen ; punir n'est pas son but, puisque la récompense lui appartient aussi. Son but n'est pas l'application, mais l'exécution de la loi.

(Général DE BRACK.)

506. — Quand le corps est glacé jusqu'à la moelle par le froid et la pluie, quand il est épuisé par la fatigue et les privations, quand le fer et le feu répandent la mort et la mutilation dans les rangs, il faut encore obtenir l'obéissance ; la discipline seule y parvient, et c'est en vue de circonstances de cette gravité qu'elle doit être établie.

(Prince FRÉDÉRIC-CHARLES de Prusse.)

507. — En matière de discipline, l'exemple exerce une action bien plus efficace que les paroles. Le soldat règle son obéissance sur celle qu'il voit pratiquée par ses chefs.

(VON DER GOLTZ.)

508. — Le chef lui-même, quelle que soit la place qu'il occupe dans la hiérarchie, ne doit jamais oublier qu'il ne commande à ses subordonnés qu'au titre de l'obéissance qu'il doit à ses supérieurs.

(MARMONT.)

509. — La subordination a lieu rigoureusement de grade à grade ; l'exacte observation des règles qui la garantisse, en écartant l'arbitraire, doit maintenir chacun dans ses droits comme dans ses devoirs.

(*Service intérieur.*)

510. — C'est au temps à aguerrir les troupes et à la discipline à les rendre invincibles.

(VOLTAIRE, *Charles XII.*)

511. — C'est la discipline qui fait la gloire du soldat et la force des armées. Elle est le gage le plus assuré de la victoire.

C'est par elle que toutes les volontés se réunissent en une seule, que toutes les forces partielles concourent à un but unique.

(Carnot.)

512. — Lorsque la corruption, qui envahit les Romains sous les empereurs, se mit dans la milice même, ils devinrent la proie de tous les peuples.

(Montesquieu.)

513. — Dès qu'on se relâche sur la discipline, dès que dans un État la commodité devient un objet de convoitise, on peut prédire, sans être inspiré, qu'il est proche de la ruine.

(Maréchal de Saxe.)

514. — Des ordres inexécutables, sans précision, ou des ordres contradictoires se succédant rapidement, finissent par gâter les meilleures troupes.

(Rustow.)

515. — Un ordre militaire n'exige une obéissance passive que lorsqu'il est donné par un supérieur qui, se trouvant présent au moment où il le donne, a connaissance de l'état des choses, peut écouter des objections et donner des explications à celui qui est chargé d'exécuter l'ordre.

(Napoléon.)

516. — C'est la discipline qui est le principal moyen de faire mouvoir les armées. Plus elles sont nombreuses, plus la discipline doit être forte.

(Von der Goltz.)

Principes à observer dans l'organisation des lois militaires.

517. — Les droits réciproques du Gouvernement et des militaires doivent être déterminés par la loi d'une manière immuable: ce sont les engagements par lesquels l'un est servi et l'autre récompensé de ses services; il faut en rechercher et en reconnaître les bases établies sur des principes qu'il est nécessaire de nettement exposer.

(Général Morand.)

518. — La guerre a des nécessités imprévues, impérieuses. La situation d'une armée en campagne, dans un cours d'opérations rapides, sous le feu de l'ennemi, est une situation, par sa nature, violente, soudaine, convulsive, s'il est permis de s'exprimer ainsi, qui déconcerte toutes les combinaisons compliquées ; qui exclut les précautions trop systématiques ; qui se joue quelquefois des plus simples et des plus sages. La situation d'une place assiégée, réduite à l'extrémité par un long blocus, ou prête à être emportée d'assaut, ne ressemble guère à celle d'un camp de plaisance ou d'une ville de garnison. Pourvoir à l'état de guerre, après avoir pourvu à l'état de paix, tel est le devoir de tout législateur doué de raison et de puissance.

(*Rapport sur la loi de* 1829 *à la Chambre des pairs.*)

519. — La justice militaire est le complément des moyens de la discipline. Aux mains de qui son exécution doit-elle être confiée ? Aux mains de ceux qui sont chargés du maintien de la discipline, qui chaque jour en sentent les besoins, en remplissent les devoirs et y sont les premiers intéressés. C'est donc aux officiers en activité que ce soin doit être remis exclusivement.

(Marmont.)

520. — Il faut que les juges soient de la condition de l'accusé ou ses pairs, pour qu'il ne puisse pas se mettre dans l'esprit qu'il soit tombé entre les mains de gens portés à lui faire violence.

(Montesquieu.)

521. — L'armée vit sous l'empire de devoirs et de règles à part ; il est donc naturel que ceux-là qui jugent soient les hommes qui les connaissent et sont intéressés à les défendre ; qu'on appelle à décider des questions de discipline ceux qui font du commandement et de l'obéissance la science de leur vie.

(Pradier-Fodéré, *Commentaire sur le Code de justice militaire.*)

522. — Dans beaucoup de cas, l'application des lois militaires doit être faite plutôt par la conscience éclairée d'un juré que par la rude sévérité d'un juge.

(De Brack.)

523. — Suivons la nature, qui a donné aux hommes la honte comme leur fléau; et que la plus grande partie de la peine soit la honte même de la souffrir.

(Montesquieu.)

524. — Il ne sert de rien d'établir des ordres sages, si on ne les fait observer avec la dernière rigueur, car tout ce qui concerne une armée doit être fort exact. Les Romains punissaient de mort ceux qui manquaient aux gardes, ceux qui abandonnaient leur poste dans le combat, ceux qui portaient quelque objet en cachette en dehors du camp, ceux à qui la lâcheté faisait mettre bas les armes.

(Machiavel.)

525. — La tiédeur dans le service, l'insubordination, la fraude envers l'État, la lâcheté, sont des crimes qui doivent être inconnus dans l'état militaire, ou qui doivent être punis avec la dernière rigueur, mais toujours en observant les formes juridiques.

(Comte de Saint-Germain.)

526. — C'était une règle invariable des premiers Romains que quiconque avait abandonné son poste ou laissé ses armes dans le combat était puni de mort.

(Josèphe.)

527. — Il faut faire peu d'ordonnances, mais les faire exécuter avec une grande attention, et punir sans distinction de rang ni de naissance; ne point avoir de considérations personnelles, sans quoi vous vous faites haïr et mépriser. On peut être exact et correct, et se faire aimer en se faisant craindre.

(Maréchal de Saxe.)

528. — La justice militaire n'est pas établie d'une manière absolue sur des principes de morale; elle a pour base la nécessité.

(Marmont.)

529. — Il faut, surtout en guerre, que les fautes soient punies sur le fait, et que leur punition soit instantanée comme elles. C'est ainsi que l'exemple frappe le soldat, et que vous évitez les réflexions, les discours, compagnons ordinaires de l'insubordination, qui dégénèrent bientôt en révolte, si vous ne les arrêtez

brutalement à leur naissance. Ce qu'il faut avant tout punir, c'est la mauvaise volonté ; brisez-la comme du verre.

(De Brack.)

530. — Le conseil de guerre est la juridiction naturelle du militaire ; ses procédés et ses formes offrent des avantages d'une plus grande célérité dans la distribution de la justice, et c'est par ce motif qu'on lui attribue cette sorte de droit de prévention, qui ne peut être qu'une garantie pour la discipline de l'armée et pour la société.

(Langlais, *Rapport au Corps législatif*, 1857.)

531. — Le tribunal militaire sera bien organisé : si le juge a qualité pour prononcer en connaissance de cause ; s'il a cette indépendance qui est le premier besoin de la justice, la sécurité du justiciable ; si ce dernier ne peut jamais être distrait du tribunal que la loi lui assigne ; s'il est protégé contre les violations de son droit d'accusé, contre les fausses applications de la loi, par une juridiction supérieure en lumière, en importance et en dignité.

(Langlais, *Rapport au Corps législatif*, 1857.)

532. — L'officier, le soldat qui obéissent par la force de la raison et des devoirs ne perdent rien de leur dignité d'homme ni de cette inspiration que l'occasion provoque et qui gagne les batailles.

(Général Morand.)

533. — En toute circonstance, ne frappez jamais que sur le chef : il est responsable de tout ; en agir autrement serait déconsidérer le commandement et commettre une injustice. L'impulsion ne part jamais que de la tête ; c'est la tête qu'il faut punir.

(De Brack.)

534. — Soyez persuadés que le plus sûr moyen d'avoir sur les hommes de l'autorité et de leur inspirer du respect, c'est de ne point cesser un seul instant de leur en paraître digne.

(Prévost-Paradol.)

Récompenses et punitions.

535. — Les récompenses sont une force disciplinaire bien plus puissante encore que les punitions. Plus une guerre se prolonge, plus cette force s'accroît, parce que la fatigue vous ayant débarrassé, d'abord des mauvais soldats, qui saisissent les premiers prétextes pour se retirer, puis des médiocres à fibre molle, il ne vous reste plus que l'élite de vos rangs, que l'honneur conduit mieux que la crainte.
(De Brack.)

536. — Les récompenses et les punitions basées sur l'opinion ont cela de merveilleux, qu'elles sont susceptibles de nuances infinies et qu'elles agissent puissamment sur les cœurs généreux.
(Marmont.)

537. — Les punitions doivent être infligées avec justice et impartialité et jamais par aucun sentiment de haine ni de passion. Le supérieur doit s'attacher à prévenir les fautes ; lorsqu'il est dans l'obligation de punir, il recherche avec soin les circonstances atténuantes.
(*Service intérieur.*)

538. — Je reconnais à tout corps dont le mobile est l'honneur le droit de le conserver intact et de chasser de ses rangs l'un de ses membres qui le compromet : seulement j'exige que cet arrêt soit unanime. Le tribunal de tous est infaillible : c'est une seconde conscience.
(De Brack.)

539. — L'état moral des armées se rattache directement à l'influence que les actes rémunérateurs ont sur l'esprit des masses militaires *et au jugement qu'elles en portent.*
(Trochu.)

540. — Il faut que la loi protège le militaire établi, et garantisse les conditions du contrat par lequel il s'est engagé à servir l'État, et l'État à pourvoir à son existence, à veiller sur sa famille, de sorte que le militaire, insoucieux sur son avenir et sur

celui de ses enfants, puisse abandonner toutes ses pensées, toutes ses facultés à l'accomplissement de ses devoirs.

(Général Morand.)

541. — La pension n'est pas seulement une dette de l'État ; c'est aussi une récompense décernée pour les services rendus ; il est bon que dans l'armée, comme dans l'ordre civil, ceux qui servent l'État aient cette idée, que l'inconduite peut la leur faire perdre.

(*Rapport de la loi de* 1853 *sur les pensions civiles.*)

542. — La Légion d'honneur ne compte guère plus de quarante ans et elle est déjà consacrée comme si elle avait traversé les siècles, tant elle est devenue, dans ces quarante ans, la récompense de l'héroïsme, du savoir, du mérite en tout genre ; tant elle a été recherchée par les grands et les princes de l'Europe les plus orgueilleux de leur origine! Le temps, juge des institutions, a donc prononcé sur l'utilité et la dignité de celle-ci. Laissons de côté l'abus qui a pu être fait quelquefois d'une telle récompense, à travers les divers régimes qui se sont succédé, abus inhérent à toutes récompenses données par des hommes à d'autres hommes, et reconnaissons ce qu'avait de beau, de profond, de nouveau dans le monde, une institution tendant à placer sur la poitrine du simple soldat, du savant modeste, la même décoration qui devaient figurer sur la poitrine des chefs d'armée, des princes et des rois! Reconnaissons que cette création d'une distinction honorifique était le triomphe le plus éclatant de l'égalité même, non de celle qui égalise les hommes en les abaissant, mais de celle qui les égalise en les élevant ; reconnaissons enfin que, si pour les grands de l'ordre civil ou militaire, elle pouvait bien n'être qu'une satisfaction de vanité, elle était, pour le simple soldat rentré dans ses champs, l'aisance du paysan, en même temps que la preuve visible de l'héroïsme.

(Thiers, 1845.)

Nécessité de la discipline, des punitions et des récompenses.

Plier les volontés individuelles d'un groupe d'hommes sous une volonté unique qui les dirige, donner à leurs aspirations un but commun, imprimer à leur action collective le maximum de précision et d'intensité dont elle est susceptible, tel est l'objet de la *Discipline*. Grâce à elle, cet immense organisme vivant que l'on nomme une armée fonctionne avec harmonie, prend un mouvement d'ensemble régulier et peut exercer toute la puissance d'un être surhumain qui, n'ayant qu'une seule tête, agirait avec des milliers de bras. Pour chaque individu la discipline doit se résumer dans l'habitude de l'obéissance et de l'ordre ; elle a pour bases morales le sentiment du devoir, la confiance réciproque, l'abnégation de soi-même, le respect des règlements et de la hiérarchie militaires.

Les rhéteurs qui s'élèvent contre la discipline, en discutent l'utilité et prétendent qu'elle amoindrit la dignité du soldat, en détruisant son initiative, n'ont jamais vécu dans une armée ni assisté à aucune opération de guerre. Toutes ces théories de cabinet s'évanouissent aux feux du bivouac et au premier coup de canon. La troupe qui n'a pas de discipline n'en montre pas plus d'initiative et, comme elle échappe à toute direction, elle se désagrège et fond dans la main de son chef. Aussi, tout général qui a l'expérience de la guerre préférera-t-il le commandement de troupes qui viennent d'être battues mais qui sont restées disciplinées à celui d'une armée victorieuse par un accident de la fortune, mais accoutumée au désordre et à l'insubordination.

Si les chefs de corps laissent se relâcher les liens de la discipline, le commandement supérieur en ressent immédiatement les effets. Il devient lui-même nerveux, brusque, indécis, comme un cerveau qui se trouble et s'inquiète lorsqu'il constate un défaut de régularité ou d'harmonie dans les mouvements des membres du corps. Quand les ordres sont discutés par les inférieurs, la contradiction et le désarroi se mettent dans l'esprit des chefs, la confiance générale s'affaiblit, les opérations manquent de précision, de suite et de fermeté.

C'est qu'en effet la discipline n'est pas seulement un lien qui réunit entre eux les soldats pour en former le puissant faisceau du régiment ou de l'armée, c'est aussi la chaîne mystérieuse qui rattache, dans la hiérarchie militaire, les inférieurs aux supérieurs par la confiance et la sympathie, comme les disciples fidèles et dévoués du moyen âge s'attachaient aux maîtres dont ils admiraient les œuvres et reconnaissaient la supériorité. — Il n'y a pas de discipline là où il n'y a pas un maître, c'est-à-dire un chef capable de diriger et de commander.

Au point de vue philosophique, on peut distinguer la discipline individuelle de la discipline collective.

La *discipline individuelle* consiste surtout dans cette précieuse aptitude que possède l'homme civilisé de soumettre ses actes et sa volonté à des règles imposées par des chefs ou par des lois. Cette faculté est la résultante de plusieurs siècles de tradition et d'hérédité. Elle est la base de l'apprentissage dans un art quelconque.

L'homme susceptible d'être dressé par une sage réglementation du corps et de l'esprit, se perfectionne et arrive à exécuter certains actes définis, sans hésitation, avec rapidité et précision. Il est alors en pleine possession de la faculté d'orienter aisément, grâce à l'habitude, toutes ses forces physiques et morales vers un but nettement défini. C'est ainsi que se forment individuellement les bons ouvriers dans chaque métier.

La discipline collective peut être obtenue par l'action énergique d'un chef s'exerçant sur un groupe d'hommes déjà préparés individuellement par un premier dressage. Discipliner un groupe d'hommes, c'est orienter les volontés et les forces actives des individus en vue d'une action harmonique et collective, c'est transformer des individualités éparses, sans lien, sans volonté, en une unité compacte qui n'a plus qu'une seule volonté, qu'une tendance : *atteindre le but commun au prix de tous les sacrifices.*

Rien n'est plus propre à faire apprécier la merveilleuse puissance de la discipline individuelle et collective que le fonctionnement méthodique et vraiment admirable d'un orchestre. Chaque instrumentiste, parfaitement rompu à l'exécution, est arrivé à la possession complète de son art et de son instrument spécial par une discipline individuelle très sévère qui lui a imposé des exercices réglés et méthodiques. Sous la direction du chef d'orchestre, la réunion des instrumentistes disciplinés n'a plus qu'une seule volonté qui d'elle-même s'oriente instantanément vers le but unique indiqué par les signes musicaux de la partition et par la mesure que donne le bâton de commandement. C'est ainsi que cent musiciens divers exécutent avec ensemble et précision, sans hésitation ni discussion, l'œuvre musicale d'un compositeur dont la partition n'est pas autre chose qu'un tableau signalétique d'ordres d'exécution.

N'en est-il pas de même à la guerre? Sur un théâtre plus vaste et au milieu de mille difficultés, une armée bien disciplinée et bien orientée par ses chefs et les états-majors peut accomplir avec harmonie une série d'opérations dans un but commun suivant les ordres où partitions composés par le généralissime et son état-major.

La discipline est donc bien le principe harmonique et vital des armées, la sauvegarde des nations civilisées contre les entreprises des envahisseurs. L'histoire nous montre que les grands peuples de l'antiquité n'ont acquis et conservé leur puissance qu'en maintenant énergiquement la discipline dans leurs armées ; dès qu'ils ont méconnu ce principe conservateur, leur décadence a commencé et ils sont rapidement devenus la proie de leurs ennemis ou de l'anarchie.

Loin d'affaiblir la dignité, le courage, l'intelligence et l'initiative des hommes; la discipline fait pénétrer et vulgarise dans les masses les sentiments élevés et les qualités militaires qui, sans elle, resteraient toujours le partage d'une minorité. Elle fait taire les passions dissolvantes, excite le dévouement et l'enthousiasme, développe l'esprit de solidarité, inspire la confiance à tous, et rassemblant dans un seul faisceau toutes les vertus militaires, elle régularise et concentre leur puissance dans l'action commune.

Il est donc de la plus haute importance qu'à tous les degrés de la hiérarchie les chefs considèrent comme un devoir sacré de maintenir leurs troupes dans une parfaite discipline. On ne peut considérer le résultat comme complet que lorsque l'esprit d'ordre et d'obéissance est tellement passé dans les convictions et dans les habitudes de tous les grades, qu'il devient pour le soldat et l'officier comme une seconde nature aux lois de laquelle ils ne peuvent plus se soustraire. Lorsque la discipline est obtenue, il faut encore la maintenir sévèrement. C'est une œuvre difficile, plus morale que matérielle. Ce maintien dépend ..icoup de la confiance que le chef inspire, de sa décision, de son calme, de la clarté et de la précision des ordres qu'il donne, de la régularité des distributions de vivres et du bon fonctionnement de l'administration.

Responsables du respect et de l'application des lois militaires, ceux qui commandent doivent donner à tous l'exemple par leur attitude, leurs capacités, leur abnégation et leur fermeté. Lorsque la discipline se relâche dans une armée, c'est aux chefs de corps que le ministre et le souverain doivent en demander compte; c'est sur eux qu'il faut frapper sans hésitation et sans ménagement; car il n'y a pas d'exemple qu'un bon chef de corps qui est à la hauteur de ses devoirs n'ait pu parvenir à maintenir ses troupes dans l'ordre et l'obéissance. Qui n'a pu constater qu'une troupe commandée avec intelligence, calme et précision était toujours bien disciplinée?

Les conditions principales qui permettent le mieux d'assurer la discipline dans une armée moderne sont les suivantes :

1° Une éducation virile de la jeunesse, qui, dès l'enfance, accoutume l'homme à l'ordre, à l'obéissance, au travail physique et intellectuel, et lui imprime fortement le sentiment du devoir et le respect de la hiérarchie sociale et militaire;

2° Un système d'avancement rationnel, également éloigné de la faveur et de la routine, qui ne mette à la tête des troupes que des officiers d'une valeur indiscutable, aptes au commandement et donnant par eux-mêmes l'exemple de la subordination jointe aux talents militaires;

3° Une organisation du commandement plus ferme, plus précise, qui relève l'autorité et le prestige des officiers dans chaque grade, en augmentant leur initiative et en engageant davantage leur responsabilité;

4° De bonnes méthodes d'éducation militaire qui ne laissent jamais oisifs le corps et l'esprit du soldat, le façonnent par des exercices continuels aux travaux et aux privations de la guerre, et lui fassent prendre l'habitude de l'obéissance absolue aux exigences du service et du métier militaires ;

5° Établir entre les officiers et les soldats, par des lectures, des conférences et des exercices spéciaux, des relations plus fréquentes, de manière à provoquer entre le chef et le subordonné ce courant sympathique de maître à élève qui, sans nuire au respect hiérarchique, éveille dans le cœur du soldat la confiance, le sentiment du devoir et les dévouements héroïques ;

6° De moyens de répression simples, prompts, sagement gradués, appliqués avec intelligence, sans hésitation, avec une impartiale fermeté. Appliquer très exactement les lois et punir sévèrement tout acte de désobéissance ou de mauvaise volonté ;

7° Un système de récompenses et de citations bien échelonnées, distribuées avec impartialité, de manière à exciter l'émulation en mettant toujours en lumière les officiers et soldats qui se distinguent par leur valeur morale, leurs talents militaires ou leurs travaux techniques ;

8° Rendre à la Légion d'honneur son prestige et la mettre au-dessus de tout soupçon en exigeant pour les décorations civiles des motifs sérieux et les mêmes formalités que pour les décorations militaires ;

8° Donner au Conseil de la Légion d'honneur, fidèle et sévère gardien de l'Ordre, un droit de *veto* qui lui permette de repousser les candidats dont les titres ne lui paraissent pas justifiés.

CHAPITRE IX

DU MORAL DES CHEFS ET DES TROUPES. — CARACTÈRE ET VERTUS DU SOLDAT.

> « Il faut aller à la guerre pour son devoir et en attendre cette récompense qui ne peut faillir à toutes belles actions, pour occultes qu'elles soyent : c'est le contentement qu'une conscience bien réglée reçoit en soi de bien faire. »
>
> (Montaigne.)

> « L'homme renferme dans son âme un principe de chaleur et d'impétuosité qui s'accroît par le mouvement et qu'un bon général doit savoir mettre à profit. »
>
> (César, *Commentaires.*)

Du moral des troupes.

543. — Ceux qui se plaignent de la fortune n'ont souvent à se plaindre que d'eux-mêmes.

(Vauvenargues.)

544. — Le moral de l'homme de troupe, c'est le sentiment irréfléchi de sa force ou de sa faiblesse, celui qui, de prime abord, donne confiance ou terreur. Il n'est jamais également réparti dans son double sens entre deux troupes qui se font face : l'une a confiance et l'autre terreur ; et la terreur de l'une est toujours en proportion de la confiance de l'autre.

(De Brack.)

545. — Telles troupes sont infailliblement battues dans des retranchements, qui, en attaquant, eussent été victorieuses. Peu

de gens en donnent une bonne raison : elle est dans le cœur humain ; on doit l'y chercher.

(Maréchal de Saxe.)

546. — L'âme et le corps forment un tout intime aux mouvements duquel ils participent l'un et l'autre ; le second, comme matière, est inerte de sa nature, et il peut se trouver dans des conditions telles qu'il oppose des résistances invincibles aux volontés de la première.

(Bugeaud.)

547. — La force morale est pour les trois quarts dans les succès militaires, la balance des forces réelles n'y entre que pour un quart.

(Napoléon.)

548. — La force morale est toujours supérieure à la force physique. On la prépare en élevant l'âme du soldat, en lui donnant l'amour de la gloire, l'honneur régimentaire et, par-dessus tout, en rehaussant le patriotisme. Quand on a gagné la confiance d'hommes ainsi préparés, on peut leur demander les plus grandes choses.

(Bugeaud.)

549. — C'est moins le succès matériel d'une victoire qui grandit une armée que le sentiment moral de la force qu'elle en recueille. Après la victoire de Jemmapes, Bruxelles acclamait Dumouriez comme un libérateur.

(Colonel Desprels.)

550. — Si l'on fait souvent entrevoir à ses troupes l'attente d'un succès mensonger, on finit par ne plus les persuader, même quand on parle d'un espoir qui est réel. Quant aux exhortations suprêmes réservées pour les grands dangers, il faut en ménager le plus possible le crédit.

(Xénophon, *Cyropédie*.)

551. — Aux grandes époques de l'humanité, la crainte de la mort a tenu peu de place dans la pensée des hommes. Faire de la mort la préoccupation continuelle de l'existence est une marque de déclin...

(E. Quinet.)

552. — On est disposé à la confiance quand, portant les yeux autour de soi, on se voit entouré de compagnons nombreux et de toutes les ressources qui permettent de lutter avantageusement contre l'ennemi. On se jette volontiers en avant et dans la mêlée, si l'on sent en ses membres leur force et leur agilité habituelle; on ne redoute point alors le choc : on le désire même afin de faire cesser un feu meurtrier qu'on éteindra en joignant son adversaire.

(Bugeaud.)

Le vrai courage.

553. — Le vrai courage dépend tout entier de la vigilante sagesse de l'âme ; c'est un fruit de la raison : il ne brille pas moins chez les magistrats civils qui gouvernent les républiques que dans les généraux qui livrent les batailles.

(Cicéron.)

554. — La nature produit peu d'hommes courageux par eux-mêmes : l'art et l'éducation en forment un bien plus grand nombre.

(Végèce.)

555. — Que votre valeur soit sans ostentation et comme une chose si naturelle qu'il n'y ait pas même lieu à prétention. Que le plus imminent danger ne paraisse pas même vous troubler, que votre visage soit toujours calme et serein, surtout un jour de bataille : c'est le plus sûr moyen d'animer le courage et d'inspirer la confiance.

(Loyd.)

556. — Le courage d'un homme qui a les pieds chauds et qui discute en chambre à son aise, quand il est loin du péril, est fort différend chez ce même homme-là quand il s'y trouve exposé. Autre chose est d'être brave loin du danger et de l'être en présence du danger ; il n'y a rien dans la vie où l'homme soit plus différent de soi-même.

(Vauban.)

557. — Au feu, dans la passivité de l'attente, la pensée du passage possible, immédiat pour soi-même de l'état de santé à trépas hante les plus braves. Il est bien de se dominer assez pour cacher le léger frémissement qui vous trouble ; mais que dire de l'effort des officiers (hommes attachés à la vie comme les conscrits et qui, de plus, ont souvent femme et enfants) pour se maîtriser d'abord et pour suivre en même temps avec netteté les phases de l'action, pour juger sûrement de l'opportunité de se porter sur tel ou tel point ?

(A. Delorme.)

558. — J'ai admiré dans le cours de ma carrière militaire le talent des gens qui s'esquivaient au moment du danger et toujours sans se compromettre.

(Général de Fezensac.)

559. — L'intrépidité est une force extraordinaire de l'âme qui l'élève au-dessus des troubles, des désordres et des émotions que la vue des grands périls pourrait exciter en elle ; et c'est par cette force que les héros se maintiennent en un état paisible, et conservent l'usage libre de leur raison dans les accidents les plus surprenants et les plus terribles.

(La Rochefoucauld.)

560. — Masséna était éminemment noble et brillant au milieu du feu et du désordre des batailles ; le bruit du canon lui éclaircissait les idées, lui donnait de l'esprit, de la pénétration, de la gaîté, une audace et un coup d'œil que je n'ai vus qu'à lui.

(Napoléon.)

561. — Le maréchal Ney, cet homme rare, dont l'âme énergique était soutenue par un corps de fer, qui n'était jamais fatigué, ni atteint d'aucune souffrance, qui couchait en plein air, dormait ou ne dormait pas, mangeait ou ne mangeait pas, sans que jamais la défaillance de ses membres mît son courage en défaut, était le plus souvent à pied, au milieu des soldats, ne dédaignant pas d'en réunir cinquante ou cent, de les conduire lui-même, comme un capitaine d'infanterie, sous la fusillade et la mitraille, tranquille, serein, se regardant comme invulnérable, paraissant l'être en effet, et ne croyant pas déchoir lorsque, dans

ces escarmouches de tous les instants, il prenait un fusil des mains d'un soldat expirant, et qu'il le déchargeait sur l'ennemi pour prouver qu'il n'y avait pas de besogne indigne d'un maréchal dès qu'elle était utile. Sans pitié pour les autres comme pour lui, il allait, de sa propre main, éveiller les engourdis, les secouait, les obligeait à partir, leur faisait honte de leur engourdissement (lâches du jour qui avaient été des héros la veille), ne se laissait point attendrir par les blessés tombant autour de lui et le suppliant de les faire emporter, leur répondait brusquement qu'il n'avait pour se porter lui-même que ses jambes, qu'ils étaient aujourd'hui victimes de la guerre, qu'il le serait lui-même le lendemain, que mourir au feu ou sur la route, c'était le métier des armes.

(THIERS.)

Moyens de relever le courage ébranlé des soldats.

562. — A la bataille livrée par Tarquin contre les Sabins, Servius Tullius, qui était encore jeune, voyant que le soldat romain commençait à plier, prit une enseigne et la jeta aux ennemis. Les Romains combattirent si bien pour la reprendre qu'ils remportèrent la victoire.

(FRONTIN.)

563. — Les continuels exercices des Romains ne fortifient pas seulement les corps des soldats : ils affermissent aussi leur courage, et l'appréhension du châtiment les rend exacts dans tous leurs devoirs.

(JOSÈPHE, *Siège de Jérusalem.*)

564. — Le dictateur Servilius Priscus ayant ordonné de charger les Falisques, fit tuer un porte-enseigne qui hésitait. Les soldats impressionnés par cet exemple culbutèrent l'ennemi.

(FRONTIN.)

565. — César à Munda, voyant plier ses soldats, mit pied à terre et faisant emmener son cheval, marcha devant eux contre

l'ennemi. Les soldats eurent honte d'abandonner leur général et retournèrent au combat.

(Frontin.)

566. — Il dépend souvent d'un chef de corps de faire des soldats intrépides de jeunes gens faibles et indécis.

(De Brack.)

567. — La bravoure qui décide un homme à mettre sans hésiter sa vie au-dessous du succès auquel il est chargé de contribuer, est tout ce qu'il y a de plus rare.

(Marmont.)

568. — La masse des hommes est faible et mérite plus de compassion que de haine. Ce n'est pas en l'accablant de mépris qu'on parvient à la relever : au contraire, il faut lui persuader qu'elle est meilleure qu'elle ne vaut, si l'on veut en obtenir tout le bien dont elle est capable.

(Napoléon.)

569. — J'ai vu des hommes incapables de science ; je n'en ai jamais vu d'incapables de vertu.

(Confucius.)

Vertus militaires.

570. — L'armée doit donner constamment l'exemple des plus hautes vertus civiques et guerrières. Elle n'a pour s'inspirer qu'à se rappeler son histoire illustrée, à chaque page et à toutes les époques, par tant d'actes de courage et de dévouement, par tant de faits héroïques.

(Général Chanzy.)

571. — Une noble ambition n'est pas un défaut qu'il faille reprocher à un jeune officier ; c'est au contraire une grande qualité lorsqu'elle s'allie à des connaissances sérieuses, à la passion de la gloire et aux énergiques instincts de la guerre.

(Desprels.)

572. — Netteté dans la conception et énergie dans l'exécution de ce que l'on a en vue, tels sont les deux pilotes les plus capables de nous diriger au travers des nombreux écueils de la guerre. Aussi les qualités militaires ont-elles leurs racines plutôt dans le caractère que dans le savoir.
(Verdy du Vernois.)

573. — La Providence, en 1870, s'est servie contre nous des armées allemandes comme d'un fléau, pour nous apprendre à pratiquer les vertus guerrières peut-être arides, mais sûrement robustes, pour nous enseigner la puissance de la réflexion, de la suite dans les idées, apanage des chefs teutons, qui a logiquement engendré la confiance chez le peuple armé et lui a donné la force d'endurance prédestinée nécessairement à éteindre nos flambées d'ardeur.
(Delorme.)

574. — Défiez-vous de ces gens adroits et transcendants qui ont des affections et des vues particulières auxquelles ils sacrifient l'utilité publique, en ramenant tout conseil à leur avis.
(L'empereur Léon.)

575. — Il n'y a rien qui dénote mieux une grande âme, que de faire du bien aux autres hommes et de mépriser son propre intérêt.
(Descartes.)

576. — Un grand caractère a souvent suffi pour faire un grand homme ; un caractère faible fait d'un honnête homme le jouet des méchants et de sa vie un objet de scandale et de pitié.
(Prévost-Paradol.)

577. — Le maréchal de Catinat rappelait par sa simplicité, par sa frugalité, par son mépris du monde, le souvenir de ces grands hommes qui, après les triomphes les mieux mérités, retournaient tranquillement à la charrue. C'était un philosophe.
(Saint-Simon.)

578. — Le maréchal de Catinat a soutenu les victoires avec modestie et la disgrâce avec majesté, grand encore après la perte de sa réputation même.
(Montesquieu.)

579. — Le général Desaix vivait comme les simples soldats; il se contentait chaque jour de la ration d'un grenadier, c'est-à-dire le pain de munition, la soupe de l'escouade et de l'eau.

(Général Ambert.)

580. — Enseignons à nos enfants que la défense de la patrie est, non une charge, mais un devoir, comme celui de défendre sa famille et son foyer.

(De Freycinet.)

Noblesse de la profession des armes.

581. — Il y a des métiers si nobles qu'on ne peut les faire pour de l'argent sans se montrer indigne de les exercer : tel est celui de l'homme de guerre.

(J.-J. Rousseau.)

582. — Le métier de la guerre, comme on pourrait le craindre, si l'expérience ne nous instruisait pas, ne tend nullement à dégrader et à rendre féroce celui qui l'exerce ; au contraire, il tend à le perfectionner.

(J. de Maistre.)

583. — La modestie, la continence et la fermeté sont les qualités nécessaires aux gens de guerre. On ne doit porter en campagne que ce qui est strictement indispensable : le luxe amollit, corrompt les mœurs, et détruit les armées.

(L'empereur Léon.)

584. — Le noble métier des armes offre un charme infini à l'homme désintéressé qui se sent le courage au cœur et comprend que s'il est un sort glorieux, c'est assurément d'exposer sa vie pour la patrie.

(Silvio Pellico.)

585. — En Égypte, la profession de la guerre passait, comme les autres, de père en fils, et, après les familles sacerdotales, celles qu'on estimait les plus illustres étaient, comme parmi nous, les familles destinées aux armes.

(Bossuet.)

586. — Honte et malheur à tous ceux qui n'honorent pas le soldat courageux et dévoué, ou qui ne font pas tous leurs efforts pour améliorer et adoucir son existence !

(Marmont.)

587. — Le patriotisme ne doit pas être mis trop souvent en représentation. Il faut qu'il y ait des héros qui se fassent tuer et dont personne ne parle.

(Bernardin de Saint-Pierre.)

588. — Lorsque les calculs habiles ou malheureux de la politique, ou lorsque le simple mouvement des affaires humaines ont amené un peuple à placer sur un champ de bataille, comme sur le tapis d'une table de jeu toutes ces choses admirables et sacrées que le nom de *patrie* représente, quel est l'être humain qui peut rester froid devant ce terrible et grand spectacle ? Ce sont à bon droit des noms vénérables et sacrés dans la mémoire des hommes que ceux des Thermopyles, de Cannes, de Jemmapes ou de Valmy.

(Prévost-Paradol.)

589. — Ce n'est pas à porter la famine et la misère chez les étrangers qu'un héros attache la gloire, mais à les souffrir pour l'État : ce n'est pas à donner la mort, mais à la braver.

(Vauvenargues.)

590. — Ceux qui ne manifestent que du mépris pour la guerre oublient un de ces traits qui en ennoblissent et qui en tempèrent l'inévitable brutalité ; c'est la présence de l'art et l'intervention du *Génie* qui apportent dans la guerre le calcul, la combinaison, la fermeté, la prévoyance tranquille au milieu du péril et font ainsi de la guerre une épreuve décisive pour les plus hautes facultés de l'esprit de l'homme et pour les plus fortes qualités de son caractère.

(Prévost-Paradol.)

Caractère, qualités et désintéressement des grands hommes de guerre.

591. — Il avait pour maxime (écoutez! c'est la maxime qui fait les grands hommes) que, dans les grandes actions, il faut uniquement songer à faire le bien, et laisser venir la gloire après la vertu.

(Bossuet, *Oraison funèbre du prince de Condé*.)

592. — Pour représenter ce grand homme d'un seul trait, tel qu'il a été, il faut dire de lui comme du plus sage des Romains, que l'amour-propre, qui est tout borné en lui-même, n'eut jamais de part ni dans ses desseins ni dans ses actions.

(Mascaron, *Éloge de Turenne*.)

593. — Si vous voulez être considéré, honoré et véritablement grand, préférez toujours le bien du pays à votre intérêt personnel. Un bon général n'est pas celui qui fait bien ses affaires et vise à un vain éclat, mais celui qui, nuit et jour, veille avec équité aux intérêts de son armée.

(L'empereur Léon.)

594. — Un général qui a eu le bonheur de terminer une guerre avec succès, doit donner partout des témoignages d'humanité et se montrer exempt de dureté et d'arrogance. C'est l'intérêt même de sa gloire : car la vanité nous fait autant d'ennemis que la modestie nous attire d'admirateurs.

(Onosander.)

595. — Qui fit jamais de si grandes choses ? Qui les dit avec plus de retenue et de modestie ? Revenait-il de ces glorieuses campagnes qui ont rendu son nom immortel, il fuyait les acclamations populaires ! Sincère dans ses discours, simple dans ses actions, fidèle dans ses amitiés, exact dans ses devoirs, réglé dans ses désirs, grand, même dans les moindres choses, il se cache, mais sa réputation le découvre ; il marche sans suite et sans équipage, mais chacun dans son esprit le met sur un char de triomphe : on compte, en le voyant, les ennemis qu'il a vaincus,

non pas les serviteurs qui le suivent; tout seul qu'il est, on se figure autour de lui ses vertus et ses victoires qui l'accompagnent. Il y a je ne sais quoi de noble dans cette honnête simplicité, et moins il est superbe, plus il devient vénérable.

(Fléchier, *Éloge de Turenne.*)

596. — Constamment, dans mes campagnes en Italie, où j'avais une poignée d'hommes, j'ai exagéré ma force. Cela a servi mes projets et n'a pas diminué ma gloire.

(Napoléon.)

597. — Quelque sérieux que soient à la guerre les embarras d'un chef d'armée, il faut se garder de croire que son adversaire n'ait pas aussi les siens. Napoléon, qui avait acquis au plus haut point la philosophie de la guerre, comme les hommes qui ont beaucoup vécu finissent par acquérir la philosophie de la vie, Napoléon aimait à dire qu'après une bataille *chacun avait son compte*, et que si les généraux étaient bien convaincus de cette vérité, ils ne se laisseraient pas si facilement décourager par les apparences ou même par la réalité d'un revers, et qu'en persévérant, ils auraient souvent l'occasion de ramener la fortune.

(Thiers.)

598. — Le Génie de la Guerre est incomplet si à la faculté des savantes combinaisons que j'appellerai techniques, un général ne joint pas la connaissance du cœur humain.

(Marmont.)

599. — Les restes mortels du général Gudin furent enterrés dans la citadelle de Smolensk qu'ils honorent. Digne tombeau de ce véritable homme de guerre, bon citoyen, général intrépide, juste et doux, à la fois probe et habile ; rare assemblage dans un siècle où trop souvent les hommes de bonnes mœurs sont inhabiles et où les habiles sont sans mœurs.

(De Ségur.)

600. — Le maréchal Davout joignait au sens le plus droit une fermeté rare, une sévérité inflexible. Il était porté à la vigilance autant par l'amour du devoir que par le sentiment d'une infirmité naturelle, qui consistait dans une très grande faiblesse

de vue. Cet homme de guerre devait ainsi à un défaut physique une qualité morale. Ayant de la peine à discerner les objets, il s'appliquait à les observer de très près : quand il les avait vus lui-même, il les faisait voir par d'autres, il accablait sans cesse de questions ceux qui étaient autour de lui, ne prenait aucun repos, n'en laissait à personne, qu'il ne se crût suffisamment informé, et ne se résignait jamais à vivre dans l'incertitude où tant de généraux s'endorment, en livrant au hasard leur gloire et la vie de leurs soldats.

(THIERS, *Empire*)

601. — Ce qui prouve la supériorité de l'éducation grecque sur la nôtre, c'est que l'on vit fréquemment apparaître chez les Grecs des hommes dans lesquels la force et l'élévation du caractère se trouvaient unis à un génie véritable. On voit souvent, dans l'antiquité, le même homme remplir successivement et avec une égale aptitude, les fonctions les plus diverses. Tantôt, général habile, il commande une armée ; tantôt, grand orateur, il tient l'auditoire suspendu au charme de sa parole ; tantôt homme d'État, il traite tour à tour les questions de finances, d'économie sociale et de diplomatie ; enfin parvenu à un âge avancé, après avoir renoncé à la vie active, il compose pour l'instruction de ses concitoyens d'admirables traités de science, d'histoire et de philosophie[1]. Si l'on ne peut citer rien de semblable parmi nous, cela tient au mauvais système d'éducation publique qui est encore en vigueur dans la plus grande partie de l'Europe, c'est-à-dire dans les pays qui se vantent le plus de leur civilisation.

(L. FIGUIER, *Vie de Théophraste*.)

602. — Le talent de Desaix était de tous les instants ; il ne respirait que la noble ambition et la véritable gloire ; c'était un caractère tout à fait antique.

(NAPOLÉON.)

603. — Elle restera toujours glorieuse la lettre par laquelle le vainqueur de la Vendée couvrit de sa vertu, de sa popularité, l'homme qui déjà faisait peur, le vainqueur d'Arcole,

---

[1]. Tel est l'exemple que nous ont laissé Thucydide, Plutarque, Cicéron.

et se porta garant pour lui. Ah ! grande époque, grands hommes, vrais vainqueurs à qui tout devait céder ! Vous aviez vaincu l'envie aussi aisément que le monde ! Nobles âmes, où que vous soyez, donnez-nous, pour nous sauver, un souffle de votre esprit.

(MICHELET, *Le Peuple*.)

604. — L'illustre Drouot, officier supérieur d'artillerie dans la garde, était le modèle accompli de toutes les vertus guerrières. Drouot, simple et même un peu gauche dans ses allures, n'avait pas d'abord été apprécié par Napoléon. Mais tandis que dans ces guerres incessantes, l'ambition faisant des progrès et la fatigue aussi, on était obligé de récompenser plus chèrement les services moindres, Napoléon avait été frappé de l'attitude de cet officier, connaissant à fond toutes les parties de son métier, s'y appliquant avec une ardeur infatigable, sans se relâcher jamais, sans chercher, comme beaucoup d'autres, à se faire valoir à mesure que les difficultés augmentaient ; proportionnant ainsi en silence son intrépidité aux périls, son zèle aux embarras, n'ayant pas flatté son maître jadis, ne cherchant pas à l'affliger par ses critiques aujourd'hui, se bornant à servir de toutes ses facultés le prince et la patrie, qu'il confondait dans la même affection et le même dévouement.

(THIERS.)

605. — L'égoïsme chez un chef est non seulement un défaut, mais un vice qui ternit ses plus brillantes qualités et lui ôte les trois quarts de sa puissance morale sur ses subordonnés.

(DE BRACK.)

606. — Lorsque le calcul intéressé et le goût des richesses prennent la place du patriotisme dans l'âme des généraux et des soldats, c'en est fait des armées.

(Général TROCHU.)

607. — Le soldat français n'est pas un automate. En vain a-t-on cherché à le travestir en soldat allemand. On lui a fait dissimuler son véritable caractère, sans pouvoir lui en communiquer un autre.

(DUBOIS-CRANCÉ.)

608. — Les Allemands ont eu souvent des succès avec des chefs très médiocres ; les Français valent dix fois leur nombre avec un chef qu'ils estiment et qu'ils aiment.

(MARMONT.)

609. — A la guerre, le moral et l'opinion sont la moitié de la réalité.

(NAPOLÉON.)

Psychologie du soldat. — Confiance. — Impressionnabilité Dévouement.

610. — Il est nécessaire que les chefs s'occupent avec un soin tout particulier d'inspirer aux soldats la *confiance* ; sans ce lien intime, on ne peut compter sur rien.

(MARMONT.)

611. — Pour soutenir le moral des troupes, le général veillera à ce qu'il soit largement pourvu à tous leurs besoins, en exigeant que l'administration soit capable, intègre et active ; il donnera aux opérations une direction intelligente et précise, qui évite les fatigues et les dangers inutiles ; il maintiendra une discipline sévère ; enfin il distribuera les récompenses avec cette justice parfaite qui porte aux belles actions, tandis que les faveurs indignement placées découragent même la bravoure.

(Maréchal BUGEAUD, *Maximes*.)

612. — Trois choses sont nécessaires pour donner toute leur valeur aux troupes : l'amour de l'ordre, l'habitude de l'obéissance, la confiance en soi-même et dans les autres. Telles sont, *sous le rapport moral*, les bases fondamentales d'une armée.

(MARMONT.)

613. — C'est de peu d'intérêt de trouver les ennemis en effet plus faibles qu'on n'avait cru, mais la tromperie est dangereuse quand ils sont trouvés forts après qu'on les avait jugés faibles par réputation.

(M. MONTAIGNE.)

614. — L'enthousiasme contenu et dirigé porte les armées aux grandes actions. L'exaltation sans mesure crée le désordre et prépare le découragement.

(Maréchal BUGEAUD.)

615. — Quels prodiges n'ont pas exécutés Gustave-Adolphe, Charles XII et leurs célèbres généraux avec des troupes qu'ils avaient su couvrir de l'invincible bouclier de la discipline et de la confiance !

(MIRABEAU.)

616. — Les armées sont, dans leurs qualités comme dans leurs défauts, la représentation fidèle des nations d'où elles procèdent : il faut conséquemment juger et conduire chacune d'elles avec des vues et par des moyens qui lui sont propres. Cette doctrine est surtout applicable à l'armée française, dont la complexion est particulière et dont l'originalité dépasse celle des autres armées.

(Général TROCHU.)

617. — Un des plus grands défauts des Français quand ils font la guerre, est de passer, sans raison, des précautions les plus minutieuses à une confiance sans bornes.

(Général MARBOT.)

618. — Il est des chefs, il est des soldats qui ignorent la peur; ce sont des gens d'une trempe rare. La masse frémit, car on ne peut supprimer la chair, et le *frémissement*, sous peine de mécomptes, doit entrer comme donnée essentielle de toute organisation : discipline, dispositifs de combat, manœuvres, mode d'action.

(Colonel ARDANT DU PICQ.)

619. — On dit communément que la peur ne se raisonne pas. Rien n'est plus vrai et il est remarquable à quel point, pour arrêter les effets de la peur, les efforts de l'intelligence ont peu d'efficacité.

Le seul moyen efficace de dompter la peur, c'est l'habitude. Sur la peur, l'habitude a un tel effet, que rien de ce qui nous est habituel ne peut nous effrayer. De là la fréquence de ce que l'on appelle le courage professionnel.

(Dr RICHET.)

620. — Je dois à des observations longtemps continuées, que des troupes en ligne soumises à *l'émotion inévitable* du combat, n'ajustent jamais en tirant, à quelque degré de calme et de solidité qu'on les suppose arrivées.

(Général Trochu.)

621. — Celui qui a vécu dans l'armée française, qui a souffert et combattu au milieu de ces hommes du peuple, sait apprécier à leur valeur la force, l'élan, l'instinct généreux, la résignation, le dévouement, qui vivent sous la rude enveloppe du laboureur et de l'ouvrier. Combien, parmi eux, avec un peu de culture intellectuelle, révéleraient ces facultés dirigeantes, qu'une classe de la société a la prétention d'accaparer !

(Michelet.)

622. — Jamais une punition ne doit être infligée par un chef avec l'expression du mépris. Tout ce qui dégrade le soldat et le flétrit diminue la valeur de l'homme ; tout ce qui le grandit à ses yeux ajoute à ses facultés.

(Marmont.)

623. — Pour obtenir des hommes le simple devoir, il faut leur montrer l'exemple de ceux qui le dépassent. La morale se maintient par les héros.

(Renan.)

624. — L'amour-propre, cause de tant de bien et de tant de mal, exerce dans le métier des armes une immense puissance, car il en est la vie.

(Marmont.)

625. — Le chauvinisme est à l'esprit des armées ce que le fanatisme est à l'esprit religieux : une altération et un excès.

(Général Trochu.)

626. — Les gardes nationales, en les supposant composées de tout ce qu'il y a de plus brave sur la terre, ne vaudront jamais rien à leur début ; car la valeur et la capacité de chacun ne peuvent être appréciées par les autres qu'après l'expérience.

(Général Morand.)

Le Régiment et le Drapeau.

627. — De communes misères, endurées pour une noble cause, nouent des liens solides. Par là se justifie l'assimilation faite entre le régiment et la famille, car la parenté s'affirme principalement dans les jours de peine et de deuil.

(Amédée Delorme.)

628. — En abusant des punitions, on endurcit un régiment de manière à lui ôter toute noble sensibilité. On le descend de sa hauteur morale : il n'y remonte plus.

(Général De Brack.)

629. — Un chef doit tout voir d'un coup d'œil dans son régiment. Il sait d'avance où sont les bons et les mauvais serviteurs, et par conséquent les bons et les mauvais services. La connaissance morale qu'il a des hommes sous ses ordres simplifie beaucoup cette inspection.

(De Brack.)

630. — L'injustice et la faiblesse sont des crimes aux yeux du soldat. Avec lui, il faut être paternel, jamais maternel.

(Général Ambert.)

631. — Le régiment se rattache à une sorte de constitution sociale animée d'un esprit patriotique et de famille. Le colonel est le chef de cette espèce de cité, le père, le magistrat, et, sans vouloir assurément déprécier le courage, première des vertus militaires, on peut dire que les qualités essentielles d'un colonel, celles qui influent le plus sur la perfection d'un régiment, sont moins une intrépidité extraordinaire que l'esprit d'ordre, de justice et une grande fermeté. Les meilleurs régiments sont ainsi commandés.

(Marmont.)

632. — A partir de Marengo, le drapeau tricolore flotte tour à tour à Milan, Rome, Vienne, Berlin, Madrid, Lisbonne et Moscou.

L'Empereur avait constitué dans chaque régiment deux sous-officiers, gardiens spéciaux de l'aigle, placés à droite et à gauche.

Ils n'avaient d'autre emploi que de veiller froidement à brûler la cervelle de celui qui avancerait la main pour saisir l'aigle.

(Napoléon Ney, *L'Armée française*.)

633. — Il fallait alors (sous l'Empire) que le régiment conquît son drapeau sur le champ de bataille pour prouver qu'ensuite il saurait l'y conserver.

(De Ségur.)

634. — Le 25 juin 1809, le 84ᵉ de ligne, retranché dans le cimetière de Gratz, soutint pendant quatorze heures l'effort de 20,000 Autrichiens appuyés par le canon. L'Empereur savait récompenser. Le régiment reçut 95 croix de la Légion d'honneur. Le colonel Gambin fut fait comte avec une dotation de 20,000 fr. de rente, et Napoléon écrivit sur le drapeau du 84ᵉ cette glorieuse devise qu'il a conservée : *Un contre dix.*

(N. Ney.)

635. — Il faut avoir été soldat ; il faut avoir passé la frontière et marché sur des chemins qui ne sont pas ceux de la France ; il faut avoir été éloigné du pays, sevré de toute parole qu'on a parlée depuis l'enfance ; il faut s'être dit, pendant les journées d'étapes et de fatigue, que tout ce qui reste de la patrie absente c'est ce lambeau de soie aux trois couleurs françaises, qui clapote là-bas au centre du bataillon ; il faut n'avoir eu dans la fumée du combat d'autre point de ralliement que ce morceau d'étoffe déchirée pour comprendre, pour sentir tout ce que renferme dans ses plis cette chose sacrée qu'on appelle le *Drapeau !*

(Jules Claretie.)

Influence de la vertu, du jugement et de la science sur la valeur morale des soldats.

636. — Chez le chef, il est absolument indispensable que le sang-froid et le jugement accompagnent le courage calme et naturel.

(Colonel de Rustow.)

637. — Pour ne pas être étonné d'obtenir des victoires, il ne faut songer qu'à des défaites.
(Turenne.)

638. — La conduite de la guerre réclame une volonté et *une pensée* toujours actives et toujours libres.
(Colonel Maillard.)

639. — La dignité de général ne doit pas être un privilège héréditaire de famille : elle doit être accordée aux seules qualités personnelles.
(L'empereur Léon.)

640. — Le soin minutieux des détails consume le temps et la liberté d'esprit nécessaires pour les grandes choses. Pour former de grands desseins, il faut avoir l'esprit libre et reposé ; il faut penser à son aise, dans un entier dégagement de toutes les expéditions des affaires secondaires.
(Fénelon, *Télémaque*.)

641. — Savoir bien rapprocher les choses, voilà l'esprit juste. Le don de rapprocher beaucoup de choses et de grandes choses fait les esprits vastes. Ainsi la justesse paraît être le premier degré et une condition nécessaire de la vraie étendue d'esprit.
(Vauvenargues.)

642. — La science sans le génie n'est qu'une arme dangereuse entre les mains d'un enfant ; l'intelligence sans la science n'a qu'une portée médiocre : elle prend pour une découverte l'idée qui en a déjà produit mille.
(Général Morand.)

643. — De tout temps, on a vu des hommes qui savaient beaucoup avec un esprit très médiocre ; et au contraire des esprits très vastes qui savaient fort peu. Ni l'ignorance n'est défaut d'esprit, ni le savoir n'est preuve de génie.
(Vauvenargues.)

644. — Le plus grand des généraux joignait à sa vaste science la plus haute intelligence et une force d'esprit et de corps étonnante et admirable.
(Général Morand.)

645. — On obtient autant par le jugement et par le travail que par le génie.

(NAPOLÉON.)

646. — Dans les revers, la justice, la sévérité et la confiance, jointes à une grande opiniâtreté de caractère, sont les premières qualités d'un général en chef.

(MACHIAVEL.)

647. — Il suffit de lire les belles instructions de Carnot aux généraux de la République pour se faire une idée de la grandeur de son caractère et de la hauteur de ses talents militaires.

(ADRIEN PASCAL.)

648. — L'étrange fermeté de caractère dont Bonaparte fit preuve à deux reprises différentes, en ne se mettant pas en retraite avant Lonato et avant Arcole, est peut-être le plus beau trait de génie que présente l'histoire moderne. Et remarquez que ce ne fut pas le coup de désespoir d'une tête étroite, mais bien la résolution d'un sage auquel l'imminence d'un danger extrême n'ôte pas la vue nette et précise de ce qu'il est encore possible de tenter. Ce sont là des choses que la flatterie elle-même ne peut gâter, car il n'y a rien au monde de plus grand.

(STENDHAL.)

649. — Partout Desaix travaillait avec ardeur. L'étude était pour lui une passion véritable. Pendant huit ans, il analysa les guerres anciennes et modernes, dessinant de sa propre main les plans de campagne. Il consacra de longues veilles à la connaissance de la philosophie militaire. Il avait écrit lui-même de longues notes sur Gustave-Adolphe et sur le maréchal de Vauban.

(Général AMBERT.)

650. — Pour obtenir d'une masse énorme un grand développement d'énergie physique et morale, il faut que cette énergie existe dans cette masse, et pour la mettre en action, il faut que les chefs aient une grande force d'esprit et de pensée, car : « *Mens agitat molem.* »

(Colonel MAILLARD.)

651. — On peut établir sur preuves que c'est l'infériorité de notre éducation nationale qui nous a conduit aux revers de 1870. Nous avons été battus par des adversaires qui avaient su mettre de leur côté la prévoyance, la discipline et la science ; ce qui prouve en dernière analyse que même dans les conflits de la force matérielle, c'est encore l'intelligence qui reste maîtresse.

(GAMBETTA, cité par DE FREYCINET.)

Amour de la gloire. — Patriotisme. — Honneur national.

652. — Le premier titre d'un jeune homme à la gloire, c'est de se distinguer, s'il le peut, dans la carrière des armes

(CICÉRON, De officiis.)

653. — Que Phalaris t'ordonne de mentir ; qu'en présence de son taureau d'airain, instrument brûlant du supplice, il te dicte un parjure, sache que le plus grand des maux est de préférer la vie à l'honneur, et de sauver son existence aux dépens de ce qui la rend digne d'être supportée.

(JUVÉNAL, Sat. VIII.)

654. — Mépriser la gloire, c'est mépriser les vertus qui y conduisent.

(TACITE.)

655. — Nous avons si peu de vertu que nous nous trouvons ridicules d'aimer la gloire.

(VAUVENARGUES.)

656. — Dans le régiment de Champagne, un officier demande pour un coup de main douze hommes de bonne volonté : tout le corps reste immobile et personne ne répond. Trois fois la même demande et trois fois le même silence. Hé quoi ! dit l'officier, l'on ne m'entend point ? — On vous entend, s'écrie une voix ; mais qu'appelez-vous douze hommes de bonne volonté ? Nous le sommes tous, vous n'avez qu'à choisir.

(MARMONTEL, De la Gloire.)

657. — La Patrie, c'est la mère commune, l'unité dans laquelle se pénètrent et se confondent les individus, c'est le nom sacré qui exprime la fusion volontaire de tous les intérêts en un seul intérêt, de toutes les vies en une seule vie éternellement durable.

(Lamennais.)

658. — Il faut servir sa patrie par amour pour elle et se trouver suffisamment récompensé lorsqu'on l'a servie.

(Lakanal.)

659. — Le véritable patriotisme n'est pas seulement l'amour du sol, mais l'amour du passé, le respect pour les générations qui nous ont précédés.

(Fustel de Coulanges.)

660. — La Patrie, c'est cette figure mystérieuse qui vous apparaît quand vous parcourez les annales de la France, et qui, de son regard triste et fier, selon la page que vous avez sous les yeux, allume dans votre âme le feu du dévouement et de l'enthousiasme, et fait pressentir, avec une étrange énergie, le poids de ses revers et l'orgueil de ses triomphes.

(Mgr Darboy.)

661. — Il faut enfin que chaque homme de guerre soit profondément remué par l'idée de la gloire de son pays et de *l'honneur*: que l'amour de la patrie, ce sentiment divin, gravé par la Providence dans le cœur de tous les hommes, le soutienne, le grandisse et le place à la hauteur des circonstances. Mais ce sentiment ne doit pas être un vain mot : il faut qu'il soit sincère, profond, énergique; que sa réalité soit prouvée au besoin par l'étendue des sacrifices.

(Marmont.)

662. — Restons scrupuleusement en dehors des partis et des agitations politiques dans lesquelles le patriotisme le plus sincère finit toujours par s'égarer.

(Général Chanzy.)

663. — Quand les honnêtes gens auront l'énergie de l'honneur, les corrompus ne tiendront plus tant de place au soleil.

(Émile Augier.)

HONNEUR MILITAIRE.

664. — En France, il n'est pas un de nos soldats qui ne réponde à la voix puissante et sublime de l'honneur. L'honneur, âme de la vie militaire, qui fait les hommes sans peur et sans reproche, mobile plus puissant encore et plus noble que l'amour de la gloire, car il est plus désintéressé.

(Général BLONDEL.)

665. — En 1665, le Dey d'Alger avait parmi ses captifs français un officier de Saint-Malo nommé Porcon de la Barbinois ; il l'envoya porter au roi de France des propositions de paix, en lui faisant jurer de revenir s'il échouait ; les têtes de six cents chrétiens répondaient de sa parole. Les propositions étaient inacceptables. Porcon le savait ; il va à Saint-Malo, met ordre à ses affaires, puis revient à Alger, certain du sort qui l'attendait. Le Dey lui fit trancher la tête. Cet homme vaut Régulus, et personne ne le connaît.

(DURUY, *Histoire de France*.)

666. — Au Caire, comme à Alexandrie, il ne restait plus rien à faire si ce n'est de capituler (27 juin 1801). Il n'y avait d'autre mérite à déployer que de retarder la capitulation ; mais c'est quelque chose que de retarder une capitulation. On semble, en apparence, ne défendre que son honneur, et souvent, en réalité, on sauve son pays. Masséna, en prolongeant la défense de Gênes, avait rendu possible la victoire de Marengo. Les généraux qui occupaient le Caire et Alexandrie, en faisant durer une résistance sans espoir, pouvaient seconder encore très utilement les graves négociations de la France et de l'Angleterre. Ils ne le savaient pas, il est vrai ; c'est pourquoi, dans l'ignorance des services qu'on peut rendre en prolongeant une défense, *il faut écouter la voix de l'Honneur qui commande de résister jusqu'à la dernière extrémité.*

(THIERS, *Consulat.*)

667. — Il a fallu quatre ans et 700,000 hommes pour venir à bout de Richmond, la capitale du Sud, défendue par l'héroïque petite armée du général Lee. Quels hommes ! et surtout quelles femmes ! Filles, épouses, mères, les Américaines du Sud ont fait revivre, en plein XIXe siècle, le patriotisme, le dévouement, l'abnégation des Romains au plus beau temps de la République.

(DE MONTALEMBERT.)

180 ESPRIT DE LA GUERRE.

668. — Les règles de la discipline et le sentiment du devoir sont nécessaires pour garantir l'armée des défaites et surtout du déshonneur. Il faut qu'elle regarde le déshonneur comme plus affreux que la mort. *Une nation retrouve des hommes plus aisément qu'elle ne retrouve son honneur.*
(Napoléon.)

669. — Il n'est pas possible que le Génie de la France se soit voilé pour toujours et que la grande Nation se laisse prendre sa place dans le monde par une invasion de cinq cent mille hommes!
(Gambetta, 9 octobre 1870. *Proclamation.*)

670. — Depuis que l'humanité et la guerre existent, les qualités qui font les bons soldats et les bons généraux n'ont pas changé. Pour celui qui obéit, il faut la discipline, la résistance, la bravoure, le dévouement patriotique ; pour celui qui commande, la connaissance des hommes et des lieux, la conception prompte, l'exécution énergique, l'équilibre parfait du physique et du moral ; pour tous, le *sentiment de l'Honneur National.*
(Ernest Judet.)

Du Moral des armées.

> « Au delà d'une certaine limite, la force réelle d'une armée ne croit pas en raison du nombre des soldats et des moyens matériels, mais bien plus en raison de l'esprit qui l'anime. »
> (Marmont.)

Nécessité de préparer les forces morales. — On a dit qu'une armée est un *mécanisme;* la définition n'est complète qu'à la condition d'ajouter que ce mécanisme a une âme et qu'il est conduit par une volonté. Quelque soin que l'on ait pris pour bien ajuster tous les rouages, assurer les transmissions de mouvement, diminuer les frottements; quelque perfection que l'on ait apportée dans la fabrication de l'armement, dans l'administration, dans la construction des places fortes, des dépôts, des magasins, il manque encore une chose essentielle. On a créé un corps souple et vigoureux, mais il reste à lui donner la vie. Il faut tendre fortement ces ressorts mystérieux de l'âme, dont l'élasticité centuplera la puissance physique au moment de l'action, il faut en un mot préparer cet invisible arsenal qu'on appelle le *Moral de l'armée* et dont les grands capitaines sauront toujours tirer d'inépuisables ressources.

C'est cette obligation de mettre en œuvre, d'entretenir et de faire concourir à la défense du pays toutes les forces morales d'une armée, qui fait la grandeur et la noblesse de la carrière des armes. Une profession qui, tout en exigeant une science et un art consommés, impose à ceux qui l'embrassent la pratique des plus mâles vertus et les conduit à faire le sacrifice de leur vie à la cause publique doit être l'objet du respect de toute la nation. Les Grecs et surtout les Romains, qui montrèrent un instinct si profond de ce qui fait la grandeur des peuples, n'avaient négligé aucun moyen pour amener la force morale de leurs armées à son maximum d'intensité. Chez eux les institutions politiques, l'éducation et les jeux publics, les travaux du champ de Mars, le forum et le théâtre, tout conviait le citoyen à songer sans cesse au salut et à la gloire de la patrie.

L'âme et le corps étant en liaison intime, on doit

prendre pour règle générale de l'éducation militaire que la valeur morale et intellectuelle de l'homme de guerre est en raison directe de son état de santé, du dressage musculaire et de l'endurcissement physique auxquels il a été soumis. C'est en fortifiant le corps par des habitudes régulières qu'on le rend apte à recevoir et à appliquer cette solide discipline morale qui fait supporter les plus rudes fatigues et affronter tous les dangers. L'élasticité et la vivacité du tempérament national prédisposent admirablement le soldat français à tirer tout le parti possible de cette mutuelle réaction des forces physiques et morales bien équilibrées; aussi devient-il capable des plus brillantes actions militaires quand il a reçu une bonne instruction et qu'il est bien commandé.

Aux troupes, il faut surtout ces qualités morales collectives, qui se développent aisément par la vie commune, par le dressage physique, par la pratique de la discipline, des exercices et des devoirs militaires. Toute la morale du soldat doit reposer sur cette idée qu'il est une partie active et intelligente d'un groupe agissant pour l'intérêt général; dans le commandement comme dans l'obéissance, il ne doit avoir en vue que le bien de toute l'armée. Quant à l'officier, il doit faire preuve d'une valeur morale et d'une instruction d'autant plus complètes qu'il occupe un rang plus élevé dans la hiérarchie. Quelle que soit sa position, il faut qu'il soit toujours un exemple vivant pour ceux à qui il commande, car il est à la fois leur chef et leur instituteur.

Qualités collectives nécessaires aux soldats. — Nous placerons au premier rang l'obéissance, qui fait concourir les actes de tous à un but commun, et l'esprit de subordination qui maintient chacun à sa place, dans l'ordre établi. Ce sont là deux qualités primordiales qu'il faut inculquer à l'homme de troupe assez complètement pour qu'elles passent chez lui en habitude; sans cela, il n'y a pas d'armées possibles. On les obtient du reste toujours par une application rigoureuse de la discipline et par un commandement ferme et droit.

Confiance. — Le sentiment de la confiance est influencé chez les troupes par les causes les plus variées. Presque toujours il résulte d'une appréciation exacte de la force des siens, des succès antérieurs, d'un bon armement, de l'esprit de corps, de la fermeté des chefs et de l'exemple qu'ils donnent. Il croît très vite dans les succès et s'affaiblit jusqu'à disparaître dans les revers, si par malheur les soldats acquièrent la certitude que leurs échecs sont dus à l'incapacité de celui qui commande. La première condition pour inspirer de la confiance aux troupes est donc de leur donner des chefs capables, expérimentés qu'elles aient le temps de connaître et d'apprécier. Mettez à la tête de troupes hésitantes un général habile, d'une réputation faite, plein de fermeté et de résolution, la confiance renaîtra comme par magie.

Parmi les phénomènes moraux les plus frappants qui se manifestent au sein des masses armées, nous devons mentionner les *paniques*. La panique est une brusque détente, un accès de folle terreur, souvent inexplicable, qui s'empare subitement d'une troupe entière, s'y propage avec une rapidité foudroyante et la transforme en une cohue de fuyards. Ce terrible accident, qui peut amener la perte de toute une armée, se produit fréquemment dans les troupes mal disciplinées, sans instruction, ou bien que les privations, les souffrances et le manque de sommeil ont amenées à la limite de tension nerveuse. Alors la confiance mutuelle disparaît et pour peu que l'on se trouve la nuit à une petite distance de l'ennemi, le galop d'une estafette qui rentre au camp, un coup de feu qui part, le bruit du vent dans les buissons, suffit pour donner l'alarme à une grand'garde qui se rejette en désordre sur le camp en criant : Voilà l'ennemi, ou : Nous sommes tournés ! Cette terreur locale se propage avec la rapidité de l'éclair et bientôt toute la masse, emportée par une force mystérieuse, se précipite affolée, machinalement, dans la direction où le mouvement de retraite a commencé, sans qu'aucune puissance humaine parvienne à rétablir l'ordre.

Si les chefs sont impuissants à arrêter une panique commencée, ils peuvent du moins l'empêcher de se produire. En général, il est à peu près impossible qu'une troupe bien commandée, instruite, convenablement nourrie et dont on n'a point épuisé les forces, soit saisie d'une terreur panique. Cependant, quand les circonstances difficiles qui seraient de nature à amener une panique, telles que, une fatigue excessive, la faim, des échecs répétés, se présentent, les chefs doivent observer les symptômes d'inquiétude qui se manifestent et ne rien négliger pour les calmer. Ils se mettent aussitôt en rapport avec la troupe, renouvellent leurs instructions antérieures, font appel au zèle et à l'influence des officiers et des sous-officiers. On fait distribuer du café, de l'eau-de-vie, ou du tabac; on rallume les feux du bivouac, on double les sentinelles, on multiplie les patrouilles et les rondes d'officiers. Bientôt les esprits se raffermissent, les plaisanteries circulent, la gaieté et par suite la confiance renaissent et chassent les tristes fantômes qu'avaient évoqués quelques esprits malades.

Le *dévouement* est ce sentiment qui porte le soldat à se sacrifier pour sauver ses camarades ou ses chefs, ou tout au moins à prendre volontiers sa part des souffrances communes dans l'intérêt de tous. Il dépend beaucoup de l'intensité de l'esprit de discipline, de la solidarité qui existe entre les hommes, des dangers qu'ils ont déjà courus ensemble, des traitements et des exemples qu'ils reçoivent de leurs officiers.

L'*esprit de corps* est à l'armée ce que l'esprit de famille est à la nation. C'est un lien commun qui maintient l'unité, la camaraderie et la vitalité dans chaque groupe constitué. Il réunit comme dans une famille les combattants autour de leur drapeau, symbole de la patrie, emblème du sacrifice et des traditions glorieuses du corps. Tout en excitant fréquemment ce noble sentiment, les chefs supérieurs doivent veiller à ce qu'il ne se rétrécisse point en dégénérant en esprit de coterie ou de particularisme. Ils s'attacheront, dans leurs instructions morales, à faire comprendre aux troupes que l'esprit de corps doit toujours rester subordonné au besoin de se sacrifier à l'amour de la patrie qui est la loi suprême du soldat.

Patriotisme. — Le dévouement absolu à la patrie est le ressort le plus énergique de l'âme des combattants ; il transforme les natures les plus vulgaires, leur inspire toutes les autres vertus et les rend capables d'actions héroïques.

La grande supériorité morale des soldats de l'ancienne Rome avait sa source dans l'amour de la liberté et de la patrie. C'est parce que le Romain avait horreur de la servitude et de l'étranger, qu'il aimait et défendait avec passion sa patrie et Rome qui représentait à ses yeux le sanctuaire de la grandeur et de la liberté.

L'amour de la patrie entraîne la discipline des esprits et des cœurs ; cette noble passion efface l'esprit de parti, les jalousies mesquines, et fait de l'armée le foyer des sentiments héroïques et la citadelle de l'Honneur National. Elle relève les courages ébranlés, courbe les plus récalcitrants sous le joug de la discipline, fait accepter les plus dures nécessités de la guerre.

On ne saurait trop mettre à profit le passage des jeunes gens dans les rangs de l'armée pour réveiller en eux le patriotisme et leur en faire sentir la puissance par des lectures bien choisies, par ces récits et ces entretiens familiers qui ont tant d'influence sur l'esprit simple et droit du soldat, et pour leur montrer comment les obligations, les devoirs et les moindres actes de la vie militaire se rattachent toujours à ce principe supérieur.

Qualités individuelles du soldat. — Les principales qualités individuelles qu'il importe le plus de développer chez l'homme de troupe par l'habitude et par une existence laborieuse et bien réglée sont les suivantes :

La *frugalité* et la *sobriété*, qui sont le résultat d'une longue habitude de la simplicité et de la modération dans la nourriture et dans la boisson. On ne saurait combattre avec trop de sévérité dans les régiments, les tendances à l'ivrognerie que rien ne peut excuser chez les hommes dont la vie est parfaitement réglée. On ne s'explique pas comment ce vice dégradant a pu, pendant si longtemps, être dans certains corps l'objet d'une indulgence presque systématique. Dans aucun cas l'ivresse ne doit être admise comme une circonstance atténuante, et elle doit être considérée comme aggravant toute faute disciplinaire.

La *probité*, qui consiste dans le respect absolu de la propriété des particuliers et de l'État ; c'est la fidélité aux lois civiles, aux mœurs et à la conscience. Cette vertu est plus particulièrement héréditaire : le soldat l'apporte au régiment après l'avoir acquise au sein de sa famille. Elle forme la base la plus solide du respect de l'autorité, de l'amour du devoir et de l'honneur. Aussi doit-elle être considérée comme la première condition à remplir par les candidats sous-officiers.

La *vaillance* est la principale des vertus actives du

soldat. Elle procède toujours d'un tempérament énergique, résistant, bien développé par l'habitude des fatigues, du danger et par une saine éducation morale. C'est elle qui, le jour du combat, pousse le soldat en avant, lui fait affronter les périls sans hésitation, active la vigilance et raffermit le courage de la sentinelle perdue; c'est elle, enfin, qui fait endurer les fatigues, le froid, la faim, et supporter toutes les misères de la guerre.

La vaillance est une force mystérieuse qui, tendant constamment l'âme du guerrier comme un ressort d'acier, lui permet d'opposer à tout obstacle une réaction offensive dont l'intensité s'accroît en raison de la résistance qu'elle rencontre.

« Le courage organique, dit Broussais, est inébranlable. Il ne pâlit jamais à l'aspect du danger. Le courage inspiré par l'amour-propre, la fermeté, est sujet à se démentir. » Or, la vaillance résulte du courage et de la bravoure naturels, développés par l'éducation, affermis par l'expérience et devenus chez l'homme de guerre une véritable habitude. L'âme vaillante n'est jamais prise au dépourvu; elle a tous les courages et sait toujours et partout tenir la conduite la plus conforme au devoir et à l'honneur.

Les éléments divers dont l'ensemble constitue cette vertu sont très répandus dans les rangs de l'armée française, aussi capable de résignation que d'entraînement. Mais ces précieuses aptitudes sont irrégulières; elles ont besoin d'être excitées par l'émulation et les récompenses, d'être développées et équilibrées par une éducation virile et une forte discipline. Une bravoure à toute épreuve est toujours extrêmement rare ; le sentiment de la peur est plus commun qu'on ne pense et se propage avec une déplorable facilité. C'est surtout dans les moments difficiles, où les hommes sont accablés par la fatigue, les revers, par les lenteurs d'un siège pénible, que l'on voit se manifester ces types sinistres de décourageurs, fanfarons de la veille, qui, sans foi, sans vigueur, colportant les plus fâcheuses nouvelles, sèment partout la lâcheté et le découragement, et, croyant tout perdu, finissent en effet par tout perdre. C'est le premier devoir des chefs de réagir par la bonne humeur et par une attitude énergique contre ce travail de décomposition morale. C'est dans ces moments que ceux qui commandent, s'ils ont le cœur haut placé, devront par tous les moyens possibles réchauffer l'ardeur qui s'éteint, parcourir les rangs, improviser des coups de main hardis, récompenser brillamment les actes d'intrépidité, flétrir honteusement et publiquement la mollesse et la lâcheté, et donner à tous l'exemple d'une inébranlable fermeté.

Le soldat français est tellement impressionnable, sensible à l'éloge ou à la honte, que toute troupe, même médiocre, devient brave et se bat vaillamment pour peu qu'elle soit conduite par un chef habile et d'un tempérament chevaleresque, tandis qu'un corps composé de braves gens se décomposera rapidement et ne produira rien qui vaille avec un général faible qui ne lui inspire ni estime ni confiance.

L'initiative. — Dans les cas où l'homme de troupe

agit hors du rang, comme tirailleur, sentinelle, estafette ou partisan, sa mission comporte toujours une certaine latitude; il doit alors faire surtout preuve de sang-froid et se déterminer dans le sens le plus énergique et le plus utile, en faisant, s'il y a lieu, le plus de mal possible à l'ennemi et en ne quittant son poste qu'à la dernière extrémité. Ainsi l'initiative du soldat consiste surtout dans la manière intelligente dont il exécute l'ordre collectif ou individuel qu'il reçoit, et dont il applique devant l'ennemi les principes de l'instruction qu'on lui a donnée. Cette qualité, qui doit toujours rester subordonnée à une exacte discipline, n'est pas indispensable à la masse des simples soldats, mais elle est très nécessaire aux sous-officiers, notamment dans la cavalerie et dans les armes spéciales.

L'*instruction* de la troupe a pris dans la guerre moderne une importance de premier ordre. L'emploi des armes perfectionnées, la nécessité du tir à longue portée, la rapidité des mobilisations et des mouvements, le service délicat de sûreté et de reconnaissance, entraînent l'obligation de donner aux soldats une instruction technique complète dans un temps relativement court. Le métier militaire est loin d'être un métier de paresseux; on n'y doit faire que des choses utiles, et le soldat doit travailler autant de temps qu'un ouvrier laborieux. Il faut assouplir et briser le corps de l'homme à la marche, à la fatigue, par des exercices prolongés; dresser ses yeux, ses mains, son intelligence à l'emploi habile de ses armes; toutes ses aptitudes physiques et morales doivent être développées en vue de la discipline et de la guerre. Aucun instant de la journée ne peut rester inoccupé ; un exercice physique doit délasser d'une étude théorique ou pratique ; l'esprit doit être formé par des lectures militaires et les conférences morales du dimanche, et l'on pourra à l'avenir considérer comme mal instruit et mal commandé un régiment dont on rencontrera les soldats promenant leur désœuvrement à travers les places publiques.

Il ne faut pas oublier qu'aujourd'hui l'armée doit être la suprême concentration des forces vives et de la puissance morale de toute la nation contre l'ennemi commun ; car c'est l'intensité de la volonté nationale et du patriotisme qui mesure la résistance morale qu'une société civilisée peut opposer à la désorganisation.

Qualités plus particulièrement nécessaires aux officiers. — Outre les vertus collectives et individuelles du soldat, qu'il doit posséder à un degré plus élevé, l'officier doit plus particulièrement faire preuve des qualités de subordination, de direction, de coordination, d'enseignement et de contrôle. S'il est bon qu'il possède la santé, la vigueur, la résistance aux fatigues et à la marche, il est aussi très nécessaire qu'il ait la fermeté du caractère, une initiative éclairée, un courage calme et réfléchi, le goût des études sérieuses, une instruction technique complète, une loyauté à toute épreuve, le sentiment du devoir et de l'honneur poussé jusqu'à l'exaltation. Il saura s'attacher ses soldats par sa sollicitude, sa bienveillante fermeté et son esprit de justice ; il veillera à ce que la discipline ne s'affaiblisse pas et que chacun accomplisse rigoureusement les devoirs de son grade ; il se préoccupera constamment de l'instruction et de l'éducation morale des sous-officiers, donnant en toutes choses l'exemple de l'ordre, de la précision et de la vigilance. Il se gardera bien d'être bavard, tatillon, quinteux, tapageur, insolent, et se rappellera que la véritable énergie est celle qui poursuit son but sans trouble, sans bruit, avec une ténacité active et inflexible.

Il est encore utile qu'un officier ait un peu l'usage du monde et possède des connaissances générales assez solides pour tenir honorablement sa place dans un cercle d'hommes instruits. Mais il n'est nullement nécessaire, comme on se l'imagine souvent, qu'il cultive les arts d'agrément et qu'il gaspille un temps précieux dans les boudoirs, dans les bals et dans les salons. Les amusements futiles du monde conviennent peu à l'homme de guerre. Il n'y a pas de maxime plus fausse et plus perfide que celle qui prétend qu'un jeune homme doit savoir faire un peu de tout. C'est le moyen le plus certain de n'être jamais bon à rien d'utile. L'officier agréable, chanteur, virtuose, comédien, prestidigitateur et conducteur de cotillons est forcément conduit à perdre les habitudes un peu rudes de la vie militaire et à négliger son service et son instruction technique. Il pourra avancer en grade, mais par l'intrigue et non par son mérite personnel ; sa fatuité et son ignorance ne lui attireront pas précisément l'estime de la troupe qui, dans son bon sens, donne plus volontiers sa confiance aux officiers vaillants et instruits qu'aux plus brillants héros de salon.

La profession des armes n'est-elle pas assez noble, assez brillante et assez digne d'intérêt pour mériter d'absorber les loisirs et les méditations de celui qui l'a embrassée volontairement? De nos jours, surtout après les terribles épreuves que la patrie a traversées, celui qui a l'honneur de porter l'épaulette ne doit guère songer à *s'amuser;* l'œil fixé sur l'avenir, il ne doit avoir qu'une préoccupation : approfondir la science militaire; étudier les hommes, l'histoire et les livres dépositaires des saines traditions; acquérir par un labeur incessant, par l'expérience et l'observation, cette instruction solide et ces qualités sévères de l'âme qui sont plus que jamais nécessaires au véritable homme de guerre. Et, comme l'a dit avec un si grand sens le général Morand : « Il faut demander beaucoup aux officiers, parce que les soldats ne sont pas des jouets d'enfant, ainsi que ceux qui parviennent à les commander, sans avoir partagé leurs souffrances, ne sont que trop disposés à le penser. Les officiers doivent être bien traités, bien récompensés, mais le Gouvernement ne saurait trop exiger d'eux; ils ont un compte terrible à rendre : celui de la vie des hommes qui leur sont confiés, celui de la gloire et du salut de l'État. »

En principe, pour conduire avec sûreté et succès une grande opération militaire, la prudence, la réflexion froide, un jugement prompt et sûr sont bien préférables à l'agitation et à la vivacité. Aujourd'hui, surtout, où la science et la méthode dominent l'art de la guerre, il est nécessaire que tout officier général, appelé à diriger un corps d'armée ou un grand service, soit avant tout un homme capable de méditation et de décision. L'histoire nous enseigne, en effet, que les hommes de guerre qui ont accompli de grandes choses ont toujours été de profonds penseurs.

Du général en chef. — C'est surtout lorsqu'il s'agit de porter le lourd fardeau du commandement suprême que les plus hautes et les plus puissantes facultés morales de l'homme entrent en jeu. Alors il faut savoir accepter sans faiblir une immense responsabilité, maintenir en harmonie un vaste organisme que les accidents de la guerre ébranlent et modifient chaque jour, réduire à de justes proportions l'influence des événements, envisager avec sang-froid les situations les plus compliquées, prendre à chaque instant des décisions promptes et sûres; donner des ordres précis et les faire exécuter avec une inflexible énergie, bien choisir les hommes et définir les responsabilités, briser impitoyablement les mécontents, les indisciplinés et les incapables, discerner la vérité au milieu de contradictions sans nombre, se donner un but bien défini et y marcher avec résolution, sans s'inquiéter des petites choses, sans prendre aucun repos, sans laisser à l'ennemi trêve ni merci jusqu'à ce qu'on ait brisé toutes ses résistances.

Aussi, pour satisfaire à ces conditions multiples, un général en chef doit-il posséder de grandes et nombreuses qualités dont les principales sont : un jugement sûr, un caractère ferme et résolu, une âme vaillante et indifférente aux émotions, des instincts destructeurs et organisateurs, un esprit solide et étendu, une mémoire fidèle, une instruction militaire et administrative complète, une habileté particulière à choisir les hommes, à les employer suivant leurs aptitudes, à exciter leur émulation et à les récompenser suivant leurs mérites. La plupart de ces qualités dirigeantes sont naturelles, quelques-unes peuvent s'acquérir par de laborieuses études, par l'expérience et la philosophie de la guerre, mais leur réunion complète dans un parfait équilibre chez un seul homme possédant, en outre, une constitution physique robuste, est tout ce qu'il y a au monde de plus rare. Quelques auteurs estiment encore qu'il est indispensable qu'un général en chef soit très bienveillant, d'un accès facile, bon, clément, éloquent, modeste, d'un caractère doux et aimable, diplomate, homme du monde, etc. Ces qualités sont assurément fort séduisantes, mais elles sont loin d'être essentielles et n'ont que fort peu d'influence dans la conduite des grandes opérations; on peut même craindre qu'elles ne se concilient souvent mal avec les rudes nécessités de la guerre, et qu'elles n'atténuent la vigueur et les instincts destructeurs dont un chef d'armée est si souvent appelé à donner des preuves. Qu'importe qu'un commandant en chef soit ou ne soit pas aimable et bienveillant, s'il montre de la résolution et un grand caractère? Ne vaut-il pas mieux qu'il soit juste, sévère, impartial et habile, que bon, indulgent, accessible à tous et, par suite, toujours un peu faible? On peut être certain que les rudes vertus et la science pratique de l'homme de guerre sont toujours de plus sérieuses garanties de succès et inspirent plus de confiance, chez un chef militaire, que l'aménité et les talents superficiels de l'homme du monde. Il suffit, du reste, d'évoquer les noms glorieux d'Annibal, César, du Guesclin, Montluc, Jean Bart, Turenne, Vauban, Villars, Suffren, Lannes, Napoléon, Kléber, Masséna, Davoust, Bugeaud, Pélissier, pour rappeler qu'en général, les meneurs d'hommes et les gagneurs de batailles ne se distinguaient pas précisément par la douceur et l'amabilité du caractère.

Des moyens de donner à une armée le maximum de force morale. — Cette rapide analyse des éléments de la puissance morale d'une armée nous a montré que depuis le soldat, dont les premières vertus sont l'obéissance et le courage, jusqu'au général en chef, dont les qualités maîtresses sont un grand caractère et un jugement sûr, la résultante des forces morales doit croître avec chaque grade en même temps que le champ de la responsabilité s'agrandit. Or, il n'est pas douteux qu'avec un bon système d'éducation de l'enfance, aidé d'un programme d'instruction militaire bien raisonné, appliqué avec suite et intelligence, on ne puisse développer rapidement chez le soldat français les qualités morales qui ont été reconnues essentielles.

Pour l'officier, la tâche est plus difficile et les résultats sont plus incertains : Après la sortie des écoles, l'officier ne peut plus se perfectionner qu'en raison de ses aptitudes, de son goût pour l'étude, de son attachement à ses devoirs, des bons exemples qu'il reçoit de ses chefs, des encouragements et des satisfactions d'amour-propre que lui méritent son dévouement et ses travaux. Il faut surtout qu'il apprenne à penser et à prendre une décision ferme et sûre.

... S'il existait une législation sévère de l'avancement et des récompenses, qui, prenant pour principe l'exclusion radicale de l'intrigue et de l'incapacité, ne décernât les grades qu'aux officiers les plus intelligents, les plus énergiques et les plus instruits, dont les talents relatifs et les titres auraient été publiquement constatés dans une série d'épreuves réglementaires, techniques et physiques, subies en présence d'un tribunal supérieur d'inspection, on verrait surgir certainement parmi les officiers supérieurs de solides et véritables capacités militaires.

Malheureusement, tout système d'avancement basé sur l'ancienneté absolue, ou sur des choix plus ou moins arbitraires que rien ne dirige ni ne contrôle, produit des résultats diamétralement opposés. Ce mode de recrutement n'amène généralement dans les rangs supérieurs de l'armée (sauf de rares exceptions) que des officiers usés et vieillis ou de ces médiocrités insinuantes et agréables qui ne sont jamais embarrassées quand il s'agit de conquérir une majorité de faveur. On ne saurait s'imaginer combien cette méthode d'avancement, condamnée par les hommes de guerre les plus compétents et les plus célèbres, a contribué à abaisser le niveau moral des armées.

Dans un gouvernement monarchique, lorsque le souverain absolu, ne se laissant guider que par la raison d'État, a la sagesse de rester inaccessible aux intrigues personnelles, il n'est pas rare de voir arriver au commandement des troupes les hommes qui montrent de vrais talents militaires et qui font preuve de réflexion et de qualités dirigeantes. Cela tient à ce que les choix sont faits par une seule autorité, réellement impartiale, et qu'ils s'exercent généralement sur une classe d'hommes voués, dès leur enfance et par tradition de famille, à la pratique et à l'étude des choses de la guerre, chez lesquels les idées chevaleresques et le sentiment de la gloire du pays sont héréditaires. C'est ce qui explique le nombre et la valeur de nos généraux français pendant les premières guerres de Louis XIV et pendant les guerres de Napoléon, et des généraux prussiens sous le commandement impartial de M. de Moltke. Mais, autant ce système est favorable à la bonne constitution du commandement avec un souverain guerrier, énergique, d'une loyauté inflexible, autant il est pernicieux avec un souverain faible, indécis, accessible à toutes les intrigues et appuyé sur un gouvernement parlementaire.

Dans une société démocratique, dirigée par un gouvernement issu du suffrage universel, l'esprit de discussion et le sentiment de l'égalité dominent, chacun se croit apte au commandement et s'imagine posséder toute la science, parce qu'il a obtenu une majorité de voix à une élection quelconque. Le principe de l'ancienneté permet de réagir contre ces abus, à la condition de ne consacrer que des droits acquis et des capacités réelles; c'est un remède contre la corruption, mais ce n'est pas encore le moyen de découvrir le mérite supérieur et de le mettre à sa véritable place. Comme on ne peut plus compter sur l'impartialité d'un juge suprême et intéressé à faire les choix les plus utiles au pays, il faut absolument une loi inflexible qui fasse de l'examen, des épreuves et du concours renouvelé pour chaque grade, la condition *sine quâ non* de l'inscription aux tableaux d'avancement. On pourra alors exiger beaucoup moins de bagage scientifique de la part du jeune sous-lieutenant au sortir des écoles, mais il ne lui sera possible de gagner ses épaulettes de capitaine et, plus tard, celles d'officier supérieur qu'après avoir obtenu sur le tableau son numéro de classement déterminé, non point par une élection, mais par la comparaison régulière des capacités des candidats soumis à des épreuves portant sur toutes les parties de l'art de la guerre. Dans cet ordre d'idées, le niveau des épreuves théoriques et pratiques doit aller en s'élevant pour chaque grade. Le comité de classement devra être d'autant plus exigeant sur les qualités dirigeantes et sur la valeur morale d'un officier proposé qu'il doit être appelé à une plus grande responsabilité.

Les hommes de guerre de haute valeur, tels que Turenne, Catinat, Napoléon, Bugeaud, etc., qui ont eu l'honneur de conduire les armées françaises à la victoire, ont tous formulé les mêmes opinions sur l'aptitude du soldat français à recevoir les impressions des événements et l'influence morale de ses chefs. A ce point de vue, le Germain et le Français sont de tempérament et de caractère absolument différents et ne peuvent être conduits ni entraînés par les mêmes passions et les mêmes moyens.

Doué d'une intelligence vive et facile, d'un cœur ardent, d'un tempérament impressionnable, d'une sensibilité nerveuse qui le rend prompt à l'enthousiasme ou au découragement, le citoyen français peut être un excellent ou un très mauvais soldat, selon la valeur des chefs qui le conduisent. Très accessible aux sentiments nobles et généreux, indépendant, spirituel, orgueilleux, très sensible à l'éloge et aux récompenses, le soldat français peut accomplir des miracles lorsqu'il est entraîné et commandé par des généraux qui lui en imposent par une volonté ferme, des ordres précis, une pensée forte et lucide, et qui savent parler à son cœur et à son patriotisme. Il s'agit donc, pour ceux qui commandent, de bien connaître la psychologie du soldat et d'utiliser habilement ses qualités et ses défauts en les faisant tourner au profit de la puissance morale de l'armée.

Cette noble tâche, dans laquelle ont excellé nos grands généraux, réclame beaucoup d'esprit et de cœur et la connaissance de cette philosophie de la guerre qu'ont possédée à un si haut degré Napoléon et le maréchal Bugeaud. En s'inspirant de leurs traditions et de leurs exemples, on peut résumer comme il suit les moyens de fortifier, en temps de paix, la valeur morale des chefs et des troupes dans les armées françaises :

1° Enseigner aux enfants dans les écoles publiques, sous une forme attrayante, l'histoire de nos grands hommes de guerre et les traits de courage, de dévouement et de patriotisme des citoyens et soldats français. Punir sévèrement les actes de lâcheté et d'hypocrisie.

2° Organiser de bonnes bibliothèques régimentaires et faire faire par les officiers et les sous-officiers des conférences aux soldats sur les devoirs qu'impose l'état militaire, sur les traits glorieux de nos annales, sur l'histoire du régiment, sur la valeur guerrière et l'amour de la patrie.

3° Établir des concours semestriels entre les sous-officiers et leur donner en récompense de leurs travaux intellectuels des collections des meilleurs ouvrages sur l'art et l'histoire de la guerre.

4° Créer une médaille spéciale du mérite militaire (différente de la médaille militaire), pour récompenser les sous-officiers et soldats qui auront accompli en temps de paix des actes remarquables de courage, de dévouement, ou mérité pendant 3 ans des notes et des citations exceptionnelles pour les exercices et travaux de leur arme.

5° Encourager et récompenser très sérieusement par des prix, ou par des propositions hors tour pour l'avancement, les officiers d'initiative qui auront exécuté des travaux d'histoire, d'art ou de philosophie militaire d'une valeur réelle.

6° Organiser une école supérieure de guerre qui ouvre le service d'état-major à tous les officiers instruits ayant donné des preuves sérieuses de capacités militaires et d'aptitude au commandement [1].

7° Rajeunir les cadres des généraux de brigade et créer le grade spécial de commandant d'armée pour récompenser dignement les généraux qui auront donné des preuves de capacités intellectuelles et militaires exceptionnelles.

---

1. Une partie de ces dispositions ont été appliquées depuis 1880, en ce qui concerne notamment l'École de guerre et les bibliothèques.

CHAPITRE X.

DE L'ADMINISTRATION MILITAIRE. — ENTRETIEN ET CONSERVATION DES ARMÉES.

> « Négliger le soin des subsistances à la guerre, c'est s'exposer à être vaincu sans combattre. »
> (VÉGÈCE.)

> « Le mépris de l'administration n'est autre chose que le mépris des hommes. »
> (VAUCHELLE.)

L'administration est une des plus importantes attributions du commandement.

671. — Dis-moi, mon ami, ton professeur de stratégie a-t-il songé à te parler de l'économie comme rentrant dans les devoirs d'un général ?
(XÉNOPHON, *Cambyse à Cyrus.*)

672. — Le général aura auprès de lui un protonotaire avec un cartulaire et un préteur : celui-ci pour juger les affaires administratives et contentieuses, l'autre pour tenir le rôle de tout ce qui compose l'armée.
(L'empereur LÉON.)

673. — Il y a des circonstances où il faut lutter, non plus contre des hommes, mais contre les choses elles-mêmes, et l'on n'en triomphe pas sans obstacle ; sache bien que, si tu ne fais obtenir à ton armée tout ce qui lui est nécessaire, ton commandement s'évanouira bientôt.
(XÉNOPHON, *Discours de Cambyse à Cyrus.*)

674. — C'est un point capital à la guerre que de savoir faire en sorte que les vivres ne nous manquent pas et manquent à l'ennemi.

(VÉGÈCE.)

675. — Les subsistances sont, après l'argent, l'élément fondamental de la guerre.

(Maréchal BUGEAUD.)

Mesures de prévoyance.

676. — Il ne faut jamais attendre, pour procurer ce qui est indispensable à ton armée, que la nécessité t'y contraigne ; c'est surtout lorsque l'on est dans l'abondance qu'il faut se prémunir contre la disette.

(XÉNOPHON, *Cambyse à Cyrus.*)

677. — C'est un principe certain, qu'il faut toujours ôter à son ennemi le plus de fourrage possible.

(FEUQUIÈRES.)

678. — Combien de ressorts ne faut-il pas faire jouer pour assembler, entretenir, faire subsister et mettre en action ces armées nombreuses que l'on emploie de nos jours? Ce sont des nations entières qu'il est plus difficile de défendre contre la faim que contre les ennemis. Le dessein du général se trouve par conséquent enchaîné à la partie des subsistances, et ses plus grands projets se réduisent à des chimères héroïques, s'il n'a pourvu avant toute chose au moyen d'assurer les vivres. Celui à qui cet emploi est confié devient le dépositaire de son secret, et tient par cela même à tout ce que la guerre a de plus sublime et l'État de plus important.

(FRÉDÉRIC II.)

679. — J'appellerais volontiers l'économie la seconde providence du genre humain.

(MIRABEAU.)

680. — La science des projets consiste à prévenir les difficultés d'exécution.

(VAUVENARGUES.)

681. — Au passage du Saint-Bernard, Bonaparte avait poussé la prévoyance jusqu'à faire placer au pied du col des ateliers de bourreliers pour réparer les harnais de l'artillerie. Il avait écrit lui-même plusieurs lettres sur ce sujet, en apparence si vulgaire. Nous citons cette circonstance pour l'instruction des généraux et des gouvernements à qui la vie des hommes est confiée, et qui ont souvent la paresse de négliger de tels détails. Rien, en effet, de ce qui peut contribuer au succès des opérations, à la sûreté des soldats, n'est au-dessous du génie ou du rang des chefs qui commandent.

(Thiers.)

Définition et utilité de l'administration militaire.

682. — L'administration a pour objet d'assurer l'ordre et la régularité dans les distributions de subsistances, d'argent, d'armes et d'habillements que les besoins de l'armée exigent, et de pourvoir à tous ces besoins suivant les circonstances.

(De Lagrange.)

683. — Des hommes réunis ont des besoins : le talent d'y satisfaire avec ordre, économie et intelligence, forme la science de l'administration.

(Maréchal Marmont.)

684. — Ce qui rend difficile le métier de général de terre, c'est la nécessité de nourrir tant d'hommes et d'animaux ; s'il se laisse guider par ses administrateurs, il ne bougera plus et ses opérations échoueront. Un général de mer n'a point de reconnaissances à faire : il n'est jamais gêné, il porte tous ses approvisionnements avec lui.

(Napoléon.)

685. — L'administration doit être faite pour l'armée, et non pas l'armée pour l'administration.

(Général Morand.)

686. — Une armée doit marcher, séjourner, camper, faire retraite, se diviser, prendre des quartiers d'hiver ; tous les ser-

vices doivent se plier à ces mouvements. Si elle est forcée de les subordonner aux services, on ne peut plus exécuter le projet que l'on avait formé, et dès lors l'armée se trouve près de sa perte.

(Fallot et Lagrange.)

687. — Une armée qui ne garde point de règle sur les vivres, et qui les laisse consommer selon le caprice des gens, ne peut pas éviter de tomber dans la disette ; parce que le désordre, d'un côté, ne donne pas lieu aux convois d'arriver sûrement, et de l'autre, il laisse consommer mal à propos les provisions qu'on a déjà.

(Machiavel.)

688. — Dans un pays pauvre en moulins, il est indispensable d'amener à l'armée de la farine toute moulue ou de munir la troupe de moulins à bras [1].

(Colonel Odauer.)

689. — Outre leurs munitions de guerre et leurs outils de campement, les troupes du 1ᵉʳ corps avaient sur le dos pour dix jours de vivres, et comme trop souvent le soldat jette ses provisions sur les routes, aimant mieux attendre sa subsistance du hasard que de la porter sur ses épaules, chaque homme devait, tous les soirs, rendre compte de ses vivres comme de ses armes. Indépendamment de ces dix jours de vivres dans le sac des soldats, des convois en portaient pour quinze jours encore, et bien qu'on eût enlevé, pour la garde impériale, une partie des moyens de transport préparés pour le 1ᵉʳ corps, la prévoyance du maréchal Davoust y avait immédiatement suppléé. Enfin, un troupeau de bœufs, confié à des soldats formés à ce service, fournissait, en suivant les régiments, un magasin mobile de vivres-viande.

(Thiers.)

690. — Il ne suffit pas d'habituer le soldat à faire sa soupe et à la manger à la hâte, il faut encore qu'il se persuade qu'à la guerre il doit se nourrir indifféremment de tous les aliments qui peuvent rétablir ses forces ; que le pain n'est point une

---

[1]. Cyrus, Scipion, César, Charles XII, Frédéric II en Silésie, Napoléon Iᵉʳ en Russie, ont muni leurs troupes de moulins portatifs.

nourriture indispensable ; que les Français ne la préfèrent que parce qu'elle est la plus commune dans leur pays.

(Général Morand.)

691. — La base d'une bonne administration est la légitimité des consommations.

(Marmont.)

Réquisitions.

692. — Les réquisitions régulières sont incontestablement en Europe le mode d'entretien des troupes le plus simple et le plus efficace, et c'est aussi celui qui doit servir de base à toutes les guerres modernes.

(Clausewitz.)

693. — Chaque général de division fera reconnaître, dans les villages et fermes à proximité des cantonnements, les ressources en denrées, fourrages et bois susceptibles d'être utilisées pour l'armée. Des sauvegardes seront placées de façon à éviter tout pillage, et à l'aide de ces renseignements, les intendants feront des réquisitions régulières. Les corps ne devront, sous aucun prétexte, faire eux-mêmes ces réquisitions.

(Général Chanzy, Instructions à l'armée de la Loire, 5 décembre 1870.)

694. — On doit admettre comme principe constant qu'il faut utiliser toutes les ressources du pays qui sert de théâtre à la guerre.

(Colonel Obauer.)

695. — Les coupes et abatis de bois pour le chauffage et la cuisine doivent se faire avec ordre, en proportion des besoins, dans les endroits qui sont désignés par les sous-intendants et suivant les ordres pris du général.

(D.: Guerlache.)

696. — Il est nécessaire qu'en tout temps il soit tenu un contrôle des chevaux et des voitures de transport appartenant

aux particuliers, et que le Gouvernement puisse les réquisitionner par région, pour les besoins de l'armée mobilisée.

(Colonel DE SAVOYE.)

697. — Légitimer tous les procédés de subsistance, mais en les définissant et en limitant aux seules périodes exceptionnelles les moyens exceptionnels, c'est résoudre le problème de l'alimentation de nos grandes armées.

(A. BARATIER, *Subsistance des troupes en campagne*, 1875.)

698. — Celui qui imposera au soldat de grandes privations exigées par un but considérable, devra, par sympathie ou par sagacité, ne pas perdre de vue le dédommagement qui lui est dû dès que les circonstances changent.

(CLAUSEWITZ.)

699. — En 1866, non seulement les chemins de fer ont transporté d'immenses approvisionnements, sur le théâtre même des opérations, mais encore ils ont assuré la subsistance de réserves considérables qui venaient en arrière. Ces réserves n'auraient pu trouver à vivre dans un pays aussi pauvre que la Bohême, et sans elles les opérations n'auraient pu se poursuivre avec tant de hardiesse.

(VIGO ROUSSILLON.)

700. — Les difficultés de l'alimentation d'une armée proviennent principalement de la nécessité qu'il y a de *coordonner l'alimentation avec les opérations*. La tactique et la stratégie commandent la concentration en vue d'un but déterminé ; la subsistance, au contraire, exige la dispersion. Le mécanisme de l'alimentation doit se plier à ces deux lois de la guerre.

(Colonel OBAUER.)

701. — Le procédé des cantonnements est né des guerres de la Révolution. Combiné avec le système des réquisitions, il a affranchi les armées des immenses convois qui entravaient leurs mouvements, et permis ainsi de donner à la guerre le degré de rapidité qui répond à son but.

(Colonel MAILLARD.)

Conditions auxquelles doit satisfaire une bonne administration. — Simplicité. — Économie. — Contrôle.

702. — Pour découvrir les éléments d'une bonne administration, les principes de l'ordre et de l'économie, il ne faut qu'arrêter la pensée et les regards sur ces maisons de commerce ou ces manufactures, dont les affaires et les relations s'étendent, non seulement sur l'Europe, mais sur le monde entier; qui mettent en mouvement une masse énorme de capitaux; qui ont des comptoirs dans toutes les grandes places de commerce; qui entretiennent des centaines de commis, d'ouvriers et de marins; qui ont des comptes ouverts sans nombre, et qui parviennent aux plus vastes résultats, sans fracas, avec simplicité et économie, et avec les moyens de s'assurer à chaque instant de l'emploi de leur travail, de leurs capitaux, de la situation de leurs caisses et de leurs magasins.

(Général Morand.)

703. — J'ai toujours pensé que l'armée doit se suffire à elle-même, pour n'avoir pas besoin de demander à des éléments étrangers les ressources qu'elle doit trouver dans son sein. Il ne faut pas qu'elle soit à la merci des spéculations particulières, des coalitions et des accidents politiques qui peuvent changer momentanément les conditions du travail.

(Général Carrelet.)

704. — C'est un grand inconvénient attaché à ces vastes magasins de vivres en usage chez les Allemands, que de leur subordonner les mouvements d'une armée. Les Français se passent de magasins, se répandent le soir dans la campagne pour y vivre, sans que la discipline en souffre trop sensiblement.

(Thiers, *Empire.*)

705. — Je ne veux pas d'un entrepreneur qui gagne un million sans raison ou qui se ruine sans qu'il y ait de sa faute.

(Napoléon Ier.)

706. — Les compagnies hors rang ont l'inconvénient d'immobiliser un nombre d'hommes trop considérable qu'il serait plus

utile d'avoir sous les armes. Il suffirait, pour les besoins des corps, d'adjoindre aux compagnies et aux bataillons les ouvriers nécessaires pour réparer l'armement, l'habillement, l'équipement et la chaussure, en faisant exécuter les confections dans les dépôts centraux par des ouvriers civils.

(Général CHANZY.)

707. — Aujourd'hui, avec la plume et le papier, on a la prétention de gouverner absolument et sans appel le militaire comme toutes les autres parties de l'administration. Quand le premier pas est fait dans ce genre, les détails vont toujours en croissant. Chacun de ces détails demande un homme, parce que chaque homme demande une place et la paperasse se multiplie à l'infini.

(MIRABEAU.)

708. — Il suffit de jeter les yeux sur une formule de mandat de solde pour se convaincre de la nécessité de simplifier les opérations de comptabilité, dont les tarifs variés et les décomptes par journée viennent encore accroître les embarras. Il y a longtemps que les administrations civiles ont renoncé à ce mode d'opération.

(Général CHARETON.)

709. — On a centralisé à Paris les décisions, les marchés, les fournitures, les confections, et subdivisé les correspondances : il fallait, au contraire, centraliser les correspondances et subdiviser les ressources, en les transportant dans les localités mêmes.

(NAPOLÉON.)

710. — Nous avons exagéré la centralisation ; nous l'appliquons à tout sans réflexion, et le plus clair résultat de ce système aujourd'hui, c'est d'entasser des montagnes de papiers qui sont fabriqués par des armées de commis.

(LÉON FAUCHER.)

711. — Un général en chef aujourd'hui fait plus d'efforts d'esprit pour assurer la subsistance de ses troupes que pour toute autre chose, et sans cesse ses combinaisons sont contrariées et détruites, faute de distributions de pain faites à temps.

(MARMONT.)

Devoirs des chefs et des intendants.

712. — Pourvoir à la subsistance de l'armée et à tous ses besoins, voilà le premier devoir d'un intendant général ; il doit le regarder comme sa loi suprême.

(De Guerlache.)

713. — Général, prends les mesures nécessaires pour que le renouvellement de toutes choses ait lieu en temps opportun ; calcule à cet égard que ce qui peut suffire à une armée en garnison a besoin d'être remplacé beaucoup plus tôt en campagne.

(Maréchal Bugeaud.)

714. — La direction de l'administration des armées appartient au commandement, parce que les armées sont faites pour la guerre, où le commandement seul est responsable.

(Général Trochu.)

715. — Il a fallu des revers inouïs pour mettre en évidence l'autorité du commandement sur l'administration et contraindre l'intendance à revenir aux procédés de Carnot.

(Général Lewal.)

716. — Le général Suchet, maître de Saragosse et des fertiles campagnes de l'Aragon, s'était dès lors appliqué à calmer le pays, à y faire renaître un peu d'ordre, à éloigner les guérillas, à en tirer les ressources nécessaires à l'armée avec le moins de dommage possible pour les habitants, et à préparer enfin l'immense matériel de siège qui était indispensable pour la conquête des places. Sachant, par de nombreuses expériences, que dans un pays riche, la charge d'une armée conquérante, lourde sans doute, ne saurait pourtant être ruineuse si pour se procurer le nécessaire on emploie, au lieu de la main dévastatrice du soldat, la main discrète d'une administration intelligente et probe, il convoqua les anciens membres du gouvernement de la province et entre autres l'archevêque de Saragosse, leur exposa les besoins de son armée, le désir qu'il avait de ménager les habitants en la faisant vivre, la volonté bien arrêtée chez lui de les rendre heureux

autant que possible, s'ils secondaient ses intentions bienfaisantes. Ils reconnurent, à son langage persuasif, à son visage doux et intelligent, l'homme honnête et habile qui, chargé de les soumettre, ne voulait pas les opprimer, et ils prirent la résolution de l'aider de tous leurs moyens.

(Thiers.)

Habillement des troupes.

717. — Que faut-il autre chose au soldat, pour bien servir son pays, que d'être vêtu d'une bonne étoffe, d'une manière qui ne l'embarrasse dans aucune de ses fonctions, et qui ménage ses forces en ne le chargeant pas d'un poids inutile ?

(Feuquières.)

718. — L'élégance à la guerre, c'est la simplicité, l'utilité et l'entretien.

(Général de Brack.)

719. — Il faut avoir l'attention de faire de temps en temps la revue des nippes de la cavalerie, et de faire jeter les choses superflues. Je l'ai fait souvent; on ne saurait croire toutes les vilenies que ces gens emportent avec eux pendant des années entières ; il faut que le pauvre cheval porte tout. Cela abîme la cavalerie.

(Maréchal de Saxe.)

720. — Quand il s'agira de décider sur l'habillement du guerrier, il faut appeler au conseil non *des tailleurs et des costumiers*, mais des soldats cicatrisés et des médecins.

(Général Morand.)

721. — Les deux grands problèmes de la guerre sont peut-être de trouver un harnachement qui ne blesse pas les chevaux et des chaussures qui ne blessent pas les pieds.

(Maréchal Bugeaud.)

722. — L'uniforme des soldats et celui des officiers de tous les grades me parait devoir être *sévère* et sans aucun de ces *orne-*

ments coûteux qui occasionnent une dépense inutile. Une armée n'est pas une troupe de comédiens : ce qui est réellement nécessaire et utile est toujours beau ; car la beauté résulte de la conformité d'une chose à sa destination.

(Général Morand.)

723. — Je comprends très bien que le progrès se produise dans le costume militaire comme il se manifeste en tout ; mais ce qui me confond, c'est qu'on y introduise les caprices de la mode. J'admets très bien que quand un uniforme a été reconnu par expérience mauvais, incommode, on le modifie ; mais ce que je ne saurais comprendre, c'est que, lorsqu'un costume a été condamné, abandonné comme défectueux, on le reprenne au bout de quelques années. C'est pourtant ce qui se fait trop souvent.

(M. de Tillancourt, *Discours à la Chambre*, le 16 juillet 1868.)

724. — On déterminera un habillement commode et simple pour les troupes, basé exclusivement sur les nécessités de la guerre, et une fois fixé, on exigera de tous la tenue absolument réglementaire, quelles que soient la situation et la position.

(Général Lewal, *Études de guerre.*)

725. — L'idéal, en fait de fournitures, serait d'avoir des maîtres ouvriers sédentaires, en nombre égal à celui des régiments, s'entourant d'ouvriers ou d'ouvrières civils pris dans la localité et confectionnant tous les effets de linge et de chaussure. Alors, nos armées ne manqueraient jamais, dans les moments critiques, de vêtements, ni de chaussures ; les effets seraient mieux confectionnés et coûteraient moins cher en temps de guerre qu'en temps de paix.

(A. Perrin, *Des Fournitures militaires*, 1875.)

Responsabilité des chefs et du ministre.

726. — Le mécanisme de la guerre se borne à deux choses : se battre et dormir ; user et réparer ses forces. Conserver l'équilibre indispensable de cette balance, c'est là toute la science.

(De Brack.)

727. — Tout commandant d'escadron qui, même après une longue campagne, sort d'un cantonnement de 20 jours sans être complètement réparé, est un mauvais capitaine.

(De Brack.)

728. — Je crois qu'il est funeste de laisser une caisse à la disposition d'officiers en activité qui, quoique braves, instruits, expérimentés à la guerre, peuvent être jeunes, insouciants de l'avenir et sans prudence dans la conduite des affaires.

(Général Morand.)

729. — Il me paraît que les emplois supérieurs et subalternes, dans l'administration militaire, devraient être exclusivement donnés aux officiers et sous-officiers que l'âge, les blessures, la faiblesse de santé rendraient incapables de supporter les fatigues de la guerre.

(Général Morand.)

730. — Dans les armées modernes, on estime que c'est par l'action du chef, par la discipline et l'esprit d'ordre que l'on rend les soldats soigneux ; aussi nous paraît-il préférable de substituer l'intérêt collectif de la compagnie et la responsabilité du capitaine à un prétendu intérêt individuel dont la valeur, bien douteuse autrefois, serait nulle désormais.

(Baratier, *Projet de réforme de la masse individuelle.*)

731. — C'est dans le ministère même de la guerre que les bases de l'administration doivent être posées pour qu'elles deviennent immobiles, malgré les changements fréquents des ministres, les caprices et l'esprit systématique des hommes qui peuvent arriver à ce grand emploi ; et pour cela, il faut qu'elles soient fondées « sur des lois, sur des institutions, plutôt que sur des ordonnances révocables à volonté ».

(Général Morand.)

732. — Le ministre de la guerre doit exercer une direction supérieure et un contrôle complet sur tout ce qui se rattache à l'organisation, au commandement, à l'administration et à la répartition de nos forces militaires, *sans entrer dans les détails*, qui doivent être laissés aux commandants de corps d'armée, et,

selon leur importance, aux généraux et aux chefs de service sous leurs ordres, en définissant bien exactement les attributions et la responsabilité de chacun,

(Général CHANZY.)

733. — L'existence d'*un administrateur* de mérite est la critique la plus sévère de tout homme qui n'en a pas ; voilà pourquoi les sots et les fripons le persécutent sans cesse et cherchent à tout embrouiller.

(MIRABEAU.)

734. — Jamais je n'ai entendu s'élever un soupçon contre l'administration de nos officiers d'artillerie et du génie, qui ont un maniement de fonds très considérable ; ce qui prouve que s'il y a eu quelques dilapidations dans l'administration de l'infanterie et de la cavalerie, il faut en accuser plutôt l'institution et les circonstances que les hommes.

(Général MORAND.)

735. — Il faut, pour être bon administrateur d'armée, avoir passé sa vie entière dans l'étude et dans la pratique des affaires.

(Général TROCHU.)

736. — L'ordre de pourvoir et de distribuer constitue, avec les opérations militaires, la responsabilité des généraux ; les moyens de pourvoir (sauf le cas de contributions), la justification du paiement et de la distribution constituent la responsabilité des intendants.

(Art. XVII du *Règlement sur le service des armées en campagne.*)

737. — L'intendant doit être un officier chargé de l'exécution des services administratifs, sous les *ordres directs* du ministre ou du général en chef, et sous le contrôle inopiné d'un corps d'*inspecteurs des finances de la guerre.*

(LAHAUSSOIS, *La France armée.*)

738. — Les commandants de corps d'armée constateront l'état de l'approvisionnement en vivres de chaque division, et adresseront au général en chef l'*état exact* de ces approvisionnements qui doivent être constamment d'au moins six jours de vivres, y

compris les deux jours de réserve du sac. La stricte exécution de cet ordre *engage au plus haut point la responsabilité des intendants de chacun des corps d'armée.*

(Général Chanzy.)

Hygiène. — Service de santé.

739. — Les maîtres de l'art ont toujours considéré les exercices journaliers et les changements de camp comme plus propres que le repos et les remèdes pour entretenir la santé des armées.

(Végèce.)

740. — La conservation des soldats malades et blessés est un devoir de conscience et d'humanité.

(Maréchal Marmont.)

741. — Il serait à désirer que chaque soldat pût avoir sur lui le moyen de faire un pansement provisoire. Chaque soldat prussien porte dans la poche de son pantalon une cartouche à pansement.

(L. Le Fort.)

742. — Les évacuations de malades et de blessés sont une des parties délicates du service de santé. Trop fréquentes ou portées dans de fausses directions, elles diminuent les rangs de l'armée ; trop restreintes, elles exposent les malades et les blessés aux dangers de l'encombrement et l'armée elle-même aux désastres d'une épidémie.

(Legouest.)

743. — Pendant la guerre de Sécession, chaque soldat des États-Unis portait au cou une carte de parchemin indiquant son identité et l'endroit où l'on devait annoncer sa mort. Une disposition analogue existe dans l'armée prussienne.

(L. Le Fort.)

744. — Une très belle et une très utile mission pour les médecins militaires, serait de répandre par des leçons pratiques parmi les soldats, les connaissances médicales élémentaires à l'aide des-

quelles ils peuvent guérir les indispositions légères, ou même porter secours à leurs camarades.

(Colonel DE RUSTOW.)

745. — Il est très raisonnable que l'opinion du médecin militaire soit prépondérante pour tout ce qui concerne l'organisation du service sanitaire.

(DE RUSTOW.)

746. — Le principe de l'organisation et du recrutement du service de santé aux États-Unis est : Unité de direction et de responsabilité, confiée aux mains du corps spécial qui fait du service de santé l'objet constant de ses études et qui seul est compétent dans les questions médicales.

Le médecin en chef est chef médical, chef administratif, chef militaire, et tous les employés qui concourent au service de santé sont organisés militairement sous son commandement [1].

(Spectateur militaire.)

Service des transports militaires.

747. — Chaque corps d'armée devant constituer une machine complète, il lui manquerait un rouage essentiel s'il ne possédait pas un train d'équipages qui lui soit attaché spécialement, placé sous les ordres directs de son chef, établi sur les points où sa présence est en tout temps nécessaire pour assurer les services ordinaires de l'administration.

(Général CHANZY.)

748. — Les difficultés de l'administration aux armées consistent bien moins dans la formation et le rassemblement des approvisionnements que dans leur mouvement à la suite des troupes et dans leur distribution opportune.

(Colonel OBAUER, Alimentation des troupes en campagne.)

---

1. Ce progrès a été récemment accompli en France par la création de la Direction spéciale du Service de santé au Ministère de la guerre.

749. — Napoléon avait ordonné de former successivement à Paris des *bataillons du train* chargés de la conduite des équipages, de construire des caissons, d'acheter des chevaux de trait, et quand on aurait organisé le personnel et le matériel de ces bataillons, de les acheminer vers la Vistule. Au lieu de venir à vide, ces nouveaux équipages militaires devaient transporter les objets d'équipement fabriqués à Paris.

(Thiers.)

750. — Le système des transports à l'entreprise doit être abandonné comme n'offrant aucune garantie. N'employant que des éléments complètement étrangers à l'armée et sans agrégation, il crée un refuge à l'espionnage, facilite les dilapidations, et devient souvent une cause de terreurs paniques.

(Général Chanzy.)

751. — Le système d'alimentation par magasins offre aujourd'hui moins de difficultés qu'autrefois, parce que les chemins de fer, qui sont compris dans le faisceau des lignes de marche, permettent d'amener plus facilement les approvisionnements à proximité de l'armée.

(Général Berthaut.)

752. — Les stations-magasins, tout en servant à maintenir disponibles, à une distance peu considérable du théâtre de la guerre, les approvisionnements de toute nature, constituent un régulateur indispensable des mouvements des approvisionnements, soit vers l'armée, soit vers l'intérieur, en cas d'évacuation ou de retraite.

(Règlement de 1889 sur les transports par chemins de fer.)

753. — Actuellement en France, les transports stratégiques exécutés par les chemins de fer comprennent:

Les transports de mobilisation, de concentration, de ravitaillement et d'évacuation des blessés. Ces transports, ordonnés soit par le ministre de la guerre, soit par le commandant en chef des armées, sont réglés et exécutés par les commissions de réseau ou par les commissions de chemins de fer de campagne.

(Règlement de 1889.)

Administration militaire.

Afin de bien préciser l'importance et le rôle de l'administration militaire, nous croyons utile de rappeler à ce sujet quelques définitions générales.

On entend par *Gouvernement*, dans une société civilisée, le fonctionnement des institutions qui assurent l'ordre et le maintien des droits des citoyens et qui favorisent la libre satisfaction de leurs intérêts matériels et moraux.

Pour accomplir sa mission et faire exécuter les lois, tout gouvernement a besoin d'un personnel actif et de ressources dont l'entretien et l'emploi exigent des dépenses auxquelles doivent subvenir tous les membres de la société par la voie de l'impôt. Le tableau de la répartition des recettes et des dépenses nécessaires à l'État constitue le Budget. Or, l'*Administration publique* est la mise en application des lois et des règlements qui permettent de faire l'emploi le plus équitable et le plus économique du Budget en vue de l'intérêt général.

Tout gouvernement a besoin, pour assurer la sécurité du pays à l'extérieur et à l'intérieur, d'entretenir une force armée à l'aide du budget de la guerre. Le fonctionnement de cette force armée exige le concours de deux actions primordiales qui sont : le commandement et l'administration militaires.

Le *Commandement*, constitué par délégation du chef de l'État, comprend l'exercice du pouvoir militaire et la direction de la force publique. Il est confié à une classe de fonctionnaires organisés hiérarchiquement et disciplinairement responsables, formant le corps des officiers de l'armée.

L'*Administration militaire* est l'application des règles et des moyens qui permettent au commandement de pourvoir à l'entretien et à la conservation du personnel et du matériel de l'armée par l'emploi le plus judicieux et le plus économique du budget de la guerre.

Arrêter les plans de campagne, diriger les opérations, donner l'impulsion à tous les services, prescrire toutes les mesures générales pour mettre en mouvement les troupes, les amener en bon ordre et en bon état en présence de l'ennemi, et atteindre le but de la guerre, contrôler l'exécution de tous les ordres donnés, telle est la mission du *Commandement*.

Assurer le recrutement, prévoir et enregistrer les besoins de l'armée, faire concourir à la satisfaction de ces besoins un certain nombre de spécialités, provoquer à l'aide des ressources du budget la production, la circulation et la distribution des objets nécessaires à l'entretien des troupes et du matériel de guerre, contrôler l'exécution des services et rendre un compte exact de toutes les opérations, tel est le rôle de l'*Administration*.

Ces indications générales suffisent pour démontrer que la connaissance et la pratique habile des moyens administratifs constituent une branche extrêmement importante de l'art de la guerre. Nul officier ne peut donc s'en désintéresser, et il est essentiel qu'un chef qui exerce un commandement d'une certaine étendue soit un bon administrateur.

L'administration militaire, tout en s'exerçant, conformément aux lois générales qui président à l'économie politique et au développement de l'industrie, doit, en raison même de son objet spécial, satisfaire à certaines conditions essentielles dont tous les grands capitaines et les administrateurs d'armée ont reconnu l'utilité. C'est une *science* véritable qui exige de la réflexion et dont les principes se rattachent à la philosophie de la guerre.

Principes. — La raison et l'expérience s'accordent pour adopter les principes suivants :

1° L'administration militaire doit rester toujours subordonnée au commandement d'où émanent les projets, l'initiative, l'impulsion et le contrôle supérieur. Elle n'est ni la source ni le but de l'organisation militaire, elle est un moyen et un instrument.

2° Tout chef suprême qui manque de prévoyance administrative, qui ignore l'art de concilier les besoins de l'armée avec les opérations militaires, et se laisse réduire à l'impuissance par des questions de personnel ou de bureau, ne pourra jamais accomplir *de grandes choses*

3° Un jugement sain, beaucoup d'activité, un sentiment profond de l'honneur et du devoir, la prévoyance, la fermeté et la décision sont les premières qualités d'un bon administrateur.

4° Les méthodes administratives officielles d'un gouvernement doivent toujours se perfectionner et se simplifier en raison des progrès de la science, de l'industrie et du commerce. On doit profiter de toutes les inventions nouvelles pour réduire les rouages ainsi que le personnel accessoires, tout en rendant l'exécution des services plus facile, plus prompte et plus économique.

5° Il faut enseigner dans les collèges, dans les écoles militaires et dans les régiments les principes de la comptabilité, de l'administration, et en faire bien comprendre aux élèves l'usage par des applications et des exemples pratiques.

6° Les règlements doivent être simples, précis, à portée des intelligences ordinaires, et ne prévoir que ce qui est d'une utilité indiscutable. On doit en faciliter l'application en mettant en jeu à chaque degré de la hiérarchie : l'intérêt, l'instruction, l'émulation et la responsabilité des chefs.

7° Un bon administrateur doit assurément chercher les solutions les plus économiques, mais il doit surtout contrôler avec sévérité la bonne qualité des denrées et des fournitures, punir les abus et la négligence des inférieurs et dénoncer les fraudes si nombreuses des grands fournisseurs.

8° Appliquer dans l'exécution des services administratifs les principes de décentralisation, de division du travail, de réduction des frais généraux qui sont adoptés par la grande industrie moderne.

9° De même que les directeurs de l'artillerie et du génie, les colonels doivent être les directeurs de l'administration de leurs régiments ; il n'y a aucun incon-

viennent à diminuer la tutelle administrative dont ils sont l'objet, pourvu que l'on augmente et que l'on précise leur responsabilité.

10° Tout service exigeant des connaissances spéciales et un personnel technique doit avoir pour directeur un homme qui, aux connaissances administratives, joigne une instruction et une expérience professionnelles qui garantissent la compétence de ses décisions. (C'est pour cette raison que les services de l'artillerie, du génie et des hôpitaux ne peuvent pas être mis entre les mains de l'intendance.)

11° Ne recourir à l'entreprise et aux grandes adjudications que pour les services destinés à fournir des objets dont la qualité peut se contrôler pour ainsi dire à première vue, comme les fourrages, la viande sur pied, les étoffes. Dans tous les cas, éviter la centralisation excessive, les monopoles; écarter les faiseurs d'affaires, les gros intermédiaires et les spéculateurs.

12° Le contrôle qui assure la régularité dans les faits et l'économie dans les dépenses ne peut être efficace qu'à la condition d'être toujours indépendant de ceux sur lesquels il est exercé, et de faire intervenir les représentants directs de la partie prenante.

13° Chaque unité stratégique et chaque subdivision importante de cette unité doivent avoir des organes administratifs distincts et, autant que possible, indépendants, de manière à pouvoir vivre, marcher et combattre sans être liées invariablement aux unités similaires.

14° Organiser dans chaque région de corps d'armée

les magasins de dépôt et de réserve pour l'armement, les vivres et l'habillement. Approvisionner les matières premières par l'adjudication, mais faire exécuter les confections sous la direction et le contrôle d'officiers spécialistes, en utilisant la main-d'œuvre de la région, de manière à faciliter l'examen et la réception des effets par les corps intéressés, épargner les faux mouvements et éviter d'être exploité par les fournisseurs.

15° Employer pour les transports de la guerre les bateaux et les canaux toutes les fois que les chemins de fer ne sont pas indispensables. Établir les tarifs militaires réduits en prenant pour principe que, pour un chargement et un parcours donné, l'État doit toujours obtenir un tarif spécial qui ne devra jamais dépasser celui que les compagnies accordent aux établissements industriels les plus favorisés.

Exécution des services administratifs. — Les opérations générales que comporte l'exécution des divers services peuvent se ramener à quatre catégories, suivant qu'elles sont relatives à la production, à la circulation, à la distribution et à la justification.

Les *opérations de production* comprennent : les achats et approvisionnements de matières premières, de vivres, d'étoffes et de fournitures de toute espèce ; la fabrication et la conservation des armes, des voitures, des outils et engins de guerre, des munitions, la construction et l'entretien des fortifications, des casernements, des magasins, des hôpitaux, du mobilier, etc. Elles sont exécutées, soit à l'entreprise, par des adjudications, des marchés de gré à gré passés avec l'industrie privée, soit en régie directe ou par réquisition, sous la direction technique des ingénieurs et des administrateurs militaires. Les règles à observer dans ces opérations sont : la simplicité dans les plans et l'uniformité dans les modèles, la solidité, la salubrité et la bonne distribution dans les constructions, la résistance, la facilité de manœuvre et d'entretien pour le matériel, la bonne qualité, l'uniformité, la commodité, pour les fournitures de vivres et d'habillement. On se conformera en toutes circonstances aux principes les plus sévères de l'économie en ne perdant pas de vue qu'à l'armée et à la guerre, tout ce qui n'est pas indispensable est inutile et tout ce qui est compliqué, délicat ou luxueux, est nuisible.

Les *opérations de circulation* sont celles qui se rapportent au transport des hommes, des animaux, des vivres et du matériel de guerre. Elles sont exécutées, soit à l'entreprise à l'aide de marchés passés avec les compagnies de chemins de fer et les agences de transport, soit directement par le service du train des équipages, de l'artillerie ou du génie, par les réquisitions ou par les corps de troupes eux-mêmes. Les formalités relatives à la circulation ont été jusqu'à présent assez lentes et assez compliquées. On peut, de nos jours, les rendre aussi simples et aussi expéditives que possible, en mettant à profit les avantages considérables que présentent la permanence des garnisons, la centralisation des opérations administratives dans chaque chef-lieu de commandement régional, le réseau si complet de nos routes, de nos chemins de fer et de nos télégraphes. Une amélioration réclamée depuis longtemps, qui éviterait bien des pertes de temps et des faux mouvements, consisterait à installer, dans chaque gare de chemins de fer d'une certaine importance, un *Bureau des transports et des passages militaires,* où se tiendrait en permanence un adjudant d'administration chargé de renseigner les hommes isolés, de délivrer ou de timbrer les tickets de route ou d'embarquement, de faire les réceptions et les expéditions de matériel, de transmettre les avis, de faire distribuer des vivres et des effets aux troupes de passage, d'enregistrer les réquisitions, etc. On arriverait ainsi à localiser dans les gares de chemins de fer toutes les opérations relatives au mouvement des troupes et du matériel, et par suite à éviter les émotions, les désordres et les retards qui résultent presque toujours du passage des troupes à travers les grandes villes.

Les *opérations de distribution* ont pour but de mettre les parties prenantes, collectives ou isolées, en possession des prestations auxquelles elles ont droit. Toute distribution doit se faire par un agent comptable en échange d'un bon présenté et signé par la partie prenante, visé et enregistré par l'administrateur. Sans entrer ici dans les nombreux détails que comporte ce sujet, nous dirons que le service de distribution pourra s'exécuter avec beaucoup plus de précision et de célérité si l'administration militaire consent à y introduire, en les perfectionnant, les procédés expéditifs et les moyens de contrôle si simples employés depuis longtemps dans les grandes maisons de commerce, dans les établissements industriels et les entrepôts de l'Angleterre et des États-Unis.

Importance du service de l'habillement. — S'il est un service dans lequel la simplicité, la commodité et l'économie acquièrent une importance capitale, c'est assurément le service de l'habillement. L'absence de principes sévères dans cette branche d'administration a généralement entraîné les gouvernements dans les dépenses les plus ruineuses et les moins justifiées. Tous les bons généraux, tous les hommes ayant la véritable expérience des troupes et de la guerre, ont signalé et vivement critiqué les abus et inconvénients de tout genre qui sont la conséquence de la *Mode* en matière de costume militaire. C'est par des centaines de millions que la France impériale a payé les caprices de cette folle souveraine et la cupidité de ses courtisans. Ce qui frappe surtout au milieu de tant de variations dans les habits, dans les coiffures et dans les chaussures, c'est notre défaut de sens pratique dans la solution de difficultés, où les avis d'un sergent, d'un chasseur de montagnes et d'un tailleur sont préférables à ceux des plus hauts fonctionnaires.

Ne pourrait-on pas, dans cette grave question de l'habillement, s'imposer les règles suivantes dictées par le simple bon sens :

1° Il ne doit y avoir dans une armée que deux costumes de coupe distincte : un pour les troupes à pied et un pour les troupes à cheval ;

2° Les vêtements doivent être solides, aisés, dépourvus de parties dures et cartonnées; les cuirs et les draps d'uniforme doivent être souples, de manière à faciliter la marche et tous les mouvements du corps;

3° Les marques distinctives des corps et des grades doivent être réduites au maximum de simplicité et d'économie, faciles à reconnaître, à ajuster et à déplacer;

4° L'habillement militaire ne doit dépendre ni de la fantaisie ni du goût artistique; il doit être commode, solide et bon marché. L'élégance du costume dans une armée résulte de la régularité, d'une simplicité sévère, et, par-dessus tout, de la parfaite adaptation des vêtements au service de campagne;

5° La coiffure de l'officier et du soldat est destinée à garantir la tête et la nuque de la pluie et du soleil; elle doit donc être légère, résistante, imperméable à l'eau, et dépourvue d'ornements ou d'accessoires inutiles ou grotesques;

6° La chaussure doit être souple et solide, fabriquée très soigneusement, à proximité des corps de troupes, de façon à ce que l'ajustage, l'échange et le contrôle de la fourniture puissent être faits rapidement et *d'une façon réellement efficace* par les chefs de corps;

7° L'expérience a démontré qu'il n'y a aucun avantage à mettre l'habillement du soldat au compte de sa masse individuelle. Ce système est plus onéreux que l'autre et il est incompatible avec la loi actuelle;

8° Le meilleur système pour la confection, l'emmagasinage et la distribution des fournitures d'habillement, de linge et de chaussure ne consiste ni dans les adjudications, ni dans les grandes usines industrielles dont on a reconnu les inconvénients. Ces effets doivent être fabriqués avec des matières premières contrôlées par l'État dans les dépôts divisionnaires ou régionaux de corps d'armée, à proximité des parties prenantes, sous la surveillance de commissions d'habillement, par des ouvriers civils, pris autant que possible dans la région, et dirigés par des tailleurs et maîtres ouvriers militaires. Cette organisation décentralisatrice est la seule compatible avec les corps d'armée régionaux, dont elle assure en tout temps les besoins journaliers et les approvisionnements de réserve.

Contrôle. — Le contrôle comprend les opérations administratives qui doivent donner au ministre et aux représentants de la nation la certitude que tous les besoins de l'armée ont été exactement et convenablement satisfaits, et que le budget de la guerre a été dépensé conformément aux lois. Le contrôle doit s'exercer : sur le personnel, sur les matières premières, sur le matériel de guerre, sur la fabrication et l'emmagasinage, sur l'emploi des fonds et la comptabilité. D'où l'on doit admettre trois espèces de contrôles distincts et également nécessaires :

1° Le *Contrôle général*, qui consiste à veiller sur la moralité des actes des fonctionnaires, à s'assurer par des revues, des inventaires, des enquêtes et des inspections inattendues, que les règlements sont exécutés et que les besoins des soldats sont satisfaits ; à écouter les justes réclamations, à punir les abus d'autant plus sévèrement qu'ils sont le fait de personnalités plus considérables. Cette surveillance, qui embrasse toutes les parties de l'administration, pourrait être exercée au premier degré par les commandants de corps d'armée et leurs conseils d'administration, au deuxième degré par les commissions générales d'inspection, les inspecteurs permanents et le ministre; au troisième degré, par les commissions d'enquête parlementaires et le Conseil d'État;

2° Le *Contrôle spécial ou technique*, qui s'applique à la fabrication et à la qualité des substances alimentaires et du matériel de guerre, exige l'intervention continuelle de fonctionnaires spéciaux, d'experts et d'ingénieurs. Il s'exerce au premier degré par les chefs de service, les directeurs, les conseils d'administration des corps; au deuxième degré, par les inspecteurs d'armes, les inspecteurs des fortifications et les intendants généraux.

En ce qui concerne les grandes fournitures de l'alimentation et de l'habillement, telles que les conserves, les farines, les draps, les cuirs, etc., etc., on n'obtiendra de bonnes matières, d'une confection régulière et d'un prix modique, que par l'organisation d'un *Institut de contrôle* scientifique et technique permanent, dirigé par un savant spécialiste, et prononçant après expériences effectuées par l'intermédiaire d'une commission administrative technique. Cette institution, réclamée par d'excellents administrateurs, réaliserait un progrès considérable;

3° Enfin, le *Contrôle financier*, qui comprend la vérification des opérations des comptables, des caisses, des mouvements de fonds, des registres de comptabilité et de magasin, la comparaison numérique entre les effectifs des parties prenantes et les prestations perçues. Ce contrôle, qui ne doit jamais être confié à des fonctionnaires comptables ou intéressés à défendre les opérations des comptables, devrait être exercé au premier degré par un corps d'inspecteurs généraux des finances de la guerre, assistés d'auditeurs à la Cour des comptes. Véritables *missi dominici*, armés de pleins pouvoirs pour examiner les livres et les caisses, ces hauts fonctionnaires, délégués directs du ministre, exerceraient leur mission à des époques indéterminées et sans prévenir d'avance les corps ou les établissements désignés par l'ordre d'inspection dont ils seraient porteurs. Quant au deuxième degré du contrôle financier, il est parfaitement assuré par la haute juridiction de la Cour des comptes.

Les discussions fréquentes et passionnées qui se sont élevées au sujet du fameux principe de la séparation de la direction et du contrôle, ont généralement été obscurcies, faute d'une distinction précise entre les trois espèces de contrôle. Il est évident, en effet, que le *contrôle moral* peut et doit être réuni à l'action dirigeante chez le commandant en chef d'un corps d'armée ou d'une armée. C'est même en cela que consiste la responsabilité exceptionnelle du général vis-à-vis du Gouvernement, et c'est pour cette raison que ce grade ne doit être confié qu'à des hommes d'une honorabilité, d'un jugement et d'une expérience consommés. Le *contrôle technique* au premier degré ne peut être exercé convenablement et utilement que par le fonctionnaire qui a ordonné les travaux, s'il s'agit de fortification ou d'artillerie, et par l'*Institut technique* dont nous avons parlé plus haut, s'il s'agit de fournitures d'alimentation ou d'habillement.

Enfin, le *contrôle financier* seul peut et doit être absolument séparé de la direction; il n'y a plus là ni question morale, ni question technique en jeu, il n'y a que la vérification d'opérations comptables et de calculs qui doivent être exécutés conformément aux tableaux budgétaires et aux règlements de finances. On comprend donc que ce genre de contrôle soit tout à fait distinct des deux précédents et puisse être exercé par des inspecteurs spéciaux, choisis avec le plus grand soin parmi les fonctionnaires des finances, des conseillers d'État ou des conseillers à la Cour des comptes, et n'ayant aucune relation de hiérarchie ou d'origine avec les officiers comptables et les administrateurs de l'armée [1].

---

[1]. Ces fonctions sont actuellement remplies en grande partie par les contrôleurs de l'armée.

CHAPITRE XI.

MOYENS D'ACTION DE L'ARMÉE POUR LE COMBAT.

INFANTERIE. — CAVALERIE. — ARTILLERIE. — GÉNIE.
TACTIQUE. — FORMATIONS. — MANŒUVRES.

> « L'infanterie est l'instrument de la force
> « et de la durée. La cavalerie est l'instru
> « ment de la vue et de la vitesse. »
> (Général Trochu.)

> « L'artillerie est l'instrument de la démo-
> « ralisation et de la destruction. »
> (Général Paris.)

Nécessité de la combinaison permanente des quatre armes.

753. — L'organisation des différentes armes en corps permanents placés sous les ordres d'un même général donne aux troupes toute la valeur dont elles sont susceptibles. La légion des Romains est le premier exemple de cette combinaison qui, certes, a puissamment contribué à leurs triomphes : « Un dieu, dit Végèce, leur en inspira la pensée. »
(Maréchal Marmont.)

754. — Il faut considérer le bataillon, l'escadron ou la batterie de trois manières : ou comme des corps solides, ou comme des corps divisibles jusqu'à l'unité, ou flexibles dans toute leur étendue, et cela suivant les différents mouvements qu'on veut leur faire faire. Il en est de même d'une armée entière.
(Puységur.)

755. — Lorsque les bataillons sont de 800 hommes, ils occupent sur deux rangs trop d'étendue pour la plupart des chefs de bataillon. Il est alors convenable d'ôter à chaque bataillon deux compagnies pour en former des colonnes de réserve.

(Maréchal Bugeaud.)

756. — Il n'y a pas de tactique d'armes sur le champ de bataille, car les armes ne se battent pas isolément ; il n'y a qu'une tactique, la tactique du combat.

(Général Lewal.)

Les manœuvres d'école doivent être simples, applicables à tous les terrains et faites en vue de la guerre.

757. — C'est avec raison que les militaires expérimentés de nos jours condamnent l'usage de commander à la voix les régiments et les brigades dans les exercices de paix, car devant l'ennemi, un bataillon ou un escadron, tout au plus, peuvent être commandés de cette manière.

(Colonel de Savoye.)

758. — Nos manœuvres d'école ne peuvent, sans un grand danger, être exécutées devant l'ennemi, parce qu'elles tiennent les troupes dans un état de désordre et de confusion qui ne laissent aucune possibilité de résister à une attaque soudaine.

(Général Morand.)

759. — Je dis qu'il faut réduire l'ordonnance à quelques pages et rejeter tout ce qui est dangereux ou au moins inutile, ne garder que ce qui est applicable à la guerre ; et, au lieu de fausser l'esprit des officiers et de charger leur mémoire par une étude stérile, on doit faire en sorte qu'ils n'appliquent leur attention qu'aux choses qu'il faut faire *sur le champ de bataille*.

(Général Morand.)

760. — Il faut refaire pour les troupes de toutes armes les règlements d'instruction et de manœuvres, en les simplifiant et en les appropriant aux besoins de la guerre moderne.

(Général Trochu.)

Infanterie, son importance et ses qualités.

761. — L'infanterie est comme la base et le soutien de l'armée, soit pour les batailles, soit pour les sièges : elle marche toujours, combat partout, et prend possession définitive du terrain conquis.

(Montecuculli.)

762. — Les qualités principales d'une bonne infanterie sont : la résistance dans la marche, l'habitude du terrain dans le combat, l'habileté et le sang-froid dans le tir, résultats que l'on ne peut obtenir que par une pratique incessante en temps de paix.

(Général Chanzy, *Mémoire sur la réorganisation de l'armée*, 1873.)

763. — L'habitude et l'habileté des marches, le sang-froid et, par suite, l'adresse dans les feux, l'individualité et la confiance qui en résultent, la solidité qui consiste à ne pas se laisser rompre par la puissance terrible du feu ennemi, même quand il provoque un échec momentané ; rester toujours prête à combattre dans la main de ses chefs ; être en état de renouveler l'attaque avec d'autres corps : telles sont les qualités d'une bonne infanterie.

(Duc de Wurtemberg.)

764. — La méthode de mêler des pelotons d'infanterie avec la cavalerie est vicieuse : elle n'a que des inconvénients.

(Napoléon.)

765. — Les feux d'infanterie à commandement seront toujours une exception en campagne, et il faut en temps de paix être très réservé pour les exercices de combat qui sont de nature à créer des illusions.

(Général Derrécagaix.)

766. — Chez les Français, pendant les guerres de la République, la plus intime liaison entre *la colonne et le combat dispersé* avait remplacé la tactique linéaire et compassée [1].

(Général Paris.)

---

[1] Les Allemands conviennent donc que « l'ordre dispersé » est d'origine française.

767. — L'ordre demi-profond ou déployé, avec des colonnes derrière les pelotons des extrémités, convient à l'offensive comme à la défensive.

(Jomini.)

768. — Pendant la guerre de Crimée, les combats livrés par l'infanterie française à l'infanterie russe démontrèrent une fois de plus la supériorité des essaims bien dirigés de tirailleurs sur les masses peu maniables ; ils firent ressortir l'importance des avantages que l'on peut tirer du sol et provoquèrent le perfectionnement du système des *colonnes de compagnie*.

(Général Paris.)

Feux de tirailleurs et feux de troupe.

769. — De toutes les parties de la tactique, les feux sont celle sur laquelle nous avons les exercices les plus compliqués, les moins réfléchis et les moins conformes à ce qui se passe à la guerre.

(Guibert.)

770. — Tirer de loin est la spécialité de la mauvaise infanterie : la bonne est toujours avare de son feu.

(Maréchal Bugeaud.)

771. — Le feu le plus meurtrier est le feu de tirailleurs, parce que le peu d'hommes qui peuvent conserver le sang-froid d'ajuster ne sont pas gênés pour le faire en tirailleurs.

(Colonel Ardant du Picq.)

772. — Il ne suffit pas qu'un soldat sache charger son fusil et tirer six fois par minute : il faut qu'il porte des coups sûrs, et que ses balles arrêtent l'ennemi et le mettent en désordre. Il faut donc exercer beaucoup le soldat au tir à la cible.

On brûle tant de poudre inutilement en feux d'artifices et en vains amusements, et l'on regretterait celle dont la consommation aurait pour but le salut et la gloire de l'État !

(Général Morand.)

773. — Nous admettrions volontiers dans chaque compagnie de 250 hommes un peloton qui serait composé des meilleurs tireurs ; ces soldats de choix resteraient ainsi sous la main des chefs qui les auraient formés tout en constituant dans la véritable unité tactique une spécialité précieuse et réellement utilisable.

(Général CHANZY, *Réorganisation*, 1873.)

774. — Tous les soldats qui combattent isolément doivent être bien pénétrés de cette vérité, que les tirailleurs qui font le plus de mal à l'ennemi ne sont pas ceux qui brûlent le plus grand nombre de cartouches, mais bien ceux qui tirent avec calme et sang-froid, apprécient la distance et atteignent le plus souvent le but. Les tirailleurs doivent donc considérer le fusil actuel comme une arme à *chargement rapide* qui leur permet d'être toujours *prêts à tirer*, quand ils trouvent l'occasion de le faire avec la presque certitude de toucher. Or, on peut avoir cette certitude quand on tire à 500 mètres sur des fantassins isolés, à 600 ou 700 sur des cavaliers, à 1,000 sur des groupes et sur l'artillerie.

(*Instructions* du général BOURBAKI.)

775. — La plus grande partie des officiers d'infanterie auront remarqué la difficulté presque insurmontable de faire cesser les feux de file à la guerre une fois qu'ils sont commencés, surtout quand l'ennemi est à bonne portée, et ces feux, malgré les commandements des officiers, ne ressemblent plus qu'à des décharges générales.

(Colonel ARDANT DU PICQ.)

776. — Le bon tireur, comme l'artilleur, conserve, avec de la volonté, la faculté d'ajuster ; mais l'agitation du sang et du système nerveux s'oppose à l'immobilité de l'arme entre ses mains. Le soldat a, de plus, une hâte instinctive de lâcher son coup de fusil qui peut arrêter, avant son départ, la balle à lui destinée ; pour peu que le feu soit vif, cette sorte de raisonnement vague, bien que non formulé dans l'esprit du soldat, commande avec tout l'empire de l'instinct de la conservation même aux plus braves, aux plus solides, qui, alors, tirent au jugé, et le plus grand nombre tirent sans appuyer l'arme à l'épaule.

(Colonel ARDANT DU PICQ.)

777. — Il est un bon moyen d'empêcher la troupe de commencer trop tôt le feu, c'est que le chef de bataillon et quelques officiers marchent devant le bataillon en disant : « Soldats, vous ne voudrez pas tirer sur vos chefs ! Je ne passerai derrière vous que lorsqu'il sera temps de commencer le feu. »

(Maréchal Bugeaud.)

Avantages que présente l'emploi des colonnes de compagnie.

778. — La *colonne de compagnie*, c'est-à-dire la formation de combat d'une compagnie opérant avec indépendance, et le déploiement d'un bataillon en petites masses, constituent des conquêtes de la tactique moderne, et doivent leur origine aux procédés suivis dans les guerres de 1813-1815.

Cette disposition de l'infanterie procure les avantages suivants :

Elle résout le problème de la division multiple du bataillon en corps indépendants capables de livrer chacun un combat en ordre dispersé ou formé suivant les exigences de la situation ; elle s'applique à tous les terrains : elle permet de traîner le combat en longueur *en disposant continuellement d'une réserve*. Elle facilite l'extension du front de combat du bataillon, ce qui, dans la défensive, est fort utile. Chacune des colonnes de compagnie échappe plus facilement aux feux de l'adversaire et peut se déployer beaucoup plus rapidement ; elle offre une résistance aussi sérieuse que variée aux attaques de la cavalerie. Enfin le bataillon, unité tactique principale, gagne à cette formation une souplesse, une activité, une aptitude à se modeler sur le terrain, qui doublent l'efficacité de son emploi.

(*Extrait* du général Paris.)

L'infanterie en bon ordre peut toujours résister à la cavalerie.

779. — Ce fut contre une ligne d'infanterie dont les flancs étaient appuyés que l'élite de la cavalerie française vit échouer sa valeur et son impétuosité dans la plaine de Minden.

(De Ternay.)

780. — Certains écrivains militaires avaient prédit que l'action de la cavalerie serait décisive contre des masses d'infanterie déployées en petits corps tactiques, tels qu'en présentent les systèmes des *colonnes de compagnie* : cette prévision ne se réalisa pas.

(Général Paris.)

781. — Ne formez que des carrés de bataillons ou même de compagnies, s'appuyant réciproquement. Grand carré, grande manœuvre et grande déroute.

(Maréchal Bugeaud.)

782. — A Balaclava, l'infanterie anglaise soutint en ligne déployée le choc de la cavalerie russe.

(Vandevelde.)

783. — A Waterloo, plusieurs carrés anglais furent enfoncés par nos cuirassiers. Quelques-uns d'entre eux se relevèrent après la charge, reformèrent les rangs, et firent de nouveau sur nos cavaliers un feu meurtrier.

(Maréchal de Mac-Mahon.)

Principes de l'organisation de l'infanterie moderne.

784. — La méthode d'instruction de l'infanterie doit remplir les conditions suivantes :

1° Assurer la cohésion de façon à pouvoir faire converger utilement et en temps opportun les efforts de tous vers un but commun ;

2° Développer, tout en la réglant, l'initiative individuelle, de telle sorte que chaque fraction, jusqu'à la plus petite, puisse produire son maximum d'effet utile au moment voulu ;

3° Être appropriée aux hommes qui doivent la suivre, développer et mettre à profit leurs aptitudes physiques et morales de la manière la plus rapide et la plus complète ;

4° Mettre la troupe à même de tirer de ses formations et de son feu tout le parti possible, et habituer les chefs et les soldats à se servir habilement du terrain.

(*Manœuvres de l'infanterie*, 1875.)

785. — On doit réorganiser l'infanterie en distribuant dans la masse entière les éléments de force qui s'y trouvent à présent groupés dans l'isolement ; supprimer, par conséquent, les bataillons *spéciaux* et n'avoir dans chaque bataillon qu'un groupe de tireurs d'élite.

(Général Trochu.)

786. — Nous n'hésitons pas à admettre qu'une seule espèce d'infanterie offre de grands avantages à tous les points de vue, et nous ne voyons dans les diverses éventualités de la guerre aucune utilité réelle et pratique à en avoir plusieurs.

(Général Chanzy.)

Conditions que doit remplir une bonne cavalerie.

787. — Il faut que la cavalerie soit leste, qu'elle soit montée sur des chevaux *rendus propres à la fatigue*, qu'elle ait peu d'équipages, et surtout qu'elle ne fasse point son principal d'avoir des chevaux gras.

(Maréchal de Saxe.)

788. — Les mouvements de cette arme doivent toujours être rapides, impétueux ; quelquefois même (mais avec de petits corps seulement), on y *mettra un abandon* qui semblera de l'imprudence.

(Maréchal Marmont.)

CAVALERIE.

789. — La cavalerie doit être montée et équipée de façon à pouvoir fournir de longues courses aux allures rapides et à se suffire à elle-même ; elle doit être commandée par des généraux ayant du coup d'œil, de l'activité et de l'entrain, et composée de cavaliers bien exercés, sachant employer leurs armes en toutes circonstances, de chevaux bien choisis, bien dressés et bien nourris.

(Général Chanzy.)

Instruction et recrutement des hommes et des chevaux.

790. — La guerre se fait en tous lieux, en toute nature de pays. Pour donner aux cavaliers l'assiette et l'adresse nécessaires dans toute espèce de terrain, il faut les assembler, les faire exercer en rase campagne, en quittant les routes battues, et les faire trotter et galoper à travers les terrains les plus variés.

(Xénophon, *Conseils à un commandant de cavalerie*.)

791. — L'équitation est tout dans la cavalerie. C'est elle qui subjugue le cheval et qui le dompte ; les manœuvres seront toujours assez correctes avec des soldats bons cavaliers.

(Maréchal Marmont.)

792. — Dans le recrutement de la cavalerie, on s'est trop préoccupé, en France, de la taille des hommes, de leur conformation, et pas assez de leur aptitude pour l'équitation. Selon nous, la cavalerie ne doit être recrutée qu'en hommes ayant déjà l'habitude et autant que possible le goût du cheval.

(Général Chanzy, 1873.)

793. — La cavalerie doit être composée de cavaliers légers, montés sur des chevaux énergiques et résistants.

(Général Trochu.)

794. — La qualité d'un cheval n'est pas l'embonpoint, mais la souplesse, l'audace et l'habitude de la guerre.

(Xénophon.)

795. — Il faut faire les chevaux peu à peu au mal, les endurcir à la fatigue par des exercices violents et des courses, ce qui les conserve plus sains et les fait durer bien davantage.

(Maréchal DE SAXE.)

Emploi et tactique de la cavalerie.

796. — La cavalerie doit être plutôt bonne que nombreuse ; plus on fera de progrès dans la tactique et plus on sera convaincu de cette vérité.

(GUIBERT.)

797. — La cavalerie a autant besoin d'ordre, de tactique que l'infanterie même : elle doit, de plus, savoir combattre à pied, être exercée à l'école du peloton et du bataillon.

(NAPOLÉON.)

798. — Il est certain que l'on ne connaît pas la force de la cavalerie, ni les avantages qu'on en peut tirer. D'où vient cela ? De l'amour que l'on a pour les chevaux.

(Maréchal DE SAXE.)

799. — Le cavalier ne doit vivre que pour son cheval, qui est ses jambes, sa sûreté, son honneur, sa récompense.

(DE BRACK.)

800. — Que les commandants d'escadrons en guerre passent souvent des revues inattendues du harnachement et du paquetage.

(DE BRACK.)

801. — On est conduit à admettre, d'après la taille des hommes et celle des chevaux, une cavalerie légère et une cavalerie lourde, mais elles doivent avoir toutes deux la même instruction, le même armement et le même emploi.

(Général CHANZY.)

Rôle de la cavalerie à la guerre.

802. — La cavalerie est indispensable à la guerre :
1° Pour éclairer au loin et donner des nouvelles de l'ennemi : c'est le rôle de la cavalerie légère ;
2° *Pour combattre des troupes ébranlées*, et pour recueillir tous les fruits de la victoire : tel est le rôle de la cavalerie de ligne.

(Maréchal Marmont.)

803. — Ce qu'on pourrait faire avec une grande supériorité de cavalerie bien armée de fusils de dragons et avec une artillerie légère nombreuse et bien attelée est incalculable.

(Napoléon.)

804. — Le rôle de la cavalerie, en dehors du combat en ligne, comprend quatre parties essentielles en station comme en mouvement :
1° La *sécurité*, c'est-à-dire surveiller, avertir, intercepter les coureurs ennemis, dissimuler les mouvements à leurs regards ;
2° Les *informations*, c'est-à-dire découvrir, reconnaître, explorer les mouvements, les obstacles, les lieux, les communications, les ressources, les positions des forces adverses ;
3° Les *agressions*, c'est-à-dire les surprises, les embuscades, les attaques de convois ou de postes, l'enlèvement des détachements, la destruction des voies ferrées, des télégraphes, des approvisionnements, les coups de main, en un mot, les *raids*, suivant l'expression américaine ;
4° Les *démonstrations*, les divisions, les mouvements tournants, la dissimulation de certaines opérations de l'infanterie et de l'artillerie.

(Général Lewal, *Tactique de combat.*)

805. — Les dragons sont nécessaires pour appuyer la cavalerie légère à l'avant-garde et à l'arrière-garde d'une armée. — Une division de deux mille dragons qui se porte rapidement sur un point, peut mettre pied à terre pour y défendre un pont, la tête d'un défilé, une hauteur, et attendre l'arrivée de l'infanterie. De quel avantage cette arme n'est-elle pas dans une retraite ?

(Napoléon.)

806. — Le combat à pied de la cavalerie n'est et ne doit être qu'un accident. C'est surtout dans les petites opérations de la guerre qu'un parti avancé peut trouver l'occasion de faire mettre pied à terre à un groupe de cavaliers, soit pour arrêter une cavalerie supérieure en nombre à l'entrée d'un défilé, soit pour garder un gué ou un pont en attendant l'arrivée des troupes de soutien, soit pour s'emparer de positions inaccessibles aux chevaux et défendues par de faibles détachements. Dans ces différents cas, la cavalerie combat dans l'ordre dispersé, en utilisant les accidents de terrain ou les constructions qui peuvent lui servir d'abri.

(*Instructions sur les manœuvres d'automne*, 1876.)

Importance de la cavalerie légère. Elle est l'œil et le rideau mobile des armées.

807. — A mesure qu'on acquit plus d'expérience de la guerre, on reconnut que sans une bonne cavalerie il n'y avait pas de succès décisifs à espérer.

(Colonel LECOMTE, *Histoire de la guerre de Sécession*.)

808. — Pour éviter de laisser deviner leurs mouvements par l'ennemi et pour connaître les siens, nos généraux ont souvent couvert leur front d'un rideau de cavalerie qui, en dérobant à l'ennemi la vue de l'infanterie, leur permettait d'en diriger la marche par les derrières sans être aperçus.

(VÉGÈCE.)

809. — Dans les charges en fourrageurs, il faut imiter les Turcs et les Cosaques: ce sont les meilleurs exemples qu'on puisse prendre.

(JOMINI.)

810. — C'est dans la supériorité de la cavalerie légère qu'est renfermé, je crois, le secret de la victoire contre l'empire russe.

(Général MORAND.)

811. — Les escadrons de cavalerie légère d'aujourd'hui sont ridicules. On les porterait par l'organisation à 300 cavaliers qu'il n'y aurait aucun inconvénient.

(NAPOLÉON.)

812. — Je vous ai cité les *Cosaques* et vous les ai présentés comme des modèles parfaits. Quelques officiers qui n'ont pas fait la guerre, ou qui l'ont faite autre part qu'aux avant-postes, ont pris à tâche de parler de ces cavaliers avec mépris : ne les croyez pas. Tous nos généraux *de guerre* vous diront que les cavaliers légers qui, comme les Cosaques, entourent l'armée d'un *réseau de vigilance et de défense impénétrable*, qui harassent l'ennemi, qui donnent presque toujours des coups et n'en reçoivent que fort peu, atteignent complètement et parfaitement le but que doit se proposer toute cavalerie légère.

(De Brack.)

813. — Pendant la guerre de Sécession, en 1862, le général Stuart franchit le Potomac à la tête de 2,000 cavaliers confédérés, sur le flanc droit de l'armée fédérale, décrit autour d'elle un grand cercle, coupe les chemins de fer, détruit les magasins, interrompt les lignes télégraphiques, y interpose ses appareils et expédie de fausses nouvelles en tous sens, puis repasse le Potomac à la gauche des fédéraux après une marche rapide exécutée à raison de 60 kilomètres par jour.

(Commandant Richard, *Conférence sur le rôle des chemins de fer à la guerre.*)

814. — La cavalerie doit devenir l'adversaire le plus redoutable des chemins de fer ennemis. L'immense quantité de chemins et de routes qui sillonnent l'Europe permet à des détachements de cavalerie légère de faire au loin des pointes très hardies et de causer en quelques heures, à une voie ferrée, des dégâts qui en arrêteront l'exploitation pendant plusieurs jours ; aussi est-il indispensable de faire faire à la cavalerie, en temps de paix, des simulacres de destruction des chemins de fer.

(Colonel du génie Prévost.)

815. — Si l'on examine ce qu'a fait la cavalerie française pendant la campagne de 1806, on reconnaîtra combien l'exagération déployée dans le récit des opérations de la cavalerie prussienne en 1870-1871 est loin d'être justifiée. Aucune campagne n'offre autant d'analogie avec celle de 1870-1871 que celle de 1806. Dans ces deux campagnes, les Français et les Prussiens étaient en présence. Iéna et Sedan furent des catastrophes semblables. Seulement, Napoléon Ier, avec des forces à peu près égales à celles des Prussiens, abattit la monarchie de Frédéric en autant de semaines qu'il fallut de mois à la Prusse pour vaincre la France avec des forces quadruples. Dans les deux armées, la cavalerie joua un rôle prédominant. — La cavalerie de Murat ne laisse pas un instant respirer l'armée battue. Elle ne perd pas l'ennemi de vue comme le perdit la cavalerie prussienne après Reichshoffen et dans les plaines de Champagne en 1870. Constamment en mouvement, elle fait des marches journalières moyennes de 42 kilomètres et qui atteignent parfois le double de ce parcours.

(*Militär-Zeitung*, des 25 et 29 mars 1876.)

Rôle et importance de l'artillerie.

816. — M. de Gribeauval, qui avait fait la guerre de Sept ans dans l'armée autrichienne, et avait le génie de l'artillerie, a réglé que la force des équipages serait à raison de 4 pièces par bataillon de 1,000 hommes, ou 36 bouches à feu pour une division de 9,000 hommes, ou 160 pour une armée de 40,000 hommes.

(NAPOLÉON, *Mémoires*, tome VIII.)

817. — Se persuader, comme l'ont fait quelques tacticiens, que l'artillerie est un accessoire plus embarrassant qu'utile, plus bruyant que meurtrier, en conséquence, ne pas parler de l'artillerie, ne la faire entrer pour rien dans les combinaisons de la tactique, c'est une erreur que l'expérience et la raison condamnent. Dire avec quelques officiers d'artillerie, qui l'ont avancé dans leurs ouvrages, que *l'artillerie est l'âme des armées*, que la *supériorité d'artillerie doit décider de la victoire*, c'est une autre erreur qui est, ou l'effet d'une convention de corps, ou celui de l'amour de l'art que l'on cultive.

(GUIBERT.)

818. — L'objet général de l'artillerie, fixé depuis plus d'un siècle par tous les écrivains militaires, n'a pas subi de changements à la suite de l'introduction des armes rayées. L'artillerie

doit : 1° entamer le combat ; 2° le soutenir ; 3° en préparer la décision par des feux rapprochés ; 4° soulager les autres troupes exposées au feu de l'artillerie ennemie ; 5° participer à la poursuite et souvent la faire à elle seule, en accablant l'ennemi de son feu lorsque les dispositions du terrain empêchent les autres troupes de le suivre ; 6° enfin, elle couvre la retraite des autres troupes.

(Kraft, prince de Hohenlohe.)

819. — L'artillerie entame l'action, la prépare, la soutient et quelquefois la termine.

(*Instructions sur les manœuvres d'automne*, 1876.)

820. — Par ses dernières améliorations techniques et par la rapidité de ses mouvements, l'importance de l'artillerie a considérablement augmenté et augmente encore tous les jours.

(Général Paris.)

Tactique de l'artillerie.

821. — Il ne faut pas que l'artillerie reste attachée aux troupes pour les défendre. C'est en avant des armées que l'artillerie défend les armées.

(Général Lespinasse, 1801.)

822. — Il est bon de réunir, dès le commencement de la lutte, autant de pièces que les circonstances le permettent et de se donner la supériorité du nombre. A cet effet, dans les marches, l'artillerie ne doit pas être trop éloignée des têtes de colonnes. Elle sera placée, en général, derrière le premier échelon de chaque groupe.

(*Instructions sur les manœuvres d'automne*, 1876.)

823. — L'artillerie est aux troupes ce que sont les flancs aux ouvrages de fortification. Elle est faite pour les appuyer, pour les soutenir, pour prendre des revers et des prolongements sur les lignes qu'elles occupent. Elle doit, dans un ordre de bataille, occuper les saillants, les points qui font contre-fort, les parties faibles, ou par le nombre, ou par l'espèce de troupes, ou par la nature du terrain.

(Guibert.)

824. — Sur le champ de bataille, disait le duc de Cambridge aux officiers de l'armée anglaise, *il faut que l'artillerie choisisse et prenne sa place.*

L'artillerie a des portées qui vont jusqu'à 4 et 5 kilomètres, son tir est très juste quand les distances sont bien appréciées.

. . . .

L'art consiste à prendre de bonnes positions et non à en corriger de mauvaises.

(Général Berge.)

825. — On peut admettre comme terme moyen que l'escorte d'une ou plusieurs batteries divisionnaires doit se composer d'une compagnie d'infanterie ou d'un escadron de cavalerie, et celle des batteries de corps d'un bataillon d'infanterie ou d'un régiment de cavalerie.

(Général Schnéegans.)

826. — Il faut toujours réunir beaucoup de feux sur les points que l'on veut battre et attaquer : mais il ne s'ensuit pas de ce principe qu'on doive réunir trop d'artillerie en un seul et même emplacement, ce serait donner trop de prise au feu de l'ennemi et diminuer la quantité de feux croisés.

(De Ternay.)

827. — L'art consiste, à présent, à faire converger un grand nombre de feux sur un même point.

(Napoléon.)

828. — La perte d'une batterie ayant accompli tout son devoir n'est pas un événement néfaste ; la conservation d'une autre par une retraite précipitée ou prématurée est condamnée par toutes les lois de la guerre et de l'honneur. Les derniers coups sont les plus décisifs : ils feront votre salut peut-être, mais votre gloire assurément.

(Gassendi.)

829. — Les tirailleurs sont généralement l'ennemi le plus à redouter, même à grande distance, pour l'artillerie, arme qui présente de la hauteur et de la surface.

(Général Bourbaki.)

830. — Lorsqu'on veut démonter l'artillerie ennemie, la distance maxima à laquelle on doit se placer est de 2,000 mètres.

— On devra même, si l'on a intérêt à réduire rapidement au silence l'artillerie qui défend une position, la faire prendre en rouage par quelques batteries.

(Général Schnéegans.)

831. — Qu'on ne dise pas, pour dispenser un général d'armée de savoir au moins manier l'artillerie en grand les jours de bataille, qu'il suffit que dans toute affaire de quelque importance, il se concerte avec le général d'artillerie. Se concerter avec le chef d'une arme suppose qu'on connaisse la tactique de cette arme, sans quoi c'est le concert de l'aveugle que l'homme éclairé conduit.

(Général Lespinasse, 1801.)

832. — Les reconnaissances de positions de batteries doivent être très fréquemment exigées des élèves et des jeunes officiers d'artillerie et toujours sur des champs de bataille différents. Il faut que le jeune artilleur sache que nul ne peut tirer avantage du canon s'il ne sait bien le placer; et c'est sans contredit ce qui exige le plus d'habitude de bien voir, de pratique et de vrai talent dans l'officier d'artillerie.

(Général Lespinasse.)

833. — L'expérience a démontré que l'artillerie produit un effet calmant sur l'infanterie et la cavalerie auxquelles elle est attachée.

(Général Paris.)

Répartition de l'artillerie dans une armée.

834. — La plus grande partie de l'artillerie doit être avec les divisions d'infanterie et de cavalerie, la plus petite partie en réserve.

(Napoléon, *Mémoires*.)

835. — L'Empereur, Monsieur le Maréchal, trouve qu'il est nécessaire de répartir les pièces de 12 que vous avez données au général Dumont dans les divisions de votre corps d'armée. Il y a de l'inconvénient à réunir toutes les pièces en une seule division.

On sera toujours à même de les réunir en un seul point dans un jour de bataille, si on le trouve utile.

(Napoléon, *Correspondance avec le maréchal Davout*.)

836. — L'artillerie est plus nécessaire encore à la cavalerie qu'à l'infanterie, puisque la première ne rend pas de feux et ne peut se battre qu'à l'arme blanche.

(Napoléon.)

837. — On se demande si une mitrailleuse peut produire le même effet qu'une pièce de canon : sous le rapport du poids et de l'emploi, la mitrailleuse est comparable à la pièce d'artillerie, mais il n'en est pas de même de l'effet produit. La mitrailleuse ne peut renverser des obstacles matériels, et elle ne porte pas aussi loin que le canon ; son effet ne peut être comparé qu'à celui d'un feu d'infanterie très concentré et peut-être même un peu plus juste. On doit encore se demander, à ce propos, si le feu d'infanterie qu'elle fournit n'est pas trop concentré. Il a été constaté, en effet, qu'un officier prussien a reçu 22 balles de mitrailleuse, tandis qu'une seule eût suffi pour le mettre hors de combat.

(Colonel Rustow.)

838. — Il nous paraît indispensable d'imiter une importante réforme que l'Allemagne vient d'opérer et qui est indiquée par l'expérience. Nous voulons parler de la séparation de l'artillerie de campagne et de l'artillerie de place. Il y a là, en effet, deux spécialités bien distinctes dont il faut tenir compte si l'on veut trouver enfin de sérieuses garanties et pour l'action sur le champ de bataille et pour la défense territoriale qui doit être préparée à l'avance.

(Général Chanzy, 1873.)

Troupes et outillage du génie. — Sapeurs de chemins de fer. Pontonniers.

839. — En trois jours une armée bien constituée doit remuer tant de terre, creuser tant de fossés, s'entourer de tant de palan-

ques crénelées, mettre en batterie tant d'artillerie qu'elle doit être inattaquable dans son camp.

(NAPOLÉON, *Commentaires*.)

840. — Les travaux de campagne tirent de nos armes nouvelles une force de résistance beaucoup plus considérable qu'autrefois, comme l'ont démontré, dans la guerre de 1877, les ouvrages de Schipka et ceux de Plewna, construits en grande partie sous le feu de l'armée russe.

(Général BERTHAUT, *Stratégie*.)

841. — Il faut aujourd'hui affecter à chaque corps d'armée un bataillon du génie à 4 compagnies de 250 hommes.

(Général CHANZY.)

842. — L'intervention de l'infanterie comme auxiliaire dans les travaux du génie a pris encore plus d'importance par suite de l'adoption des ponts et viaducs mobilisables en acier. Les expériences récentes du passage du Var ont montré que l'infanterie unie au génie est en mesure de jeter en quelques heures, avec une facilité inconnue jusqu'à ce jour, des ponts portatifs en acier, aussi résistants que des ouvrages définitifs.

(N. NEY, *l'Armée française*, 1890.)

843. — La création de troupes de chemins de fer et leur réunion en un corps ou régiment spécial semblable aux pontonniers, permettrait à ce corps d'engager des opérations plus considérables que celles qu'il sera possible de demander à des sections isolées. Ce corps pourra être doté d'un outillage et d'un matériel importants qu'on refuserait à des sections de 100 ou 150 hommes.

A ce point de vue, la nouvelle organisation prussienne mérite une sérieuse attention.

(JACQMIN, directeur de la Compagnie de l'Est, 1874.)

844. — Faut-il que chaque soldat ait un outil de pionnier, comme le voulait Napoléon et comme le demandent les généraux qui ont pris part à la guerre de la Sécession ? ou faut-il qu'une partie seulement de la troupe en soit pourvue, comme on le prétend en France et en Prusse ? Faut-il que les outils soient transportés à la suite des régiments par des fourgons spéciaux ? ou faut-il, enfin, que les travaux défensifs soient exécutés par des

pionniers ou des soldats du génie, comme on le faisait sous Charles-Quint? Le premier mode est à l'essai en Russie ; dans l'armée danoise, on a donné un outil à chaque file : les hommes s'en servent alternativement, et la durée du travail n'est que de cinq à six minutes. Dans ces conditions, une tranchée-abri peut être exécutée en un quart d'heure.

(Colonel BRIALMONT.)

845. — Le général chargé de défendre une position ne doit rien négliger pour augmenter la capacité de résistance du poste qui lui est confié, en employant les ressources de l'art. A cet effet, il se fera accompagner d'un détachement de sapeurs du génie.

(Général PARIS, *Tactique appliquée*.)

846. — Dans la *mine*, l'assiégé est chez soi et l'assiégeant est tout à fait en pays ennemi. On est bien fort quand on est sur son propre terrain, et bien faible lorsqu'on est sur un terrain non seulement étranger, mais même ennemi déclaré. Tout contribue à augmenter cette force d'une part et cette faiblesse de l'autre. D'abord, l'imagination seule met une différence essentielle entre le *mineur* et le *contre-mineur*. Elle remplit celui-ci de confiance et de sang-froid, tandis qu'elle oppose à celui-là mille fantômes, mille monstres à combattre.

(Chevalier DE L'ORME, 1744.)

847. — Il n'est aucun art qui exige tout à la fois plus de courage et plus d'habileté que celui du *mineur*. Son objet est de produire avec certaines quantités de poudre, enfermées sous terre à diverses profondeurs, des effets destructeurs.

Les assiégeants et les assiégés font également usage de ce puissant moyen de destruction. Leurs opérations respectives composent ce qu'on nomme : *la Guerre souterraine*.

(CARNOT.)

848. — En 1870, les troupes du génie mobilisées par la Prusse pour la campagne de France, comprenaient :

36 compagnies de pionniers de campagne (composées de sapeurs, mineurs et pontonniers) ;

36 compagnies de pionniers de place (composées de sapeurs et mineurs) ;

7 sections de télégraphistes de campagne ;
5 sections de télégraphistes d'étape ;
5 sections de sapeurs de chemins de fer ;
1 section de torpilles ;
1 section d'aérostiers ;
1 section de photographes de campagne.

Soit, en totalité : 18,000 hommes environ, sans compter les conducteurs des parcs et équipages, qui comprenaient :

12 équipages de ponts de réserve ;
12 équipages de ponts d'avant-garde ;
12 parcs d'outils.

En ajoutant au génie prussien les troupes du génie fournies par la Bavière, la Saxe, le Wurtemberg, les grands-duchés de Bade et de Hesse, on est arrivé au chiffre de 88 compagnies de et 27 sections techniques, soit 22,000 hommes pionniers et près de 600 officiers, disposant de plus de 1,600 voitures portant 30,000 outils, 4 kilomètres de ponts de bateaux ou de chevalets, et 975 kilomètres de fils télégraphiques.

(Capitaine Gœtze, du génie prussien.)

849. — Malgré la quantité considérable de troupes du génie mobilisées en 1870 par l'Allemagne, ces troupes techniques n'ont pas toujours suffi à leur tâche. C'est que l'arme du génie joue, en effet, dans la grande guerre, un rôle très considérable qui embrasse toutes les opérations de marche, de communications et de combat en rase campagne.

(Général Grillon.)

850. — Je persiste plus que jamais dans l'opinion que j'ai émise que les équipages de ponts militaires ne doivent pas être laissés à l'artillerie, qui, déjà chargée de son immense matériel, ôtera toujours à ces équipages les chevaux qui les traînent lorsque le transport des pièces les réclamera.

(Général Chasseloup-Laubat, 1822.)

851. — Nous formons énergiquement le vœu que la question de l'organisation des pontonniers soit résolue conformément à l'article 6 du projet de loi de la commission, à savoir que ce corps forme une branche spéciale du *service général des com-*

munications militaires attribué au génie sous la haute direction de l'état-major général de l'armée.

(*L'Avenir militaire,* 29 novembre 1874.)

852. — Il faut, dans une armée, de l'infanterie, de la cavalerie dans de justes proportions : ces armes ne peuvent point se suppléer l'une l'autre. Ces proportions ont été de tout temps l'objet des méditations de grands généraux. Ils sont généralement convenus qu'il fallait : 1° 4 pièces par 1,000 hommes, ce qui donne en hommes environ le 1/8 de l'armée pour le personnel de l'artillerie ; 2° une cavalerie égale au 1/4 ou au moins au 1/6 de l'infanterie.

(Napoléon, *Notes sur l'Art de la guerre de Rogniat.*)

853. — Composition, au 1ᵉʳ août 1870, des armées françaises et allemandes :

Armée française.		*Armée prussienne.*
Bataillons d'infanterie.	332	474
Escadrons	220	382
Canons	780	1,584 pièces.
Mitrailleuses	144	

(Relation de la guerre de 1870-1871 par l'état-major prussien.)

854. — La puissance complète d'une armée, d'un corps d'armée, ou *de tout autre détachement agissant avec indépendance,* réside dans la combinaison des trois armes en proportion convenable.

(Général Paris.)

855. — Les rassemblements annuels de troupes pour grandes manœuvres doivent toujours être utilisés comme applications de *marches importantes de guerre exécutées par des corps combinés comprenant les trois armes.*

(Général Paris.)

Du rôle des quatre armes en campagne.

Depuis les temps les plus reculés, les opérations d'une armée en campagne ont toujours eu pour but quatre objets essentiels :

1° L'*enlèvement* et l'*occupation définitive* des positions défendues par l'ennemi ou présentant des avantages stratégiques ; l'envahissement progressif du territoire et la conservation des établissements conquis ;

2° L'*exploration* continuelle des pays en avant de l'armée, la *surveillance* des mouvements de l'ennemi, la *sécurité* et la protection des troupes, des machines de guerre, des munitions et des bagages ;

3° La *destruction rapide* des obstacles matériels, la *désorganisation* physique et morale de tous les éléments de résistance que peut opposer l'ennemi ;

4° La prise ou la défense des positions fortifiées, le passage des rivières, la construction d'ouvrages, de camps et d'abris, la destruction ou le rétablissement des voies ferrées, etc.

Ces quatre sortes d'opérations ont entraîné nécessairement la répartition des moyens d'action de l'armée en quatre groupes d'exécution correspondants qui sont *les quatre armes* infanterie, cavalerie, artillerie, génie, dont l'organisation et la proportion ont varié suivant les époques.

L'*infanterie* est le corps même de l'armée ; elle peut attaquer et défendre seule momentanément une position. D'un recrutement facile, d'un entretien économique, portant toute sa force avec elle, elle marche toujours, combat en tout temps et en tous lieux. Ressort toujours tendu, composé de milliers d'éléments mobiles et intelligents, elle exerce une pression constante ; se concentre pour vaincre, puis se répand sur tous les points du territoire ennemi, qu'elle occupe définitivement en se substituant pied à pied aux armées vaincues. L'infanterie est toujours l'arme directrice du combat ; c'est pour lui faciliter son action, lui déblayer et lui préparer le terrain dont elle doit finalement prendre possession, que les autres armes, agents rapides et foudroyants de destruction et de démoralisation, réunissent tous leurs efforts. Quand l'infanterie avance ou recule, les autres armes suivent presque infailliblement son mouvement, et à la fin d'une bataille, la répartition définitive des masses d'infanterie sur le théâtre de l'action est toujours ce qui détermine le gain ou la perte de la journée.

La résistance aux fatigues et la solidité dans les marches ; une tactique de combat simple qui développe toute l'intensité des feux ; le sang-froid et l'adresse dans le tir, qui engendrent la confiance ; le courage opiniâtre et la persistance sous le feu de l'ennemi, l'esprit de discipline chez les soldats et l'initiative chez les chefs ; telles sont les qualités indispensables à une bonne infanterie. Or c'est au commandement qu'incombent la responsabilité et le devoir de donner à nos fantassins ces qualités qu'ils sont tous susceptibles d'acquérir rapidement, si leur instruction est bien dirigée. C'est en assurant à toutes les heures du jour, en temps de paix, un emploi réellement utile ; c'est en remplaçant les exercices oiseux, la paperasserie inutile et les manœuvres de parade, par la pratique intelligente et exclusive de tout ce qu'elle doit faire en présence de l'ennemi, qu'on obtiendra une infanterie souple, vigoureuse, instruite et apte à remplir la haute mission qui l'attend sur le champ de bataille.

Cavalerie. — La cavalerie, réunissant la promptitude à la vigilance, est l'instrument de la sécurité, de l'exploration et des surprises.

En marche et en station, elle protège les masses d'infanterie en les enveloppant d'un rideau impénétrable et mobile qui masque leurs mouvements et leur donne le temps de prendre leurs dispositions de combat.

Œil incessamment ouvert, oreille toujours tendue, cette arme est à la fois l'organe de la vision, de l'audition et du tact de l'armée ; elle doit tout voir, tout entendre, tout rapporter, ramasser les déserteurs, arrêter les espions, interroger les habitants, les prisonniers et pénétrer les secrets de l'ennemi.

Jetée en avant de l'armée, par divisions indépendantes, la cavalerie doit sans cesse fouiller et explorer le pays à grandes distances, et garder le contact de l'ennemi.

Recueillir des renseignements exacts sur les forces et les dispositions de l'ennemi en se maintenant constamment en contact avec lui ; surprendre, battre et enlever les postes d'éclaireurs et les corps de partisans ;

réquisitionner les approvisionnements, reconnaître les cantonnements, protéger les convois, investir les places fortes et préparer autour d'elles les installations de l'infanterie; se porter par des marches rapides et hardies sur les flancs et jusque sur les derrières de l'adversaire, détruire ses ponts, couper ses télégraphes, ses chemins de fer, incendier ses fourrages et ses magasins, par suite provoquer dans ses troupes les désordres et les paniques; tel doit être le rôle aussi varié que brillant de la cavalerie dans un service d'exploration bien compris et bien dirigé.

Sur le champ de bataille, la cavalerie a pour mission principale d'observer et de contenir les ailes de l'adversaire en cherchant à profiter de ses fautes. Toujours sur ses gardes et formée par échelons, entourée d'éclaireurs, elle manœuvre en colonne et déploie ses escadrons dès qu'elle est sur le point d'aborder l'ennemi. Elle suit particulièrement les mouvements de la cavalerie opposée, les contient par ses démonstrations et en donne avis au commandant en chef. En même temps elle ne doit pas laisser échapper les occasions de charger vigoureusement sur les masses qui sont visiblement ébranlées ou désorganisées par les vicissitudes du combat. Si ces occasions ne se présentent pas, la cavalerie n'en doit pas moins être placée à proximité du général en chef de façon à pouvoir occuper les régions dégarnies du théâtre de la lutte où sa présence reste toujours pour l'adversaire un sujet d'inquiétude et une menace constante. Aussi le commandant de la cavalerie doit-il suivre attentivement les phases du combat et avoir toujours sous la main des escadrons prêts à charger. Quant aux réserves, elles ménagent autant que possible leurs forces pour la fin de l'action; c'est à elles qu'appartient la mission de poursuivre à fond, de détruire avec le concours de l'artillerie légère, les masses désorganisées de l'ennemi vaincu et de recueillir les fruits de la victoire.

Tel a été de tout temps, dans les armées bien organisées, le triple rôle de la cavalerie. C'est ainsi que l'ont compris tous les grands hommes de guerre : Xénophon, Alexandre, César, le maréchal de Saxe, Frédéric et surtout Napoléon Ier, dont les escadrons habilement dressés et conduits par Murat, Lasalle, Curély, Milhaud et de Brack, ont accompli des prodiges d'initiative, de vigueur et d'audace.

Malgré ces enseignements si complets, si conformes à la raison et à la science de la guerre, le mépris des études sérieuses, l'ignorance et la faiblesse de jugement qui caractérisent la période militaire de la fin de l'empire, donnèrent naissance à une école de tacticiens de bureau dont l'un des plus dangereux sophismes consistait à soutenir et à démontrer que la cavalerie était dans la guerre moderne un agent aussi inutile qu'encombrant.

C'est par suite de cette fatale tendance qu'en 1870, à l'ouverture des hostilités, nous n'eûmes qu'une cavalerie insuffisante, mal organisée, ignorant absolument le service de sécurité et d'exploration auquel elle était appelée, à opposer à un ennemi qui depuis plusieurs années n'avait cessé de faire les plus sérieux efforts pour accroître la puissance de cette arme, dont il appréciait toute l'importance, et pour lui donner en temps de paix une instruction pratique excellente, puisée, comme toujours, aux sources les plus pures de nos propres traditions militaires.

En nous reportant aux opinions des écrivains militaires compétents, dont nous avons cité de nombreux extraits dans ce chapitre, nous résumerons ainsi les conditions essentielles auxquelles doit satisfaire de nos jours une bonne cavalerie.

1° Le recrutement et l'organisation de cette arme doivent être l'objet d'une préparation très approfondie ayant pour but de constituer des réserves suffisantes en hommes et en chevaux pour qu'il soit possible, dès l'entrée en campagne, de mettre sur pied un effectif de cavalerie égal au huitième de l'effectif de l'infanterie.

2° Elle sera composée de chevaux vigoureux, bien dressés, rendus propres à toutes les fatigues; montés *non point par les hommes les plus gros ou les plus grands du contingent*, mais par des hommes alertes, intelligents, possédant déjà l'habitude ou tout au moins le goût du cheval.

3° L'élevage et le dressage des chevaux seront encouragés dans tout le pays et dirigés avec suite et énergie, de manière à obtenir, non pas des sujets de luxe au poil luisant, mais bien des animaux résistants, vigoureux, endurcis aux fatigues par un entraînement progressif, un régime sobre et des exercices violents. Tout cheval qui, au régiment, ne pourra supporter une longue marche, le froid, le chaud et les intempéries, devra être renvoyé comme inapte au service de guerre.

4° L'instruction du cavalier sera poussée aussi loin que possible en ce qui concerne l'équitation, la gymnastique, le soin de son cheval, l'usage de ses armes, le service de vedette, de sécurité et d'exploration. Les manœuvres d'ensemble seront aussi simples que possible, et elles seront toujours très suffisantes si les cavaliers savent parfaitement monter à cheval.

5° On ne négligera ni les sacrifices ni les récompenses pour développer complètement la vigueur, les aptitudes et l'instruction spéciale des officiers. On exigera et on constatera, par des examens pratiques et des concours fréquents, qu'ils possèdent à fond la science de l'équitation et du service d'exploration. L'officier de cavalerie légère détaché, qui joint à la connaissance de son métier l'initiative, le sang-froid et le coup d'œil militaire, rend à la guerre des services inappréciables.

6° Les manœuvres et tous les exercices d'instruction devront être exécutés, non pas au champ d'exercice ni sur des routes battues, mais dans des terrains variés et accidentés, offrant des combinaisons et des difficultés imprévues, de façon à faire acquérir aux officiers et aux cavaliers l'assiette, l'adresse et le coup d'œil qui leur sont indispensables en campagne.

7° On aura nécessairement deux sortes de cavalerie, puisque l'on dispose de deux espèces de chevaux : la cavalerie lourde et la cavalerie légère. La première peut être armée de la cuirasse d'acier qui protège l'homme dans les charges. La deuxième, armée soit de la lance, soit du sabre droit et du mousqueton, doit comprendre des lanciers, des dragons et des hussards.

Artillerie. — Le troisième groupe des combattants d'une armée comprend d'une manière générale le personnel préposé à l'emploi des machines de guerre et des moyens matériels de destruction, d'attaque et de protection, empruntés à la science et à l'industrie. L'ensemble de ces moyens, très puissants et très variés à notre époque, constitue ce que l'on peut appeler *l'industrie militaire,* dont il sera question au chapitre suivant. Nous nous contenterons ici de résumer brièvement les conditions et le rôle que doivent remplir à la guerre les batteries attelées formant l'artillerie de combat.

L'artillerie a essentiellement pour objet de déblayer le théâtre de l'action et de couvrir le déploiement des troupes, en détruisant, à la distance où n'atteignent pas les armes portatives, les principaux obstacles qui peuvent s'opposer au mouvement en avant. D'une puissance foudroyante pour l'attaque à distance, cette arme se défend très difficilement seule ; son ennemi le plus redoutable est le tirailleur embusqué à 600 ou 800 mètres. Composée d'un mélange d'hommes, de chevaux d'attelage et d'un matériel encombrant, elle ne peut se mouvoir sans soutien à proximité de l'ennemi. Elle ne peut donc préparer efficacement l'action d'ensemble des masses d'infanterie et de cavalerie qu'à la condition d'être elle-même appuyée par des groupes détachés de ces deux armes.

A l'avant-garde, l'artillerie a pour mission de tâter l'ennemi, en l'obligeant à déployer ses colonnes et à démasquer ses forces. Au début de l'engagement, les batteries s'établissent sur les positions les plus avantageuses de la ligne de bataille pour combattre l'artillerie ennemie, détourner ses feux de l'infanterie, en les attirant sur elles-mêmes. Puis, à l'apparition des colonnes, elles dirigent leurs coups sur elles pour en ralentir la marche, y porter le désordre et la démoralisation. Enfin, lorsque l'attaque principale est nettement déterminée, les batteries se rapprochent et concentrent tous leurs feux sur le point décisif pour briser les obstacles, mitrailler les défenseurs, atteindre les réserves et faciliter l'assaut définitif de l'infanterie.

En 1870 l'artillerie française a échappé au courant de démoralisation qui entraînait certains corps de troupes; elle a généralement montré beaucoup d'énergie et de résistance morale. Pendant la bataille de Coulmiers, nous avons vu les batteries établies à Cheminiers par Jauréguiberry foudroyer à 1,500 mètres de distance les batteries bavaroises et les forcer au silence après un feu soutenu pendant 4 heures avec une audace et une énergie remarquables. Nos artilleurs sont restés à la hauteur de leur réputation.

Dans la poursuite, l'artillerie doit mettre à profit la longue portée de ses pièces pour ruiner et inquiéter l'ennemi le plus loin et le plus longtemps possible.

Dans les retraites, les batteries de l'arrière-garde contiennent l'artillerie et les colonnes ennemies; profitant de toutes les positions favorables, elles ralentissent la poursuite, font gagner du temps et contribuent par leur attitude énergique à soutenir le moral des troupes.

Pour qu'une artillerie soit en mesure de rendre dans une armée moderne les immenses services qu'on attend d'elle, il faut évidemment qu'elle satisfasse à deux conditions essentielles :

1° Que les pièces et leur matériel soient en quantité suffisante et possèdent des qualités égales sinon supérieures à celles de l'armée ennemie ;

2° Que les officiers et les canonniers aient été longuement et très soigneusement instruits dans la pratique du tir de guerre et de la manœuvre des pièces sur tous les terrains, de telle sorte que leur réputation d'habileté et de sang-froid inspire une grande confiance aux troupes.

De là deux questions distinctes à résoudre : 1° *un matériel* à perfectionner constamment en faisant appel à toutes les ressources de la science, de l'industrie et de l'expérience ; 2° un *personnel spécial*, à choisir, à instruire et à dresser à la pratique de l'art du tir aux grandes distances dans toutes les circonstances de guerre.

La perfection relative de l'artillerie moderne dépend exclusivement des progrès de la science appliquée, c'est-à-dire de la culture générale de l'intelligence. C'est une organisation inconnue aux peuples primitifs et qui procède d'une civilisation très avancée. Aussi parmi les nations civilisées, celle qui saura le mieux favoriser le progrès et la science, détruire l'esprit de routine et de coterie, encourager les études et les expériences nouvelles ; qui ne négligera aucune dépense pour se tenir au courant de toutes les découvertes, entretenir des commissions scientifiques, récompenser les inventeurs sérieux, exciter par des concours d'ensemble l'émulation des officiers et des écoles de batteries, etc., peut être assurée de posséder en peu d'années une artillerie supérieure à celle de tous ses ennemis.

Voici quelques principes généraux dont on ne doit pas s'écarter dans l'organisation de l'artillerie d'une armée :

1° Le matériel doit être simple, solide, très résistant et facile à réparer, emmagasiné dans des arsenaux intérieurs et à proximité des corps qui doivent s'en servir.

2° La mobilisation de l'artillerie sera rendue aussi rapide que celle des corps d'armée auxquels elle appartient ; ce qui ne peut se réaliser complètement qu'à la condition que chaque division et chaque corps d'armée de première ligne possèdent en temps de paix leurs batteries d'artillerie tout organisées avec leur ordre de marche préparé.

3° Un corps d'armée d'infanterie à 2 divisions, d'environ 35,000 hommes, ne peut avoir moins de 20 batteries ; 5 pour chaque division d'infanterie ; 4 pour la cavalerie, et 6 à la disposition du commandant du corps d'armée.

4° Il ne doit pas y avoir dans un corps d'armée ou dans une armée, une *réserve d'artillerie* marchant à part des autres armes. Ce n'est pas en effet en mettant de côté des pièces qui ne tirent pas que l'on se ménage l'avantage de renouveler ou de renforcer le feu à la fin d'une bataille, mais bien en ayant des *munitions de réserve* disponibles pour la dernière heure.

5° La partie la plus essentielle de l'instruction pratique de l'officier de batterie doit être la formation du coup d'œil, l'habileté dans le choix des positions, la perfection et la régularité dans le tir, l'appréciation des distances. Cet officier doit également posséder beaucoup de sang-froid, de fermeté, d'initiative et une éducation militaire générale très complète.

Génie. — Les guerres dont l'Europe, l'Algérie et l'Asie ont été depuis 30 ans le théâtre, et les récentes expéditions coloniales ont mis en pleine lumière la valeur et l'utilité indiscutable de l'arme du génie chargée d'improviser, de diriger et d'exécuter tous les travaux de campagne, de défense et de communications.

« Tout bon général doit être lui-même un ingénieur ou doit savoir utiliser les talents des ingénieurs militaires », a dit Frédéric le Grand. Les armées romaines possédaient des ingénieurs et des troupes techniques qui ont laissé dans l'ancien monde des traces ineffaçables de leurs admirables travaux. Napoléon Ier, qui appréciait mieux que personne la nécessité d'exécuter promptement les travaux de défense et les passages de rivières, attachait une grande importance aux fonctions spéciales des troupes et du service du génie.

Créer ou améliorer les routes, construire des ponts d'armée, rétablir rapidement les nombreux ouvrages d'art détruits sur les voies ferrées, installer des lignes et des postes de télégraphie optique ou électrique ; faire les reconnaissances aérostatiques, organiser les campements, les baraquements, établir des barrages, des puits ou des conduites d'eau ; exécuter tous les travaux de fortification de campagne, de mines, de destruction des ponts et ouvrages d'art ; attaquer ou défendre les positions fortifiées ; exécuter tous les travaux de routes, de ponts et de colonisation en Algérie et dans les colonies ; telles sont les nombreuses et utiles attributions des officiers et des troupes du génie de l'armée française.

La tâche qui incombe au génie dans une campagne est donc devenue de plus en plus considérable et elle exige des ingénieurs militaires les connaissances techniques les plus variées, un sens droit, du coup d'œil militaire, une grande initiative, beaucoup de sang-froid, de bravoure et de persévérance.

Pour augmenter la puissance des ressources du génie il faut organiser militairement, comme troupes de réserve, tous les ouvriers et agents techniques des compagnies de chemins de fer, des usines, des exploitations minières et forestières, de manière à en former des sections techniques sous la conduite de leurs ingénieurs comme officiers.

En effet, plus la civilisation se développe par l'application des grandes inventions modernes, plus l'intervention de l'art de l'ingénieur devient prépondérante dans l'organisation de l'armée et de la marine. C'est une nécessité fatale pour les gouvernements modernes de s'entourer d'ingénieurs, de savants et d'inventeurs chargés de maintenir l'outillage national à hauteur de la science et du progrès. Une nation ne peut aujourd'hui défendre son territoire contre les envahisseurs qu'en utilisant pour son salut les moyens les plus puissants créés par le génie des grands inventeurs tels que : les chemins de fer, les machines à vapeur, les armes à tir rapide, les explosifs, les constructions démontables, les ballons captifs ou dirigeables, la télégraphie électrique ou optique, etc.

En ce qui concerne plus particulièrement l'arme du génie, on doit reconnaître que depuis l'époque où elle a été créée en France, elle n'a pas failli à sa mission et a toujours rendu les plus grands services dans les armées commandées par des généraux habiles et instruits. Il suffit de rappeler les noms illustres de Vauban, Fourcroy, Bousnard, Marescot, Carnot, Meunier, Chasseloup-Laubat, Haxo, Dode, Vaillant, Poncelet, Niel, Frossard, Faidherbe, Tripier, Prudon, Denfert-Rochereau, pour évoquer les glorieuses annales du corps du génie. Son utilité et sa mission ne feront que grandir dans les armées modernes si les officiers qui le composent savent se tenir au courant des progrès de la science et de la colonisation.

Tactique générale. — Tous les hommes de guerre sont d'accord pour reconnaître que le principe fondamental de la tactique de combat consiste à combiner l'action des diverses armes, de telle sorte que chacune d'elles soit toujours engagée et bien soutenue au moment précis et dans les conditions où elle peut produire son maximum d'effet. Il est donc indispensable qu'en temps de paix, l'instruction des généraux et des officiers supérieurs soit développée exclusivement à l'aide de manœuvres comprenant l'emploi des trois armes dans la proportion et dans les conditions où elles doivent agir sur le champ de bataille.

Rien n'est plus nuisible ni plus contraire à l'esprit de solidarité et aux règles de l'art militaire que cet exclusivisme dans lequel chaque arme se cantonnait avant la guerre de 1870. On était arrivé à cette conséquence, aussi regrettable que ridicule, de voir des officiers d'une arme affecter pour les autres une indifférence et même un mépris systématique. Tel général issu d'une arme se préoccupait fort peu de connaître l'emploi des deux autres, et mettait tout son amour-propre à conduire exclusivement le combat avec une seule arme, au risque de tout compromettre. Ces préjugés déplorables se sont affaiblis heureusement, depuis 1870, par suite de l'institution de corps d'armée permanents, des manœuvres d'ensemble, des réunions et des conférences d'officiers ; mais ils sont encore fortement enracinés dans l'esprit d'un grand nombre d'officiers retardataires, chez lesquels l'âge et la routine résistent à tout progrès. Il importe donc que la loi sur l'avancement ferme absolument la porte des hauts grades aux chefs supérieurs qui n'auront pas donné, à la suite d'un examen théorique et pratique très complet, des preuves d'une connaissance approfondie de l'emploi des diverses armes et de la tactique générale de combat. En effet, si une instruction parfaite dans le détail de son arme est indispensable à l'officier inférieur dont le rôle est tout d'exécution, la connaissance supérieure du fonctionnement et des combinaisons des quatre armes doit être encore plus rigoureusement exigée de celui qui sera appelé par son grade élevé à prendre la direction et par suite la responsabilité d'un engagement général.

CHAPITRE XII.

GÉNIE ET INDUSTRIE MILITAIRES. — FORTIFICATIONS. ATTAQUE ET DÉFENSE DES PLACES.

> « Celui qui aujourd'hui démolirait les for-
> « tifications des villes, ressemblerait à celui
> « qui aplanirait les montagnes et les défilés
> « pour ouvrir à l'ennemi un accès plus facile
> « dans son pays. »
> (Aristote.)

> « Dans la défense des places fortes, la va-
> « leur et l'industrie ne suffisent point l'une
> « sans l'autre, mais elles peuvent tout étant
> « réunies. »
> (Carnot.)

> « Si vous voulez apprendre la guerre, étu-
> « diez la fortification. »
> (Frédéric le Grand.)

Importance que les anciens et les maîtres de l'art ont de tout temps attribuée à l'art de l'ingénieur et aux travaux de défense.

856. — Nous entourerons notre camp d'une muraille défendue par des tours très élevées, pour servir de protection à nos vaisseaux et à nos troupes. On y pratiquera, d'espace en espace, de larges portes pour laisser passer nos chars, et nous l'environnerons d'un fossé large et profond que les hommes et les chevaux ne puissent franchir. Cette disposition nous assurera contre les sorties de nos ennemis, et mettra nos quartiers hors d'insulte.

(Homère, *Iliade*, Discours de Nestor, l. VII.)

857. — En quelque lieu que les Romains portent la guerre, ils ne sauraient être surpris par un soudain effort de leurs ennemis, parce qu'avant de pouvoir être attaqués, ils fortifient toujours leurs positions. Ils mènent toujours avec eux un grand nombre de forgerons et autres artisans, pour ne manquer de rien de ce qui est nécessaire à la fortification.

(Josèphe, *Siège de Jérusalem*.)

858. — La légion romaine avait à sa suite des charpentiers, des menuisiers, des maçons, des serruriers, pour construire les baraques des soldats et exécuter les travaux nombreux de campagne et de siège.

(Végèce.)

859. — De tout temps les peuples belliqueux ont senti la nécessité de faire appel au génie inventif des philosophes et des savants pour accroître la puissance de leurs armes dans l'attaque et pour compenser leur faiblesse numérique dans la défense. C'est ainsi que le *Génie militaire* s'est constitué dès l'origine même des sociétés.

(*Dictionnaire encyclopédique* de Lami.)

860. — A la double attaque des Romains, Syracuse fut frappée de stupeur, n'ayant rien à opposer à une aussi puissante armée. Mais Archimède fit alors agir ses machines.... Une main invisible faisait pleuvoir mille coups sur les Romains, brisait leurs ouvrages, détruisait leurs navires. Telle était devenue la crainte des Romains que Marcellus dut renoncer aux combats et aux assauts et résolut d'attendre du temps l'issue du siège.

(Plutarque.)

861. — Chez les Grecs et les Romains, les généraux et commandants de légions, dont la culture intellectuelle était considérable, possédaient des connaissances étendues dans l'art de l'ingénieur militaire. Démétrius, César, Titus, furent considérés comme les plus grands ingénieurs militaires de leur temps.

(*Dictionnaire encyclopédique* de Lami, art. *Génie militaire*.)

862. — L'art de la fortification consiste tout entier à faire en sorte qu'un petit nombre de troupes puisse se défendre contre un plus grand.

(Montecuculli.)

GÉNIE ET INDUSTRIE MILITAIRES.

863. — Une des principales connaissances de tout bon officier est celle de la fortification.

(Frédéric le Grand.)

864. — Les positions naturelles que l'on rencontre ordinairement ne peuvent pas mettre une armée à l'abri d'une armée plus forte sans le secours de l'art.

(Napoléon, *Campagnes de Turenne.*)

865. — M. de Mercy était accoutumé à se retrancher en grande diligence, n'ayant ordinairement à la suite de son armée d'autres chariots que ceux de munitions de guerre et *ceux dans lesquels étaient les outils.*

(Turenne.)

866. — Vous exécuterez à la hâte, autour de Venise, les travaux nécessaires pour mettre à profit les avantages du site, en attendant que l'on puisse exécuter les ouvrages réguliers qui doivent rendre cette place inexpugnable.

(Napoléon, *Instructions au général Miollis.*)

867. — Turenne avait l'habitude de fortifier ses positions au moyen de quelques redans à intervalles précédés par des abatis. Ces ouvrages, qui n'étaient que des tranchées pour mettre à couvert l'infanterie de sa première ligne, exigeaient seulement quelques heures de travail. Les pelles, les pioches, les haches et autres outils nécessaires à ces travaux étaient portés en trousse par les dragons.

(Général Rogniat.)

868. — Il est des militaires qui demandent à quoi servent les places fortes, les camps retranchés, l'art de l'ingénieur : nous leur demanderons, à notre tour, comment il est possible de manœuvrer avec des forces inférieures ou égales sans le secours des positions, des fortifications et de tous les moyens supplémentaires de l'art ?

(Napoléon.)

869. — La science est l'âme et la force d'une société, car la science, c'est la raison. Elle a créé la supériorité militaire et la supériorité industrielle. Elle créera un jour la supériorité sociale.

(Renan.)

870. — La tâche qui incombe au Génie militaire, en temps de guerre, est plus importante que jamais et elle exige des ingénieurs et des officiers les connaissances techniques les plus variées unies à l'esprit d'improvisation et à une grande énergie de caractère.

Pendant la guerre de 1870, c'est aux généraux du génie Farre et Faidherbe que l'armée du Nord a dû sa prompte organisation et les succès qu'elle a remportés. C'est également un officier du génie, l'illustre Denfert-Rochereau, qui, par son énergique et très savante défense, eut la gloire de conserver Belfort à la France.

(*Dictionnaire encyclopédique* de Lami.)

Avantages que présentent les retranchements à intervalles.

871. — Le duc de Lorraine, campé à Villeneuve-Saint-Georges, avait trouvé moyen de se couvrir de six redoutes, construites et palissadées, dans une nuit, par une armée de 10,000 hommes.

(Turenne, *Mémoires*.)

872. — Si vous avez pratiqué des passages dans vos retranchements, et que vous fassiez sortir à propos une compagnie ou deux dans le moment que la tête des colonnes d'attaque est arrivée sur le bord du fossé, elle s'arrêtera infailliblement, quand même elle aurait forcé le retranchement et qu'une partie serait déjà entrée, parce que ces colonnes, qui n'ont pas compté là-dessus, craindront pour leurs flancs et leurs derrières, et il y a apparence qu'elles s'enfuiront même sans savoir pourquoi.

(Maréchal de Saxe.)

873. — A moins d'être à l'abri derrière des retranchements inexpugnables, allez au-devant de l'ennemi, et même ménagez toujours entre vos retranchements des issues qui permettent d'en déboucher.

(Maréchal Bugeaud.)

874. — Don Juan a bien mérité sa défaite pour s'être avancé à la vue de Turenne sans artillerie ni *outils pour se retrancher*. Ce n'est pas avec cette *coupable négligence* que Turenne s'était

présenté devant les lignes d'Arras. Il eût pu prendre la position de Marchy dès dix heures du matin, il s'en garda bien ; il resta derrière un ruisseau toute la journée, et, *à la fin du jour*, il occupa sa position. Il eut ainsi toute la nuit pour construire ses retranchements.

(Napoléon, *Campagnes de Turenne*.)

875. — Il n'y a point d'homme de guerre qui ne sache que, pour emporter une bonne redoute, il ne faille *une disposition entière* ; que l'on emploie plusieurs bataillons pour l'attaquer de plusieurs côtés à la fois, et que bien souvent l'on s'y casse le nez.

(Maréchal de Saxe. Il cite à ce propos la bataille de Pultawa, où Charles XII fut battu par le czar.)

876. — Le génie et l'artillerie prendront toutes leurs dispositions pour que les retranchements prescrits puissent être commencés *le lendemain matin du jour* où les troupes auront pris leurs nouvelles positions, et être poussés avec la plus grande rapidité. Les avant-postes eux-mêmes devront être mis en état de défense, en crénelant les murs et en les couvrant par des ouvrages en terre.

(Général Chanzy, *Instructions au 16ᵉ corps*, 19 novembre 1870.)

Emploi fréquent et habile que les généraux américains firent de la fortification passagère.

877. — Si l'on examine les travaux de défense de Richmond et ceux de Petersburg, on pourra se convaincre d'un fait très important, et que corrobore d'ailleurs toute cette guerre : à savoir *qu'une simple tranchée* défendue par deux rangs de fantassins constitue, dans certaines conditions faciles à remplir, un obstacle à peu près inattaquable de vive force.

(Général Barnard, *Rapport sur les défenses de Washington*, 1871.)

878. — A l'île Morris, à Charlestown, on a construit en moins de deux mois, avec du sable et du bois, un fort terrassé, bastionné, casematé, pourvu à la gorge d'un blindage pour 1,400 hommes, enveloppé d'un chemin couvert, éclairé en avant par de

nombreuses flèches. Ce fort de campagne, élevé en cinquante-quatre jours, résista pendant trois mois à la plus formidable des attaques.

(Colonel FERVEL.)

879. — Dans son rapport sur la campagne d'Atlanta, le général Shermann signale à plusieurs reprises l'importance des retranchements et l'incroyable facilité avec laquelle les troupes les établissaient. « A New-Hope Church, dit-il, l'ennemi fut repoussé ; mais ayant élevé à la hâte quelques retranchements, il se maintint dans sa position, et le lendemain, nous le trouvâmes *solidement retranché* ; aussi notre attaque fut-elle infructueuse. »

(Colonel DE SAVOYE.)

880. — Les batteries de position devront toujours être soutenues et gardées par des détachements d'infanterie placés derrière des tranchées disposées un peu en avant des épaulements à droite et à gauche, à une distance telle que les projectiles lancés sur les batteries ne puissent les inquiéter.

(Général CHANZY.)

881. — Les luttes mémorables qui viennent d'avoir lieu dans les défilés des Balkans, sur la Jantra et autour de Plewna, sont une confirmation éclatante de cet aphorisme incontestable, à savoir que :

Par l'emploi des retranchements, une armée pourvue d'armes à chargement rapide peut résister aux assauts répétés d'une armée égale en valeur et supérieure en nombre.

(Général BRIALMONT.)

Opinion de Napoléon sur l'usage de la fortification de campagne.

882. — Les principes de la fortification de campagne ont besoin d'être améliorés. Cette partie si importante de l'art de la guerre n'a fait aucun progrès depuis les anciens ; elle est même aujourd'hui au-dessous de ce qu'elle était il y a 2,000 ans. Il faut *encourager les ingénieurs à l'améliorer*, à porter cette partie de

leur art au niveau des autres. Il est plus facile, sans doute, de proscrire, de *condamner avec un ton dogmatique* dans le fond de son cabinet ; on est sûr d'ailleurs de flatter l'esprit de paresse et d'insouciance des troupes. Officiers et soldats ont de la répugnance à manier la pelle et la pioche ; ils font donc écho et répètent à l'envi : « Les fortifications de campagne sont plus nuisibles qu'utiles, il n'en faut pas construire. La victoire est à celui qui marche, avance, manœuvre. Il ne faut pas travailler : la guerre n'impose-t-elle pas assez de fatigues? » *Discours flatteurs et cependant méprisables.*

(Napoléon.)

883. — En 1805, Napoléon enjoignait à Soult « de laisser une forte garnison à Braunau. Il avait recommandé d'y exécuter les travaux les plus urgents et d'y accumuler les bois qui descendent des Alpes par l'Inn, disant qu'avec des bras et du bois on pouvait créer une place forte là où il n'existait rien ».

(Thiers, *Histoire du Consulat et de l'Empire.*)

884. — L'art de l'ingénieur se trouve en liaison intime avec la science de l'artillerie et du tacticien.

(Général Totleben.)

Fortification permanente. — Places fortes.

885. — Les places fortes sont les ancres sacrées qui sauvent les États.

(Montecuculli.)

886. — Il est certain qu'un seul et unique système ne peut pas convenir à toutes sortes de forteresses, même aux régulières ; qu'il en faut absolument plusieurs ; *qu'ils doivent varier suivant les différentes circonstances* qui accompagnent les places que l'on a à fortifier, et qu'enfin les inventeurs des nouvelles méthodes qui les ont données pour générales et absolues, ont manqué de bonne foi ou de capacité.

(Maigret, *Traité de la conservation des États.* 1720.)

887. — La meilleure fortification doit être celle qui se trouve la plus propre à favoriser les sorties et les actes offensifs de l'assiégé.

(Carnot, *Défense des places*.)

888. — On peut de nos jours définir la fortification : l'art d'accroître la résistance d'une position ou d'une région défensive, en y créant des obstacles couvrants, puissamment armés, et disposés de manière à prêter à toute opération tactique ou stratégique des appuis très solides, tout en n'exigeant pour leur défense passive qu'un nombre minimum de défenseurs.

(*Étude sur la défense de Paris*, Spectateur militaire, 1873.)

889. — Il faut dans toute place forte importante :

1° Une enceinte basse, bastionnée, distincte, pour la *défense rapprochée* ;

2° Une enceinte intérieure *haute*, pour établir la grosse artillerie ;

3° Un système de couvre-faces, pour protéger l'enceinte basse ;

4° Une ceinture de forts détachés, pour retarder l'effet du bombardement.

(Maréchal de Saxe.)

890. — On ne peut mieux définir les places de guerre qu'en disant que ce sont de *grandes machines immobiles*, diversement fabriquées, qui n'ont d'action ni de vertu que celle qui leur est donnée par les hommes employés à leur défense.

(Vauban.)

L'artillerie est l'âme de la défense des places.

891. — Il est une vérité qui finira forcément par se faire jour : c'est que la partie de la fortification qui doit agir de loin doit être distincte de celle qui fonctionne de près.

(Colonel Prévost.)

892. — Tout le monde devra reconnaître avec Montalembert que le canon est *l'âme et la base* de la défense des places ; que cette défense n'est possible que si les ouvrages portés très au

loin, permettent à la garnison d'écarter l'ennemi des murailles, et si l'on a eu le soin de préparer des abris pour elle, son artillerie, ses vivres et ses munitions.

(Général de Villenoisy.)

893. — L'état des routes ayant ralenti l'arrivée du gros canon, nos soldats étaient exposés à travailler sans la protection de l'artillerie. Le maréchal Ney y suppléa en formant, pour la durée du siège, six compagnies des meilleurs tireurs de son armée, et en les distribuant en avant des tranchées, dans de grands trous qu'on avait creusés pour les mettre à l'abri. Ces trous avaient été disposés de manière à pouvoir contenir trois hommes avec des vivres ou des cartouches pour vingt-quatre heures. De cet abri, nos tirailleurs faisaient un tel feu sur les canonniers ennemis, qu'ils diminuèrent beaucoup pour nous l'inconvénient de travailler devant une artillerie qui n'était pas contre-battue.

(Thiers.)

Conditions que doit remplir une place moderne.

894. — Une place bien construite est celle dont les défenses ne pourront être minées que par des batteries rapprochées et la mine : qui assurera à l'artillerie toute son action sur le terrain des attaques, qui procurera à la garnison de *grandes facilités* pour les sorties et les retours offensifs ; qui protégera efficacement le personnel et le matériel de la défense contre les feux verticaux ; qui permettra de conserver jusqu'à la fin du siège assez d'artillerie pour lutter avec succès contre les dernières batteries de l'assiégeant ; qui possédera quelques pièces flanquantes dont les contre-batteries ne pourront avoir raison ; qui rendra possible une défense successive de l'enceinte, en offrant à la garnison des points d'appui contre l'assaillant.

(Brialmont.)

895. — Une *place d'armée* est pour ainsi dire une puissante armure dont une armée se revêt pour éviter une défaite suprême qui l'anéantirait. Mais une armure doit être proportionnée à la

taille de celui qui la porte, laisser toute liberté de mouvements au corps et aux membres et ne rien leur faire perdre de leur vigueur.

(*Die Armee in Bewegung*, 1872, Vienne.)

896. — On doit consacrer 5 à 6 millions par an au camp retranché de Castellamare, continuer ainsi pendant dix ans, mais de manière qu'à chaque dépense de 6 millions, il y ait un nouveau degré de résistance obtenu, et qu'à la deuxième ou troisième année vous puissiez déjà vous défendre dans cette vaste forteresse, car ni vous, ni moi, ne savons ce qui se passera dans deux, trois ou quatre ans. Les siècles ne sont pas à nous.

(NAPOLÉON, *Lettre au roi Joseph.*)

897. — La défense d'une grande capitale comme Paris doit être basée sur le principe suivant :

L'armée qui défend une capitale ne peut s'opposer à l'investissement que si elle dispose autour de la place d'un échiquier de forteresses établi de façon à *diviser l'armée ennemie en plusieurs groupes séparés entre eux* par des rivières et par des obstacles fortifiés très éloignés du noyau central.

Il faut donc qu'une capitale possède :

1° Une *enceinte de préservation* suffisante pour mettre la ville à l'abri d'un bombardement énergique ;

2° Un polygone ou *échiquier stratégique de défense,* dont les pivots sont formés par des places fortes secondaires capables de supporter un siège et établies sur les rivières et les principales communications.

(*Dictionnaire encyclopédique* de LAMI, *Fortification.*)

Inconvénient des places trop nombreuses.

898. — Il ne faut pas non plus trop multiplier les places fortes, car ces places n'interdisent à l'ennemi que le point qu'elles occupent ; ce sont de lourdes masses qui ne se meuvent jamais, au lieu qu'une puissante armée se transporte, en impose et s'oppose partout.

(VAUBAN.)

899. — C'est à l'unanimité qu'on blâme la multiplicité de nos places fortes, leur entassement à nos frontières et leur absence à l'intérieur, où elles devraient permettre à nos deux grands centres défensifs à Paris et à Lyon de se mieux relier à leur circonférence et entre eux.

(Colonel Fervel.)

Avantage des places fortes bien armées dans une guerre défensive.

900. — C'est en temps de paix qu'il faut prévoir, mettre les murs et les machines de guerre en bon état de défense, car si l'ennemi vous surprend dans ce travail, la crainte y mettra le désordre.

(Végèce.)

901. — Lors des revers de Louis XIV, le système de places fortes de Vauban sauva la capitale. Le prince de Savoie perdit une campagne à prendre Lille : le siège de Landrecies offrit à Villars l'occasion de faire changer la fortune. Cent ans plus tard, en 1793, lors de la trahison de Dumouriez, les places de Flandre sauvèrent de nouveau Paris. Cette ligne de forteresses fut également utile en 1814 : les alliés qui violèrent la neutralisation de la Suisse s'engagèrent dans les défilés du Jura pour éviter nos places, et même en les tournant ainsi, il leur fallut, pour les bloquer, s'affaiblir d'un nombre d'hommes supérieur au total des garnisons.

(Napoléon, *Observations sur le traité de l'art de la guerre du général Rogniat.*)

902. — Dans une guerre défensive, les places bien défendues équivalent à une armée, et leur résistance donne le temps de repousser l'ennemi qu'elle a arrêté et dont elle a rendu la marche craintive et hésitante.

(Général Morand.)

903. — Les principes reconnus consacrent deux espèces de places : les places de dépôt et les places de manœuvres.

(Maréchal Marmont.)

904. — Les places doivent occuper de grands espaces au moyen d'ouvrages détachés faisant système, et d'une force suffisante pour que chacun puisse se défendre par lui-même.

(Marmont.)

905. — Les places fortes sont les seuls moyens que l'on ait pour retarder, affaiblir, entraver ou inquiéter un ennemi vainqueur.

(Napoléon.)

Camps retranchés.

906. — Rien à mes yeux n'a plus de valeur et ne peut rendre de plus grands services que les camps retranchés permanents situés sur des points stratégiques.

(Marmont.)

907. — Les *camps retranchés* se rattachent aux opérations de la grande tactique. Ils peuvent servir de point de départ pour une opération offensive, de tête de pont pour déboucher au delà d'un grand fleuve, d'appui pour des cantonnements d'hiver, enfin de refuge pour une armée battue, attendant des renforts jusqu'au moment où elle pourra en venir de nouveau aux opérations en rase campagne.

(Jomini.)

908. — Le principe fondamental des camps retranchés est qu'ils ne doivent pas pouvoir être bloqués.

(Marmont.)

909. — Si, dans la guerre de 1870-1871, les grands arsenaux de la France, Metz et Strasbourg, s'étaient trouvés à Paris ou derrière la Loire, la maladresse ou le mauvais vouloir d'un général n'auraient pas immédiatement privé la France de la plus grande partie de ses ressources militaires.

(Colonel Vandevelde.)

910. — Les ingénieurs doivent toujours laisser un espace entre la place et la rivière, de manière que, sans entrer dans la place, *ce qui compromettrait sa sûreté,* un corps d'armée puisse se ranger

et se rallier entre la place et le pont. Les têtes de pont, telles qu'elles sont enseignées dans les écoles, ne sont bonnes que devant de petites rivières où le défilé n'est pas long.

(Napoléon.)

911. — Dans toute organisation défensive, on aura avantage à substituer des groupes de petits ouvrages aux grandes places, et on arrivera ainsi à satisfaire aux deux conditions essentielles : économie dans les dépenses et réduction au minimum des effectifs à immobiliser pour la défense passive.

(Général Cadart.)

Attaque des places. — Importance des sièges.

912. — L'heureuse ou la mauvaise issue d'un siège décide souvent du sort de toute une campagne, souvent de celui d'une armée, et plus d'une fois *elle a décidé du sort d'un État.*

(Josèphe, *Siège de Jérusalem.*)

913. — Il n'y a pas de prise de place sans de longs et pénibles travaux. La construction, l'installation et le maniement des machines reviennent aux ingénieurs : leur emploi et leur direction sont du ressort du général en chef, qui arrête leur emplacement suivant ses vues.

(L'empereur Léon.)

914. — On doit occuper tous les points dominants des environs qui pourraient nuire aux lignes et au camp, soit par la ligne même, ou par des fortins et redoutes détachés, plutôt que de hasarder de les laisser occuper par l'armée de secours.

(Vauban.)

915. — Pour assiéger une place en présence d'une armée ennemie, il faut en couvrir le siège par des lignes de circonvallation. Si l'armée est assez forte pour qu'après avoir laissé devant la place un corps quadruple de la garnison, elle soit encore aussi nombreuse que l'armée de secours, elle peut s'éloigner à plus d'une marche ; si elle reste inférieure après détachement, elle doit se placer au plus à 5 lieues du siège, afin de pouvoir recevoir du secours dans une nuit.

(Napoléon.)

916. — Ne tentez jamais, dans un siège, d'enlever de vive force ce que vous pouvez obtenir par industrie.

(VAUBAN.)

917. — Nul ouvrage ne doit être attaqué qu'on n'en soit fort près, afin d'éviter la perte des hommes en y marchant à découvert, qu'il n'ait été précédemment assez ruiné pour avoir été rendu insultable, que le point d'attaque n'en ait été bien reconnu, et la disposition prudemment faite.

(FEUQUIÈRES.)

918. — La précipitation dans les sièges ne hâte point la prise des places, la retarde souvent et ensanglante toujours la scène.

(VAUBAN.)

919. — Quand il s'agit d'entreprendre un siège important, le mieux est d'avoir deux armées, quand on le peut : une qui assiège et l'autre qui observe. Celle qui assiège se renferme dans des lignes de circonvallation; celle qui observe ne fait que rôder et occuper les avenues par où l'ennemi peut se présenter, ou prendre des positions et s'y retrancher, ou le suivre, s'il s'éloigne, en le côtoyant, en se portant toujours entre lui et l'armée assiégeante, le plus avantageusement qu'il sera possible, afin de n'être pas obligée de combattre contre sa volonté.

(VAUBAN.)

920. — Il n'est point bon d'entreprendre contre une place de fausses attaques, non plus que des attaques séparées. Les attaques les meilleures et les plus faciles sont les attaques doubles qui sont liées, parce qu'elles peuvent s'entre-secourir.

(VAUBAN.)

921. — Si l'assiégé fait une sortie, il faut tenir pour maxime certaine de ne jamais trop nous presser pour le repousser, mais de laisser agir sur lui votre feu, que vous aurez bien disposé, et ne revenir sur l'ennemi que quand on le verra en désordre et bien engagé. Pour conclusion, il ne faut pas se faire une affaire de lui voir renverser une douzaine ou deux de gabions, et mettre le feu à quelque bout du travail imparfait ; car si votre feu est bien conduit, il le paiera très chèrement.

(VAUBAN.)

922. — Ceux qui proscrivent les lignes de circonvallation et tous les secours que l'art de l'ingénieur peut donner, se privent gratuitement d'une force et d'un moyen auxiliaires jamais nuisibles, toujours utiles et souvent indispensables.

(Napoléon.)

923. — Les 80,000 combattants de Vercingétorix furent bloqués par les 75,000 Romains de César. Les lignes de contrevallation et de circonvallation que ce général avait fait construire autour d'Alésia, résistèrent aux efforts de la garnison et à ceux des 24,000 Gaulois qui arrivèrent au secours de Vercingétorix. A Paris, en 1870, 300,000 hommes ont été bloqués par 236,000 hommes. A Metz, une armée aguerrie de 150,000 hommes a été bloquée par 160,000.

(Brialmont.)

Principes de la défense des places.

924. — Le premier élément de la résistance d'une place de guerre est dans un bon commandant. Il est l'âme de la place : elle est en lui et par lui. Si, au commencement du siège, la garnison est mauvaise, elle deviendra bientôt bonne sous un commandant énergique et capable : il saura réveiller en elle les sentiments d'honneur, de patriotisme et de gloire, qui sont quelquefois assoupis dans le cœur des soldats.

(Marmont.)

925. — Toutes les places sont bonnes quand elles ont avec un parapet continu à flanquement, assez d'étendue pour y faire combattre beaucoup de défenseurs, pour contenir beaucoup d'artillerie, et pour y faire plusieurs retranchements.

(Montecuculli.)

926. — Les défenses les plus belles et les plus savantes sont celles où l'on tue beaucoup de monde à l'ennemi en en perdant peu.

(Folard.)

927. — Tous les devoirs de l'homme de guerre chargé de la défense d'une place se réduisent à deux : 1° Être dans la ferme résolution de périr plutôt que de la rendre ; 2° connaître tous les moyens que fournit l'industrie pour en assurer la défense.

(Carnot.)

928. — Dans la défense des places, on doit rendre les commandants de citadelle indépendants du gouverneur de la ville.

(Montecuculli.)

929. — Le premier devoir du commandant d'un poste fortifié est de se garantir de toute surprise. On peut être vaincu ou pris, on ne doit jamais être surpris.

(Fallot et Lagrange.)

930. — Il est fort absurde de nommer *gouverneurs de place* des hommes d'âge, fatigués, qui ne sçavent ce qu'il leur faudra gouverner et commander. Tout embarrasse un tel chef : il ne sait quelle résolution prendre, tout ce que fait l'ennemi luy donne crainte parce que tout luy est imprévu. Voir une puissante armée qui l'environne de tous côtés, tant de canons qui tirent sans cesse, et les tranchées qui se font si promptement (au moins les premières) lui font penser : *que sa place est autrement attaquée que les autres*, et qu'il est impossible de tenir contre de si violents efforts et ils croyent qu'ils ont fait leur devoir et qu'ils se peuvent rendre, lorsqu'il faudrait qu'ils commençassent à bon escient de se défendre.

(Chevalier de Ville.)

Avantages des défenses offensives.

931. — On ne réfléchit pas assez qu'il n'y a de bonne défense que celle qui est offensive et qui multiplie les obstacles sous les pas des assiégeants.

(Guibert.)

932. — Il est indispensable de combattre vigoureusement la tendance que l'on a généralement à considérer exclusivement la

fortification comme un bouclier destiné à fournir un abri à ses défenseurs; la fortification est une arme offensive *pour qui sait s'en servir*.

(Général CADART.)

933. — On trouve une infinité d'exemples d'assiégeants taillés en pièces dans la place même où ils avaient pénétré : cela ne manquera jamais d'arriver, si votre garnison tient sur les murs, dans les tours ou aux portes qui commandent, pendant que les habitants de tout sexe et de tout âge écraseront les assiégeants du haut des toits et des fenêtres à coups de pierres, de flèches et de javelots.

(VÉGÈCE.)

934. — Une ville forte n'est à proprement parler qu'une grande batterie : si cette batterie est sans canons, ou si ces canons sont sans hommes pour les servir, ou si ces hommes sont sans subsistances, il ne restera plus qu'une position heureuse qui appartiendra au premier occupant.

(CARNOT.)

935. — Lorsque l'assiégeant est protégé par des lignes retranchées, les sorties deviennent beaucoup plus difficiles, et ne peuvent guère réussir qu'à la condition d'être combinées avec l'attaque d'une ou de plusieurs armées de secours.

(BRIALMONT.)

Il faut toujours retarder l'investissement par une défense opiniâtre des positions avancées et par des travaux de contre-approche.

936. — Pour contrarier l'investissement, l'assiégé doit occuper à l'avance quelques postes avantageux, aussi avancés que possible qui soient tellement défendus que le corps investissant ne puisse s'en emparer. De ce poste, il pourra, surtout s'il y tient du canon, éloigner l'investissement au point de le rendre sans effet, c'est-à-dire forcer l'ennemi à tellement s'étendre, que les corps qui le forment soient trop faibles ou trop distants les uns des autres pour empêcher l'introduction des secours et l'envoi des avis que la place voudra donner de sa situation.

(BOUSMARD, *Essai général de fortifications*, 1799.)

937. — Que le prince de Lorraine ait été enfermé dans Prague les dix premiers jours, cela doit être considéré comme le résultat de la bataille ; mais, dès que le moral de son armée a été rétabli, son inactivité est très coupable. Il devait à la pointe du jour attaquer avec toutes ses forces un des quartiers de l'ennemi, le battre et rentrer aussitôt dans la place, recommencer ainsi plusieurs fois sur d'autres points et détruire en détail l'armée prussienne. C'était le cas de se battre tous les jours alternativement sur les deux rives du fleuve.

(Napoléon, *Observations sur les campagnes de Frédéric II.*)

938. — En 1870, malgré les mauvaises conditions dans lesquelles s'était constituée la défense de Paris, on aurait pu obtenir des résultats peut-être décisifs, si l'on ne s'était pas tout d'abord renfermé dans l'enceinte en arrière des forts.

(Général Tripier.)

Le principe de la défense extérieure active a été appliqué par le général français Meusnier. — Défense active des camps retranchés.

939. — Le système de défense appliqué par Meusnier à Mayence consistait à tirer ses principales forces de l'activité et du courage des troupes, en les portant de préférence *hors de l'enceinte non seulement de la place, mais des ouvrages avancés*, au moyen de sorties multipliées, et protégeant leur retraite avec les ouvrages et l'artillerie de la place.

(Gouvion Saint-Cyr, *Mémoires.*)

940. — La mission d'un général qui commande une armée investie dans une capitale fortifiée ne doit pas se borner exclusivement à une résistance passive et à la réglementation des approvisionnements. Il doit se livrer à une défense tactique *active* de tous les instants. Sa conduite doit être comme celle des défenseurs de Jérusalem, d'Alésia, de Gênes, de Mayence et de Belfort, un harcèlement perpétuel et méthodique de l'assiégeant. Il doit tenir son ennemi sur pied, nuit et jour, le réveiller par de fausses attaques, l'amuser par des stratagèmes, le fatiguer et l'épuiser

par de petits combats incessants. Cette défense tactique offensive était la seule qui, dans la situation où se trouvait Paris en 1870, eût été réellement fructueuse.

(R. H. — *Défense de Paris*.)

941. — C'est à l'application de ces principes à la défense de Sébastopol, que le général Totleben dut en partie son illustration militaire, et ils viennent de recevoir une nouvelle consécration par la résistance victorieuse de Belfort. A ce dernier siège, *la défense extérieure*, judicieusement combinée, a empêché pendant soixante-cinq jours les Prussiens d'entreprendre aucun cheminement offensif sérieux contre la place.

(*Cours professé à l'école d'application belge*.)

942. — La plus brillante comme la plus nouvelle application que les étrangers aient faite de la fortification de campagne, c'est l'improvisation de véritables places fortes, telles que Sébastopol, Charlestown, Vicksburg, Petersburg, Richmond, Düppel et Dresde.

(Colonel FERVEL.)

943. — L'opinion que : « La résistance d'un pays doit cesser, quand l'ennemi s'est emparé du siège du gouvernement », ne repose, somme toute, que sur un préjugé qu'il importe de détruire dans l'intérêt même des peuples. Exemple : Le 30 octobre 1760, l'armée russe commandée par Soltikoff entra dans Berlin sans résistance : ce fait n'exerça aucune influence sur les opérations militaires. Quelques jours après, Soltikoff, dans la crainte d'être tourné par Frédéric qui s'approchait, jugea nécessaire d'évacuer la capitale.

(BRIALMONT.)

944. — Pour s'opposer à l'investissement d'un grand camp retranché, il faut abandonner les préceptes prescrits pour la défense des places ordinaires :

Au lieu de se borner à prendre des dispositions pour opposer une défense pied à pied, on se prépare surtout pour une défense active.

Au lieu de détruire les ponts qui se trouvent dans la position ou sous le feu de son canon (comme cela s'est fait à Metz et à

Paris) on en construit de nouveaux, afin de pouvoir porter promptement l'armée d'une rive à l'autre.

Au lieu de loger l'armée chez les habitants, on la campe entre l'enceinte et la ceinture des forts, toujours prête à prendre les armes et à se mettre en campagne.

Une armée de 80,000 à 100,000 hommes renfermée dans un camp retranché bien conditionné, loin de s'y laisser bloquer, battra, si son chef est habile, celui qui tenterait de l'y enfermer.

(Colonel VALDEVELDE, Tactique appliquée.)

Celui qui défend énergiquement jusqu'aux dernières limites la place confiée à son honneur se fait un nom immortel.

945. — Si nous voulons que nos places résistent, comme ont résisté les places de Mézières, de Metz, de Maestricht, de Grave, il faut que nous les défendions comme ont fait les Bayard, les Guise, les Calvo, les Chamilly.

(CARNOT.)

946. — Dans Syracuse assiégée, Archimède opposant aux attaques de l'ennemi toutes les ressources de la science de son temps rendait pour les Romains la situation de plus en plus meurtrière. Marcellus, loin de lui faire un crime d'avoir prolongé la défense par ses inventions, ordonna que la vie de ce grand homme fût respectée et, plein de regrets pour sa mort fortuite, entoura sa famille de soins et d'égards.

(Discours de Dumas à l'Académie des sciences, 1871.)

947. — Il faut poser en principe qu'un commandant de place assiégée ne doit faire aucune espèce de raisonnement étranger à ce dont il est chargé; qu'il doit se regarder comme isolé de tout, qu'il doit enfin n'avoir d'autre idée que de défendre sa place, avec tort ou raison jusqu'à la dernière minute, conformément à ce que prescrivent les ordonnances de Louis XIV et l'exemple des braves gens.

(NAPOLÉON, Correspondance, 15889.)

948. — Le gouverneur d'une place de guerre ne doit jamais donner pour excuse qu'il veut conserver les troupes du roi.

(Maréchal de Villars.)

949. — Les bombardements sont en général beaucoup moins à craindre qu'on ne le pense ordinairement ; mais, en supposant même qu'il en résultât des désastres considérables, comme ils ne sauraient faire brèche aux murailles de la place, ce ne peut jamais être un motif pour la rendre ; il est vraisemblable, au contraire, que celui qui bombarde une ville, ne le fait que parce qu'il n'a pas le temps de s'arrêter ou les moyens de faire un siège en règle.

(Carnot.)

950. — La défense d'une place est une des plus belles occasions de se signaler que le sort puisse offrir à un officier.

(Général Thiébaut.)

951. — Rien n'est plus digne d'admiration que la défense d'une place poussée à ses limites possibles, mais aussi rien n'est plus rare. La justice commande donc de rendre immortels les noms de ceux qui ont acquis une semblable gloire.

(Marmont.)

Du génie militaire et des fortifications.

L'application du travail de l'homme et des procédés scientifiques ou mécaniques à l'organisation défensive d'un pays et aux diverses opérations de la guerre constitue le *génie et l'industrie militaires*.

De tout temps les peuples guerriers ont apprécié l'utile concours que l'art des mécaniciens et des constructeurs pouvait apporter aux opérations militaires. Il suffit de citer les noms illustres de Thalès, Pythagore, Archimède, Archias; l'école d'Alexandrie; Roger Bacon, Galilée, et la pléiade des ingénieurs italiens; Benvenuto Cellini, Albert Durer, Speckle, Bélidor, Vauban, Gribeauval, Carnot, Montalembert, Meusnier, etc., pour rappeler que les recherches et les découvertes de ces savants ont été, à chaque siècle, l'origine de nouveaux progrès dans l'art de la guerre. Aussi César, Gustave-Adolphe, Frédéric, Napoléon, etc., ont-ils toujours affirmé, par leurs exemples et dans leurs écrits, qu'une des premières conditions pour conduire les armées est de posséder l'art de l'ingénieur ou tout au moins de savoir s'entourer d'ingénieurs habiles et de mettre leurs talents à profit.

C'est surtout à l'époque de l'apogée de l'empire romain que le développement régulier du génie militaire s'accentue et se fait sentir aussi bien dans les armées que dans les colonies. Les préfets des provinces romaines, tous anciens commandants d'armée ou de légions, étaient les véritables directeurs du service des ponts et chaussées de leur district. Ils colonisaient militairement et faisaient construire avec une rapidité et une perfection étonnantes, des routes, des ponts, des établissements militaires et des fortifications par les légions et par les peuples vaincus. Dans la légion romaine, chaque soldat était un terrassier et de plus le général avait avec lui des groupes de charpentiers, menuisiers, serruriers, etc., dirigés par des ingénieurs pour construire des machines de guerre, des hélépoles, des ponts mobiles et autres engins employés dans les sièges.

César, qui fit les sièges célèbres d'Avaricum, d'Alésia, de Marseille, Titus qui prit Jérusalem, Démétrius-Poliorcète, etc., furent admirés par leurs contemporains, non seulement pour leur valeur militaire, mais aussi pour leurs grands talents d'ingénieur. Contrairement à ce que l'on voit parfois de nos jours, ces hommes de génie, loin d'ignorer l'emploi des arts manuels à la guerre et de dédaigner le concours des savants et des ingénieurs, recherchaient avec soin leur collaboration précieuse et étaient en état de comprendre et de mettre à profit leurs capacités. Possédant eux-mêmes l'esprit d'improvisation et l'instruction technique nécessaires pour diriger les efforts des hommes de l'art, ces grands capitaines n'ont jamais hésité à entreprendre et à faire exécuter par leurs légions des travaux gigantesques dont l'histoire a conservé le souvenir.

En France, à l'époque moderne, Richelieu, Louis XIV, Frédéric II, Pierre le Grand, Napoléon ont toujours préconisé cette maxime que tout bon général d'armée doit être lui-même ingénieur ou tout au moins connaître les ressources puissantes qu'il peut tirer des talents des ingénieurs.

L'un des exemples les plus mémorables de l'application de l'art de l'ingénieur à la guerre au xviie siècle est le siège de la Rochelle entrepris en 1627 par Richelieu dans les conditions les plus difficiles et les plus extraordinaires. Le cardinal fit construire par les troupes des lignes de circonvallation de 13 kilomètres de développement flanquées par 11 forts et 18 redoutes ; puis, pour fermer aux assiégés toute issue, il n'hésita pas à entreprendre une vaste digue en charpente de 1,500 mètres de longueur. Cet ouvrage immense fut commencé en plein hiver au milieu de grandes difficultés ; les travaux furent menés avec une telle activité que la digue fut terminée au printemps. Lorsque la flotte anglaise se présenta au mois de mai devant la Rochelle, elle fut réduite à battre en retraite après huit jours d'essais infructueux pour forcer le passage.

Aujourd'hui la pensée et la science dominent le monde moderne. L'art militaire surtout est devenu essentiellement scientifique et méthodique. Aucune entreprise militaire ne peut réussir que par le calcul, la réflexion et le concours de la puissance mécanique. Le commandant en chef qui, par ignorance ou incapacité, donne des ordres inexécutables ou néglige les combinaisons techniques qui peuvent centupler ses forces, fait preuve de la même insouciance blâmable que celui qui méprise l'administration et l'alimentation des armées. Ni l'un ni l'autre ne sont aptes à diriger les grandes opérations de la guerre.

Il ne faut point oublier, en effet, que, si les *principes* généraux de la *Science de la guerre* restent immuables, parce qu'ils sont l'expression simple des lois permanentes qui président à la vie ainsi qu'aux combinaisons de la pensée, du mouvement et des masses, il n'en est plus de même des *moyens matériels* employés par les armées. Ces moyens, qui dépendent essentiellement des conditions relatives des sociétés et de l'industrie, sont variables comme elles avec le temps et les mœurs des peuples et suivent la marche fatale du progrès ; de sorte qu'à chaque période de renaissance, l'ensemble des procédés techniques en usage marque nettement l'état d'avancement de l'art offensif ou défensif. Ceux qui nient cette vérité et qui confondent l'immutabilité des principes scientifiques avec la perfectibilité des moyens techniques, aboutissent fatalement à l'esprit de système et à l'aveugle routine, sources de tant de mécomptes et de désastres.

L'art de la fortification, consistant essentiellement en combinaisons d'objets matériels, en travaux de construction et en procédés industriels, est un des moyens de la guerre. Cet art auxiliaire n'a donc en lui-même rien d'absolu et doit toujours être susceptible de perfectionnements. Le maréchal de Vauban, qui fut le plus illustre ingénieur militaire des temps modernes, sut mériter ce titre par un sens profond des rapports des choses qui le conduisait toujours à mettre ses conceptions d'accord avec les progrès de l'art offensif et avec les résultats de l'expérience. Esprit ouvert, philosophe et indépendant, il était accessible à toutes les idées nouvelles de son temps. Chaque pas de sa carrière fut marqué par des améliorations continuelles et l'inauguration de procédés nouveaux que lui inspiraient la réflexion et l'observation intelligente des faits. Aussi ceux-là ont-ils bien peu compris ce grand homme, qui crurent honorer sa mémoire en réduisant après sa mort les conceptions de son génie aux étroites limites d'un *système* invariable.

Personne, en effet, ne fut plus que Vauban l'ennemi de la routine, des préjugés traditionnels, des procédés systématiques et de ces formules hiératiques qui formèrent pendant trop longtemps chez ses successeurs l'arsenal mystique du *parfait ingénieur militaire*.

L'ordre d'idées dans lequel nous nous plaçons nous interdit de renouveler ici les fastidieuses et stériles discussions auxquelles a donné lieu la lutte entre le *système bastionné* et le *système polygonal*. Ces querelles byzantines n'ont pas fait avancer la science d'un seul pas et elles offrent tout au plus un intérêt historique. Nous sommes de ceux qui n'ont pas pris l'engagement, trop facile à tenir, de croire avec une ferveur aveugle aux propriétés merveilleuses d'un système classique de fortifications. Nous pensons simplement qu'il y a un art de fortifier les positions dont l'objet est constant, mais dont les procédés n'ont rien de mystique et sont variables et perfectibles en raison des conditions topographiques du terrain et des progrès généraux de l'industrie militaire.

A notre époque, la fortification peut être définie : *l'art d'accroître la valeur défensive d'une position ou d'une région, en y créant des obstacles matériels puissamment armés, disposés de manière à offrir la plus grande résistance possible et à prêter à toute opération tactique ou stratégique des points d'appui invulnérables, tout en n'exigeant pour leur défense passive qu'un nombre minimum de combattants.*

Au triple point de vue de la durée, de la résistance et de l'importance des moyens d'exécution, on doit distinguer trois espèces de fortifications :

1° La *fortification permanente*, qui comprend ces ouvrages défensifs considérables que l'on établit pendant les loisirs de la paix pour assurer la défense d'une frontière ou d'une région stratégique, en y consacrant toutes les ressources de l'art et de l'industrie ;

2° La *fortification de campagne*, comportant les ouvrages d'une certaine importance que l'on construit, pendant le cours de la guerre, avec les éléments qui se trouvent sur les lieux. Tels sont les camps retranchés de campagne, les têtes de pont, les redoutes, les lignes et les batteries de siège, les contre-approches ;

3° La *fortification passagère*, dans laquelle on doit faire rentrer la fortification improvisée. Elle comprend les embuscades, les épaulements, les tranchées-abris, les blockhaus, les travaux de défense des bois, des villages, qu'un corps d'armée improvise en quelques heures pour renforcer ses positions de combat.

L'art de fortifier réclame le concours d'un certain

nombre de sciences et d'industries qui sont principalement :

La *stratégie*, dont les combinaisons les plus probables permettent de déterminer les régions du territoire, les points stratégiques et les passages importants où la défense doit être artificiellement préparée.

La *topographie* et la *tactique*, qui donnent les moyens de fixer d'une façon pratique les directions et les longueurs des lignes de défense ainsi que les points précis où les ouvrages doivent être établis, leur commandement et le genre de tracé qui les protège le mieux contre les vues des positions dominantes.

L'*artillerie* et la *métallurgie*, qui fournissent l'armement, les poudres et tous les engins de destruction, imposent les dispositifs les plus propres à favoriser l'action des armes du défenseur et à les mettre à l'abri des moyens d'attaque de l'adversaire.

L'*architecture militaire*, qui enseigne les procédés de construction les plus susceptibles d'opposer une longue résistance à l'action du temps et des armes modernes, ainsi que les combinaisons de formes et de matériaux qui permettent de réaliser les ouvrages le plus économiquement possible.

Il résulte de là qu'à chaque période embrassant une série de progrès bien déterminés dans le génie militaire, la fortification acquiert un caractère nouveau, et les ingénieurs doivent savoir conformer leurs œuvres non pas aux traditions surannées du passé, mais aux besoins de l'avenir.

Or, depuis cinq ou six ans les perfectionnements

apportés à la fabrication des explosifs et l'invention de la poudre sans fumée ont pour résultat de diminuer considérablement la résistance et la durée des ouvrages en maçonnerie et des grandes coupoles métalliques. On peut dire que tout fort dont les maçonneries et les merlons peuvent être aperçus dans un rayon de 4 kilomètres est voué à une destruction rapide et certaine. Toute batterie fixe, toute tourelle cuirassée à coupole visible, offrant des points de repère, ne pourront plus résister que pendant un petit nombre d'heures aux projectiles à mélinite lancés par les batteries des assiégeants.

Tous les ingénieurs et artilleurs reconnaissent qu'il se produit actuellement une révolution profonde dans l'art de construire les forteresses et de répartir l'artillerie de la défense pour les soustraire aux coups foudroyants de l'attaque. On peut résumer ainsi les nouveaux principes de la fortification de l'avenir :

1° Il faut abandonner les murs d'escarpe et de contrescarpe et toutes les constructions en maçonnerie à murs extérieurs et les remplacer par des fossés en terre et des casemates en béton, profondément dissimulées sous le sol;

2° Les meilleurs obstacles susceptibles de se conserver quelque temps sont les grilles en fer et les piquets reliés par des réseaux de fils métalliques, abrités par des glacis;

3° Les parapets composés de remblais en terre étant rapidement déblayés par les projectiles-fougasses à mélinite doivent être remplacés par de simples tranchées revêtues en clayonnages et creusées de manière à être rendues invisibles des positions que peuvent occuper les batteries de l'assiégeant ;

4° Séparer les logements ou abris souterrains où reposent et vivent les défenseurs des emplacements occupés par les pièces fixes, par les tourelles ou par les parapets d'infanterie ;

5° Constituer le fort proprement dit par un groupe de tourelles cuirassées à éclipse, établies dans des puits en béton de ciment correspondant entre eux par des souterrains également en béton ;

6° Relier les forts entre eux par des batteries composées de pièces légères montées sur plates-formes à éclipse oblique circulant sur un chemin de fer, enveloppe bien défilé, de manière à rendre le tir de l'assiégeant indécis en le disséminant sur un grand nombre de points très peu visibles et d'une grande mobilité ;

7° Dissimuler par tous les moyens possibles les ouvrages à la vue de l'assaillant en les disposant de manière à ne laisser paraître à l'extérieur aucun détail, aucune saillie reconnaissable à distance, telle que pignon, tourelle, embrasure ou merlon qui pourrait servir à repérer le tir ;

8° Adopter pour la *surveillance extérieure* de toute position fortifiée *les mêmes principes que ceux qui servent à régler le service de sûreté d'une troupe campée à proximité de l'ennemi*. En conséquence on devra toujours protéger les parapets d'infanterie et les batteries par un avant-glacis avec chemin couvert et disposer à 800 ou 1,000 mètres en avant une ligne d'embuscade et de petits postes fortifiés et blindés gardés par des tirailleurs et des veilleurs de nuit, communiquant par des téléphones avec les commandants des lignes et des batteries en arrière.

Pour réaliser ces nouvelles conditions imposées à la défense des positions fortifiées par les progrès de l'attaque, bien des combinaisons ont déjà été mises en avant. Celles qui semblent prévaloir consistent à construire les abris souterrains en béton de ciment et à donner aux installations de l'artillerie défensive les dispositions suivantes :

1° Occuper par des groupes de tourelles cuirassées à éclipses distants de 3 ou 4 kilomètres, les trois ou quatre points principaux et dominants de la position à défendre ;

2° Relier ces groupes de tourelles par des voies ferrées en tranchées sur lesquelles circulent des trucks mobiles blindés armés de mitrailleuses et de pièces légères à tir rapide, tels que canons Hotchkiss ou Nordenfeldt et mitrailleuses Maxim ou canons-revolvers.

Les tourelles de grandes dimensions, armées de deux pièces de fort calibre, sont trop massives et trop coûteuses et l'on a proposé, avec raison, de les remplacer par de petites coupoles à éclipses ou même par de simples élévateurs à une seule pièce de fort calibre.

Dans cet ordre d'idées, M. le général Brialmont en Belgique ; en France, MM. les commandants Bussières et Mougin, M. le général Loyre, M. l'ingénieur Creuzé de la Touche et le colonel Peigné ont proposé et fait construire des modèles de tourelles, d'élévateurs à éclipse oblique, et de trucks mobiles sur rails qui semblent répondre d'une façon satisfaisante aux nouvelles nécessités de la défense des places et des côtes.

Toute position défensive organisée suivant ces principes et convenablement gardée à l'extérieur, assurera à ceux qui se mettront sous sa protection les avantages d'une longue et bonne défense, qui sont : voir et n'être pas vu, atteindre et n'être point atteint, concentrer ses feux et diviser ceux de l'adversaire, surprendre et n'être jamais surpris.

Selon leur importance et le rôle qu'ils sont appelés à remplir dans la défense d'un pays, les ouvrages de fortification peuvent être classés en quatre catégories distinctes :

1° *Les ouvrages isolés.* — Ils ont pour objet d'interdire un passage obligé, un défilé, un pont, un carrefour de routes ou de voies ferrées. Ils comprennent : les anciennes petites places que leur position topographique rend susceptibles d'être conservées, telles que Montmédy, Bitche, Longwy, Laon, etc. ; — les *forts d'arrêt*, — les petites têtes de pont, les postes fortifiés qu'une armée établit de distance en distance sur ses lignes d'opérations pour assurer ses communications à mesure qu'elle avance en pays conquis.

Tout fort d'arrêt de chemin de fer doit être établi dans des conditions telles qu'il empêche complètement l'utilisation de la voie ferrée existante, et qu'on ne puisse tourner la position par la construction d'une voie auxiliaire, en moins de temps qu'il n'en faudrait pour ruiner le fort.

2° *Les forteresses ou pivots de manœuvres défendus par une garnison exclusivement militaire.* Nous désignons ainsi un système composé d'un grand fort central fermé, que protège dans un rayon de 1,500 à 2,000 mètres une ceinture de fortins, réduits, ou lunettes détachées, occupant les points les plus favorables du site, se défendant mutuellement et soutenus en arrière par les feux du fort principal dont ils sont les satellites. Ce sont de petits camps retranchés auxquels un corps d'armée en opération peut appuyer l'un de ses flancs assez solidement pour ne craindre de ce côté aucune manœuvre tournante. Ainsi constituée, la forteresse ou groupe secondaire est la réalisation du principe de l'*association des points résistants.*

3° *Les places d'armée.* — Elles se composent d'une ville entourée d'une enceinte de sûreté, protégée en avant, à une distance variant entre 6 et 9 kilomètres, par des ouvrages et batteries reliés par une voie ferrée qui se soutiennent mutuellement et forment une enceinte de préservation et de combat. Ces grandes places, dont chacune constitue un groupe principal de premier ordre, doivent être en petit nombre ; elles ont surtout pour objet : 1° d'offrir un appui ou un refuge *momentané* à une armée qui peut y puiser des renforts ; 2° de former le foyer central d'une grande région défensive ; 3° de mettre à l'abri les dépôts d'armement et d'approvisionnement des armées de seconde ligne.

4° *Les camps retranchés.* — C'est un ensemble d'ouvrages de fortification de campagne qu'une nation improvise au moment d'une guerre, autour de positions importantes, où qu'une armée en opération élève, soit pour en faire un des pivots d'une base stratégique, soit pour se couvrir contre les attaques de l'ennemi en attendant des renforts.

Les ouvrages de ces quatre catégories peuvent être associés entre eux de diverses manières pour accroître la valeur défensive d'une région qui présente par sa position géographique, ainsi que par la configuration de son sol, un théâtre de manœuvres avantageux pour une armée chargée de la défense du territoire. Une région ainsi préparée d'avance constitue ce que nous avons proposé de nommer un *échiquier stratégique de défense*[1].

La marche progressive de la civilisation, en répartissant d'une façon plus régulière le travail de l'homme par l'utilisation de toutes les aptitudes, a amené rapidement la subdivision de la propriété et la centralisation des efforts dans toutes les branches de l'industrie humaine. Les besoins augmentant avec la facilité de les satisfaire, et les populations devenant plus mobiles et plus actives, les moyens de transport et de locomotion ont acquis en peu de temps une énorme puissance. Les territoires civilisés se sont rapidement couverts de réseaux de routes, de canaux, de voies ferrées et de lignes télégraphiques dont l'existence a profondément modifié la répartition et l'influence des obstacles naturels susceptibles d'être utilisés dans chaque pays

---

1. Voir le mémoire intitulé *Étude sur le rôle stratégique de la région de Paris* (Spectateur militaire, 1872).

pour arrêter l'invasion d'une armée. Cette multiplicité et cette facilité de communication, jointes à la grande puissance des pièces de siège actuelles, ont fait de l'*investissement* et du *bombardement* les deux moyens les plus pratiques pour réduire les places fortes modernes. Mais comme, d'une part, l'investissement exige une grande quantité de troupes et des moyens de communication assurés, et que, d'autre part, les pièces énormes qui servent aux bombardements ne peuvent être amenées que par les voies ferrées ou fluviales, on conçoit la possibilité de parer à ces deux dangers en combinant les moyens de défense de manière à interdire à l'envahisseur toutes les voies ferrées qui aboutissent au cœur des régions défensives, et à embarrasser, par un système de lignes fortifiées rayonnantes, les opérations concentriques et simultanées qu'il doit entreprendre pour réaliser un investissement complet.

Dans ce grave problème de la défense moderne des États, c'est toujours à la stratégie et aux conditions actuelles de viabilité qu'il faut demander les combinaisons qui doivent fixer le choix des bases d'opérations offensives, ainsi que celui des *régions* toujours peu nombreuses où l'on doit rassembler et concentrer les ressorts de la résistance. Ce n'est plus à la frontière qu'il faut multiplier les forteresses, car si on est réduit dès le début à la défensive, ce ne peut être que par la perte de deux ou trois grandes batailles qui livrent à l'invasion les principaux débouchés de la frontière. Il faut alors, au lieu d'essayer de faire tête sur tous les points à l'ennemi, concentrer ses forces au cœur même du pays, dans un petit nombre de régions offrant des obstacles naturels, bien préparées et approvisionnées d'avance pour une lutte prolongée. Les villes fortes, d'étendue moyenne, habitées par une population bourgeoise, ne sont plus capables d'offrir une résistance sérieuse à un siège ou même à une tentative de bombardement. Les camps retranchés restreints, analogues à ceux que l'on a créés depuis une trentaine d'années, sont exposés à un investissement complet qui isolerait du reste du pays le général assez imprudent pour s'y renfermer dans une attitude passive avec toute une armée. Ce n'est donc ni dans les villes fortes, ni dans les camps retranchés indépendants qu'il faut chercher la solution du problème. Mais si, au lieu de disséminer ainsi sur tous les points des obstacles trop restreints et des forces insuffisantes, on considère l'ensemble d'une région naturellement accidentée, présentant dans sa partie centrale une grande *place d'armée;* puis qu'à une distance de 25 à 30 kilomètres de cette place on établisse sur les voies fluviales et ferrées qui viennent y converger, un certain nombre de forteresses militaires défendues par 2,000 hommes au plus, et quelques forts d'arrêt à l'entrée des défilés, il est facile de voir que l'on obtiendra un large système de défense d'une résistance très considérable. Supposons, en effet, que l'on ait rassemblé et organisé dans la place d'armée, foyer central de l'échiquier stratégique, une armée formée de trois ou quatre corps, commandée par un général connaissant bien les terrains et les ouvrages de la région. Appuyé sur les diverses forteresses avancées dont la résistance locale interdit à l'ennemi l'accès des grandes communications, le commandant de la défense conservera toujours la faculté de prendre toutes les positions de front ou de flanc que pourront exiger ses combinaisons stratégiques. Certain de n'être jamais tourné ni coupé de son centre d'opérations, qui est la place d'armée, il tentera les manœuvres les plus hardies sur tous les points du pourtour de l'échiquier, et pourra même en sortir si cela est nécessaire, à l'aide d'une opération combinée avec une armée de secours extérieure. Ainsi, l'armée de la défense jouira de toute la liberté de ses mouvements et ne pourra être ni investie ni réduite à capituler avant que l'ennemi ne soit parvenu à s'emparer de la plupart des forteresses formant les sommets du grand polygone qui limite la région. L'envahisseur, au contraire, se trouve dans la situation la plus défavorable : embarrassé dans un réseau dont toutes les lignes sont organisées pour la défense active et dont tous les pivots sont solidaires, troublé par des attaques soudaines, il voit à chaque instant ses communications interrompues. S'il parvient, en entreprenant le siège de deux forteresses, à s'emparer, après bien des efforts, du secteur et des communications qu'elles protégeaient, il ne lui sera pas possible d'utiliser avec sécurité la voie qu'il se sera ouverte, puisque, malgré ce succès, il reste exposé sur ses deux flancs aux attaques incessantes de l'armée de défense, et plus tard des armées de secours. Il ne parviendra donc à se rendre maître de l'*échiquier* ainsi défendu qu'en entreprenant contre lui, avec des forces doubles, une longue et pénible campagne de siège, après laquelle il aura encore devant lui, intacte, la place d'armée centrale dont il lui faudra faire l'investissement. Or, de telles opérations prendront un temps très long, pendant lequel les armées de secours auront pu se former et viendront dégager la région envahie, dont l'étendue est trop considérable pour que l'ennemi puisse s'y défendre sur tous les points.

Cette méthode de défense d'un État par les *échiquiers* de forteresses à *place d'armée centrale* nous paraît la seule efficace en présence du nombre et de la mobilité des grandes armées modernes, de la facilité des communications et de la puissance des engins de destruction qu'il ne faut à aucun prix laisser approcher ni établir à moins de 7 à 8 kilomètres de nos grandes places. C'est également la seule qui permette à un général habile de déployer sans entraves toutes les ressources de son génie dans une série d'opérations défensives aussi actives que variées.

Les considérations qui précèdent montrent clairement que si les fortifications doivent être transformées, le principe même de la défense d'un pays par l'emploi modéré et judicieux des places fortes a conservé toute sa valeur. Les places, ainsi que l'a dit Napoléon, sont toujours nécessaires non pas pour servir de refuge aux armées de la défense, mais bien pour retarder la progression des armées ennemies, les immobiliser et permettre à la défense de gagner du temps et de créer de nouvelles ressources.

Si la magnifique armée qui a si vaillamment combattu à Gravelotte et à Saint-Privat en 1870 avait été commandée par Bonaparte, par Masséna, par Bugeaud, par Niel, Chanzy ou Faidherbe, il est aujourd'hui démontré que, grâce à l'appui de la place de Metz, employée comme pivot stratégique, les Français devaient vaincre et détruire la IIe armée allemande, imprudemment engagée dans le passage et dans les défilés de la Moselle.

A aucune époque de l'histoire les armées n'ont eu un plus grand besoin qu'aujourd'hui du concours de la science et du génie militaire pour assurer la défense des États.

CHAPITRE XIII.

COMMUNICATIONS MILITAIRES. — SERVICE DE L'ARRIÈRE.
CHEMINS DE FER.
PONTS D'ARMÉES. — AÉROSTATION. — TÉLÉGRAPHIE.

Communications. — Transports stratégiques. — Service des étapes.

952. — Pour un général en chef, établir promptement ses lignes de communication est un des objets les plus importants.

(Napoléon.)

953. — Que les soldats d'une armée de 200,000 hommes soient aussi merveilleusement doués que l'on voudra, leur valeur sera complètement annulée si les vivres arrivent en retard et si les munitions sont mal réparties.

(F. Jacqmin.)

954. — Une armée doit, avant tout, maintenir et protéger ses lignes de ravitaillement et posséder dans ce but un corps de constructeurs chargés de réparer les dommages causés aux routes et à leurs ouvrages d'art.

(Général Pierron.)

955. — *Lignes d'opérations.* — Votre ligne d'opérations n'est point raisonnée ; vous êtes parti d'Œdenburg et vous avez manœuvré selon les circonstances pour arriver à l'ennemi. Votre première ligne est une ligne qui doit être effacée. Donnez ordre que les garnisons, les commandants de place qui se trouvent de Raab à Gratz, d'Œdenburg à Kormond, de Papa à Gratz, rejoignent le quartier général et qu'il n'y reste pas un seul Français. Ce sera à la longue des hommes qui seront perdus. Orga-

nisez la ligne de Raab à Œdenburg, en se rapprochant le plus possible du Danube ; je crois que la route par Kapuvar est celle qui en est le plus près. Organisez également votre ligne de Raab à Bruck et de Bruck sur Vienne ; pour celle-là, il faut être bien sûr de vos ponts sur la Raab et les faire promptement terminer.

(NAPOLÉON, *Lettre au prince Eugène*, 1809.)

956. — Napoléon, pour qui rien n'était impossible, transporta en voiture sa garde en 1805 et les troupes de l'armée d'Espagne en 1814. Elles faisaient ainsi 10 milles allemands par jour.

(VON DER GOLTZ.)

957. — Dans la guerre moderne, la plus importante de toutes choses, c'est la disposition des grandes lignes de communication qui mènent au territoire choisi pour la concentration et surtout pour l'organisation des voies ferrées.

(VON DER GOLTZ.)

958. — Le calcul du transport des troupes par chemins de fer est un des plus importants problèmes posés à l'état-major général, qui doit dresser la *statistique exacte* des lignes ferrées de l'Europe et des ressources qu'elles présentent.

(Colonel DE SAVOYE.)

959. — On appelle *derrières de l'armée* l'étendue de pays comprise entre les corps en campagne et la base d'opérations. On a toujours attribué une grande importance à cette partie du théâtre de la guerre, et tous les grands généraux ont constamment regardé la bonne organisation des services auxiliaires qui y sont établis, comme la principale condition du complément des effectifs en hommes et en chevaux et de l'approvisionnement des troupes en vivres, munitions et matériel. De nos jours, cette organisation doit consister principalement à approprier les chemins de fer aux transports militaires, et les télégraphes à la transmission des ordres. Ce service, auquel on peut donner le nom d'*inspection des étapes*, est une branche de l'état-major général ; il a principalement pour mission :

1° D'assurer, à l'aide de troupes spécialement désignées à cet effet, les communications entre les armées et la mère patrie, ainsi que de réparer et d'entretenir en bon état les voies de communication, ponts, lignes postales et télégraphiques, etc. ;

2° De faire parvenir à l'armée les renforts en hommes et les chevaux, ainsi que les vivres et les fournitures ;

3° D'évacuer du théâtre de la guerre les malades, les blessés, les prisonniers.

(Général ANNENKOFF.)

960. — Les services de l'arrière dans les armées en campagne ont pour objet d'assurer la continuité des relations et des échanges entre ces armées et le territoire national.

Ils sont chargés notamment d'amener aux armées les ravitaillements, de faire les transports d'évacuation ; de régler et d'assurer le service sur les voies de communication de toute nature ; de réparer ces voies, de les établir, de les garder.

. . . .

Les services de l'arrière forment deux grandes divisions :
Le service des chemins de fer et le service des étapes.

. . . .

Le *directeur général des chemins de fer et des étapes* est placé sous l'autorité immédiate du major général des armées avec la qualité d'aide-major général. — Il exerce la haute direction du service des chemins de fer et il règle par des instructions d'ensemble le fonctionnement général du service des étapes.

Dans la limite des instructions qu'il reçoit du major général, le directeur général a la plus grande initiative pour le choix et l'exécution des mesures destinées à pourvoir à ses besoins.

(*Décret du* 10 *octobre* 1889.)

961. — De tous les obstacles qui s'opposent à la marche d'une armée, le plus difficile à franchir *c'est le désert,* les montagnes viennent ensuite, et les larges fleuves n'ont que le troisième rang.

(NAPOLÉON.)

962. — Un réseau de chemins de fer bien tracé et permettant aux forces d'un pays d'être concentrées dans le moins de temps possible est une arme offensive de premier ordre.

(Général DERRÉCAGAIX.)

963. — En 1870, la Prusse réduite aux moyens de communication et de transports ordinaires n'eût jamais pu concentrer ses masses de troupes en temps opportun. — Il eût fallu plus de trois

mois au lieu de vingt jours pour l'entrée en ligne des trois armées allemandes dont l'action rapide et convergente fut si fatale au petit noyau français.

(Commandant ROYEL.)

964. — De deux nations adverses de forces égales, celle qui possède vers ses frontières le réseau le plus complet de voies ferrées permettant la concentration de ses armées et qui a tout préparé pour l'utiliser rapidement, est certaine d'obtenir les premiers succès.

(R. H., *Revue du génie*, 1887.)

965. — Les travaux considérables des ponts de l'île Lobau en 1809 et les gigantesques constructions des Américains pendant la guerre de Sécession ne donnent qu'une bien faible idée des résultats prodigieux qu'un général entreprenant et audacieux pourra obtenir dans une campagne européenne, quand il aura à sa disposition un puissant matériel de constructions métalliques mobilisables.

(*Spectateur militaire*, 1835.)

966. — L'État-major général doit se mettre en état de prendre en mains, à tout instant, la direction supérieure de l'exploitation d'une voie ferrée ou tout au moins de la faire fonctionner sous sa surveillance immédiate.

(DE FREYCINET.)

Importance et influence prépondérantes des chemins de fer dans la guerre moderne.

967. — Il est possible que la vapeur amène un jour une révolution aussi complète dans l'art militaire que la poudre à canon.

(Général LAMARQUE.)

968. — Un fait prodigieux s'était produit en Amérique pendant la guerre de la Sécession. En ce pays où la viabilité était relativement fort en retard, les chemins de fer avaient joué un rôle très considérable et l'on vit, dans les armées du Nord, se constituer de véritables corps d'armée uniquement destinés à la réfection ou à la destruction de ces grandes voies de communication.

(Général DELAMBRE.)

969. — On peut prévoir que dans les guerres futures, les chemins de fer permettront aux nations belligérantes d'amener en peu de temps sur le théâtre de la guerre toutes les ressources qu'elles possèdent en hommes et en matériel. Par suite, toutes les forces et tout l'avoir d'un pays entreront immédiatement en jeu.

(Général Prévost.)

970. — Par suite du développement des voies ferrées sur le territoire national, l'armée n'aura plus besoin de base d'opérations, mais elle aura des racines plongeant jusqu'au cœur du pays comme dans une terre féconde.

(Général Lewal.)

971. — La constitution des forces militaires des nations européennes est aujourd'hui telle que, pour ces immenses armées, les voies ferrées s'imposeront comme lignes d'opérations.

(Général Delambre.)

972. — Les chemins de fer ont aujourd'hui une influence prépondérante non seulement sur le début des opérations, mais encore sur la nature même de la guerre.

(Général Derrécagaix, *La Guerre moderne.*)

973. — Ce ne fut qu'en 1869 que l'on se décida en France à réunir une commission militaire chargée d'étudier l'emploi des chemins de fer à la guerre. Cette commission ne parvint pas à résoudre les questions qui lui étaient soumises et ses décisions semblaient reléguer les chemins de fer à un rang tout à fait secondaire.

(Général Delambre.)

974. — Longtemps avant 1870, quelques esprits clairvoyants s'étaient préoccupés de l'immense et inévitable influence que devait exercer l'invention des chemins de fer sur les choses de la guerre. Des ingénieurs d'une compétence indiscutable comme les Perdonnet, les Jacqmin, étudiant les deux faces du problème, mirent en regard le prodigieux développement de la *production* et la révolution que ce progrès annonçait dans les arts de la *destruction.*

(Commandant Rovel.)

975. — Au début de la guerre de 1870, la Prusse possédait six divisions de chemins de fer qui relevaient directement des commandements généraux d'étapes. Ces troupes avaient pour mission de reconnaître les lignes, de réparer les voies, de reconstruire les ouvrages d'art détruits, de rétablir les gares et de faire des voies de raccordement.

(Général Delambre, 1872.)

976. — L'emploi des voies ferrées est une condition *sine quâ non* pour faire une guerre de sièges, parce qu'un parc moderne de siège ne peut être transporté à de longues distances sur les routes ordinaires.

(Von der Goltz.)

977. — Une des plus grandes opérations qui aient jamais été effectuées par les chemins de fer, c'est le ravitaillement de Paris.

(E. Jacqmin.)

978. — Malgré le mauvais état des lignes et du matériel, malgré les destructions d'ouvrages d'art, en dépit de tous les obstacles, les grandes compagnies de chemins de fer ont transporté en vingt jours, du 3 au 23 février 1871, 42,500 têtes de bétail et 156,000 tonnes de denrées et de combustibles.

(Cheysson, ingénieur en chef.)

Nécessité de préparer à l'avance les lignes et transports stratégiques et d'organiser un service militaire des chemins de fer.

979. — Par une fatalité à jamais déplorable, la France n'a eu, pendant la guerre de 1870, aucune organisation sérieuse des transports militaires, tandis que l'Allemagne en possédait une aussi complète que possible.

(F. Jacqmin.)

980. — En 1870, dans le transport des 18ᵉ et 20ᵉ corps, l'embarquement des troupes s'est effectué irrégulièrement et les trains éprouvèrent de fréquents arrêts. Mieux eût valu commencer le mouvement 48 heures plus tard et donner aux compagnies le temps de trier leur matériel et de dégager leurs voies.

(De Freycinet.)

981. — Un chemin de fer est un outil puissant et docile à la condition d'être employé avec intelligence. Le personnel des agents, nombreux et discipliné, est habitué à obéir à des ordres précis émanés d'une direction unique et compétente. Il se trouve complètement dévoyé lorsque des ordres, souvent contradictoires, lui arrivent de plusieurs côtés à la fois.

(Rapport de M. l'ingénieur Lebleu, sur l'encombrement de Clerval.)

982. — En 1870, les compagnies de chemins de fer reçurent à la fois de tous les services militaires non concertés des ordres contradictoires qui occasionnaient la plus étrange confusion.... On a même voulu faire exécuter par chemin de fer des transports qui eussent été exécutés plus sûrement et plus rapidement par les routes de terre.

(F. Jacqmin.)

983. — Au grand État-major général incombe le devoir de préparer la guerre et d'étudier les plans d'opérations. Il faut donc qu'il y ait dans cet État-major général une *Commission permanente* spécialement destinée à l'étude de tout ce qui se rapporte à l'emploi des chemins de fer.

(Général Delambre.)

984. — La Commission militaire supérieure des chemins de fer, présidée par le chef d'état-major de l'armée, est composée de représentants des ministres des travaux publics, de la guerre et de la marine. Elle comprend les commissaires militaires et les directeurs des grands réseaux.

Elle est chargée de donner son avis sur toutes les questions concernant l'emploi des voies ferrées, les plans de transports stratégiques, les projets de lignes nouvelles, etc.

(*Extrait du décret du 5 février* 1889.)

985. — Sur chaque grand réseau, le service militaire des chemins de fer, la mobilisation et la concentration sont confiés à une commission de réseau composée de deux membres de la Commission supérieure des chemins de fer, qui sont :

1° Un officier supérieur de l'état-major de l'armée, commissaire militaire représentant le ministre de la guerre ;

2° Le directeur de la compagnie de chemins de fer.

Cette commission peut disposer, selon les besoins du service, d'un personnel technique et militaire.

(*Décret du 5 février* 1889.)

986. — En temps de guerre, chaque commission de réseau prend, le premier jour de la mobilisation, la direction des transports stratégiques. Elle a sous ses ordres des sous-commissions de réseau, des commissions militaires de gare et un personnel spécial.

(*Article 7 du décret de* 1889.)

987. — En matière de chemins de fer, le transport est toujours facile, ce qui ne l'est pas c'est l'embarquement et encore moins les débarquements.

(F. JACQMIN.)

Rétablissement et destruction des voies ferrées en campagne.

988. — Les neuf *sections de chemins de fer de campagne*, sont des corps militaires organisés avec le personnel des grandes compagnies, et chargés en temps de guerre, concurremment avec les sapeurs de chemins de fer, de la construction, de la réparation et de l'exploitation des voies ferrées dont le service n'est pas assuré par les compagnies nationales.

(*Décret de* 1887.)

989. — Une nation doit savoir faire résolument les sacrifices que comporte la défense de son territoire envahi et la destruction des chemins de fer est une nécessité de premier ordre; mais là encore il faut agir avec réflexion et méthode et savoir ce que l'on fait.

(F. JACQMIN.)

990. — Priver un chemin de fer d'eau, c'est l'annuler complètement, et si cette privation pouvait avoir une longue durée, il n'y aurait rien de plus à faire.

(F. JACQMIN.)

991. — Les travaux de destruction des voies ferrées incombent exclusivement aux autorités du service des chemins de fer qui peuvent requérir, pour l'exécution, le concours du génie des étapes dans les conditions fixées par le règlement.

(*Règlement de* 1889 *sur le service des étapes.*)

992. — La destruction des voies n'est efficace qu'à la condition d'être accompagnée de l'enlèvement des matériaux.

(F. Jacqmin.)

Avantages des ponts mobilisables du Génie militaire pour le rétablissement rapide des ouvrages d'art.

993. — La reconstruction rapide des ponts et viaducs de chemins de fer est une question très difficile, dont il importe de rechercher la solution en vue des prochaines guerres...

La réparation des ouvrages d'art détruits devient particulièrement longue et compliquée lorsque leur hauteur est considérable et quand la largeur des brèches dépasse 20 mètres, comme cela s'est présenté aux viaducs de la Largue et du Coné où les Allemands ont été obligés d'employer respectivement 70 jours et 100 jours de travail.

Il y a donc lieu de doter l'armée française d'un matériel métallique qui permette d'assurer la reconstruction rapide des ponts et viaducs de chemins de fer.

(M. Petsche, ingénieur en chef de la voie à la Compagnie de l'Est.)

994. — L'invention du commandant Henry permet de résoudre toutes les questions relatives à la mobilisation des ponts métalliques et de construire rapidement avec des éléments simples et très portatifs des travées et des piles de ponts de chemins de fer de toute hauteur et de toute portée.

(*Les Constructions militaires improvisées*, Spectateur militaire, 1885.)

995. — Les ponts mobilisables en acier résolvent d'une manière générale le problème de l'établissement rapide d'un passage de voies ferrées pour une portée quelconque. Les pièces qui les

composent sont de types très peu nombreux; elles sont toutes interchangeables, faciles à approvisionner d'avance en magasin et à adapter immédiatement aux besoins qui peuvent se présenter. Ces ponts sont à la fois légers, facilement montables et démontables, très rigides, d'une construction simple et sont appelés certainement à rendre les plus grands services, non seulement comme ponts provisoires, soit en cas d'interruption accidentelle, soit en temps de guerre, mais encore comme ponts définitifs dans les pays lointains où les ouvriers sont rares et la main-d'œuvre difficile.

(*Le Génie civil*, 1886.)

996. — Le système des ponts divisibles en éléments portatifs est une invention qui me paraît susceptible d'applications très importantes à la guerre.

(Ch. DE FREYCINET.)

Lenteur des réparations faites en 1870 par les Prussiens.

997. — A Creil, les ingénieurs prussiens mirent plus de trois mois pour exécuter une déviation qui offrait sans motifs de grandes difficultés de plan et de profil et qui n'avait d'autre avantage que celui de réduire de 6 mètres la hauteur d'un pont en charpente sur la Versine.

(F. JACQMIN.)

998. — Au viaduc de Thonne-les-Prés, sur la ligne de Charleville à Thionville, le rétablissement du passage sur une brèche de 22 mètres, avec pile intermédiaire, a été opéré en 33 jours.

(*Revue du Génie*, 1887.)

999. — Le viaduc de Xertigny, sur la ligne de Nancy à Gray, dont la brèche principale avait 25 mètres d'ouverture, à 36 mètres au-dessus du fond de la vallée, n'a pas exigé, pour le rétablissement de la circulation, moins de 100 jours de travail continu avec 162 ouvriers charpentiers.

Viaduc de la Largue sur la ligne de Paris à Mulhouse. Les

Allemands ont dû construire, pour rétablir le passage, une grande estacade en charpente d'une hauteur moyenne de 14 mètres. Cet ouvrage a exigé 120 charpentiers et 72 jours de travail continu.

(*Ibidem.*)

Importance des communications à travers les rivières. — Ponts mobilisables à éléments portatifs en acier pour routes.

1000. — Le pont du Danube étant terminé le 20 mai, l'armée commença à passer ; dans l'après-midi, le Danube grossit de 3 pieds, les ancres des bateaux chassèrent, le pont fut rompu. Le 21, une partie des cuirassiers d'Espagne et Nansouty passèrent, mais, à midi, le Danube grossit et le grand pont fut emporté de nouveau. Le reste de la cavalerie et les réserves du parc ne purent passer. Deux fois pendant ce jour, le général Bertrand rétablit les ponts et deux fois ils furent rompus.

(NAPOLÉON, *Notes sur Essling.*)

1001. — Si les ponts de la Marne avaient été exécutés plus tôt et si l'effort du 3ᵉ corps se fût tourné contre Noisy-le-Grand, l'ennemi eût été arrêté au pont de Gournay, le parc de Villiers était pris à revers et dès 1 heure nous pouvions être maîtres de tout le plateau.

(Général DUCROT, *Champigny.*)

1002. — Napoléon, pour alléger la marche de son armée, avait fait brûler, à Orscha, tous ses équipages de pont. Ce fut une bien grande faute, car ces pontons eussent assuré le facile passage de la Bérésina qu'il nous fallut acheter au prix de tant de sang.

(Général MARBOT.)

1003. — Le général Bertrand fit en 20 jours établir trois ponts sur pilotis dans l'île Lobau, ouvrage plus difficile et plus coûteux que celui de César sur le Rhin.

(NAPOLÉON.)

1004. — Quant à la question des pontonniers, nous ne nous dissimulons pas la résistance que rencontrera la solution rationnelle *qui consiste à rattacher ce service au génie.* Les mêmes objections se sont présentées dans toutes les armées, et cependant chez toutes l'expérience l'a emporté sur la routine. Ainsi en Allemagne les pontonniers ne sont pas réunis en régiments avec l'artillerie, ils appartiennent au génie et sont répartis en nombre égal dans chaque corps d'armée.

(Général Chanzy.)

1005. — Malgré la bonne volonté et l'énergie des pontonniers et des sapeurs du génie, les ponts de l'île Lobau n'offraient ni les débouchés, ni la résistance nécessaires. Les travées, trop courtes et presque au niveau de l'eau, offraient beaucoup de prise au courant rapide du Danube.

(R. H., *Revue du génie*, 1887.)

1006. — Pendant le siège de Paris, une compagnie du génie prussien mit 18 jours et 17 nuits pour construire sur la Seine, entre Draveil et Juvisy, un pont fixe de 169 mètres de long reposant sur 20 palées.

(*Revue du génie*, 1887.)

1007. — A Villeneuve-Saint-Georges, en 1870, les pontonniers wurtembergeois construisirent en 19 jours et 19 nuits un pont en charpente de 153 mètres de long sur 22 palées.

(*Ibidem.*)

1008. — Des exemples de ponts construits par les Prussiens en 1870, on peut conclure qu'ils ont employé en moyenne au moins 3 heures pour construire 1 mètre de pont de route et 22 heures par mètre de pont de chemin de fer.

(*Revue du génie*, 1887.)

1009. — Au nombre des inventions récentes dont l'utilité est reconnue, se trouve celle des ponts mobilisables en acier. Les services que ces ponts ont déjà rendus et qu'ils sont appelés à rendre dans l'avenir sont des plus précieux.

(De Rocheville.)

1010. — Après la construction rapide du grand pont mobilisable du Var, on peut dire que nos armées sont aujourd'hui en possession d'un matériel nouveau permettant de rétablir en quelques jours les communications sur les fleuves les plus larges. Ce nouveau système de ponts a conquis la sanction de la pratique.

(Colonel Serval.)

1011. — Le nouveau système de ponts réticulés à éléments portatifs constitue une invention très pratique. La facilité d'engerbement et de transport de ce matériel est une qualité des plus précieuses à la guerre.

(Général Lewal.)

1012. — Le pont mobilisable en acier lancé en 50 heures sur le Var en 1889 a parfaitement résisté pendant 10 mois au passage de nombreuses colonnes et d'un chemin de fer Decauville. Il permet la circulation de voitures du poids de 4 tonnes et peut largement suffire en temps de guerre pour assurer les communications et les ravitaillements d'une armée de siège à travers un grand fleuve.

(Lieutenant-colonel Duval-Laguierce, *Rapport sur l'Exposition de 1889*.)

1013. — De tous les obstacles qui s'opposent aux mouvements des armées en campagne les plus fréquents et les plus sérieux sont ceux qui résultent de la rencontre des cours d'eau. Aussi un corps d'armée doit-il toujours disposer de moyens de franchissement sûrs et expéditifs et être en mesure de jeter promptement des ponts portatifs militaires.

(Colonel Hennebert.)

Aérostation militaire. — Ballons captifs et ballons dirigeables. — Aviation.

1014. — C'est sous la première République, en 1794, qu'à l'inspiration de Guyton de Morveau, on songea pour la première fois à utiliser les ballons à la guerre.

(L. Figuier.)

1015. — Deux compagnies d'aérostiers furent formées et envoyées aux armées sous le commandement du savant Coutelle, tandis qu'une école d'aérostation était créée à Meudon, sous la direction de l'habile chimiste Conté.

(Capitaine Espitallier.)

AÉROSTATION MILITAIRE.

1016. — Le général Jourdan accueillit avec empressement l'idée de faire servir les aérostats aux reconnaissances extérieures. — Deux fois par jour Coutelle s'élevait avec le ballon captif *l'Entreprenant*, pour observer les travaux de l'ennemi assiégeant la place de Maubeuge.

(Louis Figuier.)

1017. — L'aérostat du capitaine Coutelle fut d'un grand secours pour le succès de la bataille de Fleurus, et le général Jourdan reconnut hautement les services qu'il avait rendus.

(Louis Figuier.)

1018. — Aujourd'hui, le service d'aérostation militaire est définitivement organisé et pourvu de tous les moyens d'investigation. Il n'est pas jusqu'aux procédés photographiques que l'on applique pour fixer le résultat des reconnaissances.

(Capitaine Espitallier.)

1019. — Pendant la guerre de Sécession, deux ballons captifs furent adjoints à l'armée du Potomac. — Lorsque l'armée fut en présence de l'ennemi, celui-ci les honora de nombreux coups de canon, particulièrement pendant le siège de Yorktown, mais jamais il ne réussit à les atteindre.

(Comte de Paris.)

1020. — Le premier inventeur auquel on doit faire remonter la plupart des idées pratiques qui ont cours aujourd'hui sur les ballons dirigeables est le général Meusnier, l'illustre défenseur de Mayence.

(Capitaine Espitallier.)

1021. — Le 20 octobre 1870, le gouvernement de la Défense nationale confiait à M. Dupuy de Lôme la mission de construire un aérostat dirigeable.

(Lami, *Dictionnaire encyclopédique.*)

1022. — En 1883, M. Tissandier a appliqué le moteur électrique à l'hélice d'un aérostat. C'est en suivant cette voie que MM. Renard et Krebs sont parvenus, en 1884, à suivre un itinéraire les ramenant à leur point de départ.

(Colonel Hennebert.)

1023. — Nous savons aujourd'hui qu'il est possible de construire une machine aéronautique douée d'une vitesse propre, de lui faire exécuter des évolutions et de la conduire à un but déterminé.

(Janssen.)

1024. — La *navigation aérienne* offre encore bien des difficultés à vaincre, car ce grand problème de la suspension et de la direction précise de l'homme dans l'atmosphère est d'un ordre tellement élevé, qu'il ne pourra être résolu que par le concours actif et persévérant des savants et des mécaniciens les plus expérimentés.

(*L'Aéronaute*, 1890.)

1025. — Il est nécessaire que la question de la navigation aérienne attire l'attention et les efforts des physiciens, des mécaniciens et des ingénieurs. C'est de ce concours bien concerté et longtemps soutenu que l'on doit attendre les progrès qui formeront les étapes successives de la solution du grand problème.

(Janssen, 1892.)

Télégraphie. — Cryptophonie.

1026. — Ce sont les Anglais qui, les premiers, ont employé le télégraphe électrique au cours de leurs opérations de guerre dans l'Inde, en 1857.

(Colonel Hennebert.)

1027. — Il ne faut pas oublier que l'action de la télégraphie militaire, sauf les cas de stationnement, sera toujours stratégique. Elle se fera sentir jusqu'au champ de bataille; là, elle devra cesser, car elle serait plus embarrassante qu'utile.

(Capitaine Fix.)

1028. — Le cryptophone est un appareil nouveau inventé, en 1886, par un commandant du génie et permettant la surveillance occulte à grande distance d'une localité quelconque.

Le système se compose de transmetteurs, d'avertisseurs et d'un poste central occupé par un surveillant où celui-ci peut constater et distinguer la nature et la cause des bruits qui lui sont transmis.

(H. de Zau.)

1029. — On appelle cryptophonie, le système de surveillance automatique à distance d'un endroit déterminé, par l'emploi d'appareils acoustiques spéciaux, dissimulés sous terre ou plongés dans l'eau.

(G. Pellissier, *La Lumière électrique*, 1892.)

1030. — Les expériences entreprises par le ministère de la marine, sur la proposition de l'inventeur du cryptophone, ont permis de constater les battements réguliers des hélices ou des pistons d'un navire s'approchant ou s'éloignant d'un port de mer jusqu'à des distances supérieures à 5 et 6 kilomètres. Ce système permet d'organiser une télégraphie sous-marine entre le port et les navires passant au large.

(G. Pellissier.)

DES COMMUNICATIONS

I. — Importance des communications dans la guerre moderne.

Il n'est peut-être pas une seule invention importante due au génie des penseurs et des savants qui n'ait trouvé son application dans la guerre. Cette vérité se manifeste plus que jamais aujourd'hui dans tout ce qui concerne les communications et transports militaires. Depuis les temps les plus reculés, les communications naturelles, les vallées, les cols, les fleuves, la mer, ont joué un grand rôle dans l'histoire sociale et militaire des peuples ; c'est par ces différentes voies que s'est accomplie l'œuvre de migration et de mélange des races en Europe. C'est en construisant des routes stratégiques à travers les pays conquis et en gardant avec vigilance toutes leurs communications, que les Romains ont su conserver si longtemps leur puissance et l'empire du monde. Annibal et César ont dû la plupart de leurs prodigieux succès à l'habileté avec laquelle ils ont su se créer des lignes de communication, assurer leurs transports et régler la marche de leurs troupes toujours bien massées et fortement disciplinées.

Dans les temps modernes, aucun homme de guerre n'a déployé plus de génie et de prévoyance que Napoléon dans l'art de créer et de maintenir les communications stratégiques. Ses instructions au Major général, aux généraux d'armée, ses lettres au prince Eugène, sont remplies de recommandations et de dispositions savantes concernant les routes, les défilés, les passages de rivière, les têtes de pont, les lignes d'opérations, les transports de ravitaillement, d'évacuation, les services postaux et télégraphiques. Dans cette correspondance si nette et si lumineuse se trouvent exposés d'une façon magistrale les principes et les règles que l'état-major allemand a repris et utilisés quarante ans plus tard pour codifier le service des étapes.

De nos jours, les applications merveilleuses de la vapeur, de l'électricité, des appareils optiques, etc., ont accru dans d'énormes proportions les moyens de réunir, transporter et ravitailler les masses armées.

L'ingénieur et l'inventeur triomphant de l'ignorance et des résistances de la routine, ont imposé à l'humanité une activité et une civilisation nouvelles.

Mais en même temps ils ont décuplé la puissance des moyens dont la guerre peut disposer en donnant une grande extension à l'art des communications et des transports stratégiques qui embrassent aujourd'hui non seulement les routes et les voies fluviales, mais encore les chemins de fer avec tout leur immense matériel, les moyens de transport de toute nature, la télégraphie optique et électrique, la téléphonie souterraine et sous-marine, l'aérostation, les pigeons voyageurs, la vélocipédie, etc., etc.

La guerre de 1870, en mobilisant d'immenses armées avec une prodigieuse rapidité et en révélant la puissance indiscutable de la méthode scientifique, a enfin ouvert les yeux aux plus incrédules et aux plus routiniers. La nouvelle génération des officiers français a compris depuis quelques années la nécessité absolue d'étudier les communications et surtout les transports militaires sur voie ferrée.

Il ne suffit plus pour les chefs d'armée et leurs états-majors de dicter avec précipitation des ordres au jour le jour et de pousser les troupes vers l'ennemi, il faut aussi savoir penser et calculer; il faut appliquer avec calme et précision, dans une mesure donnée, les procédés scientifiques qui sont indispensables pour mobiliser, transporter et concentrer promptement des armées immenses au travers de régions dont les ressources doivent être étudiées d'avance.

II. — Chemins de fer stratégiques.

Principes généraux de leur emploi.

La découverte de la locomotion mécanique à grande vitesse, sur terre et sur mer, a changé en moins d'un demi-siècle les conditions d'existence du monde civilisé. Cette transformation merveilleuse est due au génie des grands inventeurs français Papin, Jouffroy, Seguin, Delisle, Sauvage et des deux illustres ingénieurs américains Stephenson et Fulton, — noms immortels qui resteront gravés dans les annales de la civilisation moderne.

Dès l'année 1859, les chemins de fer, déjà très développés en France par l'initiative éclairée de nos ingénieurs, permirent d'effectuer les transports rapides de troupes et de ravitaillements nécessités par la guerre d'Italie; mais il semble que notre administration militaire n'ait su tirer aucun profit de cette première expérience, car elle est restée encore de longues années sans comprendre et utiliser la réelle puissance stratégique des chemins de fer. C'est que cette puissance dépend non seulement d'une bonne exploitation des voies ferrées, mais encore d'une préparation préalable et méthodique des transports de concentration, basée sur la subdivision des armées en unités stratégiques complètes toujours prêtes à être embarquées dans un délai très court.

Malgré les conseils des ingénieurs les plus éminents et les études approfondies présentées par nos officiers du génie, malgré les enseignements de la guerre d'Amérique et de la guerre de 1866, aucune mesure ne fut prise en France pendant dix ans pour préparer d'avance la mobilisation et la concentration des armées par les voies ferrées. Il n'y avait pas d'État-major général chargé de l'étude des transports stratégiques et les ministres ne semblaient même pas soupçonner l'importance de cette préparation dont cependant l'Allemagne donnait en 1866 l'exemple à l'Europe. Pendant cette période fatale d'aveuglement, le génie organisateur qui avait inspiré jadis les grandes conceptions stratégiques des guerres de l'Empire et de la conquête de l'Algérie, semblait avoir abandonné la France.

Seul, le maréchal Niel en arrivant au ministère, au milieu de l'aberration générale, se rendit compte de tout ce qui manquait à notre organisation militaire pour faire tête à l'orage qui nous menaçait; il déploya une grande activité, prit les plus sages mesures et constitua une commission centrale des chemins de fer stratégiques. Emporté par une mort prématurée, l'illustre maréchal laissa son œuvre inachevée et ses projets, qui pouvaient sauver la France, furent abandonnés ou négligés par le nouveau ministère en proie aux intrigues et aux luttes de la politique intérieure. Aussi l'État-major général, improvisé trop tard, au mois de juillet 1870, fut-il complètement pris au dépourvu lorsqu'il s'agit de mobiliser l'armée française.

Rien ne saurait mieux faire apprécier la puissance énorme que donne, pour les concentrations d'armées, l'emploi judicieux des chemins de fer, que de comparer la magnifique concentration de la Grande-Armée sur le Rhin opérée en 1805 par le génie de Napoléon, avec la concentration méthodique et foudroyante de l'armée allemande exécutée en 1870 par les voies ferrées.

En 1805. — Le mouvement par étapes des 7 corps de la Grande-Armée formant un effectif de 150,000 hommes, commencé le 27 août, fut terminé le 25 septembre, dans un délai de 30 jours — ce qui donne un coefficient de puissance de concentration égal à :

$$\frac{150\,000}{30} = 5\,000.$$

En 1870. — La concentration méthodiquement prévue par chemins de fer des forces allemandes comprenant un effectif de 460,000 hommes répartis en 13 corps d'armée, commença le 23 juillet et fut terminée le 2 août, dans un délai de 11 jours, ce qui porte au chiffre de $\frac{460\,000}{11} = 41,800$, le coefficient de la puissance de concentration obtenu par le grand État-major allemand.

En 1870. — La concentration de l'armée française sur le réseau de l'Est, malgré le défaut de préparation, fut cependant encore assez rapide, car du 16 au 26 juillet, c'est-à-dire dans un délai de 10 jours, les chemins de fer, à travers mille difficultés, sont parvenus à transporter 200,000 hommes, ce qui donne 20,000 pour le coefficient de puissance de concentration réalisé par la France.

En résumé, si l'on prend pour unité la puissance de concentration P déployée par la Grande-Armée en 1805, on arrive au résultat suivant :

En 1805, la puissance de concentration de la Grande-Armée a été de . . . . . $P = 5,000$.

En 1870, la puissance de concentration de l'armée française a été de. . . . . . $\dfrac{20,000}{5,000} = (4.0) \times P$,

et celle de l'armée allemande de . . . . $\dfrac{41,800}{5,000} = (8.4) \times P$.

On voit que, malgré sa mauvaise organisation, l'armée française, grâce à l'emploi intensif des chemins de fer, possédait en 1870 une puissance de concentration quadruple de celle de la Grande-Armée en 1805, et que la puissance de concentration de l'armée allemande préparée de longue main par une méthode savante a été double de celle de la France.

Cette démonstration si simple et les chiffres éloquents auxquels elle nous a conduit nous permettent de formuler sans une plus longue discussion les deux axiomes essentiels suivants :

a) — La prépondérance militaire d'une nation européenne est proportionnelle au coefficient qui exprime la valeur de la *puissance de concentration* de ses forces armées sur terre et sur mer, par la traction mécanique à vapeur.

b) — L'œuvre essentielle et capitale à laquelle l'état-major de l'armée doit consacrer tous ses efforts, c'est de donner à la France, avec le concours de nos ingénieurs, une *puissance de concentration stratégique* au moins égale sinon supérieure à celle de son plus puissant adversaire.

Malgré l'évidence de ces vérités et les leçons de 1870, on rencontre encore quelques officiers qui, fidèles à de vieux préjugés, n'ont pu se rendre encore un compte exact du rôle que doivent jouer les chemins de fer et la télégraphie dans la guerre moderne. Il n'est donc pas inutile de résumer succinctement ici les principes qui ont servi de base au *Service militaire des chemins de fer* que l'on peut considérer comme l'institution la plus importante de notre nouvel état militaire.

1° La première condition pour obtenir le maximum de puissance de concentration des forces armées est l'organisation complète d'une *Direction stratégique des chemins de fer* et autres communications assurant la persistance dans la préparation, l'unité dans le commandement et la méthode dans l'exécution.

2° L'emploi des chemins de fer et des transports mécaniques exigeant des connaissances spéciales, beaucoup d'ordre et une longue expérience technique, tous les organes de l'État-major qui concourent à la préparation des transports stratégiques doivent être basés sur le principe de l'association permanente de l'élément militaire avec l'élément technique.

3° La France étant partagée en un certain nombre de réseaux exploités par des compagnies distinctes, la direction du service des transports de guerre sur chaque réseau doit être confiée à une *Commission* exécutive composée du directeur de la compagnie investi de la responsabilité technique et d'un officier général ou supérieur, représentant direct du ministre, ayant voix prépondérante.

4° Les commissaires techniques ou directeurs des compagnies et les commissaires militaires sont de droit membres de la Commission supérieure militaire des chemins de fer.

5° Les décrets organiques de 1889, en reconstituant complètement la Commission supérieure des chemins de fer, les commissions de réseau, les commissions de gare, les commissions et sections de chemins de fer de campagne, le régiment des sapeurs de chemins de fer, ont établi en France le service militaire des chemins de fer sur les bases les plus sages et les plus durables. Cette forte organisation consacre le principe de l'association de l'élément militaire avec l'élément civil, en mettant en jeu la haute responsabilité des directeurs et des ingénieurs des compagnies et en faisant appel, à tous les degrés de la hiérarchie, au patriotisme et au talent des agents civils des chemins de fer.

6° En temps de paix, la direction des chemins de fer placée sous les ordres du chef d'état-major de l'armée doit veiller avec le plus grand soin à l'exécution suivie du programme des lignes stratégiques, à l'entretien et à l'amélioration de tous les moyens matériels d'embarquement et de débarquement, à la rédaction claire et simple d'un plan de transport et de ravitaillement exécutable et dont les compagnies acceptent la responsabilité, à l'instruction de tous les agents et au maintien d'une parfaite solidarité entre les officiers et les agents civils des chemins de fer, à la création et à l'entretien de l'outillage et des parcs des sapeurs de chemins de fer et des sections de campagne.

7° Les officiers du service militaire des chemins de fer et communications doivent posséder une instruction spéciale étendue, beaucoup de calme, d'initiative, de décision et d'esprit de méthode. On devra généralement les choisir parmi les officiers d'artillerie, du génie ou de sapeurs de chemins de fer qui, par leur éducation scientifique et leurs aptitudes, sont particulièrement préparés à discuter les questions spéciales avec les ingénieurs et les agents techniques.

8° L'expérience a montré que l'État-major de l'armée peut compter pour assurer le succès de la mobilisation sur la bonne volonté, le dévouement et les talents des agents de chemins de fer, personnel d'élite qui, par les fonctions qu'il exerce en temps de paix, se trouve déjà parfaitement discipliné et préparé à accomplir le service difficile et exceptionnel que la nation exigera de lui en temps de guerre.

9° La rapidité de la concentration dépendant beaucoup d'une bonne mobilisation et de la promptitude des manœuvres d'embarquement et de débarquement des hommes, des chevaux et du matériel, il est indispensable que tous les corps de troupes soient régulièrement et fréquemment exercés à exécuter ces manœuvres de jour et surtout de nuit, dans les délais strictement réglementaires.

10° Il est nécessaire de créer un second régiment de sapeurs de chemins de fer dont un bataillon détaché en permanence en Algérie serait chargé de la construction des voies ferrées nouvelles dans le Sud-Algérien et dans les colonies de la côte d'Afrique.

11° Porter à douze le nombre des sections de chemins de fer de campagne et constituer, soit à Bourges, soit à Dijon, un dépôt de matériel de réparation et d'exploitation de chemins de fer militaires pour alimenter ces sections techniques.

12° Admettre en principe que les travaux de rétablissement des voies ferrées doivent être exécutés très promptement, sans formalité, avec le maximum d'effort et de continuité. Dans ce but, il est essentiel d'exercer en temps de paix les sapeurs et les sections de chemins de fer à exécuter dans le plus bref délai possible un ouvrage donné, avec des éléments tout préparés, en poursuivant le travail nuit et jour, sans arrêt, par équipes embrigadées se relevant de 3 heures en 3 heures.

13° Vulgariser dans l'armée, par des conférences et des interrogations, la connaissance des principes et des règles qui président à l'organisation du service militaire des chemins de fer et aux transports de concentration qui, devant fonctionner instantanément dès le premier jour de la mobilisation, offrent par cela même une importance de premier ordre et doivent être parfaitement connus de tous les officiers et de tous les ingénieurs des compagnies.

Surveillance, destruction et rétablissement des voies ferrées.

Tout le succès d'une grande guerre dépendant de la *puissance de concentration* et celle-ci étant proportionnelle au nombre des voies ferrées ou artères affectées au transport des unités stratégiques, il est évident que le meilleur moyen de paralyser dès le début les forces d'une nation moderne consiste aujourd'hui à couper et détruire ces grandes artères de concentration dans les points où elles doivent fournir leur maximum de débit. Les seules opérations qui soient d'ailleurs réellement efficaces pour mettre une ligne hors de service pendant plusieurs jours sont les destructions de tunnels, de ponts ou de viaducs sur des grands fleuves et les ruptures par explosion des remblais de grande hauteur. L'extrême puissance et la facilité de préparation des nouveaux engins explosifs, donnent tout lieu de craindre qu'un ennemi bien renseigné par ses espions permanents ne parvienne à interrompre plusieurs lignes de transport chez son adversaire la veille ou le jour même de la mobilisation. Il importe donc au plus haut point d'exercer dès le temps de paix la plus active surveillance sur nos grandes lignes et surtout aux abords des ouvrages d'art importants. Ce gardiennage peut être exercé par des postes repérés et constitués d'avance, et par l'emploi d'appareils de surveillance automatiques ou cryptophones expérimentés par le génie militaire et appliqués actuellement par la marine pour la surveillance des navires et des ports de mer.

Si l'on a intérêt à couper les communications de l'ennemi pour entraver ses mouvements ou ses ravitaillements, il est peut-être encore plus nécessaire de pouvoir rétablir promptement les lignes ferrées détruites par l'adversaire pour couvrir sa retraite et arrêter la marche du vainqueur. C'est principalement pour cette importante mission que toutes les grandes nations ont créé récemment des régiments de sapeurs de chemins de fer munis d'un approvisionnement de matériel.

Après de longues et minutieuses expériences, dans lesquelles on a étudié et expérimenté un grand nombre de dispositifs et de procédés divers, le service du génie a adopté pour le rétablissement des ouvrages d'art le système général qui consiste à approvisionner, dès le temps de paix, un matériel composé d'éléments portatifs et interchangeables en acier, à l'aide desquels une compagnie de sapeurs de chemins de fer peut en quelques jours reconstruire un pont ou un viaduc dont une ou plusieurs travées sont rompues.

Il existe aujourd'hui deux approvisionnements de matériel de ponts démontables dont le service militaire des chemins de fer peut disposer pour le rétablissement rapide des voies ferrées. Ce sont :

Les ponts Marcille, dits ponts amovibles, qui se composent de grands tronçons de poutres pleines en tôle d'acier de longueur variée s'assemblant bout à bout avec des plaques boulonnées. On obtient par les combinaisons de ces éléments de poutres, divers types de travées dont les portées varient depuis 6 mètres jusqu'à 45 mètres.

Les ponts mobilisables du système Henry, composés par l'assemblage indéfini de sept éléments portatifs en acier, interchangeables, de faible poids et d'une longueur limitée à 5 mètres. En combinant entre eux ces éléments, l'ingénieur peut construire à volonté, et dans un temps très court, des travées dont la portée varie depuis 6 mètres jusqu'à 60 mètres, et des piles de 4 à 24 mètres de hauteur.

Ce système, construit par la Compagnie de Fives-Lille, permet d'improviser, dans un délai de 8 jours, un viaduc métallique à 4 travées de 25 à 30 mètres supportées par 3 piles de 12 à 20 mètres de hauteur.

En résumé, le service militaire des chemins de fer, qui n'existait pas en 1874, est aujourd'hui complètement organisé, grâce à l'initiative déployée dès la première heure par MM. les généraux Dubost, Saget, de Cools, de Lajaille, par MM. les ingénieurs-directeurs des compagnies de chemins de fer Jacqmin et Solacroup et par la Commission militaire supérieure des chemins de fer qui, depuis 18 ans, n'a cessé d'étudier et de perfectionner cet organisme essentiel de la guerre moderne.

III. — Routes et ponts stratégiques.

L'emploi des chemins de fer pour les transports stratégiques, loin de diminuer l'utilité des routes, n'a fait que lui donner plus d'importance. En effet, par cela même que l'on peut aujourd'hui concentrer très promptement une quantité formidable de troupes sur le théâtre des opérations, il devient nécessaire, pour cantonner, ravitailler et pousser en avant ces masses armées, de disposer d'un grand nombre de bonnes routes. Il faut d'ailleurs reconnaître que les progrès accomplis dans la viabilité européenne sont venus compléter sous ce rapport la puissance des chemins de fer par des réseaux de routes qui facilitent l'exploitation.

Il importe donc que les états-majors et le service du génie s'attachent à faire en temps de paix des études et des statistiques très exactes des routes et des têtes de pont, et possèdent en temps de guerre des moyens puissants pour entretenir les routes militaires et y rétablir promptement les ouvrages d'art détruits. Les remarquables instructions adressées du camp de Boulogne par Napoléon aux généraux Bertrand, Savary, Murat, qu'il envoyait faire la reconnaissance complète du théâtre de la campagne de 1805, montrent tout le prix que l'Empereur attachait aux renseignements précis relatifs aux routes, aux fleuves et aux ouvrages d'art qui permettent de franchir les obstacles naturels.

Plus que jamais il est indispensable d'envoyer en mission dans les diverses contrées d'Europe des officiers chargés d'étudier la viabilité des pays limitrophes et les moyens de franchir les grands fleuves surtout dans le voisinage des camps retranchés que l'on a le projet d'investir et d'isoler du reste du pays.

Le tracé des routes et la construction des ponts, soit avec des matériaux requis sur place, soit avec des éléments portatifs en métal tout préparés d'avance, constituent une des branches les plus utiles de la science de nos ingénieurs militaires.

On ne s'explique pas pourquoi en France seulement la construction des ponts militaires est confiée simultanément à l'artillerie et au génie. Tous les hommes de guerre sensés et expérimentés sont unanimes pour demander la suppression de cette anomalie et pour réclamer le rattachement des régiments de pontonniers à l'arme du génie, seule solution pratique et raisonnable de la question des ponts militaires.

En 1870, les armées allemandes se sont trouvées dans l'obligation de construire ou de réparer un nombre très considérable de ponts dont la longueur totalisée représente plus de 15,000 mètres. Cette campagne a d'ailleurs permis de reconnaître l'infériorité et la lenteur des procédés surannés employés depuis 50 ans dans les armées européennes. Sous ce rapport les deux armées en présence sont restées fort en arrière des ingénieurs américains. On n'a pas oublié que, pendant la défense de Paris et de Metz, une des causes qui ont le plus entravé l'énergie et la rapidité des sorties contre les Prussiens fut l'absence d'un matériel de ponts stratégiques préparé d'avance, qui eût permis d'établir promptement des ponts d'armées à grandes travées insubmersibles et inattaquables par les crues et par les glaçons flottants.

Depuis une douzaine d'années, on a enfin compris en France la nécessité d'améliorer sérieusement des procédés et un matériel devenus complètement insuffisants pour une grande guerre et pour les expéditions coloniales. Après de longues études suivies d'expériences dont la plus importante a été l'établissement en 50 heures sur le Var d'un pont d'armée mobilisable à éléments d'acier portatifs, le département de la guerre a adopté en principe le système des ponts militaires à mailles triangulaires d'acier décomposables en éléments portatifs et interchangeables. Cette nouvelle invention offre l'avantage de s'appliquer à la construction des ponts, viaducs et estacades de toutes dimensions sur voies ferrées et sur routes et de permettre de franchir en quelques heures les rivières les plus importantes.

L'invention des ponts à mailles triangulaires en acier, en permettant de construire rapidement en quelques heures de véritables ouvrages d'art par la seule main-d'œuvre militaire, ouvrait une ère nouvelle dans l'art des constructions rapides et économiques.

Ainsi que le dit M. le colonel Duval-Laguierce, professeur à l'École supérieure de la guerre, dans le rapport de la commission militaire de l'Exposition universelle de 1889 (*Travaux du génie; Ponts militaires*), ce nouveau système de ponts repose sur les principes essentiels suivants :

1° Ramener tout ouvrage d'art, tel que : pont, viaduc, débarcadère, etc., à n'être plus qu'une combinaison simple et méthodique de certains éléments constitutifs en acier laminé, très rigides, portatifs et interchangeables d'un très petit nombre de modèles-types ;

2° Les éléments assemblés par de simples boulons,

forment dans les trois sens de la longueur, de la largeur et de la hauteur de l'ouvrage construit, une série indéfinie de mailles triangulaires identiques et qui sont indéformables, attendu que chaque pièce rectiligne est calculée pour résister aux efforts maxima de traction ou de compression passant par les axes d'assemblage ;

3° Tout le travail technique d'ajustage des pièces est entièrement réalisé d'avance à l'usine, de manière qu'en temps de guerre l'on n'ait plus à se préoccuper que du transport et de l'assemblage rapide des éléments portatifs.

Le pont mobilisable du Var, construit dans ce système par le génie en 1889, dans un délai de 50 heures, a parfaitement résisté au passage de nombreuses colonnes de troupes et d'artillerie tout en supportant une voie Decauville sur laquelle passèrent constamment des trains chargés de pierres et de matériaux. Ce pont réalise donc le véritable type de pont d'armée à montage rapide destiné à assurer les communications et les ravitaillements des grandes armées d'occupation ou de siège [1].

Il est facile de calculer que l'application du matériel mobilisable en acier, devenu aujourd'hui réglementaire, permet de construire, de toutes pièces, un grand viaduc de 200 mètres de longueur à 7 travées, sur piles métalliques, dans le court délai de 6 jours, tandis qu'en

---

1. Voir, pour plus de détails, la brochure intitulée : *Établissement rapide d'un pont mobilisable à éléments portatifs en acier sur le Var* (système Henry), par MM. Clergerie et Calmel (Berger-Levrault et Cie), 1892 ; et *les Merveilles de la science*, par Louis Figuier, 1890.

1870, il a fallu plus de 40 jours aux ingénieurs militaires allemands pour établir un ouvrage de dimensions moindres.

La même invention adoptée avec quelques modifications à l'établissement des débarcadères maritimes a conduit à la création d'un nouveau type d'appontement à montage très rapide, grâce auquel on peut, avec une compagnie du génie, assurer dans un très court délai les débarquements de troupes et de matériel sur les plages inhospitalières du Dahomey, de la Côte des Esclaves et de la Côte de Guinée, où jusqu'à présent il était à peu près impossible de débarquer les navires[1].

Ces récents progrès apportés dans la construction des ponts et des débarcadères militaires démontrent une fois de plus les grands services que l'art de l'ingénieur et les troupes du génie sont appelés à rendre dans les guerres modernes et dans les expéditions coloniales.

IV. — Télégraphie et Téléphonie.

S'il est essentiel à la guerre de transporter rapidement par routes et chemins de fer les troupes et le matériel, il n'est pas moins nécessaire de posséder des moyens sûrs et très expéditifs de transporter les dépêches, les ordres des généraux en chef, les lettres des habitants d'une place ou d'un fort assiégé.

Les procédés dont l'art de la guerre dispose actuel-

---

[1] Voir *Revue du cercle militaire* : Le Wharf de Kotonou, numéro du 10 juillet 1892.

lement pour ces correspondances sont : la télégraphie, la téléphonie, les pigeons voyageurs et les petits ballons perdus.

La télégraphie optique remonte aux Anciens qui connaissaient l'emploi des signaux faits à l'aide d'un télégraphe aérien à bras mobiles. Ce procédé primitif fut repris par l'illustre inventeur Chappe qui, en 1793, créa le télégraphe aérien à signaux, qui fut inauguré par l'annonce à Paris de la prise de Condé sur les Autrichiens. Les premières lignes aériennes furent celles de Paris à Strasbourg, de Paris à Dijon, puis de Paris à Milan. Elles furent imitées dans toute l'Europe et le télégraphe Chappe fut le seul employé pendant les guerres de l'Empire et de la Restauration.

L'invention du projecteur lumineux à lentille du colonel du génie Mangin, combiné avec l'emploi de l'alphabet Morse, a complètement transformé la télégraphie optique en lui donnant une simplicité, une puissance et une précision inconnues jusqu'à présent. Dans les pays où l'atmosphère est pure et transparente, la portée des appareils Mangin est énorme ; elle atteint jusqu'à 100 kilomètres en Algérie et en Tunisie où la nouvelle télégraphie optique, confiée au Génie militaire, rend des services excellents.

Ce mode de correspondance est beaucoup plus facile à installer que le télégraphe électrique, il est plus sûr et plus pratique dans les pays dont les habitants sont hostiles, car il échappe au danger de la destruction ; mais il ne peut fonctionner par le brouillard ou la pluie et ne laisse pas de trace écrite des dépêches.

Télégraphie électrique. — Auxiliaire indispensable des chemins de fer dont elle a doublé l'activité et la puissance, la télégraphie électrique est par cela même un merveilleux instrument de transmission des ordres pour les états-majors et le service des étapes aux armées. Mais pour rendre en temps de guerre tous les services qu'on doit en attendre, il faut que la télégraphie soit organisée militairement et que le matériel et le personnel chargé du service en campagne soit préparé d'avance avec soin.

C'est en 1857 que l'armée anglaise fit pour la première fois l'application de la télégraphie militaire électrique avec succès dans la guerre des Indes.

En 1862-1864 les Américains firent usage du télégraphe électrique avec beaucoup d'intelligence pour relier les corps d'armée aux positions en arrière et aussi pour intercepter les dépêches de leurs adversaires.

Pendant la guerre d'Autriche en 1866, les corps d'armée prussiens étaient reliés par le télégraphe portatif et correspondaient avec l'intérieur de l'Allemagne.

Avant 1870, l'organisation d'un service militaire télégraphique n'avait pas été prévue en France et cette omission rendit difficiles et hésitantes les premières opérations. Les Allemands au contraire purent, grâce à leur bonne organisation télégraphique, opérer très rapidement leur changement de front et leur concentration sur Sedan.

Pendant la guerre d'Orient, 1877-1878, les Russes

ont fait un grand usage de la télégraphie militaire, et le réseau improvisé par eux tant en Asie que dans les Balkans dépassait le développement de 2,500 kilomètres.

Aujourd'hui la nécessité de la télégraphie militaire n'est plus contestée en France ; les sections télégraphiques de campagne sont complètement organisées et ont leur matériel prêt à marcher.

Le télégraphe national a pour première mission, dès la déclaration de guerre, de transmettre en quelques minutes l'ordre de mobilisation à toutes les autorités civiles et militaires et à toutes les gares de chemins de fer.

Mais il ne faut pas oublier que si le télégraphe, comme le chemin de fer et toutes les grandes inventions modernes, peut accroître beaucoup la puissance vive militaire d'une armée, c'est à la condition expresse que les chefs et les états-majors sachent le mettre en œuvre avec intelligence et que tout soit préparé dès le temps de paix pour cette utilisation. Plus les moyens dont dispose la guerre moderne sont foudroyants et puissants entre des mains habiles, plus ils sont dangereux aux mains de l'ignorance agitée et irréfléchie. Aujourd'hui les foudres de l'état-major général ne sont plus un vain emblème, mais une terrible réalité et celui qui dispose de la foudre doit avoir la sagesse et la circonspection de Jupiter.

Télégraphie acoustique. — Téléphones et Cryptophones. — Le téléphone a été appliqué au service militaire pour des parcours restreints. Il s'adapte bien aux avant-postes et aux cheminements de siège pour la transmission d'ordres verbaux dont il n'est pas nécessaire de conserver la trace par écrit.

La cryptophonie et les cryptophones, récemment inventés, constituent de nouveaux moyens de reconnaissance et de surveillance occulte que la guerre et la marine peuvent employer très utilement pour constater à distance la présence d'un ennemi sur un point donné. D'après les applications que l'on a déjà faites des cryptophones sur terre et sur mer, on a pu constater les résultats suivants :

1° Le cryptophone souterrain permet de reconnaître à 5 ou 6 kilomètres d'une position militaire l'approche d'un détachement ennemi et de distinguer par les bruits transmis à quelle arme appartient ce détachement;

2° Le cryptophone sous-marin déposé à l'entrée d'un port annonce, malgré la nuit ou le brouillard, l'approche ou le passage des navires à vapeur qui se trouvent à une distance de 4 à 6 kilomètres du port. Il permet d'échanger des signaux acoustiques.

En résumé, la cryptophonie est appelée à suppléer la télégraphie dans un grand nombre de circonstances où celle-ci ne pourrait être employée.

Pigeons voyageurs. — Ce moyen de transmission des dépêches, appliqué avec succès pendant le siège de Paris en 1870, était connu des Romains, qui ont également utilisé les hirondelles. Brutus, assiégé dans Modène en l'an 43, correspondait par pigeons voyageurs avec le consul Hirtius. Les lâchers de pigeons voyageurs furent employés en France au moyen âge et surtout pendant l'époque de la Renaissance.

En 1870, M. Steenackers, en chargeant les ballons montés sortant de Paris du transport en province de pigeons appartenant à des colombiers établis dans la capitale, parvint à obtenir par le retour de ces oiseaux des nouvelles des régions de la France non occupées par les Prussiens. Sur 363 pigeons embarqués dans les aérostats, il n'en revint que 57 à Paris.

Ce système de correspondance, devenu très pratique grâce au procédé nouveau de la photo-microphotographie et au développement de l'élevage des pigeons, dû à l'initiative d'un grand nombre de citoyens, a été depuis quelques années adopté officiellement par le ministère de la guerre, qui a organisé de nombreux colombiers militaires, avec le concours de sociétés colombophiles.

Ce mode de correspondance, qui séduit l'imagination par son caractère poétique, raffermit l'esprit des populations assiégées et soutient le moral de tous en réveillant l'espérance dans les âmes troublées par les misères du siège.

A l'avenir, grâce aux postes de télégraphie optique et aux colombiers militaires, la capitale de la France et les places fortes qui pourraient être matériellement investies, seront toujours en mesure de correspondre entre elles, malgré l'envahissement momentané des hordes germaniques.

V. — Aérostation.

Les ballons à gaz hydrogène ont été employés régulièrement à la guerre pour la première fois dans les armées de la première République. Par ordre du comité de Salut public en 1794, le jeune physicien Coutelle fut chargé d'organiser un équipage de ballons et une compagnie d'aérostiers dont il fut nommé capitaine. Il fut mis à la disposition du général Jourdan et le ballon *l'Entreprenant* servit très utilement aux reconnaissances militaires pendant la défense de Maubeuge, l'investissement de Charleroi et surtout pendant la bataille de Fleurus. Malgré les grands services déjà rendus par les aérostiers, ils furent supprimés sous l'Empire et cette application française de la science à l'art de la guerre fut négligée, comme devaient l'être les bateaux à vapeur, les télégraphes et les chemins de fer jusqu'à ce que les étrangers, utilisant contre nous nos propres inventions, soient venus nous en faire sentir brutalement la réalité et la puissance.

Pendant la guerre de Sécession, les généraux américains se servirent avec succès de ballons captifs.

Malgré les propositions intelligentes de plusieurs officiers du génie, malgré les belles expériences aéronautiques des frères Godard, de Gaston Tissandier et de divers savants parmi lesquels il faut compter l'illustre inventeur Giffard, l'administration ne fit aucune tentative de réorganisation des parcs de ballons.

Il fallut l'invasion de 1870 et le siège de Paris pour

réveiller le génie engourdi de la France et le mettre en demeure de réparer tant de négligence. Alors, sous la pression de l'opinion publique, le gouverneur de Paris, conseillé par Dupuy de Lôme, organisa des ateliers de construction d'aérostats et bientôt les départs de ballons libres se succèdent fréquemment et permettent de rétablir partiellement les communications entre la capitale et la France. C'est ainsi que 64 ballons libres purent franchir les lignes ennemies et emporter 900 kilogrammes de dépêches. Échappé de Paris en ballon, l'aéronaute Gaston Tissandier, tombé à Dreux le 30 septembre 1870, arrive à Tours où il dépeint au gouvernement de la Défense nationale la situation et l'attitude énergique de la capitale. Aidé de son frère, M. Tissandier organisa un équipage de ballons captifs destiné à la IIe armée de la Loire, qui purent être utilisés à diverses reconnaissances à Orléans, au Mans et à Laval.

Cette fois tant d'efforts généreux ne devaient pas rester perdus et grâce à l'intervention de Dupuy de Lôme et du colonel du génie Laussedat, l'école aérostatique de Meudon fut reconstituée après la guerre et placée sous la direction des capitaines Renard et Krebs.

Depuis dix ans, les ateliers de Chalais-Meudon ont accompli une double tâche : 1° organisation d'équipages et de parcs d'aérostats militaires captifs pour le service des armées et des camps retranchés ; 2° création d'un type de ballon libre dirigeable ou aéronef.

Sous l'habile direction du commandant Renard, notre matériel d'aérostation a été constitué dans d'excellentes conditions en y introduisant tous les progrès et tous les perfectionnements que comporte l'état actuel des sciences physiques et chimiques.

La première conception rationnelle de l'aérostat dirigeable ayant donné lieu à un projet sérieux remonte au général Meusnier de la Place, le glorieux défenseur de Mayence. C'est à lui qu'on doit l'adoption de la forme ellipsoïdale de l'enveloppe et l'invention du ballonnet intérieur, perfectionné depuis par Dupuy de Lôme.

Abandonné pendant 60 ans, le projet du général Meusnier fut repris par l'ingénieur Giffard, qui osa installer un moteur à vapeur actionnant une hélice dans la nacelle d'un aérostat allongé et créa ainsi le premier aéronef dirigeable dans lequel l'audacieux inventeur ne craignit pas de faire deux ascensions au péril de sa vie. Malheureusement, la machine de Giffard n'offrait pas assez de légèreté, de puissance et de sécurité pour constituer une solution pratique et complète du problème.

Vint ensuite Dupuy de Lôme qui, en 1872, construisit un aéronef de 36 mètres de longueur, ayant un volume de 3,600 mètres cubes permettant d'enlever un équipage de 14 hommes, actionnant une hélice directrice. Mais le travail mécanique de l'homme est beaucoup trop faible par rapport à son poids pour imprimer une vitesse propre suffisante à un aéronef. Cependant si la tentative de Dupuy de Lôme était critiquable au point de vue du moteur, elle donna lieu néanmoins de la part de l'illustre ingénieur à des perfectionnements de détail dans le ballonnet et dans la suspension rigide de la nacelle, qui furent utilisés par ses successeurs.

Enfin dix ans après les essais de Dupuy de Lôme, M. Gaston Tissandier imagina en 1881-1883 un ballon dirigeable de 28 mètres de longueur, de 1,000 mètres cubes de capacité, muni pour la première fois d'un mécanisme léger actionné par le courant d'une pile électrique. L'hélice faisant 180 tours à la minute permettait d'obtenir, en air calme, une vitesse de propulsion de 3 mètres à la seconde.

La question en était là lorsque MM. les capitaines Renard et Krebs s'enlevaient le 9 août 1884 du parc de Meudon dans l'aéronef dirigeable *La France*, avec lequel ils parcoururent dans l'air un circuit fermé les r   enant au point de départ. Le problème de la direc   on des ballons était en partie résolu, pourvu que l vitesse du vent ne fût pas supérieure à 5 ou 6 mètres.

Depuis ces premières expériences, le commandant Renard, perfectionnant son système d'aérostats, vient de terminer un ballon allongé de 70 mètres de longueur, ayant une capacité de 3,400 mètres cubes. Le moteur électrique a été remplacé par un moteur à pétrole développant le travail mécanique de 45 chevaux-vapeur, capable d'imprimer à l'aérostat une vitesse propre de 11 mètres à la seconde.

Aviation. — D'autre part, divers chercheurs, depuis Dédale et Archytas jusqu'à Nadar, convaincus que l'homme devait imiter l'oiseau, ont prétendu que la solution de la navigation aérienne se trouve dans « le plus lourd que l'air ».

« Le Ballon ne sera jamais nef; né bouée, il restera bouée », a dit Nadar en 1863.

De ce courant d'idées est née une science nouvelle qui commence à réunir de très sérieux adeptes.

L'aviation, beaucoup moins avancée que l'aérostation, poursuit avec persévérance la solution de la sustention directe d'un corps dans l'atmosphère, sans ballon, à l'aide du jeu d'organes prenant point d'appui sur l'air. Ce problème, qui consiste en résumé à créer une machine volante imitant les grands oiseaux, est infiniment plus difficile et plus délicat que l'aérostation.

De funestes accidents, des essais infructueux et certaines erreurs commises par quelques savants dans leurs calculs sur le travail mécanique développé par les oiseaux avaient fait condamner le problème de l'aviation comme une chimère par la science officielle. Mais, depuis quelques années, la question, reprise sérieusement par des ingénieurs distingués, en France et aux États-Unis, semble entrer dans une phase plus scientifique et plus rationnelle. Les remarquables expériences de M. le docteur Marey sur le vol des oiseaux, les volateurs mécaniques du docteur Hureau de Villeneuve, les nouvelles expériences faites en Amérique et en France sur les aéroplanes et la résistance de l'air, la théorie de la sustention et du cyclone aviateur publiées dans l'*Aéronaute*, ont enrichi le domaine de l'aviation de précieux matériaux que l'Académie des Sciences recueille discrètement et met en réserve pour l'avenir. Il est un fait, aujourd'hui nettement établi, c'est qu'un gros oiseau du poids de 10 kilogr. peut développer environ 20 kilogrammètres de travail mécanique par seconde et déterminer par l'agitation de ses ailes un courant ou cyclone de sustention de 7 à 8 mètres à la seconde. D'autre part, le calcul mécanique démontre qu'avec des surfaces alaires convenablement disposées, il serait possible de soutenir et d'élever dans l'air un système mécanique du poids de 500 kilogr. en dépensant par seconde 1,500 kilogrammètres ou 20 chevaux-vapeur environ, c'est-à-dire qu'une machine aviatrice pourra se soutenir à la condition expresse que le poids de l'appareil volateur soit inférieur à 20 kilogr. pour chaque cheval-vapeur de travail dépensé.

C'est évidemment sous l'inspiration de ces idées nouvelles et hardies que M. Janssen, président de l'Académie des Sciences, a prononcé son célèbre discours de 1892 sur l'aéronautique, à la séance de clôture du congrès des sociétés savantes, discours dont nous croyons utile d'extraire les conclusions suivantes :

« La France, qui a été jusqu'ici l'initiatrice des
« grands progrès scientifiques et humanitaires, ne
« peut se désintéresser de la question de la navigation
« aérienne, qui est née chez elle, qu'elle a étudiée,
« poursuivie, conduite presque seule au point élevé où
« nous la voyons aujourd'hui.

« Sans doute, le problème présente d'immenses diffi-
« cultés, mais elles ne sont pas actuellement au-dessus

« du pouvoir de la science et des forces de l'industrie
« moderne. Ce grand problème ne pourra être résolu
« que par le concours actif, bien concerté, et persé-
« vérant des physiciens, des mécaniciens et des ingé-
« nieurs les plus expérimentés.

« En formulant ces vœux pour que la grande œuvre
« qui nous occupe reçoive chez nous la solution défi-
« nitive, je n'oublie pas que je parle devant l'élite des
« représentants de la France littéraire et savante.
« Aussi est-ce de votre concours, du concours de la
« France tout entière, que nous attendons ce grand
« résultat. »

CHAPITRE XIV.

PRÉPARATION DE LA GUERRE.
ÉTAT-MAJOR DE L'ARMÉE. — CHEFS D'ÉTAT-MAJOR.
SERVICE D'ÉTAT-MAJOR.

> Pour la guerre, la prévoyance doit embrasser le possible comme le probable.
> (MARMONT.)

La préparation de la guerre dans ses moindres détails est le premier devoir d'un gouvernement prévoyant.

1031. — Quand on en vient à combattre en rase campagne, bien armés des deux parts, c'est alors, mon garçon, que les avantages étudiés et préparés de longue main sont de la plus grande utilité : je veux dire un plan bien arrêté, des soldats et des chefs dont le corps a été bien exercé, l'âme bien aiguisée, l'éducation militaire très soignée.

(XÉNOPHON, *Cyropédie*.)

1032. — Pour les Romains, la guerre était une méditation, la paix un exercice continuel. Jamais nation ne prépara la guerre avec tant de *prudence*, et ne la fit avec tant d'audace.

(MONTESQUIEU.)

1033. — Les Romains n'attendent pas, pour s'occuper à toutes les choses militaires, que la guerre et sa nécessité les y obligent ; ils les pratiquent en pleine paix, et comme s'ils étaient nés les armes à la main, ils ne cessent jamais de s'en servir. On prendrait leurs exercices pour de véritables combats, tant ils en ont l'apparence.

(JOSÈPHE, *Siège de Jérusalem*.)

1034. — Le succès de la plupart des choses dépend surtout de savoir combien il faut de temps pour réussir.

(Montesquieu.)

1035. — Un chef d'État doit s'exercer plus vivement aux choses de la guerre en temps de paix que durant la guerre même, car c'est lui qui prévoit et par les actions et par l'esprit.

(Machiavel.)

1036. — Un grand résultat final est plus fréquemment produit par beaucoup de combinaisons vulgaires réunies ou successives, que par un seul et puissant effort.

(Maréchal Bugeaud.)

1037. — La destinée humaine donne une heure par siècle à l'humanité pour se régénérer ; cette heure, c'est une révolution, et les hommes la perdent à s'entre-déchirer : ils donnent à la vengeance ou aux passions politiques l'heure donnée par Dieu à la régénération et au progrès.

(Lamartine.)

1038. — On peut craindre encore que dans une guerre future, faute de la préparation de l'esprit, nous ne sachions pas donner à certaines opérations la force et la vitesse qu'elles réclament.

(Colonel Maillard.)

1039. — A la guerre, rien ne s'obtient que par calcul, tout ce qui n'est pas profondément médité dans ses détails ne produit aucun résultat certain.

(Napoléon.)

1040. — Tout doit céder à la promptitude et à la commodité de la mobilisation. C'est la pensée dominante, directrice, devant laquelle les autres considérations doivent s'effacer.

(Général Lewal.)

C'est maintenant une absolue nécessité d'être en état d'entretenir et de renouveler plusieurs fois dans une même campagne tout le personnel et le matériel des armées.

1041. — Rien de plus utile que les dépenses faites pour la préparation de la guerre. Il n'y a de cher que la *paix onéreuse* qu'on subit à la suite d'une guerre mal conduite. Les moyens de se procurer la victoire sont toujours relativement bon marché.

(Maréchal Bugeaud.)

1042. — Nul ne comprenait mieux que le général Lamoricière l'importance que prennent, au moment des hostilités, ces *longs et minutieux travaux* par lesquels un officier apprend à connaître le pays où il doit opérer et sait y approprier les hommes qu'il commande, les manœuvres qu'il dirige et jusqu'aux vivres et aux bagages qu'il traîne après lui.

(Keller, *Vie de Lamoricière*.)

1043. — Dans la guerre, les marches prolongées, les souffrances de toute sorte avec les maladies qui en sont la suite, enfin, les combats, mais dans une proportion relativement restreinte, produisent sur les armées des effets permanents et très étendus de désorganisation. Il faut y pourvoir par de continuels renouvellements d'hommes et de matériel, par de nouveaux efforts budgétaires, et, entre deux nations belligérantes, c'est en définitive à celle qui assure le mieux et le plus souvent ces renouvellements, comme entre les armées qui combattent, c'est à celle qui amène sur le terrain les dernières réserves, que l'avantage demeure.

(Général Trochu.)

1044. — On ne saurait dire jusqu'où va le gaspillage des hommes, des matières et de l'argent, dans un système où les efforts calculés et pondérés de la préparation de la guerre pendant la paix sont remplacés par les efforts pleins d'à-coups et inévitablement ruineux de la préparation de la guerre pendant la guerre elle-même.

(Général Trochu.)

1045. — Dans la guerre de 1870-1871, l'emploi irréfléchi des chemins de fer a été une faute fréquemment commise : l'étude et la *préparation* seules empêcheront d'y retomber. Seules elles permettent d'obtenir tous les services que le pays est en droit d'espérer, dans la guerre comme dans la paix, de la plus grande œuvre matérielle des temps modernes.

(Jacqmin.)

1046. — De deux États voisins se mobilisant dans le même temps, celui qui aura le réseau ferré le moins puissant sera nécessairement réduit à la défensive et envahi par l'autre.

(Général Berthaut.)

Importance des études topographiques, des reconnaissances et des cartes bien faites et nombreuses.

1047. — Les plus grands génies militaires du monde, César et Napoléon, qui avaient tant de raisons de se confier à leur inspiration et à leur fortune, s'appliquaient tout entiers à la préparation de la guerre : ils en ont fait une science profonde à laquelle ils ont toujours beaucoup demandé.

(Général Trochu.)

1048. — En toutes entreprises de conséquence, César faisait toujours la descouverte luy-même, et ne passa jamais son armée en lieux qu'il n'eust premièrement recogneus ; et si nous croyons Suétone, quand il fit l'entreprise de passer en Angleterre, il fut le premier à sonder le gué.

(Montaigne.)

1049. — Napoléon étudiait avec le plus grand soin le théâtre de la guerre avant d'arrêter son plan d'opérations. Il en faisait faire la reconnaissance préalable d'après des instructions précises.

(Général Berthaut.)

1050. — Quand l'armée marchera, les ingénieurs géographes qui auront reconnu le pays seront toujours à l'état-major général afin de fournir tous les renseignements nécessaires. Leurs mémoires de reconnaissance seront toujours du style le plus simple et purement descriptifs. Quand je demande une reconnaissance, je ne veux pas *un plan de campagne*.

(NAPOLÉON.)

1051. — Le 25 août 1805, l'Empereur envoyait le général Bertrand faire la reconnaissance de l'Inn, avec ordre de faire une étude complète de cette vallée, des chemins, des rives, des ponts, etc.

(Général BERTHAUT.)

1052. — Napoléon prescrivait lui-même les reconnaissances préparatoires à la guerre. C'est ainsi qu'en 1805, il fit reconnaître par Murat, Savary et Bertrand, les routes et le terrain qu'il devait traverser dans le bassin du Danube.

(Général DERRÉCAGAIX.)

1053. — Bonaparte, doué de ce génie universel qui rend certains hommes propres à tous les emplois, avait de plus une disposition qui lui était particulière, c'était l'application à étudier le sol sur la carte et le penchant à y chercher la solution des phénomènes de la politique comme des problèmes de la guerre.

(THIERS, *Consulat.*)

1054. — En fait de cartes, il n'en faut que de bonnes, et il en faut beaucoup : on devrait mettre une couleur sur les parties douteuses ou mauvaises pour indiquer qu'il ne faut pas s'y fier.

(NAPOLÉON.)

1055. — En 1870, l'armée française de Metz ne fut jamais renseignée par sa cavalerie et l'on put voir, le 16 août, des batteries allemandes canonner le quartier général d'une division de cavalerie sans que leur arrivée ait été même soupçonnée.

(Général DERRÉCAGAIX.)

1056. — En donnant une extension exceptionnelle aux travaux de statistique, l'état-major allemand n'a fait que reprendre et appliquer les idées du maréchal de Vauban, qui doit être regardé comme le créateur de la science de la statistique.

(G. MICHEL.)

Préparation des officiers et des troupes. — Grandes manœuvres.

1057. — La préparation à la guerre doit être pour les officiers du service d'état-major l'œuvre principale du temps de paix. Or, dans nos états-majors le travail de bureau a pris un développement tel qu'il absorbe à peu près complètement les officiers et ne leur laisse pas le temps nécessaire pour leurs études de guerre. L'accessoire l'emporte sur le principal.

(Général BERTHAUT, 1881.)

1058. — Le maréchal de Moltke et le roi de Prusse n'ayant pas le génie créateur y ont suppléé par une organisation méticuleuse, par la division du travail, par le développement de l'initiative à tous les degrés de la hiérarchie, enfin par l'institution d'une école de commandement qui est l'Académie de guerre prolongée par le grand État-major.

(G. G., *Nouvelle Revue*.)

1059. — Le chef de troupes qui débute et qui ne connaît la guerre que par les livres n'a en rien tant besoin de rectifier son jugement qu'en ce qui concerne la vitesse de marche des grandes colonnes.... Quand on passe du monde imaginaire à la réalité, on constate que l'action n'est jamais aussi prompte que la pensée qu'elle ne saurait suivre. — La lenteur et une pénible fatigue, voilà ce qui caractérise les marches des grandes masses armées.

(VON DER GOLTZ.)

1060. — Il paraît indispensable que de véritables armées exécutent des marches à travers le territoire. C'est le seul moyen de former des généraux capables de commander de grandes masses et de familiariser les états-majors et l'intendance avec les détails du déplacement et du ravitaillement de troupes nombreuses.

(DE FREYCINET.)

1061. — Il n'y a aucune utilité dans les grandes manœuvres à entrer dans les détails d'exécution. Dès que la marche générale du combat est clairement dessinée, le directeur de la manœuvre peut prononcer son jugement. Le vainqueur est celui des deux adversaires qui, ayant manœuvré d'une manière conforme aux principes de la guerre, a, d'après la disposition des troupes adaptée aux formes du terrain, les plus grandes chances de succès. Il ne doit donc pas y avoir de vainqueur désigné à l'avance.

(Général BERTHAUT.)

1062. — A la guerre, on marche bien plus qu'on ne se bat. Il est d'autant plus nécessaire de s'appliquer le plus qu'on peut à amoindrir les fatigues de la marche. C'est là que l'état-major trouvera l'occasion de déployer sa sollicitude, son habileté et son expérience.

(VON DER GOLTZ.)

1063. — Quel que soit le thème d'une grande manœuvre, il ne doit jamais contenir d'indications différentes de celles que l'on donnerait en campagne. Il ne doit donc être fait *aucune convention* entre les partis. Les manœuvres dans lesquelles tout est convenu d'avance peuvent fausser les idées des officiers et des soldats; elles ne sont pas seulement *inutiles*, elles sont *nuisibles*.

(Général BERTHAUT.)

1064. — Il faut, pendant la paix, exercer les troupes à la marche d'une façon pratique et progressive. Il importe que la tradition des longues marches se maintienne. Cette pratique donnera au soldat la faculté d'affronter plus tard les fatigues inévitables de la guerre avec plus de courage que s'il était novice.

(VON DER GOLTZ.)

1065. — Une des plus importantes préoccupations du nouvel état-major devra être le service des chemins de fer. L'administration de la guerre doit se mettre en état de prendre en mains, à tout instant, la direction supérieure de l'exploitation d'une voie ferrée ou tout au moins de la faire fonctionner sous sa surveillance immédiate. Désormais l'État doit disposer d'officiers qui sachent guider et au besoin commander en vue de la guerre cet important service.

(DE FREYCINET.)

État-major de l'Armée. — États-majors. — Chefs d'état-major.

1066. — Il est un grand principe sur lequel nous voudrions voir baser la réorganisation de notre haute administration de la guerre : c'est que partout on a compris l'impossibilité d'assurer au moyen du ministre de la guerre seul (personnage politique exposé à la fortune du cabinet dont il fait partie, absorbé par ses relations avec les pouvoirs publics et les soins de la haute administration), la direction des choses de la guerre au point de vue purement technique, et que partout on a été amené à créer une personnalité plus ou moins indépendante du ministre, qui se trouve tout particulièrement chargée de la préparation de la guerre.

(Général Chanzy, *Mémoire sur la réorganisation de l'armée.*)

1067. — Les intérêts d'une armée exigent une gestion double ; celle de son côté *moral* et celle de son côté *administratif*. Un ministre de la guerre, fût-il un homme de génie, ne pouvant pas plus se maintenir au pouvoir qu'un ministre médiocre, il en résulte que l'influence de son commandement éclairé ne peut pas aboutir, que les travaux dirigeants de l'armée, n'ayant aucune suite sérieuse, finissent par disparaître pour faire place à la routine administrative et au chaos. Il faut donc en dehors du ministre une *puissance directrice* de l'armée qui soit en quelque sorte son cerveau militaire. Cette puissance est le *chef suprême* du service des états-majors.

(Baron Lahure.)

1068. — La prochaine lutte sera une guerre dans laquelle la science stratégique et du commandement aura la plus grande part. Notre force sera dans la direction, dans le commandement, en un mot dans le grand État-major.

(Général de Moltke.)

1069. — Dans les différentes branches des services des armées, il suffit que chacun connaisse ses devoirs particuliers. Dans l'état-major de l'armée, il faut connaître les devoirs de tous, parce que l'état-major embrasse le mécanisme entier de la guerre.

(Général Thiébaut.)

1070. — Fonctionnant comme la tête de l'armée, comme le cerveau dans un corps organisé, le grand État-major et son chef sont le point d'attache naturel du système nerveux qui mettra les masses en mouvement. Ils sont à la fois les éducateurs et le centre de ralliement des officiers d'état-major.

(G. G., *Nouvelle Revue.*)

1071. — C'est avec la partie mobile du personnel du grand État-major allemand que se forment à la mobilisation les grands quartiers généraux dans des conditions d'homogénéité et d'identité de doctrines qui ne laissent rien à désirer. Tous sont dressés aux mêmes méthodes de commandement, tous parlent la même langue, tous ont pratiqué leurs fonctions dans les exercices du temps de paix.

(G. G., *Nouvelle Revue*, 1892.)

1072. — Il est nécessaire de créer à Paris un organisme destiné à préparer à leurs fonctions de guerre les officiers qui doivent former l'état-major du généralissime et les états-majors des différentes armées.

(De Mahy.)

1073. — Au jour de la mobilisation, ce service d'instruction devient le commandement. Les directeurs d'instruction deviennent les chefs du groupe d'armées; les personnels qui leur sont attachés deviennent leurs états-majors. Les armées se trouvent ainsi constituées sans à-coup, les relations d'instruction se continuant simplement sous la forme de relations de commandement.

(A. Lorris, *La Tête de l'armée.*)

1074. — L'état-major de l'armée appartenant à toutes les armes, il ne peut, sans injustice, être exclusif pour aucune. Pour les trente places d'officiers supérieurs à créer, on ne devra être admis *qu'au concours* : indépendamment de l'utilité que le service pourra en retirer, cela fera une augmentation des débouchés fournis à l'émulation des officiers particuliers de toutes armes.

(De Boutellier, rapporteur du comité militaire de la Constituante.)

ÉTATS-MAJORS.

1075. — Le service d'état-major en temps de paix est exclusivement pour les officiers qui le composent, une préparation aux fonctions qu'ils auront à remplir en campagne.

(Bronsart de Schellendorf.)

1076. — Au début de la guerre de 1870, la composition du grand quartier général de l'armée du Rhin fut très défectueuse. La pensée directrice, souvent hésitante ou effacée, s'y trouvait toujours confondue au milieu des opinions diverses et était souvent annulée par elles.

(Général Derrécagaix.)

1077. — Le chef d'état-major est chargé de transmettre la pensée du généralissime sur les points les plus éloignés du théâtre de la guerre, de lui procurer les documents pour asseoir ses opérations. Associé à toutes les combinaisons, appelé à les transmettre, à les expliquer, et même à en surveiller l'exécution dans leur ensemble, ainsi que dans les moindres détails, ses fonctions s'étendent à toutes les opérations de la préparation et de l'exécution d'une campagne.

(Jomini.)

1078. — On peut ériger en principe que le chef d'état-major, tout en se renfermant dans l'esprit des ordres donnés, reste à la fois un *conseil* et un *moteur dirigeant*, et qu'il garde pour lui-même une *part de responsabilité* dans l'exécution.

(Baron Lahure.)

1079. — Quelles que soient les qualités d'un chef d'état-major, il faut encore que son général mette en lui toute sa confiance et ait avec lui des communications faciles, une attitude bienveillante et non pas cette froide réserve qui paralyse les meilleures volontés

(Général Jarras.)

1080. — Après le général en chef, le chef d'état-major général est celui qui, dans une armée, peut faire le plus de bien par ses capacités ou le plus de mal par son insuffisance.

(Général Thiébaut.)

1081. — Pour remplir ses fonctions dans toute leur étendue, le chef d'état-major a besoin d'une autorité qu'il ne peut tenir que de la confiance du commandement. Il ne peut rien faire par lui-même sans l'ordre ou l'autorisation de son chef, et, s'il agit sous sa propre responsabilité, ce ne peut être qu'avec l'assurance qu'il seconde les intentions de celui-ci. De là résulte la nécessité d'une entente complète et incessante entre le commandement et le chef d'état-major.

(Général JARRAS.)

1082. — En principe, le généralissime ou chef suprême ne doit avoir qu'à décider; les détails ne peuvent que distraire sa pensée des questions importantes.

(Général DERRÉCAGAIX.)

1083. — Pour faire mouvoir une grande armée, celui qui la commande doit avoir cent voix, cent yeux, cent oreilles. Ces voix, ces yeux, ces oreilles, ce sont les officiers de son état-major.

(Général LAMARQUE.)

Service d'état-major. — Devoirs des officiers d'état-major et des aides de camp.

1084. — En France, au lieu de renfermer dans un corps spécial tous les officiers de l'état-major, on doit en étendre le choix, par voie de concours sur la totalité des officiers de l'armée. Cette disposition produirait une honorable émulation entre les officiers qui tous aspireraient aux emplois de l'état-major, parce que ces emplois leur donneraient de plus grands moyens de s'acquérir des mérites ; elle leur inspirerait le goût de l'étude, et, en les excitant au travail, les arracherait à l'oisiveté.

(Général MORAND.)

1085. — Les fonctions des officiers d'état-major exigent des hommes déjà formés, qui aient de grands talents et beaucoup de connaissances acquises. Mais comme il n'y a que les coups de fusil et les commandements de troupe devant l'ennemi qui puissent former les bons officiers, il serait du bien de ces officiers et du service en général de les *reverser dans les corps* après quelques campagnes faites dans l'état-major, en leur accordant un grade supérieur s'ils l'ont mérité. De cette façon on formera de grands officiers.

(*Mémoires du comte* DE SAINT-GERMAIN, 1776.)

1086. — Avant 1870, le corps d'état-major a manqué d'une direction supérieure qui eût fixé les doctrines, discipliné les esprits et donné l'impulsion dans le sens même de la guerre; qui eût discerné les supériorités, éliminé les médiocrités et créé un personnel qui ne doit compter que des capacités.

(Colonel MAILLARD.)

1087. — Custine, manquant d'état-major, demanda aux corps de troupes les officiers les plus capables d'en bien remplir les fonctions, et en peu de temps des officiers généraux, tels que Kléber, Jourdan, Desaix, Gouvion-Saint-Cyr, sortirent de cette école.

(Général BILLOT.)

1088. — L'état-major est l'indispensable auxiliaire du commandement; il prête un concours puissant au général, qu'il tient au courant des situations et du terrain. Il s'occupe de la bonne rédaction et distribution des ordres. Les fonctions de l'officier d'état-major sont importantes, difficiles, exigent du coup d'œil et une instruction militaire approfondie. Il doit voir pour son chef qui met en lui toute sa confiance. C'est à lui qu'incombe le soin de réunir des voitures pour les blessés, de diriger les bagages, les convois de prisonniers, d'assurer les distributions, de chercher des guides. Dans chaque état-major, un officier désigné d'avance a pour mission spéciale de *rester toujours orienté*, la carte à la main, sur le champ de bataille. Aussi l'instruction théorique et pratique des officiers d'état-major en temps de paix doit-elle être l'objet d'un soin et d'un contrôle incessants.

(*Spectateur militaire*, septembre 1874.)

1089. — Les états-majors ne peuvent pas avoir d'initiative. Ils sont les yeux, les oreilles, la voix de leur général; de telle sorte que dans tout ce qu'ils font et défont en matière de service, leur devoir est de s'identifier avec lui. Aussi le chef d'état-major a-t-il besoin de posséder toute la confiance de son général.

(Général JARRAS.)

1090. — Si le commandant en chef discrédite lui-même son état-major, les ordres qu'il donne par l'intermédiaire des officiers qui le composent, étant paralysés d'avance, ne sont pas exécutés ou le sont mal, et c'est encore le commandant en chef qui est responsable des irrégularités qui se produisent.

(Général JARRAS.)

1091. — Au nombre des attributions de l'état-major en temps de paix se trouve la mission d'étudier, dans ses plus minutieux détails, le groupement des grandes masses de troupes, ainsi que leur transport, dans l'éventualité d'une guerre quelconque, et de tenir prêts à l'avance les projets d'exécution nécessaires.

(*Relation officielle de la guerre de* 1870 *par le grand État-major allemand.*)

1092. — Les idées prussiennes sur les services des états-majors prennent le contre-pied des tendances françaises. Elles partent de ce principe, qu'il est urgent, dans l'intérêt de l'armée, de décharger le commandement en chef de tous les soins et de tous les travaux secondaires inhérents à l'exécution des ordres qu'il donne.

(Baron LAHURE.)

1093. — Les aides de camp sont les instruments les plus actifs du commandement. Attachés à la personne du général, ils ne reçoivent d'ordre que de lui. Leurs fonctions sont aussi difficiles que délicates ; elles exigent surtout du tact, une vive intelligence et une activité de tous les instants. Jouissant souvent de la confiance entière des généraux, initiés à tous leurs projets, ils doivent les comprendre, en suivre même les conséquences et agir avec la plus grande discrétion.

(DE ROUVRE.)

1094. — Malheur au jeune officier d'état-major, qui, en sortant des écoles, s'imagine que son mérite d'écolier puisse contrebalancer la double majesté du commandement et des années et

ÉTATS-MAJORS. 369

être mis en comparaison avec la connaissance des hommes, l'expérience des faits, la tradition des triomphes et le sentiment des devoirs militaires.

(Général Blondel.)

1095. — L'officier qui ne peut aborder résolûment les questions et les situations difficiles, n'est pas à sa place dans les fonctions de chef d'état-major, parce qu'en redoutant les responsabilités pour lui, il rend son personnel hésitant et craintif.

(Thiébaut.)

Des ordres, importance capitale de leur rédaction précise et de leur exacte transmission.

1096. — La rédaction des ordres est d'une importance capitale. Si la clarté, la précision, la connaissance de la guerre et l'attention de rien omettre sont nécessaires *à tout ce qui tient au service d'état-major*, on conçoit combien elles le sont à un haut degré pour tout ce qui se rapporte à la rédaction d'ordres dont peut dépendre le sort de l'armée entière.

Ils doivent donc être faits avec cette parfaite connaissance des détails qui prévient les oublis, et avec cette précision rigoureuse qui, avare d'expressions, n'emploie que le mot juste et nécessaire.

(Général Thiébaut.)

1097. — Le *commandement vocal* n'admet aucune gradation; il est déjà une partie de l'exécution. L'*ordre*, au contraire, varie depuis le plus haut degré de précision jusqu'à la plus grande généralité. L'*ordre* ne se confond pas avec l'exécution; il implique un mandat, une mission. Tout ce qui est rangé sous le commandement vocal n'a aucune volonté: mais dans la région d'action de l'ordre, les éléments acquièrent une certaine indépendance); l'*ordre* offre plus de généralité, de latitude, et il faut que ce qui y manque en développement soit complété par l'intelligence et par la volonté de celui qui le reçoit.

(Clausewitz.)

1098. — C'est à la bonne organisation du service des secrétaires que l'on doit l'expédition rapide de la correspondance et la libre action des états-majors dans la sphère véritable de leur mission.
(Baron Lahure.)

1099. — C'est dans le but de soulager les officiers d'état-major dans l'accomplissement d'un travail de bureau et d'écritures, dépourvu d'intérêt militaire que nous avons proposé de créer, à côté du service d'état-major, un service permanent d'officiers archivistes et de secrétaires constituant la *chancellerie d'état-major*.
(Général Chareton.)

1100. — Napoléon avait pour principe que la nuit, indispensable au repos des troupes, devait suffire aux généraux pour rendre compte, demander des instructions et les obtenir. Mais cette prodigieuse machine ne pouvait recevoir l'impulsion qu'à la condition que le génie moteur principal serait toujours debout et éveillé, du moins au moment le plus essentiel pour l'expédition des ordres. En conséquence, Napoléon se couchait ordinairement à 6 ou 7 heures du soir, se relevait à minuit et dictait sa correspondance pendant toute la nuit. C'était en effet le cas de veiller sans cesse, ayant à mouvoir des masses immenses, et à les mouvoir avec une précision rigoureuse.
(Thiers, *Histoire de l'Empire.*)

1101. — Tout ordre important, et particulièrement tous les ordres de mouvement qui tiennent à des opérations majeures, doivent être portés par des adjoints à l'état-major.
(Général Thiébaut.)

1102. — L'officier qui envoie un ordre verbal le fait répéter par celui qui est chargé de le transmettre. Les ordres importants doivent être portés par plusieurs officiers suivant des chemins différents; autant que possible ils doivent être écrits.
(*Décret sur le service en campagne.*)

1103. — Une place sûre pour garantir un ordre secret, c'est le canon du pistolet : là, roulé en boule et entortillé dans un peu de papier qui le garantit, il est posé en guise de bourre, et si le porteur voit qu'il ne peut le sauver, en faisant feu à la dernière extrémité il le détruit.

(Général DE BRACK.)

1104. — Tout officier d'état-major en mission dans un pays occupé par des postes ennemis doit toujours être prêt à faire disparaître ses dépêches ; il se prépare à faire des réponses adroites aux questions que l'ennemi peut lui adresser sur l'objet de sa mission ou sur la situation de l'armée et ne doit se laisser intimider par aucune menace.

(*Service en campagne.*)

Espionnage.

1105. — M. de Louvois *seul* était bien servi par ses espions, mais il n'épargnait pas l'argent ; *tous les Français qui étaient en Allemagne* ou en Hollande étaient des espions à ses gages ; maîtres de danse ou d'escrime, serviteurs, écuyers, dans toutes les cours. Après sa mort on n'a pas su continuer ce système, voilà pourquoi les ministres d'aujourd'hui sont si ignorants.

(*Correspondance de la Duchesse d'Orléans, mère du Régent.*)

Qualités et devoirs du parlementaire.

1106. — Le parlementaire doit être choisi parmi les officiers de l'état-major, ou sous-officiers, qui ont le plus d'habitude de la guerre des avant-postes et le plus de connaissance de l'ennemi auquel ils se présentent.

(DE BRACK.)

1107. — Le parlementaire doit faire son possible, lorsqu'il est arrivé à l'état-major ennemi, pour tout voir et pour tout entendre. *Tout voir* signifie embrasser d'un prompt regard la configuration du terrain, la force des troupes, leur état physique et moral.

Pour l'œil exercé, cette connaissance doit être entière, malgré les précautions matérielles prises par l'ennemi et le vernis de jactance sous lequel les états-majors croient toujours pouvoir cacher leurs inquiétudes et leurs projets. *Tout entendre* signifie ne pas perdre une syllabe de tout ce qui se dit autour de soi. Seuvent un mot échappé à un jeune officier, à un soldat, instruit mieux que tous les discours calculés d'un général. Il faut que le parlementaire n'oublie pas qu'il est lui-même sur la sellette, et qu'il est l'objet d'une attention égale à celle qu'il porte à tout ce qui l'entoure.

(De Brack.)

De la Préparation
de la guerre et du service d'État-major.

S'imaginer que l'on peut de nos jours entreprendre une guerre sans préparation et qu'il suffit pour vaincre d'une phrase sonore et d'une attitude belliqueuse; compter sur l'enthousiasme populaire, sur l'activité et les improvisations d'un ministre audacieux pour tout sauver *in extremis,* ce sont là de ces aberrations qui, lorsqu'elles s'emparent des classes dirigeantes, trahissent chez un peuple un affaiblissement moral inquiétant. Une telle erreur, contraire à l'enseignement de l'histoire, à l'expérience de la guerre et au simple bon sens, ne peut prendre sa source que dans un vice d'éducation nationale et dans le mépris des maximes et des institutions qui de tout temps ont été reconnues nécessaires à la grandeur des nations.

Si les maîtres de la science militaire ont insisté jadis sur la nécessité de consacrer de longue main les loisirs de la paix à l'étude des plans de campagne, à l'instruction des chefs et des troupes, à la préparation des armes, des engins, des approvisionnements, des places fortes, combien à notre époque cette prévoyance n'est-elle pas encore plus indispensable? Les progrès de la civilisation et de l'industrie modernes ont tellement accru l'influence de la science, des combinaisons techniques, des inventions, des communications et du mécanisme dans la conduite générale de la guerre, que de deux nations d'égale puissance, celle qui engage les hostilités la première avec un plan étudié, des troupes et un matériel complètement organisés, a la presque certitude de vaincre. La supériorité du nombre, dans certaines limites, peut généralement être contre-balancée avec succès par la supériorité d'organisation, de direction et de puissance morale. Aussi toutes les mesures propres à faciliter la mobilité et la concentration des forces militaires, à donner aux mouvements d'ensemble des corps une cohésion et une régularité mathématiques ont-elles acquis de nos jours une importance de premier ordre.

Les principes classiques relatifs à la répartition et au déplacement des masses armées sur l'échiquier stratégique n'ont pas varié. Ils sont plus nécessaires que jamais; mais il faut apporter dans leur application une célérité et une précision exemptes de toute hésitation. Or, il est impossible d'obtenir ce maximum de déplacement de force et de mobilité dans un temps relativement très court, si l'on ne possède pas un mécanisme militaire parfait, dont les moindres organes aient été étudiés, ajustés et exercés méthodiquement pendant les loisirs de la paix. C'est la création, dans tous ses détails, de ce puissant organisme; c'est l'étude pratique des mouvements et des efforts dont il est susceptible, des résistances qu'il peut rencontrer et qu'il doit vaincre, c'est l'entretien continuel de ses diverses parties, qui constituent la *préparation de la guerre* et la *science du commandement*.

On a reconnu que pour donner à une armée moderne la mobilité, la force et l'élasticité qui lui sont indispensables, il convenait de répartir les éléments vivants et matériels qui la composent en plusieurs groupes ou *corps* identiques renfermant les mêmes systèmes spéciaux d'exécution. Chaque système se décompose en organes tactiques qui se subdivisent eux-mêmes en unités d'action immédiate. C'est ainsi qu'une armée comprend plusieurs corps d'armée dont chacun renferme deux ou trois *divisions*, et que chaque division se partage en bataillons, escadrons, batteries, formant les unités de marche et de combat. Dans chaque corps d'armée, les organes de même ordre sont constitués d'après un type uniforme en évitant toute complication inutile.

Le groupe principal, ou *unité stratégique*, doit pouvoir marcher, camper, vivre et combattre isolément, sous les ordres d'un chef unique responsable, qui ne reçoit du généralissime que le programme ou la directive des mouvements à exécuter. Cette décentralisation est excellente pour obtenir la rapidité dans les marches, la précision et l'énergie dans l'exécution des opérations de guerre. Un pareil organisme ne peut fonctionner régulièrement qu'à la condition expresse qu'il existe entre la volonté supérieure qui dirige tout, et les groupes exécutifs de divers ordres qui le composent, une correspondance incessante, presque inconsciente, qui porte la vie dans toutes les ramifications du mécanisme, comme le système nerveux d'un corps vivant transmet jusqu'aux organes les plus éloignés l'action du cerveau. Cette émanation vivante et intelligente du commandant suprême d'une armée, agent universel d'information, d'impulsion et de transmission, reliant constamment la tête avec les instruments d'exécution, c'est l'*État-major*.

De même que les ramifications nerveuses viennent, suivant un ordre hiérarchique, aboutir à la colonne vertébrale, centre d'activité directement soumis au cerveau, de même aussi toutes les branches variées du service de l'état-major viennent se rattacher à un tronc commun qui est représenté par le *Chef d'État-major de l'armée* en temps de paix et par le Major général en temps de guerre.

Le chef d'État-major de l'armée, dépositaire et interprète fidèle de la pensée directrice, a pour collaborateurs les chefs et officiers des divers groupes constituant l'État-major de l'armée, chargés d'étudier les questions et de rédiger les ordres et instructions destinés à faire concourir hiérarchiquement les organes et services de l'armée à une opération ou à un but déterminé.

Ce fonctionnement harmonieux du centre nerveux ou de l'État-major de l'armée est encore plus nécessaire en temps de guerre où toutes les grandes mesures de direction doivent être décidées et ordonnées dans un temps très court, au milieu de circonstances critiques et souvent dramatiques qui varient chaque jour. C'est alors que l'on reconnaît combien il est indispensable pour que le commandement suprême puisse s'exercer librement, qu'il y ait une union intime et confiante entre le généralissime et l'État-major général des armées.

Une armée dans laquelle le service d'état-major ne fonctionne pas avec la prévoyance et la précision nécessaires, est comparable à un homme à qui le système nerveux fait plus ou moins défaut ; elle ne tarde pas à être paralysée. Il peut s'y produire encore çà et là quelques mouvements énergiques et convulsifs, mais il n'y a plus de coordination, le désordre envahit tout et elle est fatalement condamnée à une catastrophe.

Tel fut le sort à jamais lamentable de notre belle armée du Rhin en 1870 autour de Metz! Personne n'ignore plus en effet aujourd'hui que cette armée, composée de troupes excellentes commandées par des chefs de corps d'une valeur admirable, devait infailliblement battre les Allemands pendant leur imprudente marche de flanc et les rejeter en désordre dans la Moselle. Si le général en chef n'avait, dès le début, par son indécision et par son attitude ambiguë et méfiante, paralysé l'initiative et l'action de son état-major général... Le système nerveux fonctionnant mal, les yeux n'ont pas vu, les oreilles n'ont pas entendu et les corps d'armée ne sentant pas planer sur eux la pensée directrice et vigilante, ont combattu à tâtons, dépensant sur place, en pure perte, dix fois plus d'efforts valeureux et de dévouements héroïques qu'il n'en eût fallu pour gagner deux batailles bien dirigées.

Il faut donc que le commandement sache employer l'état-major, qui est son collaborateur indispensable mais subordonné. L'État-major ne peut, en effet, à aucun titre constituer un organisme séparé et indépendant possédant une autonomie quelconque en dehors du généralissime.

Attribuer à l'État-major général une initiative et une responsabilité distinctes de celles du général en chef serait contraire aux deux principes organiques de l'existence des armées : la discipline hiérarchique et l'unité de commandement.

C'est pour ces motifs de haute philosophie militaire qu'il convient de considérer l'état-major non comme une *arme ou un corps spécial,* mais bien comme un *agent général d'exécution.* On ne peut se faire une idée exacte de cet agent subtil, sorte d'excitateur universel, véritable courant galvanique des armées, qu'en le comparant, ainsi que nous l'avons fait, au système nerveux du corps humain, qui, loin de fonctionner comme un organe local tel que le cœur ou l'estomac, joue au contraire le rôle d'un agent récepteur et transmetteur, qui reçoit et répartit l'activité du centre cérébral jusque dans les dernières ramifications des membres et des organes de locomotion et de nutrition.

Si l'on se place bien à ce point de vue scientifique, toute obscurité disparaît ; la mission et les devoirs du service d'état-major apparaissent nettement à l'esprit.

La principale mission de l'état-major en temps de

paix consiste : 1° dans la préparation de la mobilisation, de la concentration et des transports stratégiques ; 2° dans la réunion des documents géographiques et statistiques ; 3° dans les grandes manœuvres, et 4° dans l'étude des divers théâtres où la guerre peut avoir lieu.

La *préparation de la guerre*, vers laquelle le génie de Napoléon était toujours tendu, et qui avait été si étrangement négligée avant 1870, doit être actuellement la préoccupation principale des nations menacées par l'Allemagne.

Il ne suffit pas d'avoir un système de recrutement et d'appels qui permette de mettre à un moment donné plus de deux millions d'hommes sous les armes ; il faut constituer avec ces éléments des unités stratégiques de première et de seconde ligne, incessamment renouvelables, instruites, bien commandées et réparties de façon à pouvoir être transportées par voies ferrées vers la frontière dans un délai de quelques jours. — Toute la préparation de la guerre doit tendre à ce but suprême : « La concentration rapide des forces nationales organisées pour le combat. »

Cette période de la mobilisation est la phase décisive de l'effort national. C'est à ce moment où toutes les forces du pays sont tendues vers le même but que l'on peut juger de la puissance d'un gouvernement, du patriotisme de la nation armée et de la valeur des états-majors.

La concentration rapidement accomplie, grâce aux chemins de fer, on entre dans la période des opérations réellement stratégiques. C'est alors que commence le rôle actif du commandement et du service d'état-major en campagne. Il est d'autant plus nécessaire que tous les rouages du commandement, de la préparation et de la transmission des ordres soient ajustés et mis à l'essai dès le temps de paix, qu'il ne sera plus possible de les improviser le jour de la déclaration de guerre. A l'heure même où le télégramme de mobilisation est lancé, tout le mécanisme du commandement doit fonctionner de lui-même sans frottement, sans précipitation, avec la régularité méthodique indispensable pour mouvoir des masses énormes sans désordre dans un temps extrêmement court.

Si le Major général et ses officiers sont à la hauteur de leur tâche difficile, le généralissime devra avoir l'assurance que tous les services fonctionnent avec ordre et régularité ; il sera, par suite, débarrassé des préoccupations de détail et pourra exercer en toute plénitude et liberté son action dirigeante en concentrant son attention et ses facultés sur l'étude du théâtre d'opérations, des projets de l'ennemi et des combinaisons d'ensemble.

Il faut donc qu'un chef d'état-major soit apte à comprendre toutes les affaires, à proposer des décisions rapides et justes, à traduire la pensée du général en chef et à la transmettre avec toutes les explications nécessaires aux chefs de corps et de service. Aussi doit-il posséder un jugement droit, un caractère égal, une rédaction claire et précise, une grande facilité d'assimilation et d'exposition, beaucoup d'ordre, et cette expérience philosophique des hommes et des choses, grâce à laquelle aucune circonstance essentielle ne lui échappe.

Il ne doit pas se contenter d'exécuter les ordres du généralissime, il doit les provoquer, et dans les circonstances critiques il ne doit pas hésiter à proposer un bon conseil et à faire des observations opportunes.

Quant aux officiers du service d'état-major, ce n'est qu'après plusieurs années d'étude, d'expérience et de préparation jointes à une intelligence vive et à une instruction complète qu'ils pourront être à la hauteur des missions multiples et délicates qui leur incombent en temps de guerre.

Sans parler des aptitudes physiques, d'une santé robuste et de l'habitude de l'équitation qui sont indispensables pour le service en campagne, l'officier d'état-major doit posséder un jugement froid et sain, un caractère calme et énergique et une connaissance complète du rôle des différentes armes et de l'art de la guerre.

Il doit surtout s'attacher, par un travail incessant, à développer ses aptitudes générales, et à bien se pénétrer de l'esprit des ordres qu'il reçoit, à rédiger avec précision ceux qu'il transmet, à comprendre le principe et la raison supérieure de toute combinaison militaire. Il doit surtout chercher à tirer de l'étude de l'histoire des guerres, de ses lectures et de ses observations personnelles les préceptes généraux qui règlent la conduite des troupes dans les diverses circonstances de marche, de station et de combat, de façon à acquérir ce coup d'œil militaire et cet instinct profond de la guerre qui permet de juger sûrement et rapidement une situation et de trouver sans hésiter la solution la plus simple et la plus pratique. Or, comme ces qualités ne pourront se trouver réunies que chez des officiers de choix et appelés à un avenir brillant, le service d'état-major doit être considéré comme l'école du commandement. Il en résulte que l'on a fait complètement fausse route, en France, en confiant les fonctions du service d'état-major à un corps spécial fermé au lieu de les donner à des officiers recrutés au concours parmi les plus distingués des quatre armes, ayant déjà fourni dans le service des troupes des preuves certaines de leur mérite et de leurs aptitudes générales. Ce n'est pas sans de sérieux motifs que les hommes qui font le plus autorité par la sûreté de leur jugement en matière militaire, tels que Frédéric II, le comte de Saint-Germain, Napoléon, le général Morand, le maréchal Bugeaud, etc., ont émis l'avis qu'au lieu de renfermer dans un corps spécial tous les officiers de l'état-major, il vaut mieux en étendre le choix sur la totalité des officiers de l'armée, sauf à compléter l'instruction des élus par l'obligation de suivre des cours spéciaux et de faire un stage d'essai. Nous ne pensons pas en effet que le plus sûr moyen de former de bons officiers d'état-major consiste à choisir de tout jeunes gens sortant de Saint-Cyr, sans expérience des troupes ni de la guerre, et à les faire rentrer aussitôt dans une seconde école où ils suivent avec ennui des cours qui ne sont guère que la répétition de ce qu'on leur a enseigné pendant les deux années précédentes.

Il est permis de douter que cette éducation en serre chaude, à chaque instant troublée par les distractions d'une vie toute mondaine, au milieu d'une capitale agitée de passions politiques et bourgeoises, soit de nature à former des Turenne, des Villars, des Vauban, des Masséna, des Davout, des Suchet, des Drouot, des Bugeaud, des Lamoricière, des Chanzy, etc. Ce n'est pas, en effet, parmi de jeunes écoliers plus ou moins savants et bien dressés qu'il faut compter trouver exclusivement les officiers expérimentés qui doivent interpréter et faire exécuter la pensée des généraux. Un officier ne peut être réellement formé qu'après avoir subi une phase d'incubation à laquelle les bancs de l'école ne peuvent suppléer. Il faut qu'il ait repris possession de lui-même, qu'il ait vu, observé, réfléchi, qu'il ait vécu de la vie du soldat, du régiment et de l'armée, qu'il se soit accoutumé au contact de la troupe, aux manœuvres des camps, qu'il ait assisté et pris part aux travaux des différentes armes, et surtout qu'il ait suivi, s'il est possible, une campagne de guerre.

Ce n'est qu'après ces premières et indispensables épreuves pratiques, complétées par ses travaux personnels, que le Saint-Cyrien ou le polytechnicien, mûri et transformé par la vie et l'expérience, pourra donner la mesure de son caractère et de ses aptitudes militaires. C'est parmi les capitaines de toutes armes de 28 à 32 ans qu'il est possible de trouver, par la voie d'un concours impartial et bien dirigé, les officiers réellement aptes à servir dans les états-majors. Les candidats admis devront suivre alors les cours et les exercices pratiques de l'École supérieure de guerre, qui sera la seule et la véritable école d'État-major [1]. Là, ils acquerront les connaissances dont l'exercice de la vie militaire leur aura fait reconnaître l'utilité, telles que : la politique de la guerre, le droit des gens, l'histoire militaire et économique de l'Europe, l'organisation et l'administration des armées, la stratégie, la tactique générale, la topographie, l'industrie militaire, le service de l'état-major et la science du commandement, etc. Les capitaines qui, au bout de deux ans, auront satisfait aux épreuves théoriques et pratiques de sortie de l'école, recevront un brevet d'aptitude au service d'état-major portant leur numéro de classement, et rentreront dans une arme différente de celle d'où ils sont originaires pour y faire une année de service effectif. Au bout de cette année, ils pourront être appelés, dans l'ordre de leurs numéros de sortie de l'École de guerre à faire le service d'état-major ou celui d'aide de camp auprès des généraux de division. Deux ans après, ils pourront être, s'il y a lieu, portés au tableau d'avancement; mais ceux qui seront nommés au grade d'officier supérieur iront en exercer les fonctions dans un corps de troupes pendant un laps de temps fixé par la loi et comprenant toujours au moins une période de grandes manœuvres. Ils seront ensuite rappelés dans le service d'état-major par ordre d'ancienneté avec le titre de chef d'escadron.

---

[1]. Ces opinions ont été exprimées par l'auteur en 1877, avant l'organisation de l'École supérieure de guerre actuelle.

C'est dans cette position, à laquelle ils arriveront encore assez jeunes, tout en présentant de sérieuses garanties d'instruction et d'expérience, que les officiers d'état-major seront appelés à exercer le plus activement et le plus utilement les fonctions directrices qui leur incombent; c'est parmi les mieux classés et les mieux notés d'entre eux que le ministre pourra choisir les chefs d'état-major des divisions de l'armée active. Il importe, en effet, de ne point laisser s'user dans des travaux secondaires de bureau qui peuvent être confiés à des adjudants ou même à des secrétaires d'état-major, les facultés d'officiers qui auront été recrutés au concours parmi l'élite des cadres de l'armée. Il faut que ces officiers, dès qu'ils en sont reconnus dignes et capables, soient investis de fonctions importantes qui les accoutument à la responsabilité et excitent leur émulation tout en leur laissant des loisirs qui leur permettent de continuer avec fruit les hautes études militaires. Le grade de colonel d'état-major ne pourra être accordé qu'aux lieutenants-colonels ayant servi au moins une année dans un régiment et qui auront été l'objet d'un classement à la suite d'épreuves théoriques et pratiques, épreuves auxquelles seront admis dans une proportion déterminée les lieutenants-colonels de toutes armes. Les colonels nouvellement promus serviront dans l'état-major, mais ils seront appelés au commandement d'un régiment dès qu'ils seront jugés dignes d'une proposition pour l'avancement et ils concourront dès lors avec tous les colonels de l'armée pour le grade de général de brigade.

Telle est l'organisation qui, en appelant par voie de sélection dans le service d'état-major les capacités les plus solides des différentes armes, peut seule assurer la bonne exécution de cet important et difficile service, tenir en haleine les cadres, les rajeunir et préparer une riche pépinière de chefs de corps et de généraux. Sagement combinées avec une loi générale qui base l'avancement non sur l'ancienneté ou l'élection, mais sur le *classement au concours*, ces dispositions relatives au service d'état-major exerceront sur la conduite et sur le moral des officiers de toutes armes l'influence la plus heureuse. Les agitations stériles, les compétitions non justifiées, les jalousies de corps, les intrigues disparaîtront pour faire place au sentiment du devoir professionnel et à cette émulation patiente, éclairée et studieuse, qui deviendra l'état normal de l'officier, dès qu'il aura la certitude de ne pouvoir obtenir un grade qu'après avoir donné des preuves suffisantes de capacité dans un concours impartial où tous les titres seront rigoureusement appréciés.

Depuis vingt ans l'armée réclame et attend qu'une loi sage et impartiale règle l'avancement. Nous émettons le vœu que cette loi si tardive soit enfin votée dans l'intérêt même de la grandeur future de la France.

TROISIÈME PARTIE

DIRECTION ET EXÉCUTION DE LA GUERRE

STRATÉGIE — TACTIQUE — COMBATS

> L'emploi actif des masses sur les points décisifs constitue seul les bonnes combinaisons stratégiques et il doit être indépendant des localités.
> (JOMINI.)
>
> Les armées qui agissent sur un même théâtre de guerre ne peuvent diriger leurs efforts vers un but commun et se prêter un mutuel appui, que si elles sont placées sous la direction d'un seul chef — un *généralissime*.
> (Général BERTHAUT.)

TROISIÈME PARTIE

DIRECTION ET EXÉCUTION DE LA GUERRE

STRATÉGIE — TACTIQUE — COMBATS

CHAPITRE XV

DIRECTION GÉNÉRALE DE LA GUERRE

CONCENTRATION DES ARMÉES — STRATÉGIE

> S'imaginer faire de grandes conquêtes sans combattre est un projet chimérique.
> (MONTECUCULLI.)

Direction et conduite de la guerre.

1108. — Les meilleurs projets sont ceux dont on dérobe la connaissance à l'ennemi jusqu'au moment de leur exécution.
(VÉGÈCE.)

1109. — Les Romains n'entreprennent aucune opération sans l'avoir préméditée ; mais leurs actions sont toujours les suites logiques de leurs délibérations.
(JOSÈPHE.)

1110. — Les plans les plus grandioses échouent presque toujours lorsqu'ils sont exécutés par des hommes qui ne les ont pas conçus.
(JOMINI.)

1111. — Tous les grands projets militaires sont annihilés d'avance s'ils n'ont pas été préparés en temps de paix et si l'on n'a pas pesé la question de savoir par quels moyens pratiques ils peuvent être réalisés.

(Von der Goltz.)

1112. — Général ou soldat, en tout et toujours, de loin comme de près, matériellement ou métaphysiquement : *Aie un but!* Quand on sait bien où l'on veut aller, il est rare que l'on n'arrive pas à ses fins.

(Bugeaud.)

1113. — Les plus illustres capitaines ont toujours eu de grandes armées quand ils ont voulu faire de grandes choses.

(Montecuculli.)

1114. — Dans la direction des opérations de guerre, la présence du général est indispensable; c'est la tête, c'est le tout d'une armée. Ce n'est pas l'armée romaine qui a soumis la Gaule, c'est César; ce n'est pas l'armée carthaginoise qui faisait trembler la République aux portes de Rome, mais Annibal; ce n'est pas l'armée macédonienne qui a été sur l'Indus, mais Alexandre; ce n'est pas l'armée française qui a porté la guerre sur le Weser et sur l'Inn, mais Turenne; ce n'est pas l'armée prussienne qui a défendu sept ans la Prusse contre les trois plus grandes puissances de l'Europe, mais Frédéric le Grand.

(Napoléon, *Mémoires*.)

1115. — C'est à juste titre qu'un commandant en chef est responsable de tout ce qui se fait dans son armée, parce que seul il donne l'impulsion aux divers éléments qui la composent. Cette responsabilité n'est elle-même que la compensation ou le correctif des pouvoirs en quelque sorte illimités dont il dispose.

(Général Jarras.)

1116. — La liberté d'action indispensable au général en chef suppose un but et dépend de deux facteurs : le Temps et l'Espace.

(Colonel Maillard.)

1117. — Les faits d'organisation et ceux d'exécution ne doivent pas être traités de la même manière; les uns réclament un examen approfondi, une discussion ; les opinions différentes doivent se manifester pour éclaircir les questions et empêcher les mesures passionnées, erronées ou inopportunes. L'action de plusieurs personnes réunies en conseil est alors nécessaire ; c'est le seul moyen d'obtenir des garanties d'impartialité dans le choix, de maturité dans les études, de solidité dans les décisions. Les autres, au contraire, exigent une décision prompte et énergique, ainsi qu'une responsabilité personnelle. Elles sont du domaine du commandement exercé par une seule personne.

(Général LEWAL.)

1118. — La science de la guerre se compose de trois combinaisons différentes et indépendantes dans leur exécution ; les opérations parfaites sont celles qui présentent l'application de ces trois combinaisons. — La *première* est l'art d'embrasser les lignes d'opérations de la manière la plus avantageuse (*c'est le plan de campagne*). — La *deuxième* est l'art de porter ses masses le plus rapidement possible sur le point décisif de la ligne d'opérations primitive ou de la ligne accidentelle (*c'est la stratégie*). — La *troisième* est l'art de combiner l'emploi simultané de ses plus grandes masses sur le point le plus important du champ de bataille (*c'est la tactique*).

(JOMINI.)

1119. — La guerre offensive est à tous égards la plus avantageuse et conduit le plus rapidement au but.

(Archiduc CHARLES.)

1120. — Toutes les connaissances de la guerre contribuent à savoir former un bon projet de campagne ; c'est là une partie des plus essentielles du général.

(FOLARD.)

Conditions que doit remplir un bon plan de campagne.

1121. — La guerre étant un métier d'exécution, toutes les combinaisons compliquées doivent en être écartées. La simplicité est la première condition de toutes les bonnes manœuvres ; il vaut mieux faire trois ou quatre marches de plus, et réunir ses colonnes en arrière et loin de l'ennemi, que d'opérer leur réunion en sa présence.

(NAPOLÉON, *Mémoires*.)

1122. — Un plan de campagne repose sur six combinaisons essentielles : 1° la situation politique des deux partis ; 2° la situation du moment ; 3° la force relative et les moyens de guerre ; 4° la répartition et l'emplacement des armées ; 5° la ligne d'opérations naturelle ; 6° la ligne d'opérations la plus avantageuse eu égard aux positions relatives des deux armées.

(JOMINI, *Traité des grandes opérations militaires*, ch. XIV.)

1123. — Un plan de campagne doit avoir prévu tout ce que l'ennemi peut faire, et contenir en lui-même tous les moyens de le déjouer. Un général irrésolu, qui agit sans principes et sans plans, quoique à la tête d'une armée supérieure en nombre à celle de l'ennemi, se trouve presque toujours inférieur à ce dernier sur le champ de bataille. Les tâtonnements, les mezzo-termine, perdent tout à la guerre. Chez un grand général, il n'est pas de grandes actions suivies qui soient l'œuvre du hasard et de la fortune, elles dérivent toujours de la combinaison et du génie.

(NAPOLÉON.)

1124. — On peut dire d'une manière presque absolue que le plan de campagne qui exige le moins de temps est le meilleur. Par conséquent, il ne faut tirer les corps de leurs garnisons, et les jeter sur le théâtre des opérations, que le plus tard possible, alors que l'on a dûment et irrévocablement arrêté ce que l'on veut entreprendre.

(Maréchal BUGEAUD.)

1125. — D'après le prince de Ligne et Napoléon, un plan de campagne doit satisfaire à six conditions principales :

1° Il doit indiquer clairement le but des opérations ;

2° Estimer les moyens et les ressources de l'ennemi sans exagération ;

3° Être basé sur une connaissance parfaite des hommes, des circonstances et du pays ;

4° Prévoir tous les cas, les succès pour en profiter, les revers pour y parer. Il doit par conséquent prévoir les manœuvres que l'ennemi peut faire et contenir en lui-même les moyens de les déjouer ;

5° Réunir l'exactitude des calculs préparatoires à la correction des mouvements d'exécution ;

6° Être fondé sur des moyens proportionnés à l'importance du but qu'on se propose.

(VIAL.)

1126. — L'organisation ne consiste pas seulement à bien distribuer les diverses parties d'une armée, elle consiste aussi à la recruter, à la nourrir. Sous ce rapport, l'art que Napoléon déploya pour porter les conscrits de leur village aux bords du Rhin, des bords du Rhin à ceux de l'Elbe, de la Vistule, du Niémen, les réunissant dans les dépôts, les surveillant avec un soin extrême, ne les laissant presque jamais échapper, et les menant ainsi par la main jusqu'au champ de bataille, cet art fut prodigieux. Il consistait dans une mémoire des détails infaillible, dans un discernement profond des négligences ou des infidélités des agents subalternes, dans une attention continuelle à les réprimer, dans une force de volonté infatigable, dans un travail incessant qui remplissait souvent ses nuits, quand le jour avait été passé à cheval.

(THIERS, *Empire.*)

1127. — La mobilisation n'est en résumé que l'orientation presque instantanée de toutes les forces vives du pays vers un but nettement défini : la défense nationale.

(G. G., *Nouvelle Revue.*)

1128. — Ceux qui ont à diriger la mobilisation doivent autant se garder du surmenage que de l'inaction et de la négligence. Rien dans ces moments décisifs n'est plus dangereux que la précipitation et la surexcitation nerveuse qui est devenue la maladie à la mode.

(VON DER GOLTZ.)

1129. — La concentration des armées est intimement liée à la mobilisation, qui décide de l'heure à laquelle elle pourra commencer, et au projet d'opérations qui détermine la zone de concentration, ainsi que les effectifs à rassembler. Cette opération comprend deux actes : le transport des troupes et le déploiement stratégique.

(Général DERRÉCAGAIX.)

1130. — On ne remplace pas par l'intelligence et la valeur des soldats, la prévoyance qui a fait défaut et les approvisionnements qui manquent.

(R. FRARY.)

Stratégie offensive.

1131. — L'offensive est le caractère essentiel qu'il convient de donner à toute guerre : elle exalte le courage des soldats, elle déroute l'adversaire, lui ôte son initiative, amoindrit ses moyens. Elle est très appropriée au tempérament français.

(Maréchal BUGEAUD.)

1132. — A peine chargé de la direction des opérations militaires, Carnot organisa la victoire sur nos frontières ; il donna à chacune des onze armées de la République une direction et un but assuré.

(A. PASCAL.)

1133. — A mesure que le chef s'élève, ses préoccupations deviennent plus graves ; le caractère des grands commandements est d'obliger leurs titulaires à penser, à réfléchir, à prévoir. L'importance des affaires qui leur sont soumises s'accroît sans cesse, il faut donc que le nombre des affaires diminue et que les détails s'éloignent de plus en plus de leur esprit.

(Général DERRÉCAGAIX.)

1134. — C'est dans une action offensive, et non dans la résistance, qu'est la victoire définitive.

(LLOYD.)

1135. — Batailler en détail sur tous les points n'amenait aucun résultat ; il fallait concentrer les masses sur un point décisif, écraser l'ennemi par des coups d'éclat et en finir avec la résistance extérieure. Ce système rationnel de guerre fut inauguré par Carnot, officier du génie du plus haut mérite.

(Th. Lavallée.)

1136. — Les campagnes d'hiver ont souvent pour conséquence inévitable la ruine des armées ; on ne doit en entreprendre que lorsque, par exemple, le froid, coagulant les cours d'eau, supprime tous les obstacles qui s'opposent aux marches ; ou bien quand l'ennemi a si maladroitement pris ses quartiers d'hiver que l'on peut l'y attaquer avantageusement.

(Archiduc Charles.)

1137. — N'attendez jamais l'ennemi dans vos foyers ; allez le chercher chez lui, où vous trouverez à la fois à vivre à ses dépens et à lui ôter ses ressources. En pénétrant sur son territoire, commencez par agir en masse avec toutes vos forces, et faites que les premiers avantages soient pour vous. Il est rarement sage de débuter par assiéger une place très forte, ou par offrir la bataille au gros de l'armée ennemie. Souvent l'entrée dans une ville ouverte, chef-lieu d'une riche province, l'envahissement d'un pays fertile, la destruction consécutive de plusieurs détachements, l'occupation d'une position centrale, de laquelle on puisse empêcher la concentration de troupes ou les formations de magasins ; toutes ces opérations, en offrant moins de chances contraires que les deux premières, auront dans beaucoup de cas des conséquences plus avantageuses.

Après quelques succès préliminaires, on tentera un grand coup, soit l'anéantissement ou la prise d'une armée, soit la prise de la capitale ou d'une place très importante ; lorsque ce résultat sera obtenu, il faudra redoubler d'énergie et pousser vigoureusement la guerre. Une fois qu'on aura bien établi sa supériorité matérielle et morale, on pourra subdiviser ses forces en plusieurs corps chargés de poursuivre des buts différents ; mais chacun de ces corps devra être en état de surmonter les obstacles qu'il sera exposé à rencontrer. Quand les résistances sont brisées, quand les ressorts du pouvoir militaire et administratif sont entre vos mains, concentrez-vous de nouveau, afin de paraître redoutable au moment de la conclusion de la paix, et jusqu'à ce que vos conditions soient souscrites, conservez une attitude menaçante, en évitant toutefois d'exaspérer les populations.

(Maréchal Bugeaud.)

Définitions de la Stratégie et de la Tactique en général.

1138. — Ne t'a-t-il appris qu'à mettre une armée en bataille, c'est-à-dire l'art des formations, ou bien t'a-t-il enseigné où et comment il faut user de ces diverses formations ? — Il ne m'en a rien dit. — Cependant il y a mille circonstances où l'on ne doit pas employer les mêmes formations ni conduire des troupes de la même manière. — Par Jupiter! il ne m'a rien fait connaître de tout cela. — Alors ton professeur ne t'a pas appris la véritable science du général en chef, et il t'a volé ton argent.

(Socrate, Dialogue de Xénophon.)

1139. — La stratégie a un double but : 1° réunir toutes ses troupes ou le plus grand nombre possible sur le lieu du combat, quand l'ennemi n'y a qu'une partie des siennes ; 2° couvrir et assurer ses propres communications tout en menaçant celles de l'ennemi.

(Marmont.)

1140. — La *Stratégie* est la science des combinaisons militaires; la *Tactique* est la science de leur exécution.

(Général Lewal.)

1141. — Le choix judicieux des points et des lignes stratégiques est le salut des armées dans les revers et la cause des plus grands résultats dans le succès.

(Marmont.)

1142. — C'est par la *stratégie* qu'un général dirige une campagne, embrasse par la pensée le *théâtre des opérations*, traverse les lignes de son adversaire, découvre les côtés faibles de sa base ou de ses points d'appui, lui enlève ses communications et ses ressources, enchaîne ses volontés et anéantit souvent jusqu'à ses derniers moyens, dans une seule bataille, qu'il sait amener d'après les règles de la stratégie et livrer selon les règles de la tactique.

(Archiduc Charles.)

1143. — Sur chaque théâtre d'opérations il existe toujours *certains points* dont la possession est politiquement et militairement décisive. Ce sont les *points stratégiques*.

(Général Paixhans.)

Lignes et bases d'opérations.

1144. — Les principes généraux pour la conduite des armées sont peu nombreux; mais leur application fait naître une foule de combinaisons qu'on ne peut toutes prévoir et poser comme règles absolues.

(Général Marmont.)

1145. — Les lignes d'opérations simples et intérieures sont toujours les plus sûres, car elles permettent d'agir en masse contre les divisions isolées de l'ennemi, s'il a l'imprudence de les engager.

Une ligne d'opérations double peut au contraire s'employer avec succès quand on a des forces tellement supérieures que l'on soit assuré de pouvoir présenter sur les deux parties des masses plus fortes que l'ennemi.

(Jomini.)

1146. — Les meilleures bases d'opérations sont les bases en équerre. Napoléon leur a généralement donné la préférence et les observations qu'elles lui ont inspirées ne laissent aucun doute sur la supériorité qu'il leur attribuait.

(Général Derrécagaix.)

1147. — Il faut dans la guerre de montagnes une grande prudence : on ne doit jamais se hasarder à passer dans les gorges sans être les maîtres des hauteurs. Alors toutes les embuscades cessent et l'on passe en sûreté.

(Maréchal de Saxe.)

1148. — Ne jamais attaquer les troupes qui occupent de bonnes positions dans les montagnes, mais les débusquer en occupant des camps sur leurs flancs ou sur leurs derrières.

(NAPOLÉON.)

Avantages que présentent les mouvements offensifs exécutés avec rapidité et audace. — Exemples historiques.

1149. — Les principes de César ont été les mêmes que ceux d'Alexandre et d'Annibal : tenir ses forces réunies, n'être vulnérable sur aucun point, se porter avec rapidité sur les points importants, s'en rapporter aux moyens moraux, à la réputation de ses armes, à la crainte qu'il inspirait, et aussi aux moyens politiques, pour maintenir dans la fidélité ses alliés, et dans l'obéissance les peuples conquis.

(NAPOLÉON.)

1150. — Dans la campagne de 1674, Montecuculli prit l'initiative, passa sur la rive gauche du Rhin pour y porter la guerre. Turenne resta insensible à cette initiative, il la prit lui-même, passa le Rhin, et obligea Montecuculli à se reporter sur la rive droite.

(NAPOLÉON.)

1151. — La guerre offensive d'invasion force quelquefois à allonger par trop la ligne d'opérations, surtout au milieu d'obstacles de tout genre favorables à la défense ; mais en cas de réussite, elle frappe l'ennemi au cœur, et termine rapidement la campagne.

(JOMINI.)

1152. — Jamais les principes de la guerre et de la prudence ne furent plus violés que dans la campagne d'Allemagne de 1796. Le plan du cabinet était vicieux, l'exécution en fut plus vicieuse encore. Que fallait-il donc faire? 1° les trois corps d'armée devaient être sous un même général en chef; 2° marcher réunis, n'avoir que deux ailes, et en appuyer constamment une au Danube; 3° s'emparer au préalable de quatre places de l'ennemi sur le Rhin, ou au moins ouvrir la tranchée devant elles et s'assurer d'Ulm pour faire sa grande place de dépôt sur le Danube au débouché de la Forêt-Noire.

(Napoléon.)

1153. — En 1796, Bonaparte attaqua l'armée alliée sur la crête des Apennins ; il pénétra en Italie, sépara l'armée sarde de l'armée autrichienne, obligea le roi de Sardaigne à signer la paix et força Beaulieu à se retirer dans le Tyrol. En moins de deux mois, il mit hors de cause l'armée austro-sarde et se rendit maître de la vallée du Pô jusqu'à l'Adige.

(Général Berthaut.)

1154. — Dans la campagne de 1797, Bonaparte passa la Piave et le Tagliamento, fortifiant Palma-Nova et Osopo, situés à huit marches de Mantoue. Il passa les Alpes Juliennes, releva les anciennes fortifications de Klagenfurt à cinq marches d'Osopo, et prit position sur le Simmering. Il s'y trouvait à 80 lieues de Mantoue ; mais il avait sur cette ligne d'opérations trois places en échelons, un point d'appui toutes les cinq ou six marches.

(Napoléon.)

1155. — En amenant à un point commun le maréchal Davout par sa gauche, le maréchal Masséna par sa droite, Napoléon se mit en mesure de faire face à tout, quelles que fussent les chances des événements, et il put couper devant lui la ligne ennemie, percer sur Landshut, puis se rabattre à gauche et accabler définitivement à Ratisbonne la grande armée autrichienne. Si nous l'osions, nous ajouterions qu'il vaut presque mieux avoir triomphé un peu moins, en se conformant aux véritables principes de la guerre (qui ne sont après tout que les règles du bon sens); avoir triomphé un peu moins, disons-nous, mais sans courir aucune chance périlleuse, que d'avoir triomphé davantage en donnant trop au hasard.

(Thiers, *Histoire de l'Empire*.)

1156. — Les succès extraordinaires obtenus par Napoléon dans les trois campagnes de 1800, 1805 et 1806, montrent combien sont grands les résultats que l'offensive stratégique peut procurer au général qui la prend avec intelligence, vigueur et énergie.

(Général BERTHAUT.)

Les armées doivent être bien concentrées et manœuvrières.

1157. — Il est une maxime incontestable pour les petites armées, c'est d'*agir toujours en masse*. Elles doivent renoncer à tout couvrir et viser seulement au but principal d'où dépend le résultat de la campagne.

(JOMINI.)

1158. — Un corps de 30,000 hommes doit toujours rester réuni, c'est la force d'une armée consulaire. Les Romains campaient chaque nuit dans un carré de 330 toises de côté.

(NAPOLÉON.)

1159. — Une armée ne peut guère se composer de moins de trois corps, et elle n'est réellement mobile et possible à approvisionner que si son effectif maximum ne dépasse pas 120,000 à 130,000 hommes.

(Général CHANZY.)

1160. — Dans la campagne de 1648 et dans celle de 1646, Turenne parcourt l'Allemagne en tout sens avec une mobilité et une hardiesse qui contrastent avec la manière dont la guerre s'est faite depuis. Cela tenait à son habileté et aux bons principes de guerre de cette école.

(NAPOLÉON, *Précis des campagnes de Turenne.*)

1161. — En 1805, le corps de Marmont, fort de 20,000 hommes, exécuta en 27 jours la marche stratégique d'Utrecht à Wurzbourg et ne laissa que *neuf* hommes en arrière.

(VIAL.)

1162. — En 1870, les forêts qui couvrent la rive droite de la Sarre favorisèrent la concentration des Ire et IIe armées allemandes, de même au mois de novembre la forêt de Marchenoir servit de rideau à la 1re armée de la Loire pour couvrir sa concentration. La stratégie doit donc tenir compte des forêts dans ses combinaisons.

(Général DERRÉCAGAIX.)

1163. — Une maxime de guerre qu'on ne doit jamais oublier, c'est qu'il faut rassembler ses cantonnements sur le point le plus éloigné et le plus à l'abri de l'ennemi, surtout lorsque celui-ci peut paraître à l'improviste. De cette manière, on aura le temps de réunir toute l'armée avant que l'ennemi puisse attaquer.

(NAPOLÉON.)

Principes fondamentaux de la stratégie.

1164. — Le *principe fondamental* de la guerre consiste à porter par des marches habilement combinées le gros des forces d'une armée successivement sur les *points décisifs* du théâtre des opérations, et autant que possible sur les *communications* de l'ennemi, sans compromettre les siennes ; à manœuvrer de manière à engager ses *masses* contre des *fractions* seulement de l'armée ennemie ; à diriger, au jour de la bataille, par des manœuvres tactiques, le gros de ses forces sur le point décisif du champ de bataille, ou sur la partie de la ligne ennemie qu'il importe d'accabler, et enfin à faire en sorte que ces masses ne soient pas seulement présentes au point décisif, mais qu'elles y soient mises en action [1] avec énergie et ensemble, de manière à produire un effort simultané.

(JOMINI.)

1165. — Les chemins de fer constituent une force militaire nouvelle ; mais quelque puissante qu'elle soit, cette force ne changera pas les principes de la stratégie.

(Général BERTHAUT.)

---

1. Cette action énergique des masses est ce que l'on peut très bien appeler la *force vive* de l'armée.

1166. — Quel que soit le but de la guerre offensive, le premier objectif à donner aux opérations consiste à rechercher la principale armée ennemie et à la combattre là où on la rencontre.

(Colonel Maillard.)

1167. — On ne doit former qu'une seule armée sur une frontière, et cette armée ne doit avoir qu'une seule ligne d'opérations.

Quand on a des ressources considérables, on peut former plusieurs armées sur la même frontière, à la condition que ces armées soient placées sous les ordres d'un seul chef (généralissime) et qu'elles agissent de concert de manière à pouvoir toujours se soutenir.

(Général Berthaut.)

1168. — La dissémination dans l'offensive, qu'elle se produise par la formation de plusieurs armées sur la même frontière ou par l'emploi de plusieurs lignes d'opérations, constitue une cause de faiblesse et par suite un danger.

(Napoléon, *Commentaires*, t. VI, 65 à 72.)

1169. — Sachez où est Abd-el-Kader avec le gros de ses forces ; massez les vôtres et marchez droit à lui. En détruisant le gros de ses forces vous frapperez du même coup les autres soulèvements et vous les verrez tomber.

(Maréchal Bugeaud.)

1170. — En 1800, l'Europe entière ignorait l'existence de l'armée de réserve, que déjà elle était au delà des Alpes et qu'elle s'emparait des communications de l'armée autrichienne.

(Vial.)

1171. — Dans la campagne de 1870, en débordant la droite des Français et les acculant à la frontière belge, le général de Moltke a fait une judicieuse application des principes posés par Jomini.

(Vandevelde.)

Stratégie défensive.

1172. — Le principal but de la stratégie défensive est de *gagner du temps*, de défendre et de garantir contre les entreprises ennemies le pays que l'on possède.

(Archiduc CHARLES.)

1173. — Quand on n'a fait que se défendre, on a couru des chances sans rien obtenir.

(NAPOLÉON.)

1174. — Garnir les places, rompre les ponts, abandonner les lieux sans défense, en retirer les troupes et les mettre en sûreté, ravager le pays où l'ennemi doit passer, en brûlant les maisons et gâtant les vivres ; avoir derrière soi des provisions assurées ; conduire l'ennemi dans les lieux où il n'en trouve point; inquiéter ses fourrageurs par des partis continuels ; l'empêcher de faire des courses, observer ses marches; le côtoyer, lui dresser des embuscades, tels sont les plus sûrs moyens d'épuiser l'ennemi sans se remuer.

(MONTECUCULLI.)

1175. — N'adoptez la défensive que s'il vous est impossible de faire autrement. Si vous êtes réduit à cette fâcheuse extrémité, que ce soit pour gagner du temps, attendre vos renforts, former vos soldats, nouer des alliances, éloigner l'ennemi de sa base d'opérations, et qu'une offensive ultérieure soit sans cesse le but de vos actions. Ne disséminez pas vos forces dans une multitude de places; que vos mouvements aient au contraire pour fin de vous grossir.

(NAPOLÉON.)

1176. — En principe, une armée qui ne peut être prête la première ne doit pas songer à diriger la guerre, mais bien à la subir. Dès lors, elle doit préparer la défense avec assez d'énergie pour triompher de l'offensive à la longue et reprendre ce rôle à son tour.

(Général DERRÉCAGAIX.)

1177. — Mon fils, je reçois votre lettre du 22 qui m'arrive par la poste; je vois avec peine que vous avez abandonné la Piave.

Vous trouvez étrange que l'ennemi ne s'y soit pas présenté ; j'aurais été étonné qu'il l'eût fait et qu'il ne se fût pas contenté de conquérir en un jour tout le pays de l'Isonzo à la Piave. Si, au lieu de couper le pont de la Piave, vous eussiez garni la tête du pont, et que vous eussiez montré l'intention de vous y défendre, l'ennemi n'aurait pas osé passer cette rivière. Venise n'eût pas été bloquée, et tout le pays entre la Piave et l'Adige livré au pillage. Mais si, contre toute attente, l'ennemi eût tenté de passer la Piave, et que vous n'eussiez pas été dans le cas de vous y opposer, qui vous eût empêché de vous retirer? Vous aviez vingt-quatre heures devant vous. Je vois avec peine que vous n'avez ni habitude ni notion de la guerre. J'ignore encore la situation de mon armée, l'état de mes pertes en hommes, en généraux, en drapeaux, en canons, et je suis livré aux rapports des Autrichiens qui sont nécessairement exagérés. Ne valait-il pas mieux me faire connaître l'état des choses? Il est douloureux de penser que, sans raison, tout le pays entre la Piave et l'Adige ait été pillé par les Autrichiens. *La Piave était une assez bonne ligne pour que vous ayez essayé de la garder.* Les Autrichiens sont si peu accoutumés à faire ainsi la guerre, qu'ils ont été étonnés que vous n'ayez pas conservé la ligne de la Livenza qui était une bonne ligne de ralliement pour vous. Aussi ne conçoivent-ils pas que vous ayez abandonné la Piave. *A la guerre on voit ses maux et on ne voit pas ceux de l'ennemi. Il faut montrer de la confiance.* Jusqu'à ce que l'ennemi eût tenté de forcer le pont de la Piave, vous deviez vous maintenir dans la tête de pont, et vous étiez toujours à même de couper le pont, quand même l'ennemi eût passé plus haut ou plus bas. — Le résultat de tout cela est très fâcheux pour moi et pour mes peuples d'Italie. La guerre est un jeu sérieux dans lequel on peut compromettre sa réputation et son pays. Quand on est raisonnable, on doit se sentir et connaître si l'on est fait ou non pour ce métier. Je sais qu'en Italie vous affectez de mépriser Masséna; si je l'eusse envoyé, ce qui est arrivé n'aurait point eu lieu. *Masséna a des talents militaires devant lesquels il faut se prosterner,* il faut oublier ses défauts, car tous les hommes en ont. En vous donnant le commandement de l'armée, j'ai fait une faute, j'aurais dû vous envoyer Masséna et vous donner le commandement de la cavalerie sous ses ordres. Le prince royal de Bavière commande une division sous le duc de Dantzig. Les rois de France, des empereurs même régnants ont souvent commandé un régiment ou une division sous les ordres d'un vieux maréchal. Je pense que, si les circonstances deviennent pressantes, vous devez écrire au roi de Naples de venir à l'armée ; il laissera le gouvernement à la reine, vous lui remettrez le commandement et vous vous rangerez sous ses ordres ; cela sera d'un bon effet et convenable. Il est tout simple que vous ayez moins d'expérience de la guerre qu'un homme qui la fait depuis seize ans. Je n'ai point de mécontentement des fautes que vous avez faites, mais de ce que vous ne m'écrivez pas, et que vous ne me mettez point à même de vous donner des conseils et même de régler ici mes opérations. Si vous savez l'histoire, vous savez que les quolibets ne servent à rien, et que les plus grandes batailles dont l'histoire fasse mention n'ont été perdues que pour avoir écouté les propos des armées. Je vous répète donc que je pense qu'à moins que l'ennemi ne se soit déjà retiré (et peut-être même dans tous les cas), il est convenable que vous écriviez au roi de Naples de venir à l'armée, vous faisant un mérite et une gloire de servir sous un plus ancien que vous. Vous lui manderez que vous êtes autorisé par moi à cette démarche, et qu'à son arrivée il trouvera ses lettres de commandement.

(Napoléon, *Lettre au prince Eugène*, 30 avril 1809.)

1178. — Le passage de l'ordre défensif à l'ordre offensif est une des opérations les plus délicates de la guerre.

(Napoléon.)

1179. — Une armée en se retirant n'est pas toujours obligée de regagner ses frontières : elle peut, par une marche parallèle à sa ligne de défense, changer la direction de sa ligne d'opérations et éloigner le théâtre de la guerre de son propre pays.

(Jomini.)

C'est toujours prendre un mauvais parti que de se laisser entourer et enfermer dans un camp retranché.

1180. — Faut-il défendre une capitale en la couvrant directement, ou en s'enfermant dans un camp retranché sur les derrières ? Le *premier parti est le plus sûr* : il permet de défendre le passage des rivières, des défilés, et de se créer même des positions de campagne, de se renforcer de toutes ses troupes de l'intérieur, pendant que l'ennemi s'affaiblit insensiblement. *Ce serait prendre un mauvais parti que celui de se laisser enfermer dans un camp retranché* : on courrait risque d'y être bloqué et d'être réduit à se faire jour l'épée à la main pour se procurer des fourrages. L'armée envahissante, supérieure *seulement d'un tiers*, rendrait les arrivages de convois impossibles et la famine serait bientôt dans le camp.

(Napoléon.)

1181. — Une armée ne doit jamais se laisser enfermer, il faut de préférence à tout qu'elle conserve la plus grande liberté dans ses mouvements.

(Maréchal Gouvion Saint-Cyr.)

Importance des grandes places stratégiques.

1182. — Dans l'intérêt même de la défense du pays, il est préférable d'avoir une armée active plus nombreuse et moins de places fortes ; mais ces places, réduites au nombre strictement nécessaire, doivent être solidement construites.

(Général Berthaut.)

1183. — On peut affirmer qu'il est absolument impossible de procéder à l'attaque d'une grande place de guerre située à l'intérieur d'un pays, tant qu'on ne s'est pas rendu maître des voies ferrées ou fluviales qui y mènent, afin d'assurer le transport de l'énorme matériel de guerre qu'exige une pareille entreprise.

(Maréchal de Moltke.)

1184. — On a beaucoup parlé des fautes de l'archiduc Charles dans cette campagne (1809). Celle de n'avoir pas mis Vienne en état de défense est certainement la plus grave. Le général Hiller et l'archiduc Louis, enfermés dans l'enceinte de cette capitale, derrière tous les ouvrages qu'on eût pu réparer ou élever, auraient rendu Vienne imprenable. Les armées d'Italie et de Bohême, ralliées ensuite sous ses murs, n'y auraient pas été faciles à battre. Gagner en rase campagne une grande bataille contre Napoléon était sans doute une prétention téméraire, surtout s'il fallait arriver à cette action décisive par de hardies et savantes manœuvres. Mais accepter, à la tête de toutes les forces de la monarchie autrichienne et adossé aux murs de la capitale, une bataille défensive, c'était préparer à Napoléon le seul échec contre lequel pût échouer sa fortune toute-puissante.

(THIERS, *Histoire de l'Empire.*)

1185. — Il y a des *Principes de stratégie* dont l'application raisonnée et judicieuse conduit à la solution rationnelle des problèmes de guerre, mais il ne faut pas confondre les principes qui s'appliquent selon les circonstances avec les règles invariables. Il n'existe pas et il ne peut exister des règles absolues.

(Général BERTHAUT.)

Nécessité pour les généraux de s'exercer aux applications de la Stratégie.

1186. — L'étude des principes de la stratégie ne saurait porter de fruits si l'on se bornait à loger ces principes dans sa mémoire sans chercher à s'initier dans toutes leurs combinaisons, et sans exercer fréquemment son jugement en les appliquant soi-même sur la carte, soit à des hypothèses de guerres fictives, soit aux opérations les plus instructives des grands capitaines.

(JOMINI.)

1187. — Pour un général, faire une belle marche stratégique n'est autre chose que porter la masse de ses forces sur un point décisif.

(JOMINI.)

1188. — Le général qui perd sa ligne d'opérations en tournant son adversaire commet une faute des plus graves et s'expose à un désastre.
(Général Berthaut.)

1189. — Il n'est plus permis aujourd'hui aux chefs d'armée de méconnaitre l'importance militaire des chemins de fer et d'ignorer qu'ils constituent un des principaux éléments de l'état militaire d'une nation.
(Général Berthaut.)

1190. — En 1794, Carnot, directeur des opérations militaires, mit en évidence les dangers de la dissémination par les succès qu'il obtint en portant successivement sur les points d'attaque des forces supérieures à celles de l'adversaire. C'est à l'emploi judicieux des forces que sont dues les victoires de Hondschoote et de Wattignies, la levée du siège de Landau et finalement le salut de la France.
(Général Berthaut.)

1191. — La véritable grandeur d'un commandant en chef se révèle toujours dans ces moments difficiles où il porte sur ses épaules le poids d'une grave responsabilité, où il prend une décision après avoir mis en œuvre pour le succès toute sa science et son expérience. C'est à la conduite qu'il tient dans ces circonstances critiques que l'on juge s'il possède le caractère et les talents nécessaires à un grand capitaine.
(Colonel Rustow.)

Importance des principes relatifs à la direction des armées et de la stratégie.

Il n'y a que des esprits superficiels qui puissent prétendre que les événements d'une guerre entre deux peuples soient fatalement subordonnés aux accidents de la fortune et du hasard. Il peut bien exister, en effet, de bonnes et de mauvaises chances pour des individus isolés ; mais le sort définitif d'une grande armée est toujours la conséquence forcée de son organisation, de la valeur morale et du génie de celui qui la dirige. L'histoire démontre avec une remarquable persistance que les succès dans la préparation, dans la conduite et dans les résultats de la guerre, sont toujours en raison de la vitalité, de l'éducation et de la confiance des nations, de la prévoyance, de la volonté et des talents des chefs qui les administrent et qui conduisent les opérations militaires. Or il n'y a plus de hasard là où la solidité des institutions, la sagesse, la volonté et la valeur réelle des chefs suprêmes dominent et dirigent les forces de la multitude.

Les mouvements et les chocs des grandes armées s'accomplissent en vertu de lois physiques et morales que les grands capitaines ont toujours devinées et respectées. La recherche, l'étude, l'intuition même de ces lois, ainsi que l'art profond qui consiste à calculer leurs effets en vue du succès de la cause que l'on soutient, constituent la véritable philosophie de la guerre. Celui qui néglige toute combinaison par insouciance, ou qui viole les règles par ignorance ou par incapacité, remportera peut-être quelques avantages partiels dus exclusivement à la supériorité de ses troupes ; mais comme il marche en aveugle, sans vues d'ensemble, il peut être certain d'aboutir en définitive à la défaite et à la désorganisation complète de ses armées. Il est, en effet, aussi impossible à un généralissime de triompher dans une grande guerre en s'écartant des principes rationnels, qu'à un ingénieur de construire une machine qui fonctionne contrairement aux lois de la mécanique. Or la connaissance et l'application des règles qui président à la direction des armées forment une science aussi complète que positive dont la théorie a été gravée en traits ineffaçables dans l'histoire du monde par Alexandre, Xénophon, Annibal, César, Turenne, Frédéric, Napoléon, Jomini, Bugeaud, etc.

Cette science existait chez les peuples civilisés de l'antiquité, elle s'appelait chez les Grecs : ἡ Στρατηγῖκη (τέχνη), *Stratégique*. C'est dans le même sens que nous devons employer le mot *stratégie*, qui, d'après les autorités les plus respectables, désigne la science nécessaire au général en chef, celle qui embrasse tout ce qui concerne la direction supérieure des grandes unités militaires. *Elle a pour objet essentiel de répartir, de faire mouvoir et de concentrer dans les meilleures conditions possibles, pour la conquête ou pour la défense d'un territoire déterminé, les forces armées dont on dispose sur un même théâtre d'opérations.* Le stratégiste doit tenir compte dans ses combinaisons de la configuration géographique qu'offre l'échiquier sur lequel il étend ses opérations, des limites naturelles ou fictives des nations neutres, du climat, de la statistique générale, de la viabilité, de l'état des moyens de transports, des ressources alimentaires qu'offre le pays, de la position respective des grands centres, de l'état sanitaire et de la vigueur des troupes.

Le mot *Tactique* vient de τάξις (arrangement, ordre, disposition); chez les Grecs le terme ἡ ταχτική (τέχνη) désignait l'art de grouper et de ranger les unités secondaires dans les différentes circonstances de station, de marche, de combat. Auxiliaire de la stratégie, la tactique se divisait en *proégétique* ou tactique de marche, *stratopédique* ou tactique de repos, *machétique* ou tactique de combat.

De nos jours cette définition doit être conservée dans son esprit ; seulement, les opérations secondaires embrassant un champ beaucoup plus vaste que dans l'antiquité, on a jugé convenable de diviser la science auxiliaire ou tactique en deux sections, qui sont :

La *Tactique* proprement dite, qui comprend les dispositions et formations secondaires des troupes pour les *marches*, les *camps*, les *combats*.

La *Tactique de bataille*, ou *Grande Tactique*, qui est l'art d'employer et de combiner convenablement les différentes armes sur le théâtre du combat, de manière à les faire agir de concert tout en obtenant de chacune d'elles un maximum d'effet.

Ainsi la tactique est, en réalité, une partie de la stratégie, et elle ne s'en distingue pas, comme on le dit trop souvent, par la proximité ou l'éloignement de l'ennemi[1], ni par l'absence de combinaisons. Ce qui particularise la tactique et la rend plus variable

---

1. Les marches de détachements, les campements, la conduite d'un convoi, sont des opérations de tactique ; or, elles s'exécutent très souvent loin de la vue de l'ennemi, loin des champs de bataille, et elles exigent, de la part du chef, certaines combinaisons autres que l'application aveugle d'un règlement. D'un autre côté, un mouvement stratégique peut exceptionnellement s'exécuter en vue de l'ennemi. Ce n'est donc pas sur le *voisinage* de l'ennemi que doit être fondée la distinction entre la stratégie et la tactique.

que la stratégie, c'est qu'elle doit faire mouvoir, dans un espace et dans un temps plus restreint, des groupes moins importants mais plus multipliés, en tenant constamment compte des conditions imposées par le matériel, l'armement, par les obstacles naturels et les accidents topographiques du sol. C'est donc un art de détail et de pratique, où le chef doit combiner à chaque instant de la manière la plus avantageuse le soldat, l'arme et le terrain. La tactique est, pour ainsi dire, à la stratégie ce que la topographie est à la géodésie ; la première remplit les mailles largement dessinées par la seconde.

Les personnes étrangères à la carrière militaire, mais qui sont familiarisées avec les questions techniques et industrielles, se feront une idée assez exacte de la stratégie en remarquant que cette science repose sur les mêmes axiomes mathématiques que la mécanique et l'économie politique. En effet, au point de vue matériel, une armée en opération est un puissant *instrument de travail,* c'est un mécanisme en mouvement sous l'action de certaines forces. Or tout mécanisme qui fonctionne bien obéit aux deux principes généraux suivants :

1° Le *travail total,* c'est-à-dire l'ensemble des efforts combinés avec les déplacements, est toujours proportionnel à la *somme des forces* vives développées par les organes.

2° La machine la plus parfaite est celle qui produit un *effet utile* maximum avec un minimum de pertes de travail et de résistances passives.

On doit conclure de la première loi, que plus la *force vive* développée ou latente d'une armée en opération est considérable, plus elle a de chances de fournir un *travail utile*, important, c'est-à-dire de remporter des succès rapides et décisifs. Or, en stratégie comme en mécanique, la *force vive* F_v d'un groupe en mouvement se compose de deux facteurs : la *masse* M du groupe et le carré de la *vitesse* V de son centre de gravité, ce qui s'exprime par la formule $F_v = MV^2$. On voit que si, la vitesse restant la même, on double ou triple la masse, la force vive et par suite l'effet total obtenu sera proportionnel à cette masse ; mais si, la masse étant constante, on double, on triple la vitesse, la force vive deviendra quatre fois ou neuf fois plus considérable. La vitesse est donc le facteur prépondérant, et l'art du général doit tendre à lui donner toute l'intensité compatible avec les moyens dont il dispose. Cet élément de succès, qui est capital dans l'offensive, dépend de différentes causes qui sont : la promptitude de la mobilisation, la précision et la bonne transmission des ordres, la vigueur physique et morale des troupes, la régularité dans la marche des colonnes, un emploi habile et opportun des chemins de fer et des communications fluviales. Quant au deuxième facteur M, il prendra la plus grande valeur possible si le stratégiste combine ses concentrations de façon à présenter toujours la masse principale de ses troupes sur le point où son adversaire est le plus faible et le plus mal gardé. Dans les opérations défensives, où l'on ne peut plus disposer de la vitesse aussi facilement que dans l'offensive, on doit compenser cette infériorité par une augmentation des masses, ce qui s'obtient en employant les obstacles artificiels, les places fortes et les ressources que procure l'art des fortifications.

Il résulte immédiatement de ces considérations, qu'étant donnés deux généraux engagés sur un même échiquier avec deux armées pourvues d'un armement équivalent, la victoire définitive appartiendra presque infailliblement à celui qui, gagnant de vitesse son adversaire, saura toujours lui présenter la bataille avec une supériorité de *force vive disponible*.

La seconde loi traduite en langage militaire signifie qu'il faut toujours s'appliquer à diriger les opérations d'une armée de manière à faire produire à chaque unité engagée le maximum d'effet, et à détruire à l'ennemi le plus de monde et de matériel possible, tout en ménageant ses propres forces et en évitant les faux mouvements et les dépenses inutiles. On arrivera à ce résultat par des moyens tout à fait analogues à ceux que prescrivent la mécanique et l'économie politique : en n'employant que des rouages simples, bien ajustés et faciles à réparer, en évitant les frottements, les chocs, les hésitations, les contre-ordres, qui produisent l'encombrement, le désordre et les retards ; en nourrissant bien les troupes, en supprimant toutes les complications mesquines et inutiles, en veillant avec sévérité à ce que les chefs soient instruits et fassent leur devoir, enfin, en n'offrant la bataille à l'ennemi que lorsqu'on a toutes les chances pour soi.

On retrouve l'application exacte de cette théorie

dans les admirables campagnes de Turenne sur le Rhin en 1646, 1672 et 1673 et en Alsace en 1674; dans les campagnes de Napoléon en Italie (1796), en Autriche (1805) et en France (1814), où ces deux grands hommes de guerre ont tourné, pris ou battu de puissantes armées avec des forces deux fois moins nombreuses.

Ainsi, en nous plaçant surtout au point de vue de l'impulsion que le général en chef doit donner aux grandes masses pour exécuter un plan d'opérations, nous pouvons dire que la stratégie *est la mécanique rationnelle de la guerre.*

La direction d'une opération de guerre comporte deux phases successives et distinctes : *la conception* et *l'exécution.*

La conception a pour objet de combiner un plan d'opérations sur un théâtre de guerre que l'on choisit si l'on peut attaquer le premier, mais qui est presque imposé par l'ennemi si l'on est attaqué. Appuyé sur les documents géographiques et statistiques de l'échiquier sur lequel il doit opérer, le stratégiste détermine tout d'abord sa base d'opérations et la ligne suivant laquelle il doit diriger ses forces de manière à menacer le plus possible les lignes de communications de l'ennemi, tout en couvrant les siennes. C'est dans ces principales dispositions que se manifestent le génie et la science du général en chef. Il est très rare en effet qu'une conception initiale défectueuse puisse être ensuite corrigée quand les grandes masses ont été mises en mouvement. C'est ainsi, par exemple, que la marche de flanc imposée de Paris à l'armée de Châlons, en 1870, fut une conception contraire à toutes les règles de la stratégie et qu'elle amena logiquement le désastre de Sedan. Il n'y avait pas là de hasard ou de mauvaise fortune à déplorer, il y avait une faute immense et impardonnable qui conduisait toute une armée à sa perte.

Les progrès de la science et de la civilisation, tout en accroissant la puissance et les effectifs des armées, n'ont presque rien changé aux principes et aux résultats de la stratégie ; les moyens d'exécution seuls ont été modifiés dans un sens qui rend les problèmes stratégiques plus faciles à résoudre avec une armée bien organisée et des chefs disciplinés et instruits.

On peut résumer ainsi les principes philosophiques qui doivent servir de base à la direction des opérations militaires :

I. — Les grandes entreprises guerrières ne réussissent que sous la direction d'un seul homme ; l'histoire nous montre qu'elles ont généralement échoué partout où le commandement a été partagé.

II. — On doit toujours choisir pour commandant en chef ou généralissime un homme de caractère, de résolution et de science, dans les talents et la probité duquel on ait assez de foi pour lui laisser une complète indépendance.

III. — Se donner toujours un but raisonné et bien défini et en poursuivre l'exécution avec opiniâtreté, sans se laisser détourner par les circonstances accessoires.

IV. — Le généralissime devant avoir la direction et la responsabilité des opérations, il faut qu'il soit désigné d'avance en temps de paix. Il est également nécessaire que le major général des armées en campagne soit le chef d'état-major général de l'armée en temps de paix.

V. — Le plan d'opérations et de concentration doit être préparé et étudié d'avance par l'état-major de l'armée d'après les vues et les instructions du généralissime.

VI. — Tout l'avantage, au début, se trouvant dans la vitesse de la mobilisation et de la concentration dont les dispositions doivent être arrêtées d'avance dans tous leurs détails, il faut s'imposer la loi absolue de ne point modifier le plan de concentration au moment de l'ouverture des hostilités.

VII. — On devra couvrir la mobilisation et se mettre à l'abri d'une attaque brusquée de l'ennemi, en maintenant sur le pied de guerre dans la région frontière une armée d'avant-garde pourvue d'une nombreuse cavalerie et de corps d'éclaireurs constamment prêts à entrer en campagne.

VIII. — Prendre l'initiative des mouvements ; ne pas attendre l'ennemi chez soi, mais aller l'attaquer chez lui où l'on trouve les moyens de vivre à ses dépens et de détruire ses ressources ; n'adopter la défensive que lorsqu'on est dans l'impossibilité de faire autrement.

IX. — Toute opération stratégique doit être le résultat d'une combinaison dans laquelle on calcule les relations des distances, du temps, des vitesses et des masses.

X. — Le principe fondamental de la *Stratégie* consiste à combiner les marches et les concentrations des corps d'armée de manière à faire agir successivement sur chaque point décisif de l'échiquier une *somme de forces vives* supérieure à celle qu'oppose l'ennemi.

XI. — Il ne faut jamais donner à sa ligne d'opérations une trop grande longueur, par rapport à la base d'opérations, et faire de grands mouvements de flanc.

XII. — La meilleure ligne d'opérations est celle qui vous conduit par le chemin le plus court sur un point faible de l'ennemi. Une ligne simple et intérieure, dont les flancs sont appuyés, est toujours plus sûre qu'une ligne double.

XIII. — Combiner les premiers mouvements d'une campagne de façon à tromper l'ennemi et à le forcer de montrer et de diviser ses forces.

XIV. — Une petite armée ne peut vaincre qu'à la condition d'être très mobile et d'agir avec toute sa masse. Le meilleur général est celui qui, tenant toutes ses forces réunies, n'est vulnérable nulle part et sait se porter rapidement avec toutes ses forces sur les points décisifs.

XV. — Le but principal de la guerre offensive consistant, aujourd'hui comme autrefois, à atteindre la principale armée ennemie et à la détruire, il faut charger une forte avant-garde de rechercher la masse principale, avec mission de l'arrêter par un engagement préalable. L'adversaire, obligé de prendre un dispositif de combat, se trouve fixé en une région déterminée, ce qui donne au général en chef assaillant le temps et l'espace nécessaires pour orienter les masses de l'armée principale et les diriger sur les points de la ligne ennemie qu'il veut rompre.

XVI. — Dans l'*offensive,* la rapidité et la précision des opérations sont une condition essentielle de succès. Il est donc plus sûr de prendre pour premier objectif une riche ville ouverte, et de s'y établir solidement dans une position centrale, que de s'arrêter, dès le début, au siège toujours long et difficile d'une grande place forte.

XVII. — Dans la *défensive,* il faut surtout gagner du temps, faire peu de mouvements, rester concentré, garder ses communications avec l'intérieur et menacer celles de l'ennemi, s'appuyer solidement à des lignes de résistance étudiées d'avance, afin de rétablir et d'accroître ses forces tout en affaiblissant l'ennemi et en l'éloignant de sa base d'opération.

XVIII. — Dans la guerre de montagnes il faut n'opérer qu'avec de petites armées, occuper les vallées, surveiller les hauteurs et ne jamais attaquer les troupes qui occupent de fortes positions, mais les débusquer en s'établissant sur leurs flancs ou sur leurs derrières.

XIX. — Un général doit toujours calculer ses mouvements et observer ceux de son ennemi, de façon à n'être jamais surpris et ne point se laisser enfermer, soit dans un camp retranché, soit dans une position tactique dont il ne puisse sortir.

XX. — La meilleure défense des capitales et des grandes places d'armes fortifiées consiste dans les opérations stratégiques latérales s'appuyant sur les positions saillantes de l'échiquier défensif. Une résistance tactique concentrique immobilise un trop grand nombre de troupes et finit presque toujours par amener l'investissement complet de l'armée de défense.

XXI. — Le moyen de défendre une capitale ou une grande place d'armes établie au croisement de nombreuses voies fluviales, routières ou ferrées, ne consiste pas à répartir l'armée de défense en un cordon sanitaire sur les périphéries de la place. Il faut au contraire occuper fortement par de puissants détachements, toutes les positions qui commandent les communications, jusqu'à 20 ou 30 kilomètres de la place ; avoir sur toutes les routes des postes avancés bien retranchés et reliés entre eux ; conserver ou créer en arrière sur les rivières des passages assurés permettant de porter facilement les corps de la défense d'un secteur dans l'autre, de manière à être toujours en mesure d'offrir à l'ennemi une armée concentrée sur le point qu'il veut attaquer.

XXII. — Dans les expéditions coloniales d'outre-mer, il est un principe essentiel qu'il ne faut jamais oublier, c'est d'opérer avec une petite armée concentrée, manœuvrière, bien acclimatée et d'assurer avec le plus grand soin les communications et les campements contre toute surprise. Si l'on doit pénétrer profondément dans le pays, il faut immédiatement construire un chemin de fer militaire à voie de 1 mètre pour assurer les ravitaillements, les évacuations et plus tard la colonisation.

Ces principes généraux sont très simples ; mais, comme leur application judicieuse exige beaucoup de tact et de sens, elle se rencontre rarement. Du reste, on l'a dit fort bien, nul ne peut mettre la victoire en équations ni établir des formules pour gagner des batailles, et le rôle de la fortune sera toujours considérable à la guerre. Toutefois, on peut, sans être prophète, affirmer qu'un général qui manque de prévoyance et qui viole les règles de la stratégie sera infailliblement battu s'il a en face de lui un adversaire qui opère conformément aux principes rappelés plus haut.

Une intuition toute particulière est nécessaire au généralissime pour embrasser et grouper rapidement dans son esprit le théâtre d'opérations, ainsi que les dispositions d'ensemble et les combinaisons stratégiques qui sont le développement du plan de campagne. Cette sorte de seconde vue s'appelle *coup d'œil stratégique*. C'est une faculté éminemment cérébrale, qui procède de la mémoire, du jugement et d'une aptitude à dégager dans chaque situation les relations générales et les facteurs prépondérants ; cette aptitude naturelle doit être développée et complétée par la réflexion, par l'étude comparée des guerres bien conduites et par des exercices d'application. Le travail du stratégiste est surtout un travail de cabinet qui s'accomplit silencieusement à l'aide des cartes, des situations d'effectif, des tableaux statistiques et des rapports de reconnaissances, il exige un esprit pénétrant et une connaissance approfondie du théâtre des opérations et des parties supérieures de l'art de la guerre.

Le *coup d'œil tactique*, au contraire, résulte de certaines aptitudes physiques, de l'expérience et de la pratique des manœuvres des troupes sur divers terrains ; il exige une bonne vue, une grande habitude de l'appréciation des distances, de l'orientation et du maniement des trois armes, du sang-froid, de l'à-propos et de la décision. Le stratégiste a besoin de plus de profondeur dans l'esprit et d'une plus grande somme de connaissances générales que le tacticien ; mais il n'est pas nécessaire qu'il connaisse aussi bien les manœuvres de détail, les règlements et la pratique des trois armes. Il résulte de cette distinction que l'on peut, à la rigueur, être bon stratégiste sans être excellent tacticien, et que certains officiers très habiles dans la tactique sont incapables de comprendre et d'appliquer convenablement la stratégie. Il est même à craindre que les officiers supérieurs qui n'atteignent au grade de général que vers la fin de leur carrière ne soient jamais bons stratégistes ; car il n'existe malheureusement dans notre système d'avancement aucune disposition qui oblige les officiers candidats au grade de général à faire preuve de connaissances approfondies sur les parties élevées de la science de la guerre.

Cette insouciance, jointe au discrédit dans lequel étaient tombées les hautes études militaires, explique parfaitement le désordre dans la mobilisation de notre armée, l'incertitude dans le plan d'ensemble, l'hésitation dans la direction et les nombreuses fautes de stratégie qui ont signalé la campagne de 1870. Nos soldats se sont généralement bien battus et ont souvent tenu tête à un ennemi très puissant sur des champs de bataille presque toujours mal choisis et sur lesquels ils n'étaient pas amenés avec la supériorité numérique. Nous sommes donc obligés de reconnaître que, de notre côté, la stratégie s'est toujours montrée inférieure à la tactique, tandis que c'est le contraire qui devrait arriver. Une faute tactique peut souvent se réparer, une faute stratégique en compromettant les opérations d'ensemble entraîne presque toujours des conséquences désastreuses. Ce n'est donc pas seulement aux jeunes gens inexpérimentés de nos écoles militaires qu'il faut enseigner les parties élevées de la *science de la guerre;* il est encore bien plus nécessaire d'en répandre le goût et l'étude parmi les cadres supérieurs de l'armée, en faisant de ces connaissances une condition essentielle de l'avancement au grade de général.

Concevoir et arrêter un plan de campagne, pénétrer les dispositions secrètes de l'ennemi, répartir par une mobilisation rapide les armées ou les corps d'armée sur le théâtre de la guerre, assigner à chaque grande unité une orientation et un objectif déterminés, tirer le meilleur parti des conditions géographiques, statistiques et climatériques du pays où la guerre s'engage, échelonner et assurer les bases d'opérations, embrasser de la manière la plus avantageuse les lignes d'opérations, dessiner les trajectoires et les dépôts des grandes masses d'hommes et d'approvisionnements, utiliser le mécanisme des transports en chemin de fer et combiner les étapes des unités stratégiques de façon à se présenter toujours sur le point décisif en bon état et avec la supériorité numérique, conserver et couvrir ses communications en menaçant celles de l'adversaire, prévoir à temps les événements et prendre sans hésiter les dispositions nécessaires pour les conjurer ou les mettre à profit, se donner dans chaque grande opération un but simple et bien défini, s'y attacher tout entier et le poursuivre avec une énergie intelligente, en passant par-dessus les petites choses ; tel est le rôle élevé de la stratégie, tels sont les objets qui doivent absorber toutes les méditations de ceux qui briguent le périlleux honneur de commander des armées.

Aujourd'hui que la nation entière est appelée à marcher pour défendre le sol de la patrie, elle est en droit d'exiger que les chefs à qui elle confie le sort de ses armées soient à hauteur de cette grande mission.

CHAPITRE XVI.

TACTIQUE GÉNÉRALE.
TACTIQUE DE MARCHE ET DE STATIONNEMENT.
LOGISTIQUE.

> « Le désordre dans la marche des troupes indique presque toujours l'indiscipline chez les soldats et le désordre dans l'esprit du général. »
>
> (Empereur Léon.)

Tactique générale.

1192. — La tactique est l'art des formations de marche ou de combat pour chaque espèce de troupes.

(Maréchal Marmont.)

1193. — La tactique a pour objet les diverses formations de troupes qui se rapportent aux trois situations dans lesquelles peut se trouver une armée : la marche, le combat, le repos.

(Colonel Rustow.)

1194. — La tactique est l'art qui enseigne le mode d'après lequel les grands projets doivent être mis à exécution et les combats menés sur un terrain donné.

(Archiduc Charles.)

1195. — La tactique exécute les mouvements qui sont commandés par la stratégie.

(Voltaire.)

1196. — La tactique est la combinaison des moyens préparés pour amener un résultat voulu.

(Dictionnaire de l'Académie.)

1197. — La tactique doit se transformer d'âge en âge... En tactique il ne suffit pas d'imiter, de se tenir à hauteur des autres, de copier servilement des instructions. Il faut innover.

(Général Lewal.)

1198. — Plus les circonstances tendent à détruire les liens tactiques, plus il faut d'autorité et d'énergie pour maintenir la discipline et l'ordre sans lesquels une troupe tombe en dissolution.

(Colonel Maillard.)

Tactique de marche. — Principes de Napoléon et de Bugeaud. — Échelonnement.

1199. — Si vous avez une longue marche à faire, partie dans votre pays et partie dans celui de l'ennemi, *vous obligerez dès le premier jour* vos troupes à marcher en très bon ordre et militairement, afin qu'en arrivant en pays ennemi, cette habitude se conserve, et que si l'on était attaqué inopinément, il n'y ait ni trouble ni confusion.

(Empereur Léon.)

1200. — Une armée ne peut se mouvoir sur une seule colonne, parce que l'immense allongement de cette colonne ralentirait la marche, augmenterait la fatigue des troupes et mettrait l'armée en danger d'être battue et renversée avant qu'elle pût se former.

(Guibert.)

1201. — Une marche de 32 kilomètres est la mesure à adopter pour les marches loin de l'ennemi. La cavalerie peut faire jusqu'à 50 kilomètres, et l'infanterie ne doit pas faire moins de 25 kilomètres. En tout cas, on ne doit jamais subordonner la marche des troupes à cheval à celle des troupes à pied.

(Maréchal Bugeaud.)

1202. — Deux principes sont à observer dans la préparation des marches stratégiques de flanc. Il faut d'abord couvrir la marche par un corps détaché qui manœuvre devant l'ennemi et soit toujours prêt à faire front dans la direction de son attaque.

Il faut ensuite éviter de faire marcher les équipages avec les troupes pour ne pas tomber en cas d'attaque dans le même désordre que l'armée prussienne avant Iéna.

(Général MATHIEU DUMAS.)

1203. — C'est de plain-pied que nous entrons dans la guerre. Il est donc nécessaire que l'armée soit toujours prête à marcher et à combattre.

(Colonel MAILLARD.)

1204. — Une armée doit être chaque jour, chaque nuit, à toute heure, prête à opposer toute la résistance dont elle est capable, ce qui exige que les soldats aient constamment leurs armes et leurs munitions, et que l'infanterie ait toujours avec elle son artillerie, sa cavalerie et ses généraux; que les diverses divisions de l'armée soient constamment en mesure de se soutenir, de s'appuyer et de se protéger, que dans les camps, dans les marches, dans les haltes, les troupes soient toujours dans des positions avantageuses qui aient les qualités exigées pour les champs de bataille, savoir : que les flancs soient bien appuyés, et que toutes les armes de jet puissent être mises en jeu dans les positions qui leur sont le plus favorables. Lorsque l'armée est en colonne de marche, il faut avoir des avant-gardes et des flanqueurs qui éclairent en avant, à droite et à gauche, et à des distances assez grandes pour que le corps principal de l'armée puisse se déployer et prendre position.

(NAPOLÉON.)

1205. — L'entraînement est une succession sagement calculée d'efforts progressivement accrus en raison du régime alimentaire et de la capacité de résistance de l'individu soumis à ce régime.

(Commandant BONNAL.)

1206. — Près de l'ennemi, les marches ne peuvent plus se faire par armes séparées, usant chacune de la vitesse qui lui est propre. Un corps d'armée ne peut guère faire plus de 15 à 20 kilomètres par jour; sinon les colonnes s'allongent, et on s'expose à des attaques fâcheuses. Les principes à observer sont les suivants :

1° Donner toujours par écrit l'ordre de marche;

2° Avoir autant de guides qu'il y a de fractions marchant séparément dans des directions parallèles;

3° Régler le départ d'après le but et les difficultés probables de la journée ;

4° Faire des haltes aussi fréquentes et aussi longues qu'il importera pour arriver en bloc, avec le moins de pertes et de fatigues possible ;

5° Faire marcher les corvées et bagages séparément des troupes devant l'arrière-garde ;

6° S'entourer des corps détachés, avant-garde, arrière-garde et flanqueurs, de façon que le corps ne puisse jamais être attaqué sans avoir eu le temps de prendre ses dispositions. S'il faut 15 minutes au corps principal pour se préparer dans le cas où l'ennemi serait signalé, le gros de chaque fraction devra se trouver à 2 kilomètres environ du centre de la colonne. La somme des parties détachées doit varier entre le 1/5 et le 1/6 de l'effectif des corps. Chaque détachement comprend la *pointe* chargée de voir l'ennemi, de fouiller le terrain, et composée des éclaireurs, flanqueurs et leurs soutiens ; le *gros* chargé d'appuyer la pointe et de l'alimenter ; la *réserve* servant d'intermédiaire entre le gros et le corps principal. La première fraction est de 1/6, la deuxième des 3/6 et la troisième des 2/6 de tout le détachement.

(Maréchal Bugeaud.)

1207. — La facilité et la célérité des marches dépendent de la manière de former les colonnes.

(De la Pierre.)

1208. — Lorsqu'une colonne part, soit d'une ville, soit d'un poste de ravitaillement, la première marche doit être d'un tiers plus courte que celles qui suivront.

(Général Yusuf.)

1209. — La question de la chaussure est une des plus graves. Tous les réservistes au début de la guerre auront des chaussures neuves : les premières marches seront pénibles et causeront beaucoup d'indisponibles.

(Colonel Maillard.)

1210. — On doit toujours s'arrêter *au delà* et jamais en deçà *des défilés et des forêts* que l'on doit franchir, et près desquels doit se terminer la marche.

(Maréchal Bugeaud.)

1211. — La conservation absolue des distances entre les unités dans la marche en colonne équivaut à leur suppression et conduit nécessairement à la rigidité de la colonne, à l'allongement, à la fatigue physique et morale des hommes et des chefs.

(Colonel Maillard.)

1212. — Le dispositif de marche, le fractionnement de la colonne en colonnes de bataillon et de batterie, les distances qui devront exister au départ entre chacune de ces colonnes, feront l'objet d'un ordre donné une fois pour toutes et aux dispositions duquel le général de division *seul* pourra apporter des modifications.

(Général Berthaut.)

1213. — Loin de l'ennemi, il faut prendre de l'espace, articuler largement les colonnes, se donner de l'air.

(Colonel Maillard.)

1214. — Je pose en principe que la cavalerie doit marcher isolément, mais toujours en vue du commandant de la colonne et à portée de ses sonneries ; je n'admets qu'une exception, le passage d'un défilé où l'on aurait affaire à un ennemi redoutable ; alors sa place est au centre de la colonne.

(Général Yusuf.)

1215. — L'échelonnement des troupes le long de la route de marche offre l'avantage de ménager les forces des hommes en supprimant les trajets inutiles, de faciliter le commandement et de supprimer tout retard dans la mise en marche. D'ailleurs, on reste maître de donner aux cantonnements une profondeur en rapport avec la situation.

(Colonel Maillard.)

Avant-garde et arrière-garde.

1216. — Il est bon de ne point former d'avant-garde de moins de 9,000 à 10,000 hommes, toujours bien réunis et bien commandés.

(Napoléon.)

1217. — Le devoir d'une avant-garde ne consiste pas à avancer ou à reculer, mais à manœuvrer; elle doit être composée de cavalerie légère, soutenue d'une réserve de cavalerie de ligne et de bataillons d'infanterie appuyés par des batteries à cheval. Il faut que les troupes d'avant-garde soient d'élite, et que les généraux, officiers et soldats connaissent bien leur tactique, chacun selon les besoins de son grade. Une troupe qui ne serait pas instruite, ne serait qu'un embarras à l'avant-garde.

(NAPOLÉON, *Mémoires*, t. VIII.)

1218. — Si la cavalerie légère doit fournir les avant-gardes, il faut qu'elle soit organisée en escadrons, en brigades, en divisions, pour qu'elle puisse manœuvrer; car les avant-gardes et les arrière-gardes ne font pas autre chose; elles poursuivent ou se retirent en échiquier, se forment en plusieurs lignes, ou se plient en colonne, opèrent un changement de front avec rapidité pour déborder toute une aile. C'est par la combinaison de toutes ces évolutions qu'une avant-garde ou une arrière-garde inférieure en nombre évite les actions trop vives, un engagement général, et cependant retarde l'ennemi assez longtemps pour donner le temps à l'armée d'arriver, à l'infanterie de se déployer, au général en chef de faire ses dispositions, aux bagages, au parc de filer. L'art d'un général d'avant-garde ou d'arrière-garde est, sans se compromettre, de contenir l'ennemi, de le retarder, de l'obliger à mettre trois ou quatre heures pour faire une lieue; la tactique seule donne les moyens d'arriver à ces grands résultats, elle est plus nécessaire à la cavalerie qu'à l'infanterie, à l'avant-garde ou à l'arrière-garde, que dans toute autre position.

(NAPOLÉON, *Mémoires*.)

1219. — Dans toute colonne où il existera de la gendarmerie on devra constituer un petit détachement de cette arme en arrière de la colonne avec une organisation rationnelle; il y aura toujours une brigade de gendarmerie avec la colonne de régiment, et deux au moins avec la colonne de brigade. Dans la colonne de corps d'armée, chaque division formera en arrière d'elle son service de police tiré de la gendarmerie. Celui de la dernière division sera renforcé par la gendarmerie du corps d'armée de façon à lui donner une plus grande puissance effective. En principe, une force de police, si minime qu'elle soit, sera organisée en avant de toutes les arrière-gardes, sans exception, de manière à les laisser complètement à l'accomplissement de leur mission tactique.

(Général Lewal.)

Marche en retraite.

1220. — Toute marche en retraite constitue une opération hérissée de difficultés sérieuses, et ne peut être couronnée de succès, en présence d'un ennemi entreprenant et actif, que si elle est dirigée par un chef réunissant décision et prévoyance, audace et sang-froid.

(Général Paris, *Tactique appliquée*.)

1221. — Chaque commandant de corps d'armée doit régler par écrit l'ordre de marche et fixer les heures de départ des troupes sous ses ordres, de façon à couvrir constamment la retraite, à éviter l'enchevêtrement, et à permettre au matériel roulant de dégager rapidement les ponts et les rues de la ville.

(Général Chanzy.)

1222. — Rien n'est plus téméraire ni plus contraire aux principes de la guerre que de faire une marche de flanc devant une armée en position, surtout lorsque cette armée occupe des hauteurs au pied desquelles on doit défiler.

(Napoléon.)

1223. — Les marches forcées souvent nécessaires causent des pertes considérables et peuvent être regardées comme des agents de destruction qui ne le cèdent en rien au combat lui-même.

(Colonel Maillard.)

1224. — On juge une armée sur ses marches :
Leur *conception* est l'expression de la volonté du commandement;
Leur *préparation* donne la valeur de l'état-major;

Leur *exécution* est la pierre de touche de l'organisation, de la discipline des troupes et surtout de leur esprit militaire.

(Colonel Maillard.)

Ordre de marche du corps d'armée prussien.

1225. — Ordre de marche de l'unité stratégique prussienne, ou ordre de bataille des corps d'armée.

1° Le commandant général et son état-major ; 2° un bataillon de chasseurs ; 3° deux divisions d'infanterie complètes ; 4° artillerie du corps ; 5° train ; 6° autorités administratives.

L'unité tactique principale ou division d'infanterie comprend :

1° Le divisionnaire et son état-major ; 2° deux brigades d'infanterie comprenant 12 bataillons ; 3° cavalerie divisionnaire (1 régiment de cavalerie légère à 4 escadrons) ; 4° l'artillerie divisionnaire (4 batteries montées, total 24 pièces) ; 5° une section de troupes de santé ; 6° les autorités divisionnaires administratives.

Le bataillon de pionniers de chaque corps d'armée est organisé en 3 compagnies : deux sont généralement affectées aux deux divisions ; la troisième marche avec l'équipage de ponts de campagne et la colonne d'outils.

L'artillerie du corps d'armée comprend ordinairement 4 batteries montées et 2 batteries à cheval ; total 36 pièces.

(Général Paris, *Tactique appliquée.*)

Tactique de repos. — Camps et bivouacs.

1226. — En présence de l'ennemi, la science du repos n'est donnée qu'à peu d'officiers. Rien ne dénote un coup d'œil militaire plus sûr, plus prompt et plus profond.

(Général de Brack.)

1227. — L'art d'asseoir un camp sur une position n'est autre chose que l'art de prendre une ligne de bataille sur cette position. A cet effet, il faut que toutes les machines de jet soient en batterie et favorablement placées; il faut choisir une position qui ne soit pas dominée et qui ne puisse pas être tournée; et, autant que cela est possible, il faut qu'elle domine et enveloppe les positions environnantes.

(Napoléon.)

1228. — Les cordeaux, les ficelles doivent rester inconnus en campagne, il faut tout mesurer généralement avec l'œil et les jambes.

(De Préval.)

1229. — M. de Saint-Germain propose avec raison de camper la cavalerie derrière l'infanterie, parce que, dit-il, si elle était attaquée pendant la nuit, elle serait entièrement détruite avant de pouvoir monter à cheval.

(Lloyd.)

1230. — Je crois que le meilleur système au bivouac consiste à ne desseller les chevaux que trois heures après qu'ils ont été attachés aux piquets.

(Général Yusuf.)

1231. — Par une prévision sage en toute chose, par une répartition rationnelle des rôles au dedans et au dehors, un chef habile sait hâter le repos et l'accorder au plus grand nombre, tout en maintenant l'ordre et la sécurité.

(Maréchal Bugeaud.)

1232. — La conservation des effectifs exige que l'on ménage avec le plus grand soin les forces des soldats; il faut donc les laisser reposer le plus longtemps possible et ne leur faire prendre les armes que quelques instants avant le moment où ils doivent se mettre en route.

(Général Berthaut.)

1233. — Au lieu de bivouaquer en bataille, ce qui perd du temps, il vaut mieux s'établir en colonnes parallèles à demi distance.

(Maréchal Bugeaud.)

1234. — En temps de paix comme en temps de guerre on doit toujours bivouaquer en carré ou en rectangle. Toutes les places que doivent occuper les troupes seront désignées d'avance pour qu'elles puissent s'y rendre sans perdre un seul instant.

(Général Yusuf.)

1235. — Asseoir son bivouac, c'est prendre une position militaire. Opposer des troupes rafraîchies à des troupes affaiblies par les privations et les fatigues, c'est prendre son ennemi du fort au faible ; c'est mettre toutes les chances de la partie en sa faveur. Si vous joignez à ce talent, fruit de dispositions innées et d'une sûre expérience, l'éclair qui fait entreprendre et pousser le succès, vous êtes un officier d'avant-garde remarquable.

(Général de Brack.)

1236. — A proximité de l'ennemi chaque corps bivouaque en arrière de la portion de la position qu'il est chargé de défendre, généralement sur la pente d'une colline, derrière un bois ou un village, de manière à être complètement défilé des vues de l'ennemi, et à pouvoir se porter rapidement sur la position en cas d'attaque. Les régiments bivouaquent en une seule colonne, ou déployés par bataillon en colonne à intervalle de 20 mètres.

L'artillerie bivouaque sur un terrain découvert, situé près d'une route ou d'un chemin qui lui permette de se porter rapidement sur les positions qu'elle doit occuper en cas d'attaque ; elle doit être couverte par l'infanterie en avant et sur ses flancs. La cavalerie s'établit en arrière de l'artillerie et fournit des petits postes de flanc.

(Général Berthaut.)

1237. — En hiver, les camps ne sont plus tenables ; si l'on s'obstine à y rester, malgré les pluies et les gelées, le typhus et les inflammations de poitrine font des ravages effrayants. Il faut cantonner, ce qui est généralement possible.

(De Brack.)

1238. — On ne doit établir les bivouacs en dehors des villages, que lorsque les circonstances exigent que les troupes soient prêtes à combattre. Dans les autres cas, on doit les placer de manière qu'elles puissent profiter des abris offerts par les villages environnants.

(Règlement prussien.)

1239. — Toute troupe qui bivouaque doit recevoir une double ration d'eau-de-vie (surtout en hiver). Celle qui en est pourvue envoie beaucoup moins de malades aux hôpitaux que celle qui est réduite à l'eau pour toute boisson.

(De Brack.)

1240. — La paille vaut mieux dans les camps que la peau de mouton; la tente-abri est insuffisante pour l'hivernage; on doit la remplacer par la tente conique; les baraques en bois valent encore mieux que les tentes. Rien ne réjouit autant qu'un grand feu de bivouac; le bois en campagne, c'est la moitié de l'existence.

(Baudens.)

Cantonnements et quartiers d'hiver.

1241. — Le procédé du cantonnement est né des guerres de la Révolution. Combiné avec le système des réquisitions, il a affranchi les armées des immenses convois qui entravaient leurs mouvements et permis de donner à la guerre le caractère de rapidité qui répond à son but.

(Colonel Maillard.)

1242. — A égalité de surface, un territoire de cantonnements est d'autant plus facile à garder, que le contour à couvrir est moins étendu. Le carré est donc préférable au rectangle allongé.

Pour assurer le rassemblement des troupes en temps opportun hors de leurs cantonnements, on leur indique un point commun de rendez-vous, et l'on installe avec soin le service des ordres et des nouvelles entre le quartier général et les avant-postes, ainsi qu'entre les divers quartiers de cantonnements; on doit en outre toujours répartir l'armée dans le territoire des cantonnements en observant l'ordre de bataille.

(Colonel Rustow, *Tactique générale.*)

1243. — On ne peut cantonner les troupes dans un village si elles ne sont pas rompues à la discipline, habituées à se placer en ordre chez l'habitant et à se réunir dans le plus grand ordre au premier signal... Il faut que les troupes aient été préparées dès le temps de paix à ces sortes d'opérations.

(Martin des Pallières.)

1244. — L'expérience des cantonnements a été concluante : frais et dispos, reposés et à sec, les hommes préfèrent la plus mauvaise baraque à la meilleure des tentes, d'où l'on sort toujours humide et engourdi.

(Rapport sur les manœuvres d'automne du 7ᵉ corps. — 1874.)

1245. — La surprise des quartiers d'hiver autrichiens par Turenne, dans la Haute-Alsace en 1674, est une des opérations qui indiquent le mieux ce qu'on peut entreprendre contre des cantonnements ennemis, et les précautions qu'on doit prendre de ce côté pour que l'ennemi ne forme pas les mêmes entreprises.

(Jomini.)

1246. — Par une prévoyance dont il eut fort à s'applaudir, Napoléon avait exigé qu'à partir du 1ᵉʳ mai, tous les corps sortissent des villages où ils étaient cantonnés, pour camper en divisions, à portée les unes des autres, dans des lieux bien choisis et derrière de bons ouvrages de campagne. C'était le vrai moyen de n'être pas surpris, car les exemples d'armées assaillies à l'improviste dans leurs quartiers d'hiver ont tous été fournis par des troupes qui s'étaient disséminées pour se loger et vivre.

(Thiers, *Histoire de l'Empire.*)

Utilité de l'art de la tactique de repos pour l'officier de guerre.

1247. — Chez le véritable officier de guerre, il existe une prévision qui lui fait juger d'avance parfaitement les haltes de sa division, de sa brigade, et le bivouac qu'occupera son régiment ou son détachement. L'installer promptement ou lentement, se placer à cent pas à droite ou à gauche d'un bois, d'un ruisseau, et surtout d'un village, n'est pas indifférent ; de ce choix, à la longue, dépendent les forces d'un régiment.

(De Brack.)

1248. — Bivouaquées ou cantonnées, les troupes ne peuvent être à l'abri d'une alerte que par un réseau rapproché de surveillance.

(Colonel Maillard.)

1249. — A égal mérite de deux chefs, dont l'un saura bien et l'autre mal disposer son bivouac, le premier, à la fin d'une campagne, comptera sous ses ordres de nombreux cavaliers en état, tandis que le second ne sera plus suivi que de quelques chevaux affaiblis.

(De Brack.)

Principes généraux de la logistique.

La plupart des traités d'art militaire divisent les marches en trois catégories : 1° les marches de route ou de concentration ; 2° les marches *stratégiques* ; 3° les marches-manœuvres ou marches *tactiques*.

Cette distinction entre les marches stratégiques et les marches tactiques ne nous semble ni rationnelle ni nécessaire ; elle est, du reste, en contradiction avec les véritables définitions de la Stratégie et de la Tactique. Toute marche, en effet, qu'elle ait pour objet la concentration des troupes ou leur transport sur le lieu du combat, consiste dans un déplacement de troupes à pied ou à cheval, suivant une formation et des règles déterminées ; c'est une opération toute d'exécution, essentiellement tactique et qui ne nous paraît présenter aucun des caractères généraux qui distinguent les combinaisons stratégiques.

La préparation de la guerre et les concentrations de

troupes, les déploiements d'armées sur les théâtres d'opérations, le choix des bases et des lignes d'opérations, l'indication des débouchés et des fronts successifs que doivent occuper les têtes de colonne, les reconnaissances des régions stratégiques, sont du domaine de la stratégie exécutive.

Ces combinaisons d'ensemble ne sont pas soumises à des règles techniques, ce sont des problèmes de cabinet que le généralissime résout sur la carte en s'inspirant du plan de campagne qu'il doit exécuter et de considérations militaires d'ordre supérieur. Nous ne voyons donc aucun motif plausible pour donner le nom de *marches stratégiques* à ces combinaisons, bien qu'elles entraînent le déplacement total de l'armée suivant un ordre arrêté d'avance. Toutefois ce déplacement total est la résultante d'un certain nombre de déplacements partiels qui exigent, sur chaque route et dans chaque colonne, des précautions particulières, la mise en œuvre de différents moyens de transport et l'application de règles tactiques. L'ensemble de ces règles et les dispositions à prendre pour assurer le repos des troupes, forment cette partie de la tactique générale que l'on nomme la *logistique*.

La logistique moderne doit donc comprendre :

1° Les transports mécaniques de troupes et de matériel par les voies ferrées et fluviales ;

2° Les marches de guerre, qui sont réglées par la *tactique de marche ;*

3° Les dispositions à prendre pour l'installation des troupes dans les bivouacs, camps ou cantonnements.

Quant à ce qu'on nomme les marches-manœuvres, ce sont, en réalité, de véritables manœuvres de champ de bataille et elles doivent rentrer dans la *tactique de combat*.

Les mouvements de concentration qui précèdent le déploiement stratégique doivent, de nos jours, s'exécuter dans le plus bref délai possible. Or, la rapidité de cette opération importante dépend de trois conditions essentielles qui sont :

1° Une répartition convenable, en temps de paix, des corps d'armée tout formés et possédant chacun leur plan de mobilisation arrêté d'avance ;

2° L'emploi judicieux et méthodique de toutes les voies ferrées et fluviales dont on dispose, de manière à obtenir de chacune d'elles le maximum de rendement ;

3° Un plan de concentration simple évitant les croisements de colonnes et les encombrements de matériel, une combinaison habile des marches tactiques avec les transports mécaniques, beaucoup de prévoyance et de précision dans les ordres, beaucoup de méthode et d'activité dans l'exécution.

Dans les concentrations, bien des corps sont obligés d'exécuter des marches à pied. Or ces marches, sauf le service des éclaireurs, doivent s'exécuter *exactement suivant les prescriptions* relatives aux marches de guerre.

Amener au but indiqué, et dans les délais prescrits, un corps d'armée entier ou une division en bon état, sans malades ni traînards, et dans les meilleures conditions possibles pour engager le combat, tel est l'objet d'une marche de guerre bien dirigée. Sous le rapport de l'ordre et de l'échelonnement on ne saurait trop étudier les belles marches opérées par le corps du maréchal Davout, notamment la marche célèbre de Bamberg à Naumburg en 1806.

La tactique de marche consiste surtout à bien former les colonnes et à régler leur vitesse en tenant compte de l'espace qu'elles occupent et des routes que l'on a à sa disposition. Cette partie de la science est surtout indispensable aux généraux de division et de brigade; car la plupart des fautes que l'on commet dans l'exécution des marches proviennent des idées fausses que l'on se forme sur la longueur des colonnes et sur leur vitesse de marche.

Les principes généraux de la tactique de marche peuvent se résumer ainsi :

I. — A l'ouverture de la campagne, l'armée étant concentrée sur la frontière, le général en chef ayant recueilli tous les renseignements indispensables et arrêté son plan d'opération, adresse à chaque commandant de corps d'armée un ordre de marche général.

II. — *Loin de l'ennemi*, il faut profiter de toute l'étendue du front et de toutes les routes qui peuvent faciliter le mouvement en avant. Une division rationnelle des colonnes permet toujours de se développer rapidement pour combattre, tout en assurant largement le logement et les vivres. L'ordre de marche peut alors être donné pour plusieurs jours dans un tableau, marquant le front que doit occuper l'armée à la fin de chaque journée et l'étendue de la zone des réquisitions.

III. — Toute marche offensive de plusieurs colonnes doit être couverte par un large rideau de cavalerie d'exploration éclairant le pays et cherchant le contact de l'ennemi à plusieurs étapes en avant du front.

IV. — *A proximité de l'ennemi*, le front de marche doit être resserré, de façon que les colonnes communiquent aisément entre elles et puissent se soutenir; chaque jour la marche est réglée par un ordre général très précis, faisant connaître le nombre de colonnes à former, les débouchés, les routes à suivre, les heures de départ des lieux de bivouac, la ligne des avant-postes, ainsi que le mouvement général de l'armée et la situation de l'ennemi.

V. — Éviter en général de faire marcher tout un corps d'armée sur une route unique. Adopter les colonnes de division ou de brigade, et assigner à chaque arme l'emplacement qui correspond à celui qu'elle doit occuper dans l'ordre préparatoire du combat. Faire précéder la colonne d'un peloton d'éclaireurs, d'une avant-garde, la faire suivre d'une arrière-garde et placer sur les côtés de petits groupes de flanqueurs et des patrouilles à cheval communiquant avec les colonnes voisines.

VI. — Dans les mouvements offensifs des grandes armées modernes on est souvent conduit à engager un ou même deux corps d'armée entiers sur la même route. Il est alors indispensable d'appliquer la méthode d'échelonnement de la marche rendue classique par le maréchal Davout et pratiquée dans la grande armée napoléonienne.

VII. — Le commandant d'une colonne doit donner chaque jour un ordre de marche écrit, précis et détaillé, suivant un modèle réglementaire. Il indiquera le dispositif de marche, le fractionnement de la colonne, la longueur de l'étape, l'heure du départ de chaque fraction, le rôle des éclaireurs, les mesures à prendre pour la grande halte, le cantonnement ou le bivouac, les distributions de vivres, etc. Il prendra toutes les précautions nécessaires pour assurer la régularité du mouvement, éviter les à-coups, les allongements excessifs et les stationnements imprévus qui épuisent inutilement les troupes et retardent l'arrivée au but.

VIII. — L'*avant-garde* a surtout pour mission de contenir en cas d'attaque les premiers efforts de l'ennemi et de fixer son attitude jusqu'à ce que le gros de la colonne ait eu le temps de se déployer. Elle doit être forte environ du quart de l'effectif de la colonne, composée de troupes instruites et manœuvrières comprenant les trois armes et commandées par un chef bon tacticien, ayant du coup d'œil, de la prudence et de la décision.

IX. — *Dans les marches en retraite*, l'ordre et la discipline devront être maintenus avec une rigueur inflexible ; les convois et ambulances seront poussés à une étape en avant, sur les bonnes routes, de façon à dégager complètement les débouchés. Les chefs, responsables de tout désordre, doivent redoubler de prudence, de dévouement et de sévérité. Nulle précaution de détail ne doit être négligée pour assurer le secret du départ ainsi que la sécurité des flancs et des derrières du gros de la colonne. L'arrière-garde, composée des troupes les plus solides, sera confiée à un chef d'un caractère énergique, froid et vigilant.

X. — Toutes les fois que le terrain le permet, le meilleur ordre de marche d'une armée en retraite est l'ordre déployé, qui se trouve le plus voisin de l'ordre de combat quand il n'est pas possible d'adopter l'ordre de combat lui-même. Cette disposition impose à l'ennemi, permet de maintenir l'ordre plus facilement, tient en éveil la responsabilité des chefs et rassure les troupes qui se sentent soutenues et bien encadrées pour le bivouac comme pour le combat.

XI. — Ne faire de *marches forcées* que dans les cas tout à fait exceptionnels. On peut presque toujours éviter ces sortes de marches si les colonnes communiquent bien entre elles et si l'état-major général a soin d'expédier à temps les ordres de mouvement et les demandes de secours aux corps voisins.

XII. — L'*étape moyenne de guerre* d'un corps d'armée ou d'une division ne doit pas dépasser 23 kilomètres. Chaque fois que l'on quitte un lieu de séjour, il faut avoir soin de faire la première étape plus courte que les suivantes.

XIII. — Loin de l'ennemi, il ne faut *bivouaquer* que lorsqu'il est impossible de *cantonner*. Le cantonnement, généralement facile à pratiquer en Europe, est la meilleure manière de réparer les forces des troupes. Ce système n'offre aucun inconvénient, à la condition que les hommes y aient été dressés en temps de paix, et que les chefs connaissent et appliquent rigoureusement la tactique et les règles pratiques de cantonnement.

XIV. — Les diverses unités tactiques doivent être réparties dans les cantonnements comme dans les bivouacs, conformément à l'ordre préparatoire de combat. Les avant-postes seront toujours bivouaqués et retranchés. La place d'alarme sera choisie au centre des cantonnements en avant du quartier général. Sur la ligne éventuelle de bataille, étudiée et préparée d'avance, on assignera à chaque portion de la colonne la position qu'elle doit occuper et défendre. Si l'ennemi est signalé, chaque matin les troupes prendront les armes et se porteront à leur poste de combat.

XV. — En vue de l'ennemi, ne jamais faire de marches par le flanc, à moins que l'ennemi ne soit préalablement immobilisé par un premier engagement qui laisse au commandant de la colonne sa liberté de mouvements.

XVI. — Au contact de l'ennemi, le meilleur dispositif de marche consiste à serrer le gros de la colonne derrière l'avant-garde et à faciliter le déploiement rapide de l'artillerie dès qu'elle doit entrer en action.

XVII. — Ne faire de marches de nuit qu'avec des colonnes peu nombreuses, composées de troupes disciplinées, en suivant des chemins exactement reconnus à l'avance. De telles marches ne doivent être employées que pour renforcer une armée la veille d'une bataille ou pour surprendre dans son camp un ennemi mal gardé.

XVIII. — En marche, au bivouac ou dans les cantonnements, les ordres les plus précis doivent être donnés et toutes les dispositions doivent être prises par chaque chef de colonne, de telle sorte que le corps principal ne puisse être surpris par l'ennemi, qu'il puisse se déployer librement et sans embarras et prendre le plus rapidement possible le dispositif de combat.

CHAPITRE XVII

SÛRETÉ DES ARMÉES. — RECONNAISSANCES.

> « Une armée ne peut être surprise que par la présomption, la négligence ou l'incapacité de celui qui la commande. »
>
> (FEUQUIÈRES.)

Un chef habile doit avoir la constante préoccupation de surprendre son ennemi sans être jamais surpris par lui.

1250. — Fais donc tous tes efforts, mon fils, dit Cambyse, pour surprendre avec des troupes en bon ordre les ennemis en désordre, avec des soldats bien armés des troupes sans armes, avec des gens éveillés des gens endormis. Tâche de tout voir sans être vu et d'être toujours dans un poste avantageux quand ton ennemi occupe une mauvaise position.

(XÉNOPHON, *Cyropédie*.)

1251. — C'est bien savoir tromper ses ennemis que de leur inspirer confiance afin de les surprendre à l'improviste et de les mettre en désordre en feignant de fuir devant eux, de les attirer par la retraite dans un mauvais pas afin de les y battre.

(*Ibidem*.)

1252. — On sait qu'une trop grande sécurité est dangereuse. Tâchez de surprendre et faites tout pour n'être jamais surpris. Une troupe surprise succombe toujours honteusement sous une autre moins nombreuse et moins brave et son chef est sans excuse.

(VÉGÈCE.)

1253. — On n'est jamais surpris que par suite d'une négligence coupable, et un général surpris est déshonoré.

(Maréchal Marmont.)

1254. — Par la même raison qu'il faut profiter de toutes les occasions de surprendre son adversaire, il faut aussi prendre toutes les précautions nécessaires pour n'être jamais surpris. Les règlements de tous les pays y ont pourvu; il n'y a qu'à les suivre exactement.

(Jomini.)

1255. — Il est évident que la manière la plus favorable d'attaquer une armée, c'est de tomber un peu avant le jour sur son camp au moment où elle ne s'attend à rien de pareil. Si l'on joint à cet avantage celui de bien connaître les localités et de donner à ses masses une direction tactique ou stratégique convenable, on peut se flatter d'une victoire complète.

(Jomini.)

Service d'exploration et de sûreté.

1256. — Les principes fondamentaux du service de sûreté et de reconnaissance n'ont jamais varié. On peut même dire que l'antiquité déployait dans certaines branches de ce service un raffinement inconnu de nos jours.

(Rustow, *Petite Guerre*.)

1257. — Le service de sûreté comprend l'ensemble des mesures à prendre pour assurer la liberté d'action des troupes.

(Colonel Maillard.)

1258. — Le service de sûreté vient, en arrière du service d'exploration, éclairer à petite distance et renseigner les colonnes.

(*Art.* 121 *du Service en campagne.*)

1259. — La conduite des opérations multiples du service d'exploration exige un coup d'œil sûr, de la décision, de l'audace et en même temps de la prudence ; elle exige en outre la connaissance des règles de la guerre et de la tactique de toutes les armes, l'habitude de juger rapidement la valeur militaire du terrain et de faire usage des cartes topographiques.

(Général BERTHAUT, *Marches et combats*.)

1260. — La cavalerie d'exploration est l'organe personnel et direct d'investigation du commandant en chef; le premier objectif de cette cavalerie doit être de prendre le contact de l'ennemi et de le garder.

(Colonel MAILLARD.)

1261. — Le service de sécurité des armées comprend toutes les dispositions prises par une troupe en marche ou au repos pour éviter les attaques et les surprises : il comprend aussi toutes les mesures ayant pour but de gagner du temps pour pouvoir recevoir l'assaillant ou se dérober à lui.

On le divise en trois parties :
1° Service de sécurité de marche ;
2° Service des avant-postes ;
3° Service de reconnaissance et de découverte.

L'exécution de ce service exige presque toujours l'emploi simultané de l'infanterie et de la cavalerie légère.

(Général PARIS)

1262. — La cavalerie d'exploration allemande n'a pas toujours tenu le commandement au courant des événements les plus importants; elle n'a pas notamment, le 15 août 1870, découvert l'armée française rassemblée tout entière aux portes de Metz, sur le plateau de Rezonville; elle n'a pas terrifié la France, enfin elle a à plusieurs reprises perdu le contact.

(Colonel MAILLARD.)

Service de sécurité de marche.

1263. — Les maîtres de l'art militaire pensent qu'il y a encore plus de danger à courir dans les marches que dans les combats.

(VÉGÈCE.)

SURETÉ DES ARMÉES. — RECONNAISSANCES. 449

1264. — On fera marcher des détachements de cavalerie en avant de la colonne pour reconnaître, surtout si l'on passe par des forêts et des pays couverts.
(ONOSANDER.)

1265. — Toute unité qui marche ou se repose a perpétuellement besoin de pourvoir à sa sûreté, et une mission aussi délicate doit être remplie par elle-même. La responsabilité est trop grande pour la décliner et on ne peut logiquement s'en décharger sur qui que ce soit.
(Général LEWAL, *Tactique de marche*.)

1266. — Dans les marches de guerre, la cavalerie divisionnaire a pour mission principale de renseigner le général de division sur le nombre des colonnes ennemies, sur leur composition, leur effectif et les directions qu'elles suivent ou (si elles ont pris position) sur la nature, l'étendue et la constitution de cette position. Elle doit, en outre, fournir des renseignements précis sur la nature du terrain qu'elle parcourt, sur l'état de viabilité des routes et des chemins, sur les cours d'eau, et signaler les mauvais pas, les ruptures de ponts, etc.
(Général BERTHAUT.)

1267. — Les divisions de cavalerie, *dites indépendantes*, constituent une cavalerie non pas indépendante, mais *disponible*, par opposition à la cavalerie attachée aux grandes unités.
(Colonel MAILLARD.)

Utilité des avant-gardes.

1268. — L'avant-garde est une forte division composée de toutes armes, qui précède une partie considérable de l'armée, à une grande distance et souvent même à une journée de marche.
(Général PARIS, *Tactique appliquée*.)

1269. — Une avant-garde, outre la mission d'éclairer la marche du corps principal, doit recevoir une mission bien définie, comme d'arriver à un point déterminé et d'y attendre le corps qui prendra position sous sa protection, ou bien de suivre ou de harceler un ennemi en retraite. Dans une marche offensive, l'infanterie et l'artillerie doivent prédominer dans la composition de l'avant-garde, la cavalerie de l'avant-garde doit surtout reconnaître et couvrir les ailes, sans jamais beaucoup s'engager. Les détachements placés sur les flancs d'une colonne doivent surtout être forts en cavalerie.

(Maréchal Bugeaud.)

1270. — Il est de principe absolu qu'une troupe soit maîtresse du terrain qui l'environne jusqu'à la limite de portée des armes si elle ne veut pas être débordée, enveloppée, cernée et exposée aux ravages destructeurs du feu avant d'être prête pour le combat.

(Colonel Maillard.)

1271. — Le premier devoir de l'avant-garde est de se mettre en contact avec l'ennemi, c'est-à-dire de le voir. Il faut donc chercher l'adversaire, puis, après l'avoir trouvé, ne pas le perdre de vue. C'est l'affaire des éclaireurs; ils explorent le terrain, examinent au loin, et donnent avis de tout ce qu'ils aperçoivent.

(Général Lewal.)

1272. — En principe, l'avant-garde doit être placée à une distance telle que la masse ait le temps et l'espace nécessaires pour passer de l'ordre de marche à la formation de combat avant que le détachement soit refoulé sur elle.

(Général Paris.)

1273. — La cavalerie donne le temps; l'infanterie assure l'espace. Ces deux facteurs: *temps* et *espace*, sont toujours nécessaires simultanément. Il en résulte que l'action commune et la combinaison des deux armes, cavalerie et infanterie, sont une nécessité constante du service de sûreté.

(Colonel Maillard.)

Arrière-garde. — Son rôle considérable dans la marche en retraite.

1274. — Dans l'offensive, l'arrière-garde doit suivre d'assez près le corps principal pour n'être pas coupée, et cependant d'assez loin pour empêcher tout mouvement tournant de l'ennemi. Elle doit éviter tout engagement sérieux. — Dans une retraite, elle doit employer tous les moyens pour arrêter et occuper l'ennemi, faire de fréquents retours offensifs en se retirant, couper les routes, les ponts, faire des abatis pour retarder matériellement la poursuite. Il importe de faire entrer une forte proportion de cavalerie dans la composition de l'arrière-garde; beaucoup d'infanterie, au contraire, aurait des inconvénients plus graves encore que dans les corps de flanc.

(Maréchal BUGEAUD.)

1275. — L'arrière-garde doit être constituée avec plus de soin que par le passé. Organe indispensable du service de sécurité, sa mission principale consiste à veiller, à renseigner et surtout à protéger la colonne contre toute insulte. Elle marche après la colonne de combat et non derrière le convoi, auquel on doit donner une escorte spéciale quand cela est nécessaire.

(Général LEWAL.)

1276. — Les devoirs d'une arrière-garde se résument en ces trois mots qui doivent être sa devise : *vigilance, unité et fermeté*. Les dangers que court une arrière-garde sont toujours en raison directe du plus ou moins d'ordre qui règne dans les colonnes qu'elle protège.

(DE BRACK.)

1277. — La portée du canon et celle du fusil limitent très exactement la zone de protection indispensable en arrière des colonnes, et fixent par suite l'éloignement à assigner aux divers éléments de l'arrière-garde.

(Général LEWAL.)

1278. — Une arrière-garde doit surtout observer les précautions suivantes :

1° Ne pas trop se rapprocher de la colonne;

2° Ne pas se laisser serrer de trop près par l'ennemi ;

3° Ne pas quitter des yeux les régions latérales, afin de rendre impossibles les attaques inopinées de flanc.

(Général Paris.)

Flanqueurs ou flanc-gardes.

1279. — Les flanqueurs sont des soldats disposés sur les flancs d'une troupe en mouvement de manière à former une chaîne de vedettes et de sentinelles mobiles qui la gardent dans sa marche. Ils doivent être toujours en éveil, explorant et fouillant le terrain extérieur. Ils interrogent tous les indices et font part de leurs remarques à leur chef immédiat ; ils relient ainsi l'avant-garde à l'arrière-garde.

(*Service en campagne.*)

1280. — Les flanqueurs ont surtout pour but :

1° D'empêcher la colonne de passer à côté d'un ennemi placé latéralement sans le découvrir ;

2° De s'opposer aux entreprises des patrouilles ennemies qui pourraient tenter de se glisser entre l'avant-garde et le corps principal.

Leur mission devient très importante dans les marches de flanc ou parallèles.

(Général Paris.)

1281. — Les avenues transversales ou obliques aboutissant à la voie suivie par la colonne devront être explorées en permanence et gardées par des forces capables d'en interdire l'accès à l'ennemi. L'exploration et la garde de tous les débouchés, se prolongeant jusqu'à l'achèvement du mouvement de la colonne, sont les seuls moyens de rendre les surprises impossibles. On n'obtiendra ce résultat qu'à l'aide de *postes fixes* bien établis de distance en distance : ils seront absolument analogues aux grand'gardes et auront une mission identique. Comme aux avant-postes, comme à l'avant-garde, il existe pour ces *flanc-gardes* deux missions distinctes : l'exploration et la protection.

(Général Lewal, *Tactique de marche.*)

Avant-postes. — But. — Mission. — Organisation.

1282. — C'est de la science des postes que dépendent en grande partie la conservation et la tranquillité d'une armée.

(Folard.)

1283. — C'est dans un service intelligent de ses avant-postes que tout corps, arrêté pour un temps plus ou moins long, doit chercher la sécurité nécessaire pour se reposer. Cet important service exigeant une corrélation complète entre ses diverses parties, il doit être dirigé et contrôlé par un chef spécial.

(Maréchal Bugeaud.)

1284. — Les avant-postes doivent toujours être à grande distance ; par ce moyen, à la première alerte, les grand'gardes ont le temps de prendre les armes et la colonne n'est jamais surprise.

(Général Yusuf.)

1285. — Tout le service des avant-postes est dominé par ce grand principe : *Procurer sans cesse aux troupes en arrière le temps nécessaire pour se préparer au combat.*

(Général Paris.)

1286. — Je pense que pour être bien dirigé et soigneusement surveillé, le service des avant-postes doit être réglé par brigade ; surtout d'après ce principe qui ne saurait être contesté : *que chacun doit commander ses troupes et garder son terrain.*

(Général de Préval.)

1287. — La surprise de Beaumont ne fut pas un fait isolé; on le sait. Sa véritable cause est générale ; elle réside dans la maladie qui affectait en 1870 l'organisme entier de l'armée : la nonchalance.

(Colonel Maillard.)

1288. — En Europe, un bon système d'avant-postes ne doit pas seulement mettre les armées ou les corps détachés à l'abri de la surprise ; il faut encore qu'il donne la faculté de refuser un engagement en se retirant assez à temps ; en un mot, de ne combattre que quand on veut et où l'on veut.

(Maréchal Bugeaud.)

1289. — Malgré leurs avantages incontestables sur les sentinelles isolées, les postes doubles ne nous paraissent cependant pas suffisants et nous leur préférons de beaucoup les postes de 4 hommes que l'on nomme quelquefois *poste à la cosaque*.

(Colonel Rustow, *Petite Guerre*.)

1290. — Alors même qu'on ne doit rester que quelques nuits dans un camp, il est utile que les avant-postes destinés à couvrir ce camp fortifient leurs positions par des barricades ou des défenses accessoires.

(Colonel Rustow.)

Devoirs du général chargé des avant-postes.

1291. — Reconnaître les défilés et les gués, s'assurer de guides sûrs, interroger le curé et le maître de poste, avoir rapidement des intelligences avec les habitants, expédier les espions, saisir les lettres, les traduire, les analyser, se mettre en état de répondre à toutes les questions du général en chef lorsqu'il arrive avec l'armée, telles sont les qualités que doit posséder un bon général d'avant-postes.

(Napoléon.)

1292. — L'imprévoyance peut devenir funeste, au point que par un ordre du jour daté de Pirna, le 20 septembre 1813, Napoléon condamna à la peine de mort tout commandant de poste qui se serait mal gardé et tout général qui, flanquant l'armée, aurait négligé de placer ses grand'gardes.

(Général de Préval.)

1293. — On confond trop souvent l'expression de *surveiller* avec celle d'*occuper militairement*. Des armées ont été battues pour avoir détaché des divisions où il ne fallait que des partis avec des chefs intelligents.

(Jomini.)

1294. — C'est à tort que l'on compte souvent sur les avant-postes pour avoir des renseignements en vue des opérations ultérieures. Un général prudent organisera toujours, *bien en avant de* ses avant-postes, un service d'exploration mobile exécuté par des officiers, sous-officiers et soldats intelligents (éclaireurs) aidés par des guides et des espions. Il faut bien se garder de confondre ce service mobile d'exploration avec le service de station des avant-postes qui est exclusivement un service de sûreté : le premier est objectif, le second est subjectif.

(Maréchal BUGEAUD.)

1295. — Sans renseignements sur l'ennemi, une armée bien que couverte par des avant-postes ou des avant-gardes et par conséquent à l'abri d'une *surprise tactique*, peut subir une *surprise stratégique* et les meilleures dispositions tactiques ne la sauveront pas d'un désastre si l'adversaire est habilement conduit.

(Colonel MAILLARD.)

Reconnaissances et renseignements sur l'ennemi.

1296. — On doit envoyer, pour découvrir, un vieux routier ou un homme fort assuré : un homme non expérimenté prendra bientôt l'alarme et s'imaginera que les buissons sont des bataillons ennemis.

(MONTLUC.)

1297. — Les militaires les plus exercés ont peine, un jour de bataille, à évaluer le nombre d'hommes dont est composée l'armée ennemie et, en général, l'instinct naturel porte à juger l'ennemi que l'on voit plus nombreux qu'il ne l'est réellement. Mais lorsqu'on a l'imprudence, en général, de laisser circuler des idées, d'autoriser soi-même des calculs exagérés sur la force de l'ennemi, cela a l'inconvénient que chaque colonel de cavalerie qui va en reconnaissance voit une armée et chaque capitaine de voltigeurs des bataillons.

(NAPOLÉON, cité par THIERS.)

1298. — Tout soldat d'infanterie et de cavalerie doit être apte au service ordinaire d'éclaireur ; mais on doit avoir en outre des hommes *spécialement formés* pour obtenir des nouvelles de l'ennemi, le découvrir, l'observer, le suivre, surveiller les espions, contrôler leurs rapports souvent infidèles ; ces hommes doivent appartenir à un corps de cavalerie spécial recruté avec un grand soin et recevant en *temps de paix une instruction pratique dans les terrains les plus variés.*

L'Algérie est un théâtre excellent pour faire étudier à fond, sous la direction d'un général expérimenté, le rôle d'éclaireur dans tous ses détails.

(Maréchal Bugeaud.)

1299. — La vérité à la guerre, répondait Napoléon, est toujours difficile à connaître en tout temps, en tous lieux, mais toujours possible à recueillir quand on veut s'en donner la peine. Vous avez une nombreuse cavalerie et le brave Lasalle ; lancez vos dragons à dix ou quinze lieues à la ronde ; enlevez les alcades, les curés, les habitants notables, les directeurs des postes ; retenez-les jusqu'à ce qu'ils parlent. Sachez les interroger et vous apprendrez la vérité ; mais vous ne la connaîtrez jamais *en vous endormant dans vos lignes.*

(Thiers, Empire.)

1300. — La cavalerie et les éclaireurs doivent pousser des reconnaissances incessantes par petits groupes dans toutes les directions, jusqu'à 15 kilomètres au moins en avant des lignes ; il n'y a point à alléguer le mauvais temps : il est le même pour tous ; l'ennemi ne s'en préoccupe point.

(Général Chanzy, *Instructions pour la bataille du Mans.*)

1301. — La cavalerie doit être munie d'outils pour couper les poteaux et les lignes télégraphiques, pour mettre les aiguilles et les plaques tournantes hors de service, enlever les traverses et les rails ; elle portera également des cartouches de dynamite pour briser les rails.

(Général Berthaut.)

1302. — Une faute routinière que je n'ai vue que trop souvent commettre dans notre armée, était relative à la régularité de la composition numérique et des heures de sortie des détachements envoyés en reconnaissance. Lorsque tous les jours, aux mêmes heures, sur les mêmes routes et allant aux mêmes lieux, partent des reconnaissances composées du même nombre d'hommes, leur sort est facile à prévoir.

(Maréchal Bugeaud.)

SURETÉ DES ARMÉES. — RECONNAISSANCES. 457

1303. — Le chef d'une patrouille de reconnaissance doit se faire accompagner de guides et de messagers sûrs, et se pourvoir d'une bonne carte des environs. Il communique à sa troupe le but de l'opération et fixe un lieu de rassemblement pour le cas où elle serait dispersée. Au retour, si les renseignements sont importants, il en fait une relation écrite qui doit être accompagnée d'un croquis et contenir les renseignements suivants :

1° But et effectif de la patrouille ;

2° Indication du lieu de rassemblement et instructions particulières ;

3° Relation de la marche et des incidents qui l'ont signalée ;

4° Arrivée à destination. Embuscade ;

5° Manière dont la mission a été accomplie (secrète ou offensive) ;

6° Résultats obtenus (en distinguant bien entre ce qui a été reconnu réellement et les simples conjectures).

(Général Paris.)

Reconnaissances offensives, dangers qu'elles présentent.

1304. — On doit éviter les reconnaissances offensives dans tous les cas où l'on peut connaître les forces de l'ennemi par un autre moyen.

(Maréchal Bugeaud.)

1305. — Les reconnaissances ne doivent être nombreuses que dans un seul cas, celui où il faut qu'elles attaquent ; alors leur force numérique doit être aussi respectable que possible. Dans tous les autres cas, et ce sont les plus fréquents, elles ne doivent se composer que de quelques hommes intelligents et bien montés qui passent partout, qui peuvent se cacher derrière un rocher ou quelques arbustes et, s'ils sont poursuivis, ne sont pas obligés de s'attendre, car ils ont de meilleures jambes que ceux qui les poursuivent.

(Général de Brack.)

1306. — La reconnaissance offensive a pour but de contraindre l'adversaire à déployer ses forces, en effectuant contre lui une *démonstration*. Pour obtenir ce résultat, il faut éviter un engagement général, en donnant à l'opération, dès le début, le caractère d'une surprise. On fait paraître un grand nombre de détachements en les engageant le moins possible dans un combat; puis, tandis que l'ennemi se déploie, on disparaît subitement avant de lui donner le temps de se mettre en mouvement pour s'opposer au choc principal qu'il attend.

Le détachement employé à une reconnaissance offensive doit comprendre les trois armes; mais surtout de l'artillerie à cheval. Il fera son attaque au point du jour.

(Général Paris.)

1307. — Une reconnaissance offensive ne peut aboutir à un bon résultat qu'autant qu'on parvient à surprendre ou à étonner au moins pendant quelques instants son adversaire. On ne doit pas perdre de vue que ces entreprises recèlent toujours de graves dangers et qu'on ne doit les tenter qu'après mûre réflexion. Pour les bien conduire lorsqu'elles sont résolues, on doit agir à la fois avec prudence et avec audace.

(Vandevelde.)

1308. — Toute reconnaissance exige un rapport écrit; le style doit être clair, simple, positif. L'officier qui le fait y distingue expressément *ce qu'il a vu par lui-même* des récits dont il n'a pu personnellement vérifier l'exactitude.

(*Règlement sur le service en campagne.*)

1309. — Les rapports doivent être placés dans une enveloppe indiquant, avec l'adresse du destinataire, l'heure du départ du cavalier et l'allure à laquelle la dépêche doit être portée. Le destinataire inscrit sur l'enveloppe l'heure de l'arrivée et la remet comme reçu au cavalier.

(Général Berthaut.)

Il faut toujours connaître les forces de son ennemi
et lui dissimuler les siennes.

Les combinaisons et les opérations stratégiques les plus savantes n'ont de valeur pratique que si elles remplissent deux conditions essentielles :

1° Elles doivent être basées sur une parfaite connaissance des données géographiques du théâtre de la guerre et des institutions militaires de la nation adverse ;

2° Il faut qu'elles soient conçues promptement, préparées dans le plus grand secret, et exécutées avec cette audace réfléchie que donnent la sécurité et la confiance.

Or l'expérience a démontré qu'il est impossible de satisfaire à ces conditions, si l'on ne dispose pas, tout d'abord en temps de paix, d'un service permanent d'informations et d'espionnage qui recueille et classe méthodiquement tous les documents concernant le territoire et la statistique militaire des puissances avec lesquelles on est exposé à avoir la guerre. Il n'est pas moins nécessaire qu'aussitôt après l'ouverture des hostilités, les chefs des unités stratégiques soient en mesure d'être parfaitement renseignés sur l'importance et la disposition des forces qui leur sont opposées tout en dissimulant les leurs le plus longtemps possible. Cette surveillance active et incessante que l'on doit exercer sur l'ennemi ne peut s'obtenir que par un *ser-*

vice mobile d'exploration, organisé avec intelligence et fonctionnant à une distance considérable en avant des grandes unités stratégiques.

Dès que l'on se trouve au contact de l'adversaire les unités secondaires ne doivent faire aucune marche ni engager aucune opération tactique sans être parfaitement protégées contre toute surprise; les chefs redoublant de vigilance se renseigneront sur la troupe qu'ils ont à combattre, la position qu'elle occupe, les obstacles qu'ils peuvent rencontrer. L'ensemble des diverses mesures prescrites à ce sujet par tous les règlements militaires constitue le *Service de sûreté.*

Ainsi la Stratégie et la Tactique ont constamment besoin, dans l'application, de trois auxiliaires actifs, qui, pour les armées en campagne, sont aussi indispensables que la vue, le tact et la dissimulation pour les hommes combattant. Ce sont :

1° Le service des *Informations générales*, qui doit fonctionner en temps de paix comme en temps de guerre sous la direction du major général de l'armée;

2° Le service des *Explorations,* confié à la cavalerie et à des détachements d'éclaireurs et d'espions ; il a pour principale mission de couvrir les unités stratégiques et de faire les réquisitions ;

3° Le service de *Sûreté tactique* et des reconnaissances, destiné à couvrir et à garder les unités tactiques en marche et en station.

On doit reconnaître qu'il faut un instinct militaire assez rare et un talent véritable pour surprendre un ennemi vigilant ; mais le simple bon sens et l'application des règlements suffisent pour n'être jamais attaqué à l'improviste. Aussi un général assez insouciant pour laisser surprendre ses troupes par l'ennemi ou même pour ignorer la présence de celui-ci en avant de son front d'opérations commet une faute que rien ne peut excuser. La *prudence* ne doit pas exclure l'audace, mais elle la règle et lui permet d'agir à coup sûr. C'est la qualité la plus essentielle à un général en chef et elle peut toujours s'acquérir par l'expérience et la réflexion.

L'histoire de la guerre offre d'assez nombreux exemples de surprises restées célèbres.

La *Surprise stratégique* bien exécutée peut décider complètement du succès d'une campagne. Elle consiste à dissimuler habilement la répartition et la mise en mouvement de ses forces, de manière à les amener en masse sur un point décisif du théâtre d'opérations, avant que l'adversaire, trompé par des diversions et de fausses nouvelles, ait pu entraver l'opération en temps opportun. Telles sont : la surprise des quartiers d'hiver des Impériaux par Turenne en 1674, qui amena la reprise de l'Alsace ; les mouvements de Montecuculli sur le Rhin en 1673 ; le passage du Saint-Bernard par l'armée de réserve que Bonaparte sut organiser à l'insu de la France et de l'Europe en 1800 ; le magnifique mouvement tournant de 1805 qui, en quarante jours, porta la Grande-Armée dans la vallée du Danube sur les communications de l'armée autrichienne.

La *Surprise tactique* consiste à tomber inopinément

sur une troupe mal gardée, en marche ou au repos, sans lui laisser le temps de prendre sa formation de combat. Telles sont : l'attaque brillante par laquelle le grand Condé entama la série de combats qui forment la bataille de Senef en 1674 ; la surprise de Dupont à Baylen, des Anglais à Inkermann, des Français à Beaumont, etc.

Si un général ordinaire reste impuissant, dans certains cas, à déjouer une surprise stratégique qui résulte des combinaisons d'un génie supérieur, il lui est, au contraire, toujours possible de se mettre en garde contre une surprise tactique. Toute armée où l'on s'est attaché à assurer avec un soin intelligent le fonctionnement régulier des services d'exploration et de sécurité peut avoir la certitude de n'être jamais surprise ni enveloppée tactiquement, et elle a de plus beaucoup de chances pour prendre son adversaire au dépourvu et profiter de ses moindres fautes.

Un bon service permanent des *informations politiques et statistiques extérieures*, ayant pour mission de bien connaître les ressources, les dispositions matérielles et morales, ainsi que les projets des peuples voisins, est le moyen le plus sûr de déjouer les surprises stratégiques en entravant les premières combinaisons. Plus une nation s'attache à la *préparation de la guerre*, plus son personnel d'état-major, d'ingénieurs géographes, de missions militaires, d'espionnage est instruit, actif, clairvoyant, moins elle est exposée à se laisser prévenir par ses voisins aussi bien sur le théâtre de la politique que sur celui de la guerre. Il ne suffit pas, pour atteindre ce but, de recueillir au jour le jour quelques informations dans les journaux ou les livres publiés à l'étranger, ni d'entasser sans ordre des monceaux de documents dans des archives d'où on ne peut jamais les exhumer au moment du besoin. Il faut entretenir en mission secrète, à l'étranger, de nombreux officiers d'état-major, des ingénieurs géographes, des interprètes stagiaires et des espions, largement rémunérés, chargés de recueillir et de contrôler les nouvelles, de mettre les cartes et les statistiques au courant, de traduire ou d'analyser les ouvrages et les règlements nouveaux, de lever les plans des places fortes, de faire parler les habitants, les ouvriers, d'exploiter le mécontentement de certaines classes, de recruter des espions dans le pays même; il faut exiger des attachés politiques et militaires des rapports périodiques très circonstanciés sur les ressources budgétaires, sur les effectifs et les approvisionnements militaires, sur l'esprit des troupes, etc. Tous ces rapports et tous ces renseignements envoyés devront être centralisés, dépouillés et analysés dans un bureau central, spécialement affecté à ce genre de service et composé d'officiers et d'ingénieurs géographes choisis, assistés d'interprètes assermentés et de quelques secrétaires de confiance. Ce bureau devrait rédiger un traité de géographie militaire moderne accompagné d'un atlas très complet sur tous les théâtres d'opérations européens; il préparerait, chaque année, sur chaque nation, une notice politique et militaire contenant le résumé de tous les renseignements utiles, accompagnés des cartes et tableaux statistiques nécessaires. Ces notices annuelles seraient publiées par les soins du Dépôt de la guerre et distribuées à tous les officiers généraux de l'armée. — Au moment d'une mobilisation en vue d'une guerre déterminée, on adjoindrait aux deux officiers chargés dans chaque état-major des cartes et des renseignements, un troisième officier, un ingénieur géographe et deux interprètes ayant étudié sur place, dans diverses missions antérieures, la géographie, la statistique, la viabilité, les chemins de fer, les moyens de transport, les usages et la langue du pays dans lequel le corps d'armée doit pénétrer. Ces six officiers, placés sous la haute direction du chef d'état-major, formeraient le *bureau mobile* des informations générales et de l'espionnage du corps d'armée.

Nous ne croyons pas nécessaire d'entrer dans plus de détails pour faire comprendre de quel puissant secours une telle institution serait pour nos généraux en chef au moment d'une déclaration de guerre.

Le *Service d'exploration* en campagne sera assuré par les divisions de cavalerie légère auxquelles on attachera un nombre suffisant d'officiers d'état-major. Ce service recevra du général en chef dont il dépend immédiatement une mission nettement définie, de manière à observer chaque jour l'ennemi dans des directions déterminées. Les divisions destinées à couvrir plusieurs corps d'armée opérant sur un même théâtre, seront placées sous le commandement et sous la responsabilité d'un général de cavalerie jeune, actif, audacieux et ayant donné des garanties réelles d'intelligence et d'activité. Ce général aura auprès de lui de nombreux officiers d'état-major, quelques interprètes et un escadron spécial d'éclaireurs pour lui permettre de faire exécuter, outre des reconnaissances normales, les coups de main d'avant-postes qu'il jugera nécessaires. Les détachements lancés en exploration devront être répartis bien en avant de chaque corps d'armée, communiquer aisément l'un avec l'autre, fouiller le pays dans des directions déterminées, et pousser leurs groupes d'éclaireurs jusqu'au contact de l'ennemi. Ils ont pour mission de tendre un rideau impénétrable en avant de l'armée en surveillant constamment les mouvements de l'adversaire, de créer des embuscades, de couper les chemins de fer, les télégraphes, de saisir les dépêches, de faire des prisonniers, d'interroger les paysans, de recruter des espions, de préparer les réquisitions, etc., et de rendre un compte exact de tout ce qu'ils ont vu, fait ou appris. Un service aussi complexe et aussi important ne peut être exécuté convenablement que si les officiers d'état-major, de cavalerie, et les sous-officiers qui y sont employés ont reçu en temps de paix une *instruction pratique* toute spéciale aussi méthodique que complète.

Le *Service de sûreté*, qui concerne plus particulièrement les opérations tactiques, a surtout pour objet d'entourer chaque groupe tactique isolé d'une surveillance continuelle qui le mette à l'abri de toute surprise en marche comme en station. Ce service, proportionné à l'importance de la troupe qu'il protège, doit se plier aux circonstances variables que présente le terrain traversé ou la position occupée. Dans tous les cas, il faut toujours qu'il soit organisé d'après les règles suivantes :

I. — Le principe fondamental des services d'exploration et de sécurité est de donner chaque jour au commandant en chef la notion de sa situation par rapport au gros des forces ennemies, et de ménager toujours aux unités combattantes en marche ou en station l'espace et le temps nécessaire pour prendre librement leur dispositif d'attaque ou de résistance.

II. — Toute troupe formant corps et marchant isolément doit être renforcée d'un détachement d'éclaireurs à cheval et pourvoir à sa propre sécurité par les moyens dont elle dispose et sous la responsabilité du chef qui la commande.

III. — En marche ou en station, l'unité tactique isolée adoptera un dispositif normal réglementaire de sûreté, qui la mettra en toute circonstance à l'abri des embuscades ou des surprises.

IV. — Jamais une colonne ou un convoi ne doit se déplacer sans que le chef ait pris toutes les mesures nécessaires pour assurer le service des éclaireurs, de l'avant-garde, de l'arrière-garde et des flanc-gardes, en se conformant aux règles de la tactique de marche.

V. — Dès qu'on s'installe au bivouac ou dans les cantonnements, le chef de la troupe doit placer lui-même ses avant-postes à une distance suffisante pour que le corps principal ait toujours, en cas d'alerte, le temps de prendre sa formation de combat. — Il se gardera bien de laisser sur ses flancs un bois ou un ravin sans le reconnaître, le fouiller et le faire occuper par quelques postes.

VI. — Le meilleur système d'avant-postes consiste dans une série de quatre échelons composés :

1° D'une ligne de sentinelles doubles ou quadruples ;

2° D'une seconde ligne formée par les petits postes fournissant les patrouilles et les sentinelles ;

3° Des grand'gardes formant des groupes de soutien toujours prêts à recevoir les petits postes attaqués et à opposer une première ligne de résistance ;

4° D'une réserve formant le gros des avant-postes.

Ces quatre lignes seront mises en communication, à l'aide du télégraphe ou d'un détachement d'éclaireurs à cheval, mis à la disposition du commandant des avant-postes.

VII. — Le commandant d'un corps d'armée doit s'assurer par des patrouilles envoyées à l'improviste, que le service des avant-postes est fidèlement exécuté. Il félicitera hautement, dans ses ordres du jour, les officiers qui se seront brillamment conduits aux avant-postes, et blâmera ou punira avec la dernière sévérité tout chef de troupe qui se sera mal gardé ou qui aura négligé de veiller lui-même au placement de ses grand'-gardes.

VIII. — Un commandant d'éclaireurs à cheval, placé en pointe, doit considérer comme son premier devoir de pousser jusqu'aux avant-postes de l'ennemi, de les surprendre au point du jour et de leur faire des prisonniers qui seront les témoignages les plus sûrs de sa vigilance et de son audace.

IX. — Si le service d'exploration exige des dispositions habiles, ainsi qu'un personnel très exercé, le service de sécurité tactique présente bien moins de difficultés, car il dépend exclusivement de la discipline des troupes et de la vigilance des chefs immédiats dont il engage toute la responsabilité. Nul officier n'est excusable d'ignorer ou de ne point appliquer les mesures de prudence dont le règlement a prévu l'emploi dans toutes les circonstances.

Comme exemple remarquable de vigilance, d'activité et de clairvoyance dans le service d'exploration et de sécurité on peut citer l'organisation appliquée par le général Chanzy, commandant de la 2ᵉ armée de la Loire qui, malgré les nombreuses tentatives des Allemands, ne fut jamais ni tournée ni surprise.

Aussitôt après la bataille de Coulmiers, le 10 novembre 1870, le général Chanzy, établi à Saint-Péravy avec le 16ᵉ corps, organisa bien en avant de ses lignes un service d'exploration et de surveillance avec le régiment de cavalerie du colonel Barbut et un détachement de francs-tireurs. Il prit le 11 le contact de l'ennemi, repoussa ses patrouilles, lui fit chaque jour des prisonniers et finit par avoir une notion tellement nette de la situation de l'armée du duc de Mecklembourg et de la marche de l'armée du prince Charles que dès le 17 novembre il formula et proposa avec une étonnante précision un plan d'opérations qui, s'il avait été adopté, eût permis de battre successivement, avec des forces supérieures, von der Tann, Mecklembourg et ensuite le prince Charles, qui accourait au secours des deux premiers et ne put arriver en ligne que le 30 novembre.

Les services d'*exploration* et de *sûreté tactique* doivent être organisés de manière à fonctionner presque automatiquement avec une continuité et une régularité parfaites. Ils répondent en effet à des besoins de sécurité dont la satisfaction est aussi indispensable à l'existence d'une armée que celle des besoins d'alimentation ou de logement.

En outre de ces deux services courants qui comprennent comme opérations de détail les reconnaissances journalières, il est souvent nécessaire d'étudier plus attentivement certaines considérations relatives, soit aux positions que l'on doit occuper, attaquer ou défendre, soit à la topographie du théâtre de la guerre, soit aux forces ou aux mouvements de l'ennemi. Ces vérifications, dont l'opportunité reste soumise à l'appréciation du général en chef, donnent lieu à des opérations qui doivent être combinées en vue du but spécial que l'on se propose, et que l'on nomme *Reconnaissances*.

On distingue les reconnaissances spéciales et les reconnaissances offensives, dont le règlement sur le service en campagne indique très bien les principes essentiels et les conditions d'exécution.

Quelles que soient l'intelligence, l'expérience et l'activité des généraux, quelque soin qu'ils apportent à diriger le service d'exploration, à prescrire les reconnaissances journalières, spéciales ou offensives, ils n'obtiendront que les résultats les plus médiocres si les officiers et les sous-officiers employés à ces opérations délicates et variées n'y ont pas été accoutumés et dressés de longue main par des études spéciales et des exercices méthodiques pratiqués en temps de paix dans toute espèce de terrain. Nous ne saurions trop insister sur l'importance capitale de cette préparation, car c'est pour l'avoir négligée et pour avoir perdu les traditions les plus élémentaires du service d'exploration et de sûreté, que tant de fautes, qui pouvaient être évitées, ont été commises dans la désastreuse campagne de 1870.

Il faut que les officiers de cavalerie et d'état-major employés à ces services spéciaux soient choisis avec soin parmi ceux qui possèdent un jugement et un coup d'œil militaire prompt et sûr, et qu'ils aient été familiarisés avec les divers aspects du terrain par de fréquents exercices pratiques. Or il est de toute évidence que l'on aura bien peu de chances de rencontrer ces qualités militaires chez nos officiers, tant que le service et les exercices des troupes en temps de paix différeront essentiellement de ce qui se passe à la guerre en présence de l'ennemi. Il n'y a rien en effet de bon à attendre d'un personnel que la mise sur pied de guerre place dans un état complètement nouveau et jette en dehors de toutes les habitudes de garnison. Par quelle transformation magique l'officier qui vient de passer plusieurs années dans la vie routinière du régiment ou du bureau, absorbé par les mille détails du ménage et du service intérieur de la caserne, par l'instruction des recrues, par la théorie en chambre, pourra-t-il en quel-

SURETÉ DES ARMÉES. — RECONNAISSANCES. 471

ques jours se montrer : observateur sagace et cavalier infatigable, habile à saisir les aspects multiples d'un terrain qui change chaque jour, prompt à discerner les caractères essentiels d'une situation militaire donnée, à apprécier froidement les rapports des espions et des guides, à rendre un compte fidèle et précis de toutes ces impressions si nombreuses, si neuves, si différentes des émotions placides et périodiques du pansage, de la corvée de quartier ou du bureau d'état-major. Cette transformation n'est pas possible et elle ne se fera jamais sans préparation. Les soldats et les officiers doivent être exercés exclusivement en temps de paix au rôle qu'ils sont appelés à remplir en campagne. Par quel étrange oubli des principes depuis quarante ans a-t-on négligé d'appliquer, dès le temps de paix, dans la cavalerie et dans l'armée françaises les instructions si judicieuses et si pleines de sens et d'expérience des généraux de Brack, Morand et Bugeaud ?

En résumé, si, dans la prochaine guerre, nous ne voulons pas accumuler de nouveau fautes sur fautes et rester à la merci complète d'un ennemi vigilant, nous devons absolument rompre avec les routines de la vie de caserne et de bureau. Il faut soumettre tous les officiers de cavalerie légère et d'état-major à des exercices sur le terrain aussi complets et aussi variés que possible. Il faut faire de l'appréciation des distances, de l'étude des positions offensives et défensives, des rapports de reconnaissance, des voyages d'état-major, autant d'épreuves sérieuses dont les résultats soient inscrits au dossier de chaque officier et déterminent son avancement au choix.

Il n'est pas moins nécessaire de rajeunir les cadres supérieurs de manière à mettre la tête de nos divisions de cavalerie et de nos états-majors de corps d'armée des officiers généraux jeunes et instruits, capables d'entraîner les troupes, d'exciter leur ardeur et d'enseigner à la nouvelle génération d'officiers l'application, à la grande guerre moderne, des méthodes rationnelles dont Napoléon et le maréchal Bugeaud sont les véritables créateurs.

CHAPITRE XVIII

DÉTACHEMENTS. — CONVOIS. — PARTISANS.

> « Faire peu de grands détachements, les mobiliser beaucoup, les rappeler promptement à soi dès qu'on le peut. »
> (JOMINI, *Précis*, ch. VI.)

> « Je crois que celui qui aura les moyens de faire à propos deux grandes marches de suite et de se passer de ses convois pendant quatre jours, sera maître de la victoire. »
> (Général LEWAL.)

Principe à observer au sujet des détachements.

1310. — On entend par détachements les corps qui s'éloignent trop de l'armée pour être en mesure de régler leurs mouvements sur ceux de cette armée et pour être à portée d'en être soutenus ou de se réunir à elle.

(DE TIERNAY.)

1311. — Rien de plus utile qu'un grand détachement fait à propos; mais aussi rien de plus dangereux quand il est fait d'une manière inconsidérée; on peut poser en principe qu'il faut :

1° En faire le moins possible et les rappeler à soi dès qu'ils ont rempli leur destination;

2° Les conduire toujours d'après les principes de tactique et de sûreté, comme des corps d'armée.

(JOMINI.)

Responsabilité du chef de détachement.

1312. — Lorsqu'il sera formé un détachement pour assurer une reconnaissance, le commandement appartiendra de droit à l'officier d'état-major, s'il est supérieur en grade au commandant de la troupe. Dans le cas contraire, l'officier d'état-major communiquera au commandant la marche qu'il se propose de tenir pendant la durée de l'opération, afin que celui-ci fasse les dispositions nécessaires pour assurer le succès de la reconnaissance.

(Grimoard.)

1313. — La principale attention que doive avoir un officier avant de partir pour aller en détachement, c'est de prendre par écrit, de celui qui l'envoie, la consigne qu'il aura à suivre. Si cet officier ne peut, en raison des circonstances, obtenir un ordre écrit, il doit au moins demander que l'ordre de la retraite lui soit donné en présence de témoins.

(De Cessac.)

Dangers que présentent les grands détachements. Précautions à observer.

1314. — Rien n'est plus dangereux que de faire un détachement de quelque importance avant d'avoir livré bataille, remporté une victoire et pris un ascendant décidé sur l'ennemi. L'exécution de cette combinaison hasardeuse exige que l'armée ait une supériorité suffisante pour donner de grandes probabilités de victoire, et il ne faut jamais affaiblir des forces réunies au-dessous de celles que l'on a à combattre.

Quand on est loin d'un ennemi assez fort pour pouvoir livrer bataille, et que l'on marche à lui, il faut occuper, par ses avant-gardes et ses troupes légères, au moins l'espace d'une grande marche autour de soi, afin d'être bien informé de ses mouvements et modifier les siens en conséquence.

Enfin, lorsqu'on croit à propos de faire un détachement isolé,

CONVOIS.

il faut déterminer sa direction et placer des troupes pour le soutenir, de telle manière qu'il ait toujours une retraite assurée sur l'armée et ne puisse en aucun cas perdre ses communications.

(Maréchal Marmont.)

1315. — Une concentration absolue des troupes n'étant jamais possible, on ne devra plus poser cette règle : *Ne faites pas de détachements !* Mais comme les détachements ne seront jamais qu'un mal nécessaire, on admettra toujours la règle suivante : Faites des détachements aussi rares et aussi faibles que possible, et rendez-vous toujours bien compte du but que vous voulez atteindre en faisant un détachement.

(Colonel Rustow, *Tactique générale.*)

1316. — Il est un principe que l'on doit strictement observer dans *l'offensive tactique* moderne : c'est que pour paraître aux points décisifs avec la supériorité numérique de son côté, on ne doit faire aucun détachement, à moins de nécessité absolue, soit avant l'action, soit pendant l'introduction du combat.

(Général Paris, *Tactique.*)

Convois. Nécessité de les faire escorter par de l'infanterie.

1317. — Dans tous les pays de chicane, il faut employer l'infanterie pour l'escorte des convois. On les fait joindre par quelques hussards pour éclairer la marche et pour éviter des endroits où l'ennemi pourrait être en embuscade. J'ai employé aussi l'infanterie préférablement à la cavalerie pour en former des escortes dans un pays de plaine, et je m'en suis bien trouvé.

(Frédéric II.)

1318. — La contrée que doit traverser un convoi sera préalablement reconnue avec exactitude, parcourue et fouillée dans tous ses recoins, et jamais une marche n'y sera entreprise sans que l'on ait obtenu des rapports rassurants.

(De Ternay.)

1319. — Il est toujours prudent et avantageux de ne pas former des convois très considérables ; ou, si l'on y est forcé, on les partage en plusieurs fractions qui se suivent à des distances convenables.
(Rustow.)

1320. — L'escorte ordinaire des convois sera deux hommes d'infanterie valides pour une voiture ; un éclaireur à cheval pour 8 voitures et une pièce de canon pour 120 voitures. Lorsque les circonstances l'exigeront, cette escorte pourra être doublée ou quadruplée ; mais celle qui est indiquée ci-dessus sera toujours de rigueur, et les généraux qui auront fait marcher des convois sans cette escorte, seront responsable des événements.
(Napoléon.)

1321. — L'escorte d'un convoi doit toujours se composer d'infanterie et de cavalerie ; l'infanterie défend les voitures de près et profite des obstacles qu'elles présentent à l'ennemi pour s'en faire un rempart. La cavalerie éclaire la marche, découvre les pièges qu'on lui prépare et prévient l'escorte assez à temps pour qu'elle puisse prendre ses dispositions de défense.
(Colonel Vandevelde.)

Organisation des convois.

1322. — L'officier général chargé d'organiser et de mettre en route un convoi, donne au commandant une *instruction écrite très détaillée*.
(Service en campagne.)

1323. — La séparation absolue du convoi et des troupes est une chose indispensable. Seule, elle ne constitue pas le remède aux inconvénients dont on se plaint ; il faut y ajouter une organisation solide du mouvement.
(Général Lewal.)

1324. — Je ne crains pas d'exagérer en affirmant que la question des convois est aussi peu comprise que possible en France et que, à moins d'une réforme radicale dans nos habitudes, elle fera courir les plus grands dangers à nos armées toutes les fois qu'elles seront arrêtées dans leur marche en avant pour revenir sur leurs pas... Il est de toute nécessité de réduire les convois de toute nature au strict nécessaire. En outre, les convois auxiliaires ne doivent jamais être attachés à l'armée proprement dite dans les rangs de laquelle ne doivent se trouver que des voitures militaires.

(Général Jarras.)

1325. — Les grandes réserves en matériel et en approvisionnements de toute espèce doivent avoir une *marche indépendante*, se suffire à elles-mêmes et, au besoin, être escortées par des troupes spéciales. C'est au général en chef à les tenir toujours à portée du lieu où l'on peut le mieux les utiliser selon leur destination.

(Maréchal Marmont.)

1326. — Pour diminuer l'embarras des équipages, il faut maintenir dans leur conduite l'ordre le plus sévère, fixer pour chacun le nombre et l'ordre dans lequel ils doivent marcher.

(Général Thiébaut.)

Devoirs du commandant d'un convoi.

1327. — Le commandant de l'escorte d'un convoi ne doit jamais perdre de vue que le but de sa mission n'est autre que d'amener *à bon port le convoi qui a été confié à sa garde;* aussi toutes les fois que, l'ennemi se présentant, il pourra éviter le combat, il le fera, et s'il l'attaque, ce ne sera jamais que dans le cas où il jugera que cette attaque, en ralentissant ou inquiétant l'ennemi, donnera le temps au convoi, soit de gagner un terrain sur lequel il puisse être moins inquiété ou échapper à la menace, soit de prendre un ordre de formation plus favorable à sa défense.

(Général de Brack.)

1328. — Le commandant d'un convoi, ayant toute la responsabilité, ne doit jamais déroger, en faveur de qui que ce soit, aux instructions qu'il a reçues, à moins d'ordres contraires *écrits* et donnés par un chef qui, par son grade et son emploi, commande celui qui a réglé la marche du convoi.

(Général Thiébaut.)

1329. — La disposition la plus prompte pour défendre un convoi contre une attaque de cavalerie, est de faire doubler la file des caissons ou chariots, en les faisant tourner vis-à-vis et à côté l'un de l'autre, de manière que les chevaux des attelages qui se suivent se regardent, le derrière du chariot tourné sur le flanc extérieur.

(Frédéric.)

1330. — Quand le commandant est forcé d'abandonner une partie du convoi pour sauver l'autre; il doit laisser de préférence les voitures chargées de vin, d'eau-de-vie, et ne sacrifier les munitions de guerre qu'à la dernière extrémité. Quand la résistance n'est plus possible, il fait mettre le feu au convoi, puis il sauve ses chevaux d'attelage ou les tue plutôt que de les abandonner à l'ennemi.

(Service en campagne.)

Mission et rôle des corps de partisans et des francs-tireurs.

1331. — Les corps de partisans ont pour but de tromper l'ennemi, de l'inquiéter, de surprendre ses convois, de le forcer à faire des détachements, en un mot de faire en petit ce que les démonstrations font en grand.

(Général Thiébaut.)

1332. — Le chef d'un corps de partisans ne doit jamais oublier qu'il est destiné à induire l'ennemi en erreur. Il évitera donc tout ce qui peut donner à son adversaire la possibilité de juger son intention et sa force. Il sera infatigable, rusé, pour tromper l'ennemi par ses mouvements, par la divulgation de bruits mensongers et de fausses nouvelles, résolu, pour ne pas laisser échapper une occasion d'exécuter un bon coup.

(Archiduc Charles.)

1333. — Les corps de partisans formés pour un temps très court et dans un but spécial reçoivent une composition et une force en rapport avec l'objet de leur mission. Ils doivent toujours considérer comme base de leurs opérations l'armée ou le corps d'armée qui les détache, que cette armée soit en position ou en mouvement.

(RUSTOW, *la Petite Guerre*.)

1334. — Il vaut mieux former plusieurs corps de partisans qu'un gros; ces petits corps seront indépendants les uns des autres, mais ils pourront se réunir deux ou trois ensemble pour exécuter un coup de main important.

(RUSTOW.)

1335. — Un partisan qui aura l'esprit audacieux vous fera avec trois ou quatre cents hommes un désordre affreux et vous attaquera fort bien une armée; s'il coupe les équipages à l'entrée de la nuit, il en emmènera une grande partie sans qu'il risque grand'chose, et s'il vous fait ce tour-là dans votre cavalerie, il y jettera un désordre épouvantable.

(Maréchal DE SAXE.)

1336. — Le partisan n'agissant que par surprise, les positions offensives qu'il prend sont toujours des embuscades. Plus elles sont rapprochées du point d'attaque, mieux cela vaut; mais il faut que cette proximité soit toujours calculée sur le degré de confiance et de surveillance de l'ennemi.

(Général DE BRACK.)

1337. — Le métier de partisan est aventureux : il ne peut être bien fait que par un chef adroit, rapide, rusé, audacieux, et par une troupe qui ressemble à ce chef.

Pour le partisan plus de repos, il doit toujours avoir l'œil ouvert; si la fatigue le force de sommeiller un instant, il faut qu'une ligne avancée d'espions le garde et l'avertisse. Le vautour inaperçu qui tout à coup fond sur sa proie, l'enlève et disparaît, est l'image du partisan.

(Général DE BRACK.)

1338. — Pendant son séjour à Vittoria (6 novembre 1808), Napoléon avait eu soin d'ordonner à Miranda, à Pancorbo, à Briviesca, la construction de postes qui étaient des demi-forteresses capables d'abriter un hôpital, un magasin, un dépôt de munitions, et dans lesquels les colonnes en marche pouvaient se reposer, se ravitailler, déposer les hommes fatigués ou malades, hors de l'atteinte des guérillas. Il avait déjà reconnu, en effet, avec sa promptitude habituelle, que dans un pays où la force régulière était si peu redoutable et où la force irrégulière causait tant de dommages, on aurait beaucoup à craindre pour ses communications. Il ne faisait donc pas un seul pas en avant sans travailler à les assurer.

(THIERS.)

1339. — Les francs-tireurs de l'armée de la Loire en 1870, quoique assez mal organisés, ont cependant contenu la cavalerie allemande. Elle a dû se montrer plus prudente en leur présence que devant l'armée de Metz et elle a beaucoup moins bien renseigné l'armée qu'elle couvrait. Cet exemple très significatif montre qu'il est indispensable de combattre la cavalerie en exploration par de l'infanterie très mobile et peu nombreuse.

(Général LEWAL.)

1340. — Dans la cavalerie, les partisans ou corps irréguliers qui agissent de leur propre impulsion, qui peuvent se transporter rapidement sur toutes les directions, se soustraire à toutes les poursuites, couper les communications sur mille points sans être jamais coupés eux-mêmes, sont aussi utiles à celui qui les emploie, que désastreux pour celui qu'ils harcèlent; c'est ce que les Cosaques ont prouvé en 1812 et 1813, comme les Hongrois en 1742.

(JOMINI.)

1341. — Si le corps de partisans est toujours en mouvement et répand de fausses nouvelles sur sa situation, il peut se passer des semaines avant que l'ennemi reconnaisse nettement son importance et son but.

(RUSTOW.

1342. — Les opérations des corps de partisans dépendent de la nature et du théâtre de la guerre; elles entrent dans le plan général du commandant en chef et ne peuvent être ordonnées que par lui. Ce genre de service appartient plus particulièrement à la cavalerie légère qui, par ses marches rapides, peut se porter avec célérité sur un point éloigné, y surprendre l'ennemi, l'attaquer à l'improviste et se retirer avant d'être compromise.

(Règlement sur le service des armées en campagne.)

Des détachements.

On doit comprendre sous le nom général de *détachement* tout corps de troupes qui opère à une distance assez grande d'une armée pour ne pouvoir lui subordonner ses mouvements, ni se réunir à elle en temps opportun pour en être secouru.

Quoiqu'il ne manque pas d'exemples de cas où un détachement considérable, fait inconsidérément, ait entraîné la perte d'une bataille ou même d'une armée, il faudrait bien se garder de répéter comme un axiome d'art militaire le dicton bien connu : « Ne faites jamais de détachements. » Autant vaudrait dire : « Ne faites pas la guerre. » Les détachements seront toujours obligatoires au cours d'une campagne, soit pour opérer des diversions nécessaires, soit pour couvrir des points importants, bloquer ou observer une forteresse, escorter des convois, etc. Loin de prohiber les détachements, il faut donc les considérer comme un des moyens d'action les plus utiles de la guerre, mais à la condition de n'employer ce moyen qu'en temps opportun, avec prudence et habileté.

En dehors des grands détachements comprenant

au moins un corps d'armée et chargés d'une mission stratégique, on peut classer les détachements en trois catégories suivant l'objet auquel ils sont destinés :

1° *Les détachements offensifs*. — Ils sont composés des trois armes et destinés à opérer une diversion ou une reconnaissance offensive, à jouer le rôle d'une extrême avant-garde, à poursuivre un ennemi en déroute, à investir et à reconnaître une position fortifiée, à enlever un convoi, à tenter une surprise ou un coup de main. On peut faire rentrer dans cette catégorie les *partisans* et les *corps francs*, qui sont généralement détachés en permanence de l'armée.

2° *Les détachements d'observation et de pacification*, qui ont pour but d'assurer la conservation d'une position importante, d'observer l'ennemi, de battre le pays pour y recueillir des renseignements, des vivres ou de l'argent, de faciliter et de garder les travaux d'une armée assiégeante, de maintenir l'ordre dans une région conquise, ou de la mettre à l'abri des réquisitions de l'ennemi. — Ces diverses sortes de détachements prennent souvent le nom de *colonnes mobiles*.

3° *Les détachements de protection*, qui sont formés pour conduire des prisonniers de guerre, des blessés, pour escorter des convois de munitions ou de vivres, pour protéger une voie ferrée contre les coups de main de l'ennemi, assurer les relais de poste, les stations télégraphiques, ou recueillir les isolés sur les derrières de la ligne d'opération.

La campagne de la Loire en 1870 offre de nombreux exemples de l'emploi judicieux des détachements, soit dans l'armée du général Chanzy, soit dans l'armée allemande.

C'est ainsi que le corps bavarois commandé par le général von der Tann qui fut battu à Coulmiers formait un détachement de l'armée du prince de Mecklembourg.

Pendant que le général Chanzy reconstituait son armée au Mans, il fit protéger à grande distance ses cantonnements par trois détachements formant trois colonnes mobiles ayant pour mission d'observer l'armée du prince Charles, de la tenir à distance, de l'inquiéter et de la fixer suffisamment pour qu'elle ne puisse s'opposer à la marche de l'armée de Bourbaki sur Belfort.

On devra toujours observer à l'égard des détachements et des démonstrations les règles générales ci-après :

1° Il faut n'en faire que le plus petit nombre possible, ne jamais les laisser s'engager à fond contre des forces supérieures, à moins de nécessité absolue, et les rappeler toujours à soi lorsqu'on prévoit un engagement général.

2° Tout détachement important doit être composé des trois armes.

3° Il faut lui choisir un chef expérimenté, bon manœuvrier, observateur et prudent, à qui on remet une instruction écrite qui précise et qui limite la mission dont il est chargé. Nous ne croyons pas inutile de résumer ici les principales recommandations que font les meilleurs auteurs au sujet de la conduite des détachements :

I. Tout chef de détachement doit se conformer dans sa marche aux règles du service de sûreté, recueillir avec soin des nouvelles de l'ennemi, noter jour par jour les incidents qui peuvent se produire, et adresser au général en chef un rapport chaque fois que cela lui est possible.

II. La direction générale de la retraite d'un détachement est ordinairement déterminée par la situation du corps principal. Cependant, dès que le commandant, se voyant pressé par des forces supérieures, prend le parti de se mettre en retraite, il doit expédier plusieurs courriers au général dont il dépend pour l'aviser de ses mouvements, de la route qu'il suit et de l'importance de l'attaque dont il est l'objet.

III. *Démonstrations.* — Toute démonstration ne peut s'opérer qu'en diminuant momentanément l'effectif du corps principal; on ne doit donc en faire que lorsqu'on possède une supériorité réelle de force ou lorsqu'on occupe une position solide et avantageuse.

IV. Le but d'une démonstration doit être vraisemblable, l'opération doit être conduite avec entrain et vigueur, en ayant soin de laisser ignorer aux troupes qu'il s'agit d'une fausse attaque, jusqu'à ce que l'ennemi, bien engagé, soit tombé dans le piège.

V. Dans la défensive, une démonstration tentée par l'adversaire ne peut être éludée qu'en conservant obstinément le point décisif de la ligne ; dans l'offensive, il ne faut pas se préoccuper des démonstrations, et poursuivre vigoureusement avec toutes ses forces le but principal de l'attaque.

VI. Tout général chargé d'opérer une diversion avec un fort détachement, ne doit pas perdre de vue les éventualités de l'opération principale de l'armée. S'il pressent un engagement considérable et prématuré, il doit se raprocher du théâtre principal de l'action et marcher au canon.

VII. *Corps de partisans.* — Ce sont de petits détachements composés d'hommes résolus qui battent le pays en avant de l'armée ; ils ont pour but de tromper l'ennemi, de l'inquiéter, de lui faire des prisonniers, de diviser ses forces ; en un mot, de faire en petit ce que les démonstrations font en grand.

VIII. Le commandant d'un corps de partisans doit être un homme d'initiative, intelligent, rusé et audacieux. Il doit se tenir au courant des positions occupées dans son voisinage par l'armée à laquelle il appartient. Muni de bonnes cartes, bien renseigné par ses espions, sans cesse aux aguets, il agit par surprise, par embuscade, et tous les stratagèmes lui sont bons pour faire des prisonniers, obtenir des nouvelles de l'ennemi, l'induire en erreur et le forcer à prendre de vaines dispositions.

IX. Un *parti* doit être peu nombreux, formé d'hommes de choix, armés avec soin, hardis cavaliers et bon tireurs, équipés commodément et légèrement, sans bagages, vivant sur le pays. Très mobile, conduit par des guides sûrs, il doit dérober ses marches en évitant les villes, en couchant dans des lieux isolés et en trompant les habitants sur sa destination ou ses projets, de façon à éviter les surprises et les trahisons.

X. *Convois.* — La conduite d'un détachement escortant un convoi de prisonniers de guerre, en pays ennemi, est toujours une opération difficile et délicate. L'officier chargé d'une semblable mission ne saurait y déployer trop de prudence et de sagacité, ni observer avec trop de soin toutes les précautions prescrites à ce sujet par le règlement.

XI. L'escorte d'un convoi doit toujours comprendre : des éclaireurs, une avant-garde, des flanc-gardes, une réserve et une arrière-garde. Le commandant de cette escorte, étant investi d'une autorité absolue, doit, sous sa responsabilité, prendre au départ toutes les mesures et donner tous les ordres de détail nécessaires pour assurer l'ordre et la régularité dans la répartition, la succession et la marche des voitures, de façon à se mettre en garde contre les surprises et les embuscades.

XII. Si l'ennemi est signalé, on fait serrer la colonne et on dispose la réserve en avant du point menacé. Si l'on est attaqué, il faut opposer une énergique résistance et maintenir l'ennemi de manière à faire filer le convoi. Si l'adversaire est très supérieur en forces, on bat en retraite, on prend position, puis, après une lutte opiniâtre, on se barricade derrière les voitures renversées, on y met le feu et on se retire en emmenant les chevaux d'attelage.

XIII. Les défilés, ponts et obstacles naturels doivent toujours être reconnus et occupés, ainsi que leurs abords, par les troupes de l'avant-garde ; le premier échelon qui suit l'avant-garde la remplace dans ces positions qu'il ne quitte que lorsque la tête du convoi l'a dépassé et qu'il peut être remplacé par d'autres fractions de l'escorte.

Si le défilé est considérable, on ne doit y engager le convoi qu'après avoir bien reconnu et gardé le débouché, et s'être assuré de l'éloignement de l'ennemi. A la sortie du défilé, il faut faire une halte, serrer la colonne et rétablir l'ordre dans le convoi et dans l'escorte.

XIV. L'attaque d'un convoi doit se faire par surprise ; elle présente toujours beaucoup plus de chances de succès que la défense, que l'on regarde avec raison comme une des opérations les plus délicates et les plus difficiles de la guerre.

XV. Dans les mouvements de retraite, il importe au plus haut point que le général en chef assure tout d'abord le dégagement des convois pour donner la liberté et l'espace aux combattants. Un ordre écrit, sévèrement contrôlé, doit assurer la marche et l'échelonnement des convois et les faire partir 8 ou 10 heures avant les troupes.

XVI. Il y a lieu d'enseigner en temps de paix, par des manœuvres pratiques, aux généraux, aux états-majors et aux intendants, la *Tactique des convois*. Cette école est aussi importante que celle de la marche en colonne. Elle doit faire l'objet d'un règlement et d'exercices spéciaux, si l'on ne veut pas voir se reproduire dans la prochaine guerre les oublis, les fautes et les désastres dont la mauvaise direction des convois a été la cause dans les armées françaises en 1870.

CHAPITRE XIX

TACTIQUE DE COMBAT. — COMBATS ET BATAILLES.

> « La science de la tactique exige la parfaite connaissance du soldat, de l'arme et du terrain. »
>
> (Gouvion Saint-Cyr.)

> « La victoire est aux armées qui manœuvrent. »
>
> (Napoléon.)

Tactique de combat. — Influence du sol sur l'emploi des formations tactiques.

1343. — Un bon général, qui n'ignore pas que la victoire dépend en grande partie de la nature même du champ de bataille, s'attachera toujours à tirer sa première force du terrain ; le plus élevé est ordinairement le plus avantageux. Le parti qui a la supériorité du lieu pousse avec plus d'impétuosité les ennemis qui sont au-dessous de lui, au lieu que ceux-ci ont à combattre et contre le terrain et contre l'ennemi.

(Végèce.)

1344. — L'avantage de ne faire ses dispositions qu'à la vue du terrain où l'on doit combattre et des dispositions de l'ennemi est immense, si toutefois on possède une tactique de déploiement et une habitude des manœuvres qui permettent de l'exécuter.

(Guibert.)

1345. — Les manœuvres à exécuter sur le champ de bataille, la formation des troupes pour le combat, l'appréciation du terrain et des obstacles qui le couvrent, les dispositions à prendre pour défendre ou attaquer ces obstacles sont du domaine de la tactique.

(Vandevelde.)

1346. — Pour apprécier un terrain au point de vue tactique, il faut examiner s'il est d'une surveillance facile, s'il offre des couverts, s'il favorise ou non l'efficacité des feux.
(Général Paris.)

1347. — Ma première règle regarde le choix du terrain et la seconde la disposition de la bataille même.
(Instructions du roi Frédéric.)

1348. — Pour bien juger de l'ensemble d'une position après l'avoir parcourue en détail, il faut se porter *sur le terrain par lequel l'ennemi doit arriver*, afin de se placer au même point que lui et afin de juger de la manière dont la position se présente à l'assaillant; on peut ainsi, jusqu'à un certain point, préjuger ses attaques et prévenir ses manœuvres.
(Vial.)

1349. — Un terrain n'a le caractère de position que lorsqu'il est occupé. — C'est la force active, homme, fusil, canon, qui fait du terrain une position de combat.
(Colonel Maillard)

1350. — Le front d'une *position défensive* doit être étendu et couvert par quelque obstacle naturel, ce qui lui donne plus de force. S'il ne présente pas d'appuis naturels latéraux, on devra replier les extrémités de la ligne de façon à s'opposer aux attaques de flanc. Il a une forme dentelée qui résulte soit des courbes naturelles du terrain, soit de positions avancées habilement choisies et que l'ennemi est forcé d'attaquer. Cette dentelure permet aux diverses parties du front de se flanquer mutuellement par leurs feux.
(Colonel Rusiow.)

1351. — La mission d'un général qui commande une armée investie ne saurait se borner exclusivement à une résistance passive. Il doit, tout en méditant sur la possibilité d'une opération stratégique opportune, se livrer à une défense tactique de tous les instants.

Sa conduite doit être, comme celle des défenseurs de Jérusalem, d'Alésia, de Gênes, de Saragosse, de Mayence, de Sébastopol, etc., un harcèlement perpétuel et méthodique de l'assiégeant. Il doit tenir son ennemi sur pied nuit et jour, le réveiller par de fausses alertes, l'amuser par des stratagèmes, le fatiguer et épuiser ses forces par des surprises fréquentes et de petits combats incessants. Voilà ce que nous appelons la *défense tactique offensive*, la seule qui eût été réellement avantageuse pour Paris en 1870, puisqu'elle aurait eu pour résultat d'immobiliser une quantité de forces ennemies très supérieures à celles qui ont suffi à l'état-major allemand pour maintenir un simple investissement.

(R. H., *Défense de Paris*, 1873. Baudoin, éditeur.)

Nécessité d'étudier d'avance les combats de localités.

1352. — C'est surtout dans les combats défensifs que l'on peut tirer le plus grand profit des avantages du terrain. On doit même toujours procurer au sol les propriétés tactiques qui lui manquent à l'aide des moyens artificiels que fournit la *fortification improvisée*.

(Général Paris.)

1353. — Il faut n'avoir jamais vu un combat, pour nier l'importance incontestable de la possession d'un bois à proximité d'une ligne que l'on veut défendre ou attaquer.

(Jomini.)

1354. — Quand vous êtes bien maître de la campagne, les villages vous valent des places fortes.

(Turenne.)

1355. — On sait maintenant quel soin minutieux on met dans l'armée prussienne à *vulgariser l'enseignement des combats de localités*, villages, bois, ravins, hauteurs. Chaque nature d'obstacle comporte son traité spécial approprié à chaque degré de la hiérarchie. Pour ne pas surcharger, par trop de leçons apprises, la mémoire du combattant, pour ne pas le préoccuper de détails inutiles ni ôter à son esprit la liberté de se livrer à l'utilisation des accidents du terrain, on a réduit les manœuvres aux conditions indispensables, c'est-à-dire à celles de la guerre.

(Colonel Fervel.)

1356. — Depuis l'adoption de la tactique moderne, depuis la combinaison de l'ordre serré avec l'ordre dispersé, la guerre de bois a acquis une telle importance qu'elle est aujourd'hui usitée dans presque toutes les batailles et qu'elle y exerce une influence considérable.

(Général Paris.)

1357. — C'est en occupant habilement le petit bois qui couvre Villeparisis, près de Paris, qu'en 1814 une arrière-garde française retint pendant toute une journée le corps de Kleist.

(Colonel Vandevelde.)

1358. — Dans le combat des villages, l'avantage se trouve généralement du côté du défenseur, qui peut dissimuler ses forces à l'intérieur et se mettre à l'abri des feux directs de l'assaillant.

(Vandevelde.)

Combats et batailles. — Maximes générales.

1359. — Aujourd'hui, toute la science de la tactique de combat pour le fantassin se ramène à opérer sous le feu ennemi, en évitant la destruction, c'est-à-dire à marcher rapidement sur son adversaire, en se défilant de ses vues et de ses atteintes.

(Général Trochu.)

1360. — Un *combat* est une action partielle dans laquelle un corps d'armée ou une fraction de corps est engagé contre l'ennemi, et dont l'issue n'est généralement pas décisive.

(Maréchal Bugeaud.)

1361. — Une *bataille* est une action générale dans laquelle tous les corps d'une armée proprement dite sont ou peuvent être engagés.

(Maréchal Bugeaud.)

1362. — On nomme *bataille* l'ensemble de plusieurs combats livrés au même instant et sur un même terrain. Cet ensemble comprend généralement l'attaque et la défense d'une suite de localités, fermes, châteaux, villages, ponts, défilés, bois.

(Colonel Vandevelde.)

1363. — Le combat d'orientation, de reconnaissance est aujourd'hui plus nécessaire que jamais ; les armes actuelles donnent à la zone des feux du champ de bataille, une largeur de 3 à 4 kilomètres et les effectifs imposent au front de combat une étendue considérable.

(Colonel Maillard.)

1364. — N'engagez jamais vos troupes dans une bataille rangée avant d'avoir essayé leur valeur par des escarmouches.

(Végèce.)

1365. — Un général en chef doit se demander plusieurs fois par jour : si l'armée ennemie apparaissait sur mon front, sur ma droite ou sur ma gauche, que ferais-je? Et s'il se trouve embarrassé, il est mal posté, il n'est pas en règle, il doit y remédier.

(Napoléon.)

1366. — Il est indispensable de ne négliger aucun moyen convenable de combattre l'effet meurtrier des armes à feu modernes ; celui qui saura le mieux y parvenir, sera sûr de la victoire.

(Général Bourbaki.)

1367. — Le bataillon doit se diviser aujourd'hui plutôt en profondeur que dans le sens du front. Par suite de l'accroissement de la puissance des armes à feu, la tactique de l'infanterie tend à se rapprocher de plus en plus de celle de la cavalerie.

(Colonel Rustow.)

1368. — Quand on veut livrer bataille, il est de règle de rassembler toutes ses forces, de n'en négliger aucune : un bataillon quelquefois décide d'une journée.

(Napoléon.)

1369. — Il ne faut pas appeler de secours superflus, mais il faut toujours accepter ceux qui vous sont offerts. Vient souvent une occasion fortuite qui leur donne une valeur imprévue.

(Maréchal Marmont.)

1370. — C'est un principe que toutes les fractions d'une armée se doivent un mutuel appui, et que le premier devoir d'un général est de *marcher au canon* le plus vite possible pour concourir à la défaite de l'ennemi, à moins qu'il ne garde un point très important, et encore, dans ce cas, devra-t-il envoyer au combat toutes les troupes qui ne lui paraîtront pas nécessaires à la conservation du poste qu'il occupe.

(Général Berthaut, *Marches et combats*.)

1371. — La supériorité numérique à l'instant décisif est d'une extrême importance dans une bataille. Sans doute la qualité des troupes est plus à considérer que leur nombre, mais dans l'état actuel des armées de l'Europe, *le nombre et l'ensemble des moyens mécaniques* concourent puissamment aux grands succès.

(Maréchal Marmont.)

1372. — Une ancienne règle de la guerre, c'est que celui qui partagera ses forces sera battu en détail. Si vous voulez donner bataille, tâchez de rassembler toutes vos troupes, on ne saurait jamais les employer plus utilement.

(Frédéric le Grand.)

1373. — Ceux qui gardent des troupes fraîches pour le lendemain d'une bataille sont presque toujours sûrs d'être battus.

(Napoléon.)

1374. — Gardez-vous de la défensive passive ; un jour de bataille, prenez l'offensive dès le début.

(Vandevelde.)

1375. — Quand on se résout à la prétendue *défensive*, de propos délibéré, sans avoir de plan arrêté ; quand *on attache trop d'importance à des positions* dont l'ennemi peut facilement annuler la valeur, les troupes sont amenées à faire des efforts à peu près inutiles, tandis que la partie adverse qui prend l'offensive va droit à son but ; car elle a un *but déterminé*, ce qui, tout naturellement, lui assure l'avantage sur un adversaire qui n'en a pas.

(Colonel Rustow, *l'Art militaire au xix⁰ siècle*.)

Effet moral des batailles.

1376. — Ce n'est pas seulement la perte réelle que l'on fait dans une bataille qui est funeste à un État, mais surtout la perte imaginaire et le découragement qui le privent des forces mêmes que la fortune lui avait laissées.

(Montesquieu.)

1377. — Les meilleures batailles sont celles qu'on force l'ennemi à recevoir; une des règles de la guerre étant de l'obliger à faire ce dont il n'a pas envie, et de ne jamais faire qu'avec défiance, alors même qu'on croit y avoir profit, ce à quoi il vous invite.

(Frédéric II.)

1378. — C'est dans ces grandes occasions que les généraux doivent prendre d'autant plus de mesures qu'une plus grande gloire est attachée à leur sage conduite et un plus grand danger à leurs fautes. C'est le moment où l'expérience, la science acquise, l'art de combattre et la prudence triomphent au grand jour.

(Végèce.)

1379. — Les lieux et les temps font l'importance politique d'une action de guerre. On a vu, dans la guerre de Succession d'Autriche, des batailles de près de 100,000 hommes qui n'ont pas eu de grandes suites.

(Voltaire.)

1380. — L'armée de la Révolution reçut à Valmy le baptême du feu. Elle avait tenu tête aux troupes les plus redoutables d'Europe; elle *remportait une victoire morale,* une de ces victoires qui enhardissent et fortifient les cœurs.

(Arthur Chuquet.)

1381. — Avant de céder la victoire, attendons qu'on nous l'arrache. Avant de nous retirer, attendons qu'on nous y force.

(Napoléon.)

Tout ordre de bataille doit être simple et facile à modifier.

1382. — Les ordres de bataille théoriques méthodiquement combinés dans le cabinet sont souvent impossibles à appliquer, soit à cause du temps et du terrain, soit à cause des mouvements imprévus de l'ennemi.
(Maréchal Bugeaud.)

1383. — Les dispositions des marches devant être presque toujours les mêmes, c'est au génie du général à tirer de ces dispositions un ordre de bataille combiné sur la nature du terrain et des circonstances.
(Guibert.)

1384. — La reconnaissance qui préludera aux futures batailles sera moins simple qu'au temps de Napoléon. Elle exigera le concours des trois armes et des combinaisons qui constitueront le plan d'engagement.
(Colonel Maillard.)

1385. — L'ordre de bataille, l'ordre habituel, doit être celui qui convient le plus souvent aux terrains et aux circonstances de la guerre et qui possède la facilité d'être changé par toute autre disposition dans le moins de temps et avec le plus d'ordre possible.
(Napoléon.)

1386. — Les ordres obliques, les attaques renforcées sur une aile, celles qui débordent un flanc, enfin les ordres perpendiculaires sur l'extrémité d'une ligne de bataille, ou sur un centre morcelé et isolé, sont avantageux et presque toujours couronnés de succès, parce qu'ils présentent une ligne entière à une seule extrémité ou à une partie de ligne, par conséquent une masse plus considérable que celle de l'ennemi.
(Jomini.)

1387. — Les dispositions à prendre dans l'ordre de bataille dépendent : 1° du nombre de troupes de différentes armes qui composent l'armée ; 2° du rapport qui existe entre les deux armées ; 3° de leur moral ; 4° du but que l'on se propose ; 5° de la nature du champ de bataille ; 6° de la position qu'occupe l'armée ennemie et du caractère de celui qui la commande.

1388. — Dans un ordre de bataille, le chef doit prévoir la possibilité d'une retraite et prendre des mesures en conséquence ; mais il est inutile, imprudent même, de donner à l'armée un ordre général qui puisse faire supposer que la retraite soit probable.

(Vandevelde.)

1389. — L'idée d'un *dispositif normal de combat* qui convienne à tous les terrains comme à toutes les circonstances de la lutte et qu'on puisse prendre rapidement, sans manœuvres préalables, est toujours vraie plus encore peut-être aujourd'hui qu'autrefois, en raison de la nécessité de mettre le plus tôt possible les troupes en mesure de combattre et de l'impossibilité de les faire manœuvrer sous le feu de l'ennemi.

(Général Berthaut.)

1390. — Les officiers doivent lire et méditer les batailles qui ont été livrées dans les campagnes les plus récentes et chercher à se rendre compte des procédés tactiques qui y ont été employés. — Ils doivent surtout s'exercer à se poser des problèmes de tactique sur les cartes topographiques et sur le terrain et à en chercher la solution par l'application judicieuse des principes de la guerre.

(Général Berthaut.)

Disposition générale des troupes. — Avantage des fronts un peu étendus et des intervalles.

1391. — Placez vos troupes de façon que chaque arme puisse agir avec efficacité. Évitez pour l'infanterie et l'artillerie les positions qui donnent un tir plongeant ; n'accumulez pas des masses les unes derrière les autres. Étendez votre front, ne craignez pas les larges intervalles, vous les masquerez au besoin avec des tirailleurs. Prenez garde que les projectiles ennemis, frappant d'écharpe ou d'enfilade, ne vous causent de grandes pertes. Trois lignes suffisent en général, et il est bien entendu que ces lignes n'ont pas chacune un alignement correct.

La première est composée de petites colonnes précédées de tirailleurs ;

La deuxième est aussi en colonnes plus ou moins fortes, plus ou moins espacées ; elle doit être placée de telle sorte qu'elle ne souffre que peu ou point de feu, et que cependant elle soit en mesure d'entrer en action aussi vite que les circonstances l'exigeront ;

La troisième est formée des réserves tenues selon le terrain et les vues du général, en deux, trois ou quatre masses à portée de soutenir les deux autres lignes, de poursuivre les succès obtenus par elles, ou de protéger leur retraite. Les bagages, sous une escorte suffisante, occupent un pli de terrain sur des chemins en arrière des réserves. Les officiers d'artillerie disposent les pièces en les espaçant, de façon à concentrer leurs feux, tout en divisant celui de l'ennemi, et à protéger l'action des troupes, sans jamais les gêner. La cavalerie est bien placée aux extrémités des lignes, parce qu'elle y a une plus grande liberté de manœuvres qu'au centre ; elle doit particulièrement s'étendre vers l'extérieur, afin de reconnaître, d'envelopper et de déborder l'ennemi.

(Maréchal Bugeaud.)

1392. — La tactique doit profiter des avantages inhérents au terrain qui lui permet de résister à des forces supérieures en lui donnant un supplément de puissance. Elle a pour principe général de s'établir solidement sur une position couverte, de s'y défendre par le feu en opérant des sorties ou attaques vigoureuses suivies de retours offensifs.

(Général Paris.)

1393. — Dans la défensive, il faut s'étendre avec des retranchements ; quand on s'aperçoit que l'ennemi veut vous enfermer, changer de poste ; ne jamais demeurer dans des lieux où l'on puisse être enveloppé sans pouvoir ni combattre ni se retirer, et pour cela il faut avoir un pied en terre et l'autre en mer ou sur quelque grande rivière.

(Montecuculli.)

1394. — Un corps de troupes indépendant, comme le corps d'armée ou la division d'infanterie, peut résister pendant quelque temps à un ennemi très supérieur, si on lui donne l'artillerie et la cavalerie suffisantes ; si donc on renonce à obtenir un succès décisif sur quelques parties du champ de bataille, pour se contenter d'y maintenir l'ennemi, on peut confier à un faible corps d'armée ou à une division composée de toutes armes l'observation et la garde d'une partie du front double ou triple de celle sur laquelle ce corps ou cette division pourrait remporter un succès. Si l'on reconnaît cette vérité, on peut économiser ses forces sur certains points de la ligne de bataille pour porter d'autant plus de troupes sur la partie du front où l'on veut obtenir un succès décisif.

(Napoléon.)

1395. — Prenez pour principe, dans toutes vos formations en bataille, que vous vous placiez sur deux ou trois lignes ; qu'une même division fasse la droite des deux ou trois lignes ; vous avez vu à Austerlitz l'avantage de cette formation, parce qu'un général de division est au centre de sa division.

(*Lettre de Napoléon au maréchal Soult*, 1806.)

1396. — C'est une faute capitale, lorsque l'on est supérieur en nombre, d'attendre l'ennemi en position, et surtout de déployer la totalité de ses forces ; on fera beaucoup mieux de ne lui présenter en ligne que ce qu'il faut pour contenir la sienne, et de tenir tout le reste massé en trois ou quatre grosses colonnes prêtes à frapper des coups de vigueur ou à manœuvrer sur les extrémités de l'ennemi pour gagner les points décisifs.

(Jomini.)

Rôle moral du général en chef dans les batailles.

1397. — *La gloire et l'honneur des armes* sont les premiers devoirs qu'un général qui livre bataille doit considérer ; le salut et la conservation des hommes ne viennent qu'après ; mais c'est aussi dans l'audace et dans l'opiniâtreté que se trouve le salut des hommes.

(Napoléon.)

1398. — La conduite des combats réclame une pensée toujours active et libre.

(Colonel Maillard.)

1399. — Lorsque les armées sont en présence, le moindre accident de terrain, le plus petit bois cache une partie de l'armée.

L'œil le plus exercé ne peut savoir s'il voit toute l'armée ennemie ou seulement les trois quarts.

C'est *par les yeux de l'esprit,* par l'ensemble de tout le raisonnement, par une espèce *d'inspiration* que le général en chef voit, connaît et juge.

(NAPOLÉON.)

1400. — Ce que le général doit faire, c'est observer la contenance de l'ennemi, ses moindres mouvements, où il porte ses troupes et ses réserves; chercher à lui donner de la jalousie dans un endroit pour lui faire faire quelque fausse démarche, le déconcerter, profiter des moments et savoir porter le coup de la mort où il faut. Mais pour tout cela, il faut se conserver le jugement libre et n'être point occupé de petites choses.

(Maréchal DE SAXE.)

1401. — On se fait une idée peu juste de la force d'âme nécessaire pour livrer avec pleine méditation de ses conséquences une de ces grandes batailles d'où vont dépendre le sort d'une armée d'un pays.

(NAPOLÉON.)

1402. — Le général Chanzy qui fut certainement le plus capable de tous les chefs que les Allemands eurent à combattre en 1870, était parvenu, en très peu de temps, à rétablir le moral des troupes battues au point que, non seulement elles tenaient tête à l'ennemi, mais encore elles prenaient spontanément l'offensive.

(Maréchal DE MOLTKE, *Mémoires.*)

1403. — Le général combat par la volonté et la pensée. C'est bien moins un soldat (quoiqu'il doive le devenir quelquefois), qu'un *être moral* qui, par son influence, semble gouverner les événements comme les puissances mystérieuses de la nature.

(Maréchal MARMONT.)

1404. — Il faut que le moral des troupes se soutienne, que l'homme sente à chaque instant planer au-dessus de lui la *pensée vigilante* du chef.

(Général GUICHARD.)

1405. — L'art est aujourd'hui d'attaquer tout ce qu'on rencontre, afin de battre l'ennemi en détail et pendant qu'il se réunit.

(NAPOLÉON.)

1406. — Une fois la bataille résolue, attaquez le premier; si la défensive est à éviter dans la conduite générale de la guerre, elle est tout à fait fâcheuse dans une action tactique.

(Maréchal BUGEAUD.)

Place que doit occuper le général en chef sur le champ de bataille.

1407. — Dans une bataille offensive, le général en chef doit se rapprocher le plus possible du point où s'exécute la principale attaque. Dans la défensive, il se placera de préférence en arrière du centre. Dans ces deux cas, il serait très avantageux que de l'endroit où il est placé, il pût distinguer une partie du champ de bataille. Il ne se déplacera que quand il le jugera tout à fait nécessaire, et il laissera un officier à l'endroit qu'il quittera, pour indiquer la direction qu'il aura prise. Il ne s'exposera jamais inutilement et ne dirigera pas d'attaque partielle.

(DE CHAMBRAY.)

1408. — La grandeur du rôle du général en chef lui interdisant le détail, sa place doit être *fixe* pour qu'on puisse sans cesse le trouver : assez rapprochée pour qu'il puisse voir au moins ses premières lignes et, s'il est possible, celles de l'ennemi sur le point le plus important du combat, assez éloignée pour qu'il n'ait point la tentation de s'immiscer dans la direction du combat partiel qu'il a sous les yeux, qu'il n'ait point à prendre à chaque instant souci de sa personne, enfin qu'il soit suffisamment rapproché de sa réserve générale.

(Général GUICHARD, *Cours d'art militaire.*)

1409. — Le point du champ de bataille où doit se placer le général en chef n'est jamais indifférent pour les grands mouvements qui s'y accomplissent. En effet, le fait qui se passe sous nos yeux nous frappe plus vivement que celui que nous apprenons par des rapports ou par des voies détournées. C'est pourquoi il y a lieu de craindre que le général en chef ne soit conduit à prendre de fausses dispositions, s'il a mal choisi son point d'observation.

(Colonel RUSTOW, *l'Art militaire au* XIXe *siècle*.)

Combat offensif. — Différents modes d'attaque.

1410. — Il faut toujours beaucoup de temps pour donner ordre à une attaque dans des lieux difficiles et qui ne se voient pas bien les uns les autres.

(TURENNE.)

1411. — Il ne faut pas aujourd'hui engager une bataille offensive avec toutes ses forces à la fois, sans avoir une avant-garde qui tâte la première l'ennemi et permette ainsi aux renforts qui la suivent (gros et réserves), de choisir le point et le moment favorables pour leur attaque et leur déploiement.

(Colonel RUSTOW.)

1412. — Il est toujours dangereux d'attaquer une ligne par ses deux extrémités, à moins qu'on ne soit très supérieur en nombre.

(JOMINI, *Grandes Opérations*, ch. VIII.)

1413. — « Donc, capitaines, depuis que l'œil vous accompagne à voir la force de votre ennemi, et le lieu là où il est, et que vous l'avez tâté et trouvé aisé à prendre la fuite, chargez-le pendant qu'il est en peur, en laquelle vous l'avez mis ; car si vous lui donnez loisir de se reconnaître et d'oublier sa peur, vous êtes en danger d'être plus souvent battu, que de battre l'ennemi. Par ainsi, vous le devez toujours suivre sur sa peur, sans lui donner le loisir de reprendre sa hardiesse, et tenir toujours avec vous la devise d'Alexandre le Grand, qui est : Ce que tu peux faire en nuit, n'attends au lendemain, car cependant beaucoup de choses surviennent, mêmement en la guerre ; et puis, il n'est pas temps de dire : je ne l'eusse jamais pensé. Plusieurs choses exécuterez sur la chaude, que si on vous donne loisir de vous raviser, vous y penserez trois fois. Poussez donc, hasardez, ne donnez loisir à votre ennemi de parler ensemble, car l'un encourage l'autre. »

(MONTLUC.)

1414. — Il ne faut jamais laisser entre les diverses parties d'un ordre de bataille des intervalles par où puisse pénétrer l'ennemi. Si pendant le combat une troupe est mise en déroute, la deuxième ligne doit la remplacer au plus vite pour éviter que l'ennemi ne pénètre par la trouée et ne trouble l'ordre général du combat, ce qui amènerait presque sûrement la perte de la bataille.

(NAPOLÉON.)

1415. — Dans les deux dernières guerres (1866 et 1870), aux attaques d'infanterie en masses profondes on a substitué les attaques en lignes minces se succédant et débordant l'adversaire sur une aile ou sur les deux à la fois.

(VANDEVELDE.)

1416. — Le combat offensif comprend trois formes d'attaque :
1° L'attaque de front ou parallèle; elle ne doit être employée qu'au début et provisoirement, car elle donne rarement un résultat décisif;
2° L'attaque enveloppante, qui consiste à avancer contre un flanc de l'ennemi en dirigeant simultanément contre lui un mouvement offensif de front; ce mouvement peut s'effectuer soit en opérant une *diversion* en dehors de la zone d'efficacité des feux de l'ennemi, ou bien en effectuant *pendant le combat* des manœuvres pour déborder une aile;
3° L'attaque en coin qui consiste à assaillir le front ennemi en un certain point et à le séparer en deux tronçons pour les battre isolément.

Ce mouvement offensif est d'une exécution difficile; mais quand il réussit, il est généralement décisif.

(Général PARIS.)

1417. — Il est bien difficile de résister à une attaque de nuit : on ne peut point contenir sa troupe; elle se sauve, elle se croit perdue, coupée, trahie, et s'imagine qu'elle a affaire à toute l'armée ennemie. Chacun se méfie de son voisin et se croit abandonné.

Si l'on a un poste à occuper et surtout de la cavalerie à attaquer, qu'on y aille la nuit; on aura toujours beau jeu, surtout si l'on envoie sur les derrières quelques hommes tirer des coups de pistolet.

Les attaquants doivent seulement rester bien réunis, sans quoi ils pourraient tomber dans le même désordre et dans la même inquiétude que leur ennemi.

(Frédéric II.)

1418. — Les marches de nuit sont, en Algérie, le moyen le plus sûr d'écraser toute insurrection, d'étouffer tout soulèvement; mais il importe qu'elles soient conduites avec intelligence et combinées de façon à être toujours couronnées de succès.

(Général Yusuf.)

1419. — Dans les campagnes de 1866 et de 1870, les Allemands ont toujours appliqué le principe tactique suivant :

Pendant que, par une grande démonstration d'artillerie dirigée contre le centre de l'ennemi, ils attirent son attention sur ce point, ils le débordent sur ses deux ailes, ou, par des efforts continus, ils l'accablent d'un feu convergent.

(Colonel Vandevelde.)

1420. — La grande maxime pratique du combat moderne peut se résumer ainsi :

« Tromper et maintenir l'ennemi sur un point pour être mieux en mesure de le surprendre et de l'accabler sur un autre. Chercher à prolonger l'une ou l'autre des extrémités de sa ligne de bataille pour la prendre de flanc ou de revers. »

(Colonel Guichard.)

Conduite des troupes dans le combat.

1421. — La conduite des troupes dans le combat appartient au domaine intellectuel. Celui qui en est chargé doit savoir allier le sang-froid à la présence d'esprit, le courage et l'énergie à la prévoyance.

On peut avoir égard aux considérations suivantes :

1° On doit faire concorder avec la disposition du combat toutes les mesures à prendre ultérieurement dans les phases successives de l'action ;

2° On ne devra jamais perdre de vue, dans le cours du combat, la direction unique de toutes les forces ;

3° Pour diriger l'action, le commandant supérieur doit se placer au point qui lui permette de surveiller le mieux possible le terrain entier et les phases du combat ; il ne doit abandonner cette station que pour des motifs urgents ;

4° L'échange des rapports avec les chefs subordonnés doit être réglé avec le plus grand soin et ne pas subir d'interruption dans le cours entier du combat ;

5° Le commandant supérieur doit toujours pouvoir disposer de la réserve générale ;

6° Les dispositions prises pour les bagages, les colonnes de munitions, les parcs, doivent être établies de manière à ne pas gêner une retraite éventuelle.

(Général Paris.)

Rôle des trois armes dans le combat.

1422. — Le commandant d'un corps composé de trois armes doit les employer de manière qu'elles s'appuient et se secondent mutuellement, les placer selon le terrain, selon le but qu'il se propose et celui qu'il peut supposer à l'ennemi ; combiner leur action simultanée d'après les qualités propres à chacune d'elles en ayant soin de les faire soutenir réciproquement.

(Jomini.)

1423. — Il ne faudrait plus ni généraux d'infanterie, ni généraux de cavalerie, ni généraux d'artillerie ; mais seulement des *généraux* sachant employer et combiner les trois armes, et tous aptes à commander les grandes unités renfermant ces trois éléments. C'est un désir souvent exprimé depuis Guibert, qui l'a formulé le premier. Sa réalisation se fera par la force même des choses.

(Général Lewal, *Études de guerre.*)

1424. — Les différentes armes doivent se soutenir dans le combat conformément aux principes suivants :

1° Au début de la lutte, la cavalerie est chargée d'opérer la reconnaissance, puis elle se replie derrière les réserves;

2° Dans le développement du combat, l'infanterie entre en action dès que son attaque aura été préparée par l'artillerie. Elle est soutenue sur ses flancs par la cavalerie divisionnaire;

3° La décision est alors préparée par les trois armes réunies; mais dans les grandes batailles, la solution de la crise n'est souvent provoquée que par la cavalerie de réserve;

4° La cavalerie et l'artillerie à cheval poursuivent l'ennemi, soutenues par des détachements d'infanterie;

5° En cas d'insuccès, la retraite est couverte par la cavalerie, par l'artillerie à cheval en terrain ouvert, par l'infanterie et l'artillerie montée en terrain coupé et accidenté; par les trois armes en terrain varié.

(Général PARIS.)

1425. — Dans la campagne de 1870 à 1871, l'effet destructeur des armes modernes a été ainsi réparti : sur 100,000 blessés il y en a eu d'atteints :

Chez les Français ....
- 70 p. 100 par le fusil;
- 25 — par l'artillerie;
- 5 — par les armes blanches.

Chez les Prussiens....
- 88 p. 100 par le fusil;
- 5 — par les mitrailleuses;
- 5 — par l'artillerie;
- 2 — par les armes blanches.

(Général LEWAL, *Études de guerre.*)

1426. — Je suis persuadé que toute troupe qui n'est pas soutenue est une troupe battue, et que les principes que nous a donnés là-dessus M. de Montecuculli, dans ses mémoires, sont certains.

(Maréchal DE SAXE.)

1427. — Soldat, pour le combat, ne te charge que du strict nécessaire, n'emporte pas d'effets inutiles. Plus d'un cheval, plus d'un homme sont restés en arrière pour un kilogramme de trop sur le sac.

(Maréchal BUGEAUD.)

COMBAT OFFENSIF.

1428. — Le service de combat par brigade est avantageux, parce qu'il donne à ce groupe l'esprit de corps qui lui est nécessaire. Qu'on ne s'y trompe point, l'action une fois engagée, le général de division, dans l'infanterie surtout, se borne à diriger : on manœuvre et on combat alors par brigade.

(Général Préval.)

1429. — Dans le combat moderne, les troupes ne forment plus sur le champ de bataille de longues lignes continues et distinctes; elles y sont au contraire réparties sans ordre apparent et sur une zone d'une largeur variable; on aperçoit sur le bord de cette zone le plus rapproché de l'ennemi une épaisse ligne de tirailleurs engagée dans un combat d'une violence extrême et formant des ondulations qui se modifient sans cesse selon le degré de résistance que chaque fraction de la ligne trouve en avant d'elle; puis de petits groupes à rangs serrés, échelonnés en arrière, tantôt se portant isolément en avant par un mouvement brusque et court, tantôt s'arrêtant derrière un pli de terrain, d'où ils s'élancent de nouveau pour aller finalement se fondre dans la ligne de tirailleurs; plus en arrière encore, des groupes de colonnes de compagnie, suivant chacun le mouvement des échelons placés en avant de lui et passant rapidement d'une position à une autre.

Il se produit donc sur toute l'étendue de la zone occupée par les troupes un mouvement continuel et irrégulier d'arrière en avant; les groupes semblent se précipiter dans le combat chacun pour son compte.

En réalité, il n'y a plus d'action unique, mais une série de combats partiels qui néanmoins devront se lier intimement et concourir à un but unique. Mais il faut reconnaître que la transformation en une action commune des efforts individuels de tant de groupes distincts constitue pour les officiers supérieurs et les généraux de brigade une tâche difficile qui exige la connaissance des règles de la guerre, l'habitude d'appliquer les principes de la tactique moderne, la faculté de juger sainement les phases du combat, et d'apprécier la valeur militaire du terrain, enfin une grande promptitude de décision.

(Général Berthaut.)

1430. — Préparer l'attaque de l'infanterie par de grandes démonstrations d'artillerie, ou bien en accablant les localités qui couvrent le front ennemi, telle est la principale mission du canon à longue portée sur le champ de bataille.
(Vandevelde.)

1431. — Lorsqu'un bataillon d'infanterie attaque, son chef doit dès ce moment agir à peu près pour son compte, car le colonel ou le général de qui il aurait à recevoir des ordres peut n'en pas donner, étant tué, blessé, ou distrait par des événements étrangers à ce bataillon.
(Maréchal Bugeaud.)

1432. — Il ne faut laisser aucune force inactive à aucun moment du combat, et lui faire produire le maximum de travail utile dont elle est susceptible.
(Colonel Guichard.)

1433. — Le général d'artillerie doit surtout accompagner le général en chef dans ses reconnaissances et aux avant-postes, puisqu'il faut qu'il connaisse comme lui tout le terrain qu'embrasse l'armée, s'il veut être en état de juger des positions que l'artillerie devra prendre à mesure que l'armée avancera ou manœuvrera. Le général d'armée doit aussi faire part à celui de l'artillerie de ses projets ou du moins de ceux qu'il peut lui communiquer. Ces deux hommes, de qui dépend le sort de l'armée, doivent être intimement liés, puisque c'est de leur union que dépend la victoire.
(Général Espinasse.)

1434. — Il faut faire marcher quelques brigades d'artillerie à la tête des colonnes d'infanterie, et cela afin que l'artillerie arrive assez tôt pour être placée sur la ligne dans l'ordre de bataille.
(Feuquières.)

1435. — C'est dans les combats qui ont pour objet l'enlèvement d'un village ou d'un château que l'artillerie de campagne peut rendre les plus éminents services; et chose extraordinaire, c'est là qu'elle fait généralement défaut.
(Colonel Vandevelde.)

1436. — L'artillerie doit entrer la première en ligne et prendre à cet effet la tête des troupes qui se portent en avant ; elle doit y être envoyée tout entière et aussi rapidement que possible, parce qu'il est très important de s'assurer la supériorité du feu pour produire un grand effet dès le début de l'action.

(Général Berthaut.)

1437. — Au moment où le combat s'engage sérieusement, les lignes de tirailleurs des armées opposées sont séparées par une distance moyenne d'environ 500 mètres ; les batteries devront en conséquence se placer à 500 mètres en arrière des tirailleurs à peu près à hauteur des réserves de bataillon.

(Général Lewal.)

1438. — Une batterie de canons qui prolonge, domine, bat les lignes ennemies en écharpe, peut décider d'une victoire.

(Napoléon.)

1439. — En ce qui regarde la disposition d'une attaque d'artillerie, on doit laisser au commandant de la batterie le soin de choisir lui-même la plus convenable. Il suffit de bien lui indiquer l'effet à produire.

(Général Verdy du Vernois.)

1440. — Dans toutes les défenses restées célèbres, on retrouve un officier du génie ; quand il n'y a pas d'officier, c'est un garde comme Saint-Jacques à Mouzon, ou un sous-officier comme le sergent Bobillot à Tuyen-Quan.

(Général Thoumas.)

1441. — L'oubli des principes fondamentaux a engendré les erreurs successives de la cavalerie depuis trois quarts de siècle. Elles se rattachent à deux groupes principaux : 1° la tendance aux grosses masses, qui a produit la lenteur, l'alourdissement, les formations rigides ; 2° la tendance à la charge en ligne, dont la conséquence a été le maintien de l'ordre compact, la suppression de l'individualisme, l'impuissance ou la répulsion pour les petites opérations.

(Rustow.)

1442. — Les charges de cavalerie sont bonnes également au commencement, au milieu ou à la fin d'une bataille ; elles doivent être exécutées toutes les fois qu'elles peuvent se faire sur les flancs de l'infanterie, surtout lorsque celle-ci est engagée de front. Toutes les batailles d'Annibal furent gagnées par sa cavalerie ; s'il eût attendu, pour la faire donner, la fin de ses batailles, il n'aurait jamais pu l'employer qu'à couvrir sa retraite.

(Napoléon, *Mémoires*.)

1443. — Les combats de cavalerie à cavalerie sont infiniment moins meurtriers que ceux contre l'infanterie.

(Général Marbot.)

1444. — Les généraux de cavalerie Murat, Leclerc, Lasalle, se présentaient aux mamelucks sur plusieurs lignes ; lorsque ceux-ci étaient sur le point de déborder la première, la seconde se portait à son secours par la droite et par la gauche ; les mamelucks s'arrêtaient alors et convergeaient pour tourner les ailes de cette nouvelle ligne ; c'était le moment qu'on saisissait pour les charger ; ils étaient toujours rompus.

(Napoléon.)

1445. — Le beau fait d'armes des chevaliers-gardes à Polotsk prouva de nouveau que les attaques de cavalerie imprévues sont celles qui ont le plus de chances de succès.

(Général Marbot.)

1446. — Sans cavalerie, une armée marcherait en aveugle. Elle devrait toujours être prête pour le combat, concentrée, bivouaquée, sur le qui-vive ! — Elle ne résisterait pas et fondrait à vue d'œil.

(Colonel Maillard.)

Manœuvres sur le champ de bataille.

1447. — Un général commandant une armée manœuvrière doit, autant que possible, attaquer son ennemi lorsqu'il est en marche, fût-il même supérieur en nombre.

(Jomini.)

MANŒUVRES.

1448. — Une *manœuvre* est une combinaison de mouvements et de dispositions en vue d'atteindre l'ennemi dans des conditions favorables pour soi, défavorables pour lui. Cette combinaison offensive ou défensive est basée sur l'ennemi, le terrain et la valeur des troupes.

(Colonel MAILLARD.)

1449. — Les manœuvres sont des mouvements par lesquels on cherche à éviter l'ennemi, à le fatiguer, à le faire sortir des positions fortes qu'il occupe, à le détourner d'une entreprise en lui donnant de la crainte sur un objet qui l'intéresse loin de son premier but, à l'amener sur un terrain qui lui soit défavorable. La meilleure manœuvre dans une bataille sera toujours de prendre un objectif et d'y marcher droit et vigoureusement.

(Maréchal BUGEAUD.)

1450. — La *démonstration* peut avoir pour conséquence l'enlèvement du point contre lequel elle est dirigée; mais la réussite de l'entreprise consiste surtout à obliger l'ennemi à éloigner une grande partie de ses forces du point d'attaque réel.

(Général PARIS.)

1451. — Le *mouvement tournant* a pour but de menacer la ligne de retraite de l'adversaire, *sans combat,* et d'engager celui-ci à rétrograder.

(Général PARIS.)

1452. — Toute manœuvre pour déborder et tourner une aile doit être liée aux attaques et soutenue par un effort que fera le reste de l'armée sur le front de l'ennemi, soit contre l'aile tournée, soit contre le centre.

(JOMINI.)

1453. — Il ne faut jamais attaquer de front une position que l'on peut tourner.

(NAPOLÉON.)

1454. — Nous considérons l'immobilisation préalable de l'ennemi comme une idée élémentaire, comme la base de toute manœuvre tactique.

(Colonel MAILLARD.)

1455. — On doit observer de ne point engager trop tôt dans une affaire des gens fatigués d'une longue marche, ni des chevaux qui viennent de faire une course. Il se consume dans la marche beaucoup de forces qui sont perdues pour l'action. Les anciens généraux prenaient leurs mesures pour éviter ces inconvénients, et, dans ces derniers temps, les généraux romains qui y sont tombés ont perdu leurs armées.

(VÉGÈCE.)

1456. — Il faut à une armée qui bat en retraite un peu d'avance, afin qu'elle puisse dormir et manger. Il faut aussi qu'elle n'ait pas l'ennemi trop près d'elle, car essuyer une attaque en route, le dos tourné, est la plus dangereuse manière de recevoir une bataille. Il est donc un moment où ce qu'il y a de plus sage est de choisir son terrain et de s'y arrêter pour combattre.

(THIERS, *Empire*.)

1457. — La manœuvre, sous toutes ses formes, est toujours le résultat de l'union intime de l'*Esprit* et de la *Force*, des chefs et des troupes. C'est l'intelligence incitée par la volonté de vaincre, dominant le futur champ de bataille.

(Colonel MAILLARD.)

Danger des grandes conversions d'armée.

1458. — Un mouvement de conversion de 200,000 hommes comme celui que firent les Allemands à Gravelotte, offre de grandes difficultés d'exécution. En face d'une armée concentrée, commandée par un chef habile et clairvoyant, il présentait les plus grands dangers.

(VANDEVELDE.)

1459. — S'il est reconnu que les attaques les plus avantageuses doivent s'opérer par un effort concentré sur une seule extrémité de la ligne ennemie, il devient indispensable de prendre ses mesures pour gagner cette extrémité en masquant ses mouvements. En négligeant cette précaution, l'ennemi pourra suivre la marche des colonnes qui veulent le déborder, leur présenter toujours son front, ou les prendre elles-mêmes en flanc, ainsi que cela est arrivé à Rosbach.

On cachera sa marche, soit au moyen de l'obscurité, soit à la faveur du terrain, ou enfin par une fausse attaque sur le front de l'ennemi qui fixerait toute son attention de ce côté.

Ces deux derniers moyens sont préférables, attendu que les mouvements de nuit sont moins réguliers que ceux de jour.

(JOMINI.)

1460. — La direction la plus avantageuse d'une ligne de manœuvre est au centre, quand les forces ennemies sont divisées sur une ligne trop étendue; mais dans toute autre hypothèse, c'est une des extrémités et de là sur les derrières de la ligne de défense de l'ennemi. Les combinaisons de la campagne de 1800 ont prouvé cette vérité.

(JOMINI.)

Distinction entre l'enveloppement stratégique et l'enveloppement tactique.

1461. — Quand et comment une armée est-elle enveloppée tactiquement ou stratégiquement, et quels sont les avantages et les inconvénients de ces deux positions ?

Une armée est enveloppée *tactiquement* quand elle se laisse entourer, sur le terrain de l'action, à portée des armes à feu par l'armée adverse. Une armée menacée par une autre qui marche sur elle par plusieurs directions, pour l'entourer et la couper de sa base, est ce qu'on appelle enveloppée *stratégiquement*, ou du moins très exposée à l'être.

Dans le premier cas, l'armée enveloppante, opposant un feu convergent au feu divergent de l'armée enveloppée, accablera bientôt celle-ci.

Dans le deuxième cas, l'armée enveloppée se trouvant au centre des fractions séparées de l'armée enveloppante, c'est-à-dire sur des lignes intérieures, pourra à volonté réunir la masse de ses forces pour les jeter sur les fractions séparées de celle qui l'entoure; elle se trouve donc, relativement à l'adversaire, dans les conditions stratégiques les plus favorables.

(Général VANDEVELDE.)

1462. — A Austerlitz, Napoléon s'était laissé envelopper de toutes parts; sans doute si, au lieu de prendre l'*initiative de l'attaque*, il était resté cloué au sol, s'il s'était laissé accabler par le feu convergent de ses adversaires, il est probable qu'il se fût fait battre; mais en prenant l'initiative de l'attaque, il a à la fois profité des avantages stratégiques et tactiques que procure généralement une position centrale à celui qui sait en tirer parti.

(VANDEVELDE.)

Conduite après les batailles.

1463. — Si Dieu vous donne la victoire, ne vous arrêtez pas à ce premier succès, profitez de votre avantage et poussez l'ennemi jusqu'à sa ruine totale. A la guerre comme à la chasse, c'est n'avoir rien fait que de ne point achever ce que l'on a commencé.

(L'empereur LÉON.)

1464. — Quand on a fait tant que de donner bataille, il faut savoir tirer profit de la victoire et surtout ne point se contenter d'avoir gagné un champ de bataille, comme c'est la louable coutume.

(Maréchal DE SAXE.)

1465. — Beaucoup savent gagner des batailles, mais peu savent profiter de la victoire.

(Maréchal MARMONT.)

1466. — Une belle retraite n'est possible que devant un ennemi qui poursuit mollement ou qui a été très fatigué; mais s'il poursuit à outrance, elle se convertira en déroute.

(Maréchal DE SAXE.)

1467. — Après le combat, la cavalerie divisionnaire doit prendre le plus promptement possible le contact de l'ennemi et s'efforcer de le conserver pendant toute la durée de son mouvement de retraite; à cet effet, elle se porte au delà de la ligne de combat dès que la lutte a cessé, et elle envoie des patrouilles sur toutes les routes et les chemins par lesquels les troupes ennemies se retirent; ces patrouilles suivent l'ennemi sans jamais le perdre de vue; le gros du régiment appuie leur mouvement.

(Général Berthaut.)

Condition essentielle pour bien faire la guerre.

1468. — La première de toutes les conditions pour bien faire la guerre est d'avoir la ferme volonté de combattre. Quand un général sera animé d'un esprit vraiment belliqueux et qu'il saura le communiquer à ses soldats, il pourra faire des fautes; mais il remportera néanmoins des victoires et il cueillera de justes lauriers.

(Jomini.)

1469. — Une armée moderne ne saurait former un seul bloc. Elle ne peut agir que fractionnée en armées, ce qui suppose de larges espaces entre celles-ci; mais il importe que toutes les forces concourent à la bataille. La réunion s'opérera par le fait même de la manœuvre sur le champ de bataille. Telle fut la conception de Napoléon pour Iéna. Il avait donné l'ordre à Davout de se rabattre par Apolda sur le flanc de l'armée prussienne pendant que lui-même attaquait cette armée de front en partant d'Iéna.

(Colonel Maillard.)

1470. — « Vous arrivez d'Égypte victorieux, *dit Moreau à Bonaparte*, et moi d'Italie après une grande défaite. Si Joubert, qui avait résolu de profiter de l'enthousiasme que sa présence causerait à l'armée, s'y était rendu incontinent, les Russes et les Autrichiens, avec les seules troupes qu'ils avaient alors, eussent été infailliblement battus. Mais ce général ayant perdu un mois à Paris à cause de son mariage, les ennemis réunirent toutes leurs forces et nous accablèrent. *C'est toujours le grand nombre qui bat le petit.* — Vous avez raison, répondit Bonaparte. Lorsque avec de moindres forces j'étais en présence d'une grande armée, je groupais avec rapidité la mienne, et je tombais comme la foudre sur l'une des ailes de l'ennemi que je culbutais. Je profitais ensuite du désordre que cette manœuvre ne manquait jamais de mettre dans l'armée ennemie pour en attaquer une autre portion, toujours avec toutes mes forces.

De la tactique dans la guerre moderne.

1° *Définitions de la tactique en général. — Subdivisions de la tactique. — Ce qu'il y a de constant ou de variable dans les conditions et dans les limites imposées à la tactique moderne.*

Ainsi que nous l'avons dit au commencement de cet ouvrage, la Tactique est une science et un art dont les moyens d'action sont variables avec les progrès de la civilisation.

Le but essentiel de toute grande guerre est la recherche et la destruction des armées de l'adversaire.

A ce point de vue, la stratégie est l'art de concentrer, de transporter et d'orienter les corps d'armée en tenant compte de l'espace et du temps, de manière à rencontrer et à envelopper le plus promptement possible les masses armées de l'ennemi. C'est la mécanique rationnelle de la guerre.

Les principaux moyens de la stratégie sont : la répartition préalable des masses organisées, la statistique et les communications, les transports par routes, voies ferrées ou fluviales, les services de l'arrière et l'échelonnement rationnel des marches.

Les unités ou masses de premier ordre dont la stratégie détermine l'orientation et les trajectoires se composent d'unités secondaires ou groupes restreints formés d'une seule ou de plusieurs armes dont la disposition et les mouvements par rapport au temps, à l'ennemi et au terrain, sont du domaine de la science tactique.

Nous définirons donc la tactique en général :

L'Art de donner aux groupes armés de second ordre, par rapport au terrain et à l'armement dont on dispose, les formations les plus avantageuses en vue de placer ces groupes dans les conditions nécessaires pour la sécurité, la marche, le repos, le combat offensif et défensif.

Suivant les conditions dans lesquelles elle s'exerce par rapport au terrain et à l'ennemi, on distingue :

La tactique de combat qui domine et règle les autres ;

La tactique de marche et de stationnement ou *logistique*, qui comprend la tactique de sûreté, et les tactiques d'armes qui comprennent les règles de formation et d'emploi spéciales à l'infanterie, à la cavalerie, à l'artillerie, au génie et aux convois.

Le but essentiel et immédiat de la tactique générale est le combat offensif ou défensif. Tout l'art du tacticien doit tendre à détruire promptement, par l'emploi habile des trois armes, les troupes et le matériel de l'ennemi, de manière à occuper lui-même le terrain sur lequel la troupe adverse s'était établie, ou bien de façon à conserver intégralement la zone de terrain qu'il a mission de défendre.

Ainsi les moyens ou facteurs essentiels dont dispose l'art de la tactique sont : 1° les groupes d'hommes et de chevaux organisés et dressés en temps de paix; 2° les armes à feu : fusils, canons, mitrailleuses et les armes blanches; 3° le terrain dont les obstacles et les surfaces d'occupation sont incessamment variables comme topographie et comme étendue; 4° l'instruction pratique et le coefficient de résistance physique et morale des soldats qu'on emploie.

C'est dans la mise en œuvre habile de ces moyens et surtout dans l'importance des résultats positifs ou des succès qu'il obtient à l'aide de ces moyens, sur le champ de bataille, que se manifeste le talent et le génie du vrai tacticien.

La tactique étant un art essentiellement pratique et expérimental qui dépend des quatre facteurs principaux que nous venons de définir, les procédés de cet art peuvent être permanents ou variables suivant que les facteurs en question restent constants ou se modifient.

Sur un même continent, arrivé à une certaine phase uniforme de civilisation comme l'Europe, le degré de force physique et de résistance des hommes et des chevaux d'une armée déterminée varie extrêmement peu, dans une période d'un siècle, mais les qualités morales des soldats s'améliorent par l'éducation et les traditions belliqueuses de la nation.

Le deuxième facteur : *l'armement*, qui dépend des progrès scientifiques et industriels, est le plus variable des quatre. Dans un délai de quelques années, on a vu la portée, la justesse et la pénétration des armes à feu s'accroître considérablement, et cette variation entraîne une transformation complète dans la tactique, ce qui justifie pleinement l'aphorisme de Napoléon : « La tactique doit changer tous les dix ans. » Les divers auteurs militaires s'accordent bien pour convenir de cette nécessité de changer la tactique, mais ils ne paraissent pas avoir établi avec simplicité et clarté les lois qui président aux variations de la tactique moderne.

Quelques auteurs se sont imaginé que l'accroissement de la portée des armes n'avait d'autre conséquence que d'accroître l'échelle tactique du combat en augmentant proportionnellement l'étendue des fronts et du champ de bataille. Cette opinion ne serait vraie que si les quatre facteurs qui modifient la tactique subissaient des accroissements proportionnels, or, c'est précisément tout le contraire qui se présente : les dimensions, la vitesse et l'énergie des hommes et des animaux restent les mêmes ; la nature des obstacles du terrain n'a pas varié, mais les distances linéaires auxquelles il faut se maintenir pour atteindre l'ennemi ou pour se mettre à l'abri de ses feux se sont considérablement accrues. Il en résulte nécessairement que les troupes doivent donc se garder à plus grande distance, et les dimensions des surfaces de terrain sur lesquelles elles sont appelées à manœuvrer et à combattre augmentent par rapport aux effectifs engagés. C'est ainsi que l'on est conduit à allonger les colonnes et à élargir les fronts de combat en envoyant les éclaireurs à une étape en avant, en doublant les distances des avant-gardes et des arrière-gardes, et que l'on se préoccupe d'écarter les intervalles des tirailleurs et de donner plus de profondeur aux zones de manœuvre.

Cette loi de l'extension des distances tactiques entraîne forcément l'accroissement du temps nécessaire à les parcourir, d'où des marches plus longues et plus fatigantes sur les champs de bataille, ce qui recule de plusieurs heures et même, dans les grands engagements, de plusieurs jours l'action décisive. Il en est de même de l'influence du terrain qui devient plus considérable, non pas parce qu'il change de nature, mais parce que les surfaces occupées par les champs de bataille s'accroissent à peu près proportionnellement au carré de la portée des armes à feu. Les obstacles et accidents du sol sont plus variés et plus nombreux, ce qui modifie fatalement la répartition des unités combattantes, amène leur séparation en petits groupes et retarde encore l'issue de la lutte. On est ainsi amené logiquement au combat traînant ou d'usure, aux tâtonnements, aux batailles prolongées pendant plusieurs jours qui caractérisent la guerre moderne.

2° *Tactique de combat.* — *Principes généraux.*

L'ensemble des dispositions à prendre pour utiliser de la façon la plus opportune le terrain, les troupes et leur armement, de manière à vaincre son adversaire ou à lui résister sur le champ de bataille, constitue la tactique de combat.

Bien que dans l'emploi des moyens dont elle dispose, la tactique des trois armes ait subi de profondes modifications, la tactique de combat ne diffère pas beaucoup dans ses principes et dans sa philosophie de celles qui a été enseignée par Napoléon et par le maréchal Bugeaud, et les maximes générales formulées par ces deux illustres hommes de guerre n'ont rien perdu de leur valeur et peuvent servir de base à la tactique moderne, en tenant suffisamment compte de la grande portée des armes et de la nouvelle action de l'artillerie.

Plus que jamais il importe de posséder en tactique des principes justes et une bonne et solide doctrine acquise en temps de paix par la réflexion et les manœuvres expérimentales. A défaut de l'expérience de la guerre, qu'il ne peut plus avoir actuellement, l'officier qui commande une unité tactique doit exercer son coup d'œil et s'accoutumer à appliquer la tactique au terrain avec discernement et méthode, car aujourd'hui c'est surtout la méthode suivie avec persévérance qui assure dans le combat la continuité de la progression en avant et l'ordre dans l'action, action et continuité d'où dépend souvent la victoire.

La principale conséquence de l'accroissement des distances tactiques a été de rendre beaucoup plus difficile la direction du combat et de modifier le rôle du général en chef un jour de bataille. Le général ne peut plus aujourd'hui, comme autrefois Napoléon à Rivoli et à Austerlitz, embrasser de la vue le champ de bataille et indiquer, dès le début, le point décisif. Sur un front qui atteint et dépasse souvent 15 à 20 kilomètres il ne peut plus rester à la tête des troupes, il doit éviter au contraire de s'occuper du détail de l'action laisser la plus grande initiative aux généraux de division et aux chefs de groupe d'artillerie, qui sont les véritables directeurs du combat. Placé en arrière des troupes, en un point connu où l'on puisse le trouver à chaque instant, muni d'un poste de télégraphie de campagne, entouré de nombreux officiers d'ordonnance, le général en chef doit recevoir les nouvelles du combat, suivre l'action générale avec les yeux de l'esprit et l'énergique volonté de vaincre, donner des ordres d'un caractère très général et s'efforcer de discerner, d'après les rapports qu'il reçoit, le point décisif du champ de bataille sur lequel il devra diriger ses réserves pour déterminer la victoire. Du reste, quelles que soient aujourd'hui la valeur et la science d'un général, il ne pourra jamais mener à bien une action de guerre, s'il manque de sang-froid et s'il exerce le commandement avec cette impatience nerveuse et fébrile qui fait perdre la réflexion, trouble les états-majors et compromet les meilleures situations.

Cette difficulté de diriger le combat dans son ensemble donne plus d'importance que jadis à la bonne organisation des unités tactiques, à la responsabilité et à l'initiative et aux talents manœuvriers des officiers qui les commandent. Il faut que tout groupe tactique soit constitué et formé de telle sorte que son chef puisse en diriger l'action, tout en se liant avec les groupes tactiques voisins. Ces nouvelles conditions exigent impérieusement que les troupes soient encore plus disciplinées et plus manœuvrières qu'autrefois, car sans discipline, il n'y a pas de tactique possible.

L'accroissement de portée des armes à feu et de la zone de combat est tout à l'avantage des unités tactiques bien dressées et manœuvrières.

Le chef qui a du coup d'œil et de l'initiative, a plus d'espace pour se mouvoir, plus de temps pour réfléchir et pour coordonner ses mouvements avec les groupes voisins en vue de l'attaque décisive.

Il importe, avant tout, pour le général qui se trouve avec son armée dans une région occupée par l'ennemi, de se réserver assez d'espace et de temps pour n'être jamais surpris et pour pouvoir prendre avec opportunité ses dispositions de combat. Il faut donc aujourd'hui, plus que jamais, organiser en avant des armées de fortes avant-gardes bien concentrées, manœuvrières, composées des trois armes en proportion suffisante pour soutenir au besoin un combat traînant, qui presque toujours sera le prélude d'un engagement général et décisif.

Ne pouvant traiter ici à fond ce sujet si important de la tactique de combat, nous nous contenterons de formuler ici les principes généraux qui paraissent devoir présider pendant quelque temps à la direction des troupes des trois armes engagées sur un champ de bataille.

I. Dans la guerre moderne, une armée doit toujours

marcher au combat précédée d'une forte avant-garde et suivie d'une arrière-garde. Ces corps doivent être à une distance suffisante pour pouvoir arrêter l'enemi et laisser le temps au gros de l'armée de prendre ses dispositions.

II. Un général habile doit toujours disposer ses forces de façon à conserver sa liberté d'action par rapport à l'adversaire, et à se réserver une zone de manœuvres suffisante pour prendre en toute sécurité ses dispositions d'attaque ou de défense sans précipitation ni désordre.

III. Dès que l'on prévoit une bataille, rappeler ses détachements, à l'exception de l'avant-garde, de manière à disposer pour le combat de toutes ses forces, même contre des forces moindres, car le dernier bataillon engagé à propos peut déterminer une victoire longtemps indécise.

IV. Aussitôt que l'armée arrive dans la zone d'action de l'ennemi, il faut le reconnaître, puis se proposer un but bien défini, offensif ou défensif. Ce but arrêté, prescrire aux troupes un dispositif de combat simple, d'une exécution facile et rapide. Donner les ordres et faire les préparatifs avec calme et méthode diriger l'action avec suite et déployer une énergie toujours croissante en liant bien l'action des trois armes.

V. Malgré les progrès de l'armement qui sont favorables à la défensive, la tactique offensive doit être préférée à la défensive, car elle a toujours la faculté précieuse de choisir le point d'attaque et d'y faire converger promptement une supériorité de forces ; elle a l'initiative du combat et conserve la liberté de le diriger à son gré ; enfin elle donne aux assaillants l'ascendant de la force morale qui devient irrésistible avec des troupes ayant conscience de leur valeur.

VI. Dans le mouvement offensif, comme dans le mouvement défensif, disposer les colonnes de façon qu'elles aient chacune un objectif proportionné à leur puissance et qu'elles soient toujours en mesure de se prêter un mutuel appui.

VI. Dans le doute, à proximité du champ de bataille, un général qui commande sous sa propre responsabilité une colonne isolée doit toujours marcher au canon.

VIII. Pendant que l'avant-garde engage le combat, le général en chef doit s'éclairer et se renseigner afin de reconnaître avec soin et réflexion le point décisif de l'armée ennemie qu'il doit attaquer, et prendre ensuite un ordre de bataille de manière à orienter et concentrer progressivement tous les efforts de son armée sur ce point décisif.

IX. Dans la tactique offensive, éviter autant que possible les attaques de front qui sont bien plus difficiles et plus meurtrières aujourd'hui qu'autrefois et qui produisent rarement un résultat décisif. La plupart des batailles perdues par les Français en Espagne ont été engagées par des attaques de front.

X. Le meilleur mode d'attaquer une armée, lorsqu'elle est en position, consiste à porter la plus grande partie des forces sur l'aile la moins bien appuyée et de faire en même temps une attaque sur le front pour fixer le centre, en ayant soin de bien assurer la liaison des troupes. — Exemples : Hohenkirch, Friedland, Coulmiers.

XI. Le meilleur ordre de combat est celui qui permet au général en chef de pouvoir obtenir au moment décisif la supériorité du nombre sur le point principal de l'attaque. C'est pourquoi il faut toujours se ménager une forte réserve en seconde ligne.

XII. Le général en chef qui dirige une bataille moderne doit conserver la plus grande liberté d'esprit et se tenir en arrière en un point désigné, près de sa réserve générale, pour y recevoir les rapports des chefs des corps engagés. C'est surtout dans l'emploi opportun qu'il saura faire de ses réserves que le général en chef pourra intervenir le plus puissamment pour décider de la victoire et prendre aussitôt ses dispositions pour poursuivre énergiquement l'ennemi.

XIII. Dès que l'ennemi abandonne ses dernières positions, il faut aussitôt lancer à sa poursuite toutes les forces dont on dispose et ne lui laisser aucun répit, afin de l'empêcher de se reconstituer, ce qui ferait perdre tout le fruit de la victoire.

En résumé, la nouvelle tactique de combat doit donner plus d'étendue et de solidité au service d'exploration, plus de champ aux troupes de couverture, plus de profondeur et d'étendue aux formations de combat, plus de surface à la zone de manœuvre; exiger plus de liaison dans les trois armes, plus de mobilité et de capacité manœuvrière des unités secondaires et plus d'initiative de la part de leurs chefs ; attacher moins d'importance aux positions et aux localités, tout en utilisant les accidents de terrain, et mettre la plus grande énergie à maintenir avec suite l'orientation générale du combat, la progression en avant des masses et des réserves vers le point décisif du champ de bataille.

Tactique des trois armes.

La bataille moderne comporte toujours l'emploi simultané des trois armes : infanterie, artillerie, cavalerie. Le tacticien qui dirige le combat doit apporter toute son attention à ce que les trois armes se prêtent constamment un mutuel appui matériel et moral et fasse concourir leur action au but commun, de manière à produire dans leur ensemble le maximum d'effet.

Chaque arme doit avoir une tactique spéciale comprenant les formations des groupes et l'emploi de l'armement par les soldats. Cette tactique d'instruction doit faire en temps de paix de la part des officiers l'objet d'études, d'exercices et de manœuvres pratiques approfondies, de façon que depuis le chef d'unité jusqu'au dernier soldat, chacun exécute parfaitement, et en quelque sorte, instinctivement, tous les mouvements que comporte l'emploi de l'arme. Il faut bien se garder de modifier à la guerre les procédés tactiques des unités de diverses armes, car, le jour du combat, la troupe ne peut exécuter que ce qu'on lui a bien enseigné en temps de paix. Le soldat ne fait bien sur le champ de bataille que les mouvements auxquels il est accoutumé par une longue habitude et qui sont devenus pour ainsi dire automatiques.

Nous n'entrerons pas ici dans les détails connus de la tactique d'instruction. Nous rappellerons seulement pour chaque arme les règles qui doivent présider à son action sur le champ de bataille.

Tactique de l'infanterie.

Le meilleur dispositif à adopter en général pour engager l'infanterie est la formation par bataillons sur deux lignes en renforçant les ailes de la seconde ligne par quelques bataillons, si les flancs de la ligne de combat ne sont pas protégés par des obstacles.

Dans l'offensive, les premiers bataillons en colonne de compagnie s'avancent jusqu'à 2,000 mètres des tirailleurs ennemis, puis prennent l'ordre dispersé et déploient chacun une chaîne de tirailleurs, qui engagent le feu avec l'adversaire.

Pendant ce temps, le général de brigade prépare son dispositif d'attaque, à l'aide des troupes de seconde ligne, hors la vue de l'ennemi.

Dès que les batteries d'artillerie ont forcé l'adversaire à se montrer et l'ont ébranlé par le tir à obus à balle, la première ligne d'infanterie s'avance ; aussitôt la seconde se met en mouvement et les chefs doivent s'appliquer à obtenir une progression régulière et continue en avant, autant pour gagner du terrain que pour soutenir le moral des troupes qu'il faut éviter de laisser trop longtemps immobiles dans la zone d'attaque.

TACTIQUE DE L'INFANTERIE.

Il ne faut jamais oublier, en effet, qu'une infanterie bien dressée et bien conduite en impose autant à l'ennemi par l'ascendant moral que par la puissance de son feu. Le principe essentiel de l'attaque d'infanterie consiste dans une progression énergique et sans arrêt vers le point d'attaque, de manière à gagner promptement du terrain sans jamais laisser voir à l'ennemi un ralentissement ou une hésitation dans les feux, qu'il faut maintenir réguliers, sans précipitation. Le tir à volonté bien dirigé sera en général le seul possible. On ne pourra guère compter sur le tir au commandement, qui exige autant de sang-froid de la part des soldats que d'attention et de coup d'œil de la part des chefs.

Dans beaucoup de cas, cette poussée énergique en avant de la colonne d'attaque peut achever de démoraliser l'adversaire, s'il a déjà été ébranlé par l'action préparatoire de l'artillerie.

Si l'assaut donné par la seconde ligne ne suffit pas pour enlever la position attaquée, il faut aussitôt engager les réserves d'infanterie, appuyées d'artillerie, pour faire l'effort final et occuper définitivement et solidement le terrain abandonné par l'ennemi.

Plus la portée du nouveau fusil est grande, plus son action est destructive sur les colonnes qui évoluent dans la zone de manœuvres et plus l'utilisation habile des ondulations du terrain pour couvrir les troupes d'infanterie acquiert d'importance. Aussi, dans l'attaque décisive en terrain découvert, il faut que les officiers s'efforcent de défiler leur troupe avec d'autant plus d'art que la distance à parcourir est plus longue.

Dans beaucoup de cas, on aura avantage à faire traîner le combat de tirailleurs et d'artillerie, de façon à profiter de la tombée du jour pour engager l'assaut définitif.

C'est à la façon habile dont il sait profiter du terrain pour couvrir son mouvement offensif et pour amener le plus grand nombre d'hommes valides à l'assaut décisif en les faisant appuyer à ce moment par des réserves adroitement dissimulées, que l'on reconnaît le bon tacticien d'infanterie.

Dans la tactique défensive, un chef expérimenté et tenace peut obtenir d'importants résultats en répartissant bien son infanterie et en l'abritant convenablement derrière les plis de terrain, les bois, les murs de clôture, les maisons. L'emploi des tranchées-abris et des épaulements de batterie, souvent appliqué par la 2ᵉ armée de la Loire, contribuera beaucoup dans l'avenir à la solidité et à la durée de la résistance.

La lutte si énergique et si opiniâtre du maréchal Canrobert à Saint-Privat a démontré d'une façon indiscutable la valeur de l'infanterie française dans la tactique défensive bien appliquée par un chef habile et vaillant. C'est surtout en lisant les historiques des régiments qui formaient la brigade Péchot et la division Bisson que l'on peut se faire une juste idée de la ténacité et de l'extraordinaire puissance de résistance tactique déployées par nos braves bataillons, qui, dépourvus presqu'entièrement de l'appui de l'artillerie, surent néanmoins tenir en échec pendant plus de six heures toute la garde prussienne, renforcée par deux corps d'armée et appuyée par une artillerie écrasante.

Nos glorieuses annales ne contiennent pas de plus bel exemple de constance et d'héroïsme que la défense du poste d'avant-garde de Sainte-Marie-aux-Chênes, où 1,400 fantassins du 94e de ligne résistèrent jusqu'à 3 heures et demie de l'après-midi aux attaques de 33,000 hommes.

Tant de valeur aurait donné la victoire au brave Canrobert si vers 4 heures le général en chef qu'il avait renseigné sur la situation, avait fait soutenir les efforts du 6e corps par une division et dix batteries de la garde, dont les chefs demandaient tous à marcher au combat.

Artillerie.

Les progrès considérables apportés dans le matériel de l'artillerie par la science métallurgique, la mobilité de ce matériel, la rapidité et la précision du tir, l'effet destructeur des nouveaux shrapnels, ont considérablement augmenté l'importance tactique de cette arme puissante dans les batailles modernes.

La nouvelle tactique de combat, opérant dans une zone de manœuvres beaucoup plus profonde qu'autrefois, il faut que toutes les unités d'action telles que bataillons, escadrons, batteries, développent aujourd'hui le maximum de mobilité, de souplesse et de capacités manœuvrières.

Présidant ou accompagnant les lignes d'infanterie ou de cavalerie, engageant des combats d'avant-garde, l'artillerie de campagne doit posséder toute la légèreté nécessaire pour aborder toutes les positions, se multiplier par le mouvement et exercer rapidement son action par masses sur le champ de bataille.

Actuellement, en raison de la grande portée des pièces, l'artillerie doit entrer en action avant les autres armes pour obliger l'ennemi à montrer ses troupes en leur faisant prendre leur dispositif de combat.

Accompagnées et soutenues par des groupes de tirailleurs, les batteries se portent hardiment en avant pour préparer l'attaque de l'infanterie.

Il ne faut pas disséminer les batteries sur le front de combat, mais au contraire constituer sur les emplacements favorables et dominants des groupes puissants de batteries qui ont pour mission d'anéantir les batteries de l'adversaire sous un feu écrasant.

Toute bataille débutant par un combat aussi prolongé que possible de l'avant-garde, le rôle de l'artillerie dans ce combat préparatoire est devenu très important, soit que l'on cherche volontairement l'ennemi, soit que l'on rencontre des détachements de couverture; le dispositif que doit prendre l'avant-garde pour reconnaître l'adversaire et le combattre au besoin, reste le même dans les deux cas. En effet, la mission essentielle de l'avant-garde est de reconnaître à fond l'ennemi et de le fixer par un combat sérieux, de façon à donner au général en chef le temps de concevoir un plan et de disposer le gros de ses forces en vue de la bataille. Dans ces conditions, le principal rôle des batteries d'avant-garde consiste à renforcer dès le début de l'action la première ligne d'infanterie par une ligne d'artillerie assez puissante et assez étendue pour inquiéter l'ennemi et fixer son attention.

L'action énergique d'une masse d'artillerie à l'avant-garde, a l'avantage de faire replier les lignes avancées de l'ennemi et de le forcer à démasquer le gros de ses forces.

L'artillerie doit s'efforcer d'obtenir promptement la supériorité du feu; si l'adversaire déploie des forces supérieures, il ne faut pas hésiter à amener promptement en ligne toutes les batteries de l'avant-garde afin de l'engager et de le contenir aussi longtemps que possible.

La bataille s'engage par l'entrée en ligne du gros des forces venant soutenir l'avant-garde. Chaque division d'infanterie entame le combat avec son artillerie. Les batteries se portent rapidement en position, non isolément, mais par groupes de 3, 4, 6, 10 batteries que l'on renforce successivement de façon à combattre l'artillerie ennemie et à lui imposer silence, si c'est possible, avant de prononcer les attaques d'infanterie.

Le véritable progrès à accomplir dans la tactique de l'artillerie consiste à augmenter la puissance de l'unité tactique et à réunir le plus de batteries possible sur quelques lignes bien choisies, de façon à agir par masses, en précipitant le tir dans les moments favorables.

Cependant, il faut bien se garder de faire tirer l'artillerie de trop loin ou de la placer dans de mauvaises positions, qui rendent son tir incertain ou inefficace. Le général qui dirige un combat doit chercher à tirer de son artillerie tout ce qu'elle peut donner utilement, mais sans oublier qu'il ne doit exiger de cette arme que ce qu'elle peut donner et qu'il faut toujours qu'elle soit soutenue par des tirailleurs.

On obtiendra le maximum d'effet par le tir simultané des batteries et un feu intensif, qui peut d'ailleurs être discontinu. C'est ce qu'on exprime bien en disant que le feu doit être conduit par rafales, surtout lorsque l'on tire à petite distance avec l'obus à balles sur des colonnes d'infanterie.

Dans la défensive, le rôle de l'artillerie a également une grande importance. Le tir à mitraille peut souvent remplacer avec avantage les feux de bataillon; et il est généralement plus meurtrier, car il peut être très rapide, n'exigeant presqu'aucun pointage.

Dans la préparation des attaques, les batteries ne doivent pas hésiter à tirer par-dessus l'infanterie, tant que ce genre de tir peut être exécuté sans danger réel pour les troupes les plus avancées.

Tactique de la cavalerie.

La cavalerie a été de tout temps l'arme de la surveillance, de la vitesse et du choc. De ces trois facultés, la seule dont l'importance ait augmenté, est la surveillance, car la vitesse et le choc qui ne dépendent que de la nature et du dressage du cheval ont bien peu varié depuis Annibal, qui faisait un si remarquable usage de sa cavalerie. De nos jours, le choc ou la charge de cavalerie en ligne contre une infanterie solide, ou contre l'artillerie, n'a plus aucune chance de succès.

La tactique de cavalerie doit donc supprimer l'emploi des masses compactes, pour s'appliquer exclusivement à l'emploi des petits groupes, dirigés avec initiative et intelligence.

Il y a deux tactiques de cavalerie : l'une pour le service d'information, l'autre pour le champ de bataille.

Le service des reconnaissances dans la guerre moderne exige une très nombreuse cavalerie. Il est d'ailleurs rempli de difficultés et d'imprévu ; c'est un art d'improvisation et d'expérience, dont on ne peut guère fixer les règles. La grande portée des armes et l'adoption de la poudre sans fumée, en doublant les moyens de défense et d'action des postes avancés, rendent la tâche de la cavalerie d'exploration beaucoup plus difficile et périlleuse qu'autrefois.

Le général qui commande l'avant-garde doit toujours s'éclairer à grande distance et tâter l'ennemi à l'aide de groupes de cavalerie légère. S'il dispose d'une cavalerie nombreuse accompagnée de batteries à cheval, il pourra occuper un front très étendu, tromper l'ennemi, lui tendre des pièges, ralentir son action et procurer à l'armée qu'il couvre, le temps et l'espace qui lui sont indispensables pour passer de l'ordre de marche à l'ordre de combat.

La cavalerie légère bien armée d'un mousqueton à tir rapide peut souvent combattre à pied en engageant la lutte avec les tirailleurs d'infanterie, qui chercheront souvent à s'opposer à la progression des escadrons envoyés en reconnaissance.

En 1870, la cavalerie des armées du Rhin et de Châlons semblait ignorer complètement les règles les plus élémentaires du service d'exploration.

Tout au contraire dans l'armée de la Loire, si bien commandée par le général Chanzy, la cavalerie reçut des ordres et une direction d'une telle précision, qu'elle se fit remarquer par des reconnaissances d'une mobilité et d'une hardiesse souvent supérieures à celles des Allemands. Le général en chef de la 2e armée de la Loire était convaincu que la cavalerie française possède une grande aptitude aux reconnaissances rapides et audacieuses, et que rien n'est plus facile pour elle que de reprendre sur la cavalerie allemande la supériorité qu'elle possédait jadis et dont les guerres du premier Empire nous fournissent tant de brillants exemples. Il suffit pour cela d'exercer beaucoup notre cavalerie en temps de paix, sous la direction très active de généraux jeunes et pleins d'initiative, d'audace et d'intelligence. On ne peut obtenir ce résultat qu'en modifiant complètement le système d'avancement de nos officiers de cavalerie.

Lorsque la bataille s'engage, la cavalerie de reconnaissance qui s'est maintenue le plus longtemps possible en avant de l'armée, vient se rabattre et se placer sur les ailes pour observer les phases successives de la lutte et profiter de toutes les occasions favorables pour intervenir utilement et profiter des fautes ou des erreurs de direction commises par l'adversaire.

Sur le champ de bataille, le chef d'une troupe de cavalerie divisionnaire doit suivre lui-même l'action et être attentif aux moindres incidents. Sans attendre qu'on vienne le chercher, il doit prendre une initiative hardie et surprendre l'adversaire par des attaques rapides et brusquées.

Quand l'attaque est basée sur un grand mouvement tournant, la masse principale de cavalerie doit être disposée à l'aile marchante et envoyer à une étape en avant de nombreuses reconnaissances.

Dans une bataille défensive, la cavalerie doit protéger les ailes et surtout reconnaître à très grande distance les routes par lesquelles l'assaillant peut chercher à tourner l'armée. Si, pendant la bataille du 18 août, le maréchal Bazaine avait fait battre et explorer, par une nombreuse cavalerie, tout le terrain traversé par la vallée de l'Orne, depuis Auboué jusqu'à Conflans, en avant de Sainte-Marie-aux-Chênes, il aurait obtenu les renseignements les plus précis sur la marche du XIIe corps allemand, et aurait compris la nécessité de renforcer promptement les troupes et les positions du corps Canrobert. L'ignorance de la marche du corps saxon a été certainement la première cause de la perte de la bataille de Gravelotte, et cette ignorance n'est pas excusable.

Une fois l'attaque engagée par l'aile tournante de l'adversaire, les divisions de cavalerie chargées d'appuyer l'extrémité de la ligne défensive doivent s'avancer hardiment, déborder l'aile de l'assaillant, et la canonner avec leur artillerie sur les flancs et à revers de manière à atteindre les troupes de deuxième ligne et même les réserves. C'est alors l'occasion de lancer au loin, par un large détour, quelques escadrons accompagnés d'une batterie à cheval, qui reviennent se poster sur les derrières de l'ennemi pour simuler une contre-attaque et porter le désordre dans la région où se forment les colonnes d'infanterie.

Quant aux charges en ligne sur le champ de bataille, elles seront plus rares et moins utiles qu'autrefois, si ce n'est tout à fait à la fin du combat, pour poursuivre et détruire les troupes qui se retirent en désordre.

Dans tous les cas, on ne doit jamais faire charger la cavalerie sur le champ de bataille que lorsque l'on à préalablement obtenu sur l'ennemi la supériorité du feu par l'infanterie, aidée du tir de l'artillerie avec obus à balles.

En résumé, la tactique moderne de la cavalerie consiste surtout à rester toujours en éveil de façon à épier tous les mouvements de l'adversaire et à fournir promptement au général en chef des renseignements exacts et précis. Cette mission difficile présente aujourd'hui une importance de premier ordre.

Tactique du Génie.

Loin de diminuer dans la guerre moderne, l'importance tactique de l'arme spéciale du génie a considérablement augmenté, non seulement au point de vue des fortifications, des passages de rivières et de l'organisation des communications militaires, mais encore, et surtout en ce qui concerne la destruction des obstacles dans l'offensive et la préparation des points résistants dans la défensive.

Il est certain que si, dans la journée du 17 août 1870, le corps du maréchal Canrobert avait eu à sa disposition quatre compagnies et un parc du génie, son chef aurait pu, en 24 heures, fortifier solidement les villages de Sainte-Marie, de Roncourt et de Saint-Privat, les relier par des tranchées, les flanquer par deux redoutes de champ de bataille, et la lutte héroïque de Saint-Privat eût été transformée en une victoire défensive d'une importance incalculable. Le maréchal de Moltke signale comme une faute très grave de la part du maréchal Bazaine d'avoir établi le 6e corps à sa droite, *sans troupes du génie ni outils* pour fortifier ses positions.

Les officiers du génie en campagne doivent s'attacher à prendre rapidement connaissance des localités et à étudier le parti que la tactique peut tirer des accidents et des obstacles du terrain, soit pour mettre les troupes d'infanterie à couvert, avant l'action, soit pour créer rapidement des ouvrages à intervalle. Les généraux d'infanterie doivent toujours se concerter avec le génie pour reconnaître et fortifier les points défensifs. La grande portée et la pénétration des projectiles imposent à nos généraux le devoir absolu de protéger l'infanterie en utilisant les travaux des sapeurs. C'est surtout dans la guerre moderne, que ceux qui commandent ne doivent plus ignorer, que l'art de l'ingénieur militaire est le plus puissant collaborateur des vrais tacticiens.

De même que les grandes places fortes, établies en temps de paix par le corps du génie, sont les points d'appui et les dernières ressources de la stratégie défensive, de même aussi les points résistants d'un champ de bataille défensif, rapidement improvisés par les travaux des sapeurs, peuvent devenir à un moment donné, un élément puissant de la victoire. Cette opinion est maintenant dominante parmi les généraux de valeur, qui possèdent l'expérience et la connaissance raisonnée de la guerre moderne.

En Algérie, en Tunisie et dans toutes les colonies françaises les troupes du génie, souvent trop peu nombreuses, ont rendu et sont surtout appelées à rendre les plus grands services, grâce à leur intrépidité et à leurs connaissances techniques.

Aussi, tout corps expéditionnaire doit-il comprendre maintenant une compagnie du génie avec son parc et des troupes de sapeurs de chemin de fer en vue de l'établissement rapide des voies de pénétration indispensables pour obtenir la pacification et la sécurité complètes de notre territoire colonial.

CHAPITRE XX.

EXEMPLES D'OPÉRATIONS STRATÉGIQUES ET TACTIQUES.

1° **Exemples relatifs à la conduite de la guerre.** — **Guerres d'invasion.** — **Guerres offensives ou défensives.**

1471. — Toute *guerre offensive* est une guerre d'invasion ; toute guerre bien conduite est une guerre méthodique. La guerre défensive n'exclut pas l'attaque, de même que la guerre offensive n'exclut pas la défense, quoique son but soit de forcer la frontière et d'envahir le pays ennemi. Les principes de la guerre sont ceux qui ont dirigé les grands capitaines, dont l'histoire nous a transmis les hauts faits : Alexandre, Annibal, César, Gustave-Adolphe, Turenne, le prince Eugène, Frédéric le Grand.

Alexandre a fait huit campagnes, pendant lesquelles il a conquis l'Asie et une partie des Indes ; Annibal en a fait dix-sept, une en Espagne, quinze en Italie et une en Afrique ; César en a fait treize, huit contre les Gaulois, cinq contre les légions de Pompée ; Gustave-Adolphe en a fait trois, une en Livonie contre les Russes, deux en Allemagne contre la maison d'Autriche ; Turenne en a fait dix-huit, neuf en France, neuf en Allemagne ; le prince Eugène de Savoie en a fait treize, deux contre les Turcs, cinq en Italie contre la France, six sur le Rhin ou en Flandre ; Frédéric en a fait onze, en Silésie, en Bohême et sur les rives de l'Elbe. L'histoire de ces quatre-vingt-quatre campagnes, faite avec soin, serait un traité complet de l'art de la guerre ; les principes que l'on doit suivre dans la guerre défensive et offensive en découleraient comme de source.

Alexandre. — L'an 332, Alexandre se rencontra avec Darius qui, à la tête de six cent mille hommes, était en position près de Tarse, sur les bords de l'Issus dans le pas de Cilicie, le battit, entra en Syrie, s'empara de Damas, où étaient enfermées les richesses du grand roi, et mit le siège devant Tyr; cette superbe métropole du commerce du monde l'arrêta neuf mois. Il prit Gaza après deux mois de siège, traversa le désert en sept jours, entra dans Péluse, dans Memphis, et fonda Alexandrie. Il n'éprouva aucun obstacle, parce que la Syrie et l'Égypte étaient, de tout temps, liées d'intérêts avec les Grecs; que les peuples arabes détestaient les Perses, et que leur répugnance étaient fondée sur la religion; enfin parce que les troupes grecques des satrapes embrassèrent le parti des Macédoniens. En moins de deux années, après deux batailles et quatre ou cinq sièges, les côtes de la mer Noire, du Phase à Byzance, celles de la Méditerranée jusqu'à Alexandrie, toute l'Asie Mineure, la Syrie, l'Égypte, furent soumises à ses armes.

Sa guerre fut méthodique, elle est digne des plus grands éloges : aucun de ses convois ne fut intercepté; ses armées allèrent toujours en s'augmentant.

Annibal. — L'an 218 avant J.-C., Annibal partit de Carthagène, passa l'Èbre, les Pyrénées, inconnues alors aux armées carthaginoises; traversa le Rhône, les Alpes ultérieures, et s'établit, dans sa première campagne, au milieu des Gaulois Cisalpins qui, toujours ennemis des Romains, quelquefois leurs vainqueurs, le plus souvent vaincus, n'avaient jamais été soumis. Il mit cinq mois à faire cette marche de quatre cents lieues et ne laissa jamais aucune garnison sur ses derrières, aucun dépôt; il ne conserva aucune communication avec l'Espagne, ni Carthage, avec laquelle il ne communiqua qu'après la bataille de Trasimène, par l'Adriatique. Aucun plan plus vaste, plus étendu, n'a été exécuté par les hommes : l'expédition d'Alexandre fut bien moins hardie, bien plus facile; elle avait bien plus de chances de succès! Cependant cette guerre offensive fut méthodique; les Cisalpins de Milan et de Bologne devinrent pour Annibal des Carthaginois. S'il eût laissé sur ses derrières des places et des dépôts, il eût affaibli son armée et compromis le succès de ses opérations; il eût été vulnérable partout.

L'an 217, il passa l'Apennin, battit l'armée romaine aux champs de Trasimène, convergea autour de Rome et se porta sur les côtes inférieures de l'Adriatique, d'où il communiqua avec Carthage.

César. — César avait quarante et un ans lorsqu'il commença sa première campagne, l'an 58 avant J.-C., cent quarante ans après Annibal. Les peuples d'Helvétie avaient quitté leur pays au nombre de trois cent mille pour s'établir sur les bords de l'Océan. Ils avaient quatre-vingt-dix mille hommes armés et traversaient la Bourgogne. Les peuples d'Autun appelèrent César à leur secours. Il partit de Vienne, place de la province romaine, remonta le Rhône, passa la Saône à Châlon, atteignit l'armée des Helvétiens à une lieue d'Autun et défit ces peuples dans une bataille longtemps disputée. Après les avoir contraints à rentrer dans leurs montagnes, il repassa la Saône, se saisit de Besançon et traversa le Jura pour aller combattre l'armée d'Arioviste ; il la rencontra à quelques marches du Rhin, la battit et l'obligea à rentrer en Allemagne. Sur ce champ de bataille, il se trouvait à quatre-vingt-dix lieues de Vienne ; sur celui des Helvétiens, il en était à soixante-dix lieues. Dans cette campagne, il tint constamment réunies en un seul corps les six légions qui formaient son armée. Il abandonna le soin de ses communications à ses alliés, ayant toujours un mois de vivres dans son camp et un mois d'approvisionnements dans une place forte où, à l'exemple d'Annibal, il renfermait ses otages, ses magasins, ses hôpitaux : c'est sur ces mêmes principes qu'il a fait ses sept autres campagnes des Gaules.

Pendant l'hiver de 57, les Belges levèrent une armée de trois cent mille hommes qu'ils confièrent à Galba, roi de Soissons. César, prévenu par les Rémois, ses alliés, accourut et campa vers l'Aisne. Galba, désespérant de le forcer dans son camp, passa l'Aisne pour se porter sur Reims ; mais il déjoua cette manœuvre, et les Belges se débandèrent ; toutes les villes de cette ligne se soumirent successivement. Les peuples du Hainaut le surprirent sur la Sambre aux environs de Maubeuge, sans qu'il eût le temps de se ranger en bataille : sur huit légions qu'il avait alors, six étaient occupées à élever les retranchements du camp, deux étaient encore en arrière avec les bagages. La fortune lui fut si contraire dans ce jour, qu'un corps de cavalerie de Trèves l'abandonna et publia partout la destruction de l'armée romaine, et cependant il triompha.

L'an 56, il se porta tout d'un trait sur Nantes et Vannes, en laissant de forts détachements en Normandie et en Aquitaine; le point le plus rapproché de ses dépôts était alors Toulouse, dont il était à cent trente lieues, séparé par des montagnes, de grandes rivières, des forêts.

L'an 55, il porta la guerre au fond de la Hollande, à Zutphen, où quatre cent mille Barbares passaient le Rhin pour s'emparer des terres des Gaulois; il les battit, en tua le plus grand nombre, les rejeta au loin, repassa le Rhin à Cologne, traversa la Gaule, s'embarqua à Boulogne et descendit en Angleterre.

L'an 54, il franchit de nouveau la Manche avec cinq légions, soumit les rives de la Tamise, prit des otages et rentra avant l'équinoxe dans les Gaules. Dans l'arrière-saison, ayant appris que son lieutenant Sabinus avait été égorgé près de Trèves avec quinze cohortes et que Quintus Cicéron était assiégé dans son camp de Tongres, il rassembla huit à neuf mille hommes, se mit en marche, défit Ambiorix, qui s'avança à sa rencontre, et délivra Cicéron.

L'an 53, il réprima la révolte des peuples de Sens, de Chartres, de Trèves, de Liège, et passa une deuxième fois le Rhin.

Déjà les Gaulois frémissaient, le soulèvement éclatait de tous côtés. Pendant l'hiver de 52, ils se levèrent en masse; les peuples si fidèles d'Autun même prirent part à la guerre; le joug des Romains était odieux aux Gaulois. On conseillait à César de rentrer dans la province romaine ou de repasser les Alpes; il n'adopta ni l'un ni l'autre de ces projets. Il avait alors dix légions. Il passa la Loire et assiégea Bourges au cœur de l'hiver, prit cette ville à la vue de l'armée de Vercingétorix et mit le siège devant Clermont : il y échoua, perdit ses otages, ses magasins, ses remontes, qui étaient dans Nevers, sa place de dépôt, dont les peuples d'Autun s'emparèrent. Rien ne paraissait plus critique que sa position. Labiénus, son lieutenant, était inquiété par les peuples de Paris; il l'appela à lui, et avec son armée réunie il mit le siège devant Alise, où s'était enfermée l'armée gauloise. Il employa cinquante jours à fortifier ses lignes de contrevallation et de circonvallation. La Gaule leva une nouvelle armée plus nombreuse que celle qu'elle venait de perdre; les peuples de Reims seuls restèrent fidèles à Rome. Les Gaulois se présentent pour faire lever le siège : la garnison réunit pendant trois jours ses efforts aux leurs, pour écraser les Romains dans leurs lignes. César triomphe de tout : Alise tombe et les Gaules sont soumises.

Pendant cette grande lutte, toute l'armée de César était dans son camp; il n'avait aucun point vulnérable. Il profita de sa victoire pour regagner l'affection des peuples d'Autun, au milieu desquels il passa l'hiver, quoiqu'il fît successivement des expéditions à cent lieues l'une de l'autre et en changeant de troupes. Enfin, l'an 51, il mit le siège devant Cahors, où périrent les derniers des Gaulois. Les Gaules devinrent province romaine ; leur tribut accrut annuellement de huit millions les richesses de Rome.

Les principes de César ont été les mêmes que ceux d'Alexandre et d'Annibal : *Tenir ses forces réunies, n'être vulnérable sur aucun point, se porter avec rapidité sur les points importants.*

Turenne. — Turenne a fait cinq campagnes avant le traité de Westphalie, huit entre ce traité et celui des Pyrénées, cinq depuis ce traité jusqu'à sa mort, arrivée en 1675. Ses manœuvres et marches, pendant les campagnes de 1646, 1648, 1672 et 1673, sont faites sur les mêmes principes que celles d'Alexandre, d'Annibal, de César, de Gustave-Adolphe.

En 1646, il part de Mayence, descend la rive gauche du Rhin jusqu'à Wesel, où il passe ce fleuve, remonte la rive droite jusqu'à Lahn, se réunit à l'armée suédoise, passe le Danube et le Lech, et fait ainsi une marche de deux cents lieues au travers d'un pays ennemi ; arrivé sur le Lech, il y a toutes ses troupes réunies dans sa main, ayant comme César et Annibal abandonné aux alliés ses communications, ou bien ayant consenti à se séparer momentanément de ses réserves, de ses communications en se réservant une place de dépôt.

En 1648, il passe le Rhin à Oppenheim, se joint à l'armée suédoise à Hanau, se porte sur la Rednitz, rétrograde sur le Danube qu'il passe à Dillingen, bat Montecuculli à Sumarshausen, passe le Lech à Rain, et l'Inn à Freising. La cour de Bavière, épouvantée, quitte Munich. Il porte alors son quartier général à Mühldorf, qu'il met à contribution, et ravage tout l'électorat pour punir l'électeur de sa mauvaise foi.

En 1672, il dirigea, sous les ordres de Louis XIV, la conquête de la Hollande; il descendit la rive gauche du Rhin jusqu'au point où ce fleuve se divise en plusieurs branches, le passa et s'empara de soixante places fortes ; son avant-garde arriva jusqu'à Naarden. On ne sait pas par quelle fatalité il s'arrêta et n'entra pas dans Amsterdam. Revenus de leur surprise, les Hollandais lâchèrent les écluses : le pays fut inondé ; l'armée française, affaiblie par les garnisons qu'elle avait mises dans les places prises, ne fit plus rien. Le roi retourna à Versailles, laissant le commandement au maréchal de Luxembourg. Turenne passa le Rhin avec un corps d'armée détaché pour marcher au secours des évêques de Munster et de Cologne, alliés du roi : il remonta la rive droite, arriva sur le Mein et tint en échec les quarante mille hommes du grand électeur, jusqu'au moment où, ce prince ayant été rejoint par l'armée du duc de Lorraine, il fut obligé de se couvrir par le Rhin, ce qui permit à l'ennemi de se porter sur Strasbourg, où le prince de Condé arriva à temps pour détruire le pont et faire échouer encore le projet du grand électeur, le poussa sur l'Elbe et l'obligea à signer, le 10 avril, sa paix séparée avec la France. Ces marches si hardies, si longues, frappèrent d'étonnement la France ; mais jusqu'à ce qu'elles eussent été justifiées par le succès, elles furent l'objet de la critique des hommes médiocres.

Dans la campagne de 1674, Montecuculli prit l'initiative, passa sur la rive gauche du Rhin pour y porter la guerre. Turenne resta insensible à cette initiative ; il la prit lui-même, passa le Rhin et obligea Montecuculli à se reporter sur la rive droite.

Turenne établit son camp à Wilstedt pour couvrir Strasbourg, qui était à deux lieues sur ses derrières, et son pont d'Ottenheim, qui était à quatre lieues sur sa droite. Montecuculli campa derrière la Kintzig, à une lieue et demie de l'armée française, s'appuyant à la place d'Offenbourg, où il avait garnison. La position de Turenne était mauvaise : il devait plutôt livrer bataille que de s'exposer à perdre le pont d'Ottenheim et sa retraite ou le pont de Strasbourg.

Si Montecuculli se fût porté en six heures de nuit, tout d'un trait, sur Ottenheim, prenant sa ligne d'opération sur Fribourg, il eût forcé le pont d'Ottenheim avant que l'armée française n'eût eu le temps de le secourir. Cependant il n'en fit rien ; il tâtonna, se contenta de se prolonger sur sa gauche. Il jugea quelques démonstrations suffisantes pour décider son adversaire à abandonner le camp de Wilstedt et découvrir Strasbourg. Turenne n'en fit rien et empira sa position en prolongeant sa droite. Cependant il comprit enfin combien il était compromis : il leva le pont d'Ottenheim, l'établit à Altenheim et se rapprocha ainsi de deux lieues de Strasbourg et de son camp de Wilstedt. C'était encore trop loin de Strasbourg : il fallait le jeter à une lieue de cette ville.

Montecuculli changea de projet; il résolut de passer le Rhin au-dessous de Strasbourg : il commanda à cet effet un équipage de pont aux habitants de cette ville, qui tous lui étaient vendus, et s'avança pour le recevoir. Turenne fit aussitôt occuper les îles, construire une estacade et élever des retranchements sur la Reuch. Montecuculli, se voyant dès lors coupé d'Offenbourg et du corps de Caprera, fut obligé de renoncer à ses projets.

Dans cette campagne, Turenne a commis une grande faute, qui aurait entraîné la ruine de son armée s'il eût eu affaire au Prince de Condé : ce fut de jeter son pont à quatre lieues de Strasbourg, au lieu de l'établir à une petite lieue de cette ville. Mais il s'est montré incomparablement supérieur à Montecuculli : 1° en l'obligeant à suivre son initiative et à renoncer à celle qu'il avait prise; 2° en l'empêchant d'entrer dans Strasbourg; 3° en interceptant le pont des Strasbourgeois; 4° en coupant, sur le Reuchen, l'armée de Montecuculli d'Offenbourg et du corps de Caprera, ce qui l'obligeait indubitablement à repasser les montagnes de la Forêt-Noire, et couronnait le succès de la campagne.

Napoléon. — A la première campagne d'Italie, en 1796, Napoléon partit de Savone, traversa les montagnes au défaut de la cuirasse, au point où finissent les Alpes et commencent les Apennins, sépara l'armée autrichienne de l'armée sarde, s'empara de Cherasco, place forte au confluent du Tanaro et de la Stura, à vingt lieues de Savone, et y établit ses magasins; il se fit céder, par le roi de Sardaigne, la place forte de Tortone, située à vingt lieues à l'est de Cherasco, dans la direction de Milan; s'y établit; passa le Pô à Plaisance; se saisit de Pizzighettone, place forte sur l'Adda, à vingt-cinq lieues de Tortone; se porta sur le Mincio; s'empara de Peschiera, à trente lieues de Pizzighettone et sur la rive de l'Adige, occupant sur la rive gauche l'enceinte et les forts de Vérone, qui lui assuraient les trois ponts de pierre de cette ville, et Porto-Legnano, qui lui donnait un autre pont sur ce fleuve. Il resta dans cette position jusqu'à la prise de Mantoue, qu'il fit investir et assiéger. De son camp sous Vérone à Chambéry, premier dépôt de la frontière de France, il avait quatre places fortes en échelons, qui renfermaient ses hôpitaux, ses magasins, et n'exigeaient que 4,000 hommes de garnison : les convalescents, les conscrits étaient suffisants ; il avait ainsi sur cette ligne de cent lieues, une place de dépôt toutes les quatre marches. Après la prise de Mantoue, lorsqu'il se porta dans les États du Saint-Siège, Ferrare fut sa place de dépôt sur le Pô, et Ancône, à sept ou huit marches plus loin, sa deuxième place au pied de l'Apennin [1].

Dans la campagne de 1797, il passa la Piave et le Tagliamento, fortifiant Palma-Nova et Osopo, situées à huit marches de Mantoue ; il passa les Alpes Juliennes, releva les anciennes fortifications de Klagenfurt, à cinq marches d'Osopo, et prit position sur le Semmering. Il s'y trouvait à quatre-vingts lieues de Mantoue ; mais il avait sur cette ligne d'opérations trois places en échelons, un point d'appui toutes les cinq ou six marches.

(Napoléon.)

1472. — Mais veut-on un exemple d'une guerre offensive menée sur de faux principes, c'est celle de 1796 en Allemagne. L'armée française de Sambre-et-Meuse s'empara de la citadelle de Wurtzbourg et s'établit sur la Rednitz, forte de 50,000 hommes, dans le temps que la gauche et le centre de l'armée de Rhin-et-Moselle passaient le Necker et se portaient avec 50,000 hommes sur Neresheim, et que la droite, forte de 20,000 hommes, marchait sous les ordres de Ferino sur le Vorarlberg, au pied des montagnes du Tyrol. Ces trois corps d'armée, séparés entre eux par des montagnes, de grandes rivières, avaient chacun une ligne de communication particulière avec la France, de sorte que la défaite de l'un d'eux compromettait le salut des deux autres. Les flancs sont les parties faibles d'une armée envahissante : on doit s'efforcer de les appuyer, si ce n'est tous les deux, au moins un, à un pays neutre ou à un grand obstacle naturel. Au mépris de ce premier principe de guerre, l'armée française, en se divisant en trois corps

---

1. Cette campagne met bien en évidence l'importance que Napoléon attachait à la possession des places fortes et à l'art des sièges.

séparés, se créa six flancs, tandis qu'en manœuvrant bien il était facile d'appuyer fortement les deux ailes. La colonne du centre combattit à Neresheim, sa gauche en l'air, sa droite n'étant pas même appuyée au Danube, ayant négligé de se saisir de la place forte d'Ulm, que l'ennemi avait abandonnée et qui seule pouvait régulariser cette campagne. Elle se trouvait ainsi en l'air, à quatre-vingts lieues du Rhin, sans avoir aucun point d'appui comme place de dépôt intermédiaire. L'archiduc, ayant fait disparaître la principale partie des forces qu'il avait opposées à l'armée de Sambre-et Meuse et au corps de droite que commandait Ferino, se porta sur Neresheim; après y avoir échoué contre l'intrépidité française, il repassa le Danube et le Lech, s'affaiblit de 25,000 hommes devant la gauche et le centre de l'armée de Rhin-et-Moselle, qui venait de le battre à Neresheim, et alla accabler et chasser au delà du Rhin l'armée de Sambre-et-Meuse.

Dans cette campagne, le général de l'armée du Rhin commit encore une grande faute : il laissa sur ses derrières, sans les bloquer, deux grandes places fortes, Philippsbourg et Mannheim, les faisant seulement observer par un corps de 4,000 hommes. Il eût fallu les faire étroitement investir pour empêcher toute communication avec l'archiduc, toute connaissance des événements de la guerre, toute intelligence avec les campagnes; ces blocus eussent été un acheminement vers la chute de ces places. Il fut sévèrement puni de cette imprudence : les garnisons de ces deux places chassèrent au delà du Rhin le corps d'observation, insurgèrent les paysans et interceptèrent ses communications, dès qu'elles apprirent les succès de l'archiduc; elles faillirent même surprendre Kehl et le pont de Strasbourg. Jamais les principes de la guerre et de la prudence ne furent plus violés que dans cette campagne. Le plan du cabinet était vicieux, l'exécution en fut plus vicieuse encore. — Que fallait-il donc faire? 1° Les trois corps d'armée devaient être sous un même général en chef; 2° marcher réunis, n'avoir que deux ailes, et en appuyer constamment une au Danube; s'emparer au préalable de quatre places de l'ennemi, sur le Rhin, au moins ouvrir la tranchée devant deux; s'assurer d'Ulm pour en faire sa grande place de dépôt sur le Danube, au débouché des montagnes Noires.

(NAPOLÉON, *Mémoires*.)

1473. — En 1806 et en 1815, « Napoléon sut faire affluer, avec une précision admirable, sur le point décisif de la zone d'opération, ses colonnes qui étaient parties des points les plus divergents, et assura ainsi le succès de la campagne. Le choix de ce point décisif était une habile combinaison stratégique, le calcul des mouvements fut une opération logistique émanée de son cabinet. Longtemps on a prétendu que Berthier était l'artisan de ces instructions conçues avec tant de précision et transmises ordinairement avec tant de lucidité; j'ai eu cent occasions de m'assurer de la fausseté de cette assertion. L'Empereur était lui-même le vrai chef de son état-major; muni d'un compas ouvert à une échelle de sept à huit lieues en ligne directe (ce qui suppose toujours neuf à dix lieues au moins par les sinuosités des routes), appuyé et quelquefois couché sur sa carte, où les positions de ses corps d'armée et celles présumées de l'ennemi étaient marquées par des épingles de différentes couleurs, il ordonnait ses mouvements avec une assurance dont on aurait peine à se faire une juste idée. Promenant son compas avec vivacité sur cette carte, il jugeait en un clin d'œil le nombre de marches nécessaires à chacun de ces corps pour arriver au point où il voulait l'avoir à jour nommé; puis, plaçant ses épingles dans ces nouveaux sites, et combinant la vitesse de la marche, qu'il faudrait assigner à chacune des colonnes, avec l'époque possible de leur départ, il dictait ses instructions qui à elles seules seraient un titre de gloire.

C'est ainsi que Ney venant des bords du lac de Constance, Lannes de la Haute-Souabe, Soult et Davout de la Bavière et du Palatinat, Bernadotte et Augereau de la Franconie, et la garde impériale arrivant de Paris, se trouvèrent en ligne sur trois routes parallèles débouchant à la même hauteur entre Saalfeld, Géra et Plauen, quand personne dans l'armée ni en Allemagne ne concevait rien à ces mouvements en apparence si compliqués.

De même en 1815, quand Blücher cantonnait paisiblement entre la Sambre et le Rhin, et que lord Wellington donnait ou recevait des fêtes à Bruxelles, attendant l'un et l'autre le signal d'envahir la France, Napoléon, que l'on croyait à Paris tout occupé de cérémonies politiques d'apparat, accompagné de sa garde qui venait à peine de se reformer dans la capitale, fondait comme l'éclair sur Charleroi et sur les quartiers de Blücher, avec des colonnes convergeant de tous les points de l'horizon pour arriver, avec une rare ponctualité, le 14 juin, dans les plaines de Beaumont, sur les bords de la Sambre (Napoléon n'était parti que le 12 de Paris).

(Jomini, *De l'Art de la guerre*, tome II.)

1474. — Jamais campagne ne fut aussi surprenante que celle de Championnet à Rome. A la tête de 12,000 Français, Championnet sauva le territoire romain envahi par les Napolitains. Il battit 80,000 hommes et détruisit 60,000 lazzaroni. Ce miracle fut accompli en quarante jours.

(Général Ambert, *Les Généraux de la Révolution*.)

1475. — Il ne faut jamais oublier la catastrophe qui fut le résultat de la marche de Napoléon et de Grouchy sur Bruxelles, en 1815. Partis tous les deux de Sombref, ils voulaient marcher concentriquement sur Bruxelles, l'un par les Quatre-Bras, l'autre par Wawre : Blücher et Wellington, prenant la ligne intérieure, se réunirent avant eux, le terrible désastre de Waterloo attesta à l'univers qu'on *ne viole pas impunément les principes immuables de la guerre*. De pareils événements prouvent mieux que tous les raisonnements du monde qu'aucun système d'opérations n'est bon que lorsqu'il offre l'application des principes.

(Jomini.)

1476. — En 1536, le connétable de Montmorency laisse l'armée de Charles-Quint pénétrer en Provence; il ruine le pays devant elle, puis il s'établit derrière la Durance et il attend patiemment que la famine et les maladies débarrassent la France de l'armée impériale : ce qui ne tarda pas à arriver. En 1810, Wellington basa la défense du Portugal sur les mêmes moyens, et il réussit.

(Vial.)

1477. — La campagne de 1814, où Napoléon, avec une poignée d'hommes, les uns usés, les autres n'ayant jamais vu le feu, tint tête à l'Europe entière, non pas en battant en retraite, mais en profitant des faux mouvements de l'ennemi pour le ramener en arrière par des coups terribles, est un bien autre exemple de fécondité de ressources, de présence d'esprit, de fermeté indomptable dans une situation désespérée. Sans doute, Napoléon ne faisait pas la guerre défensive, comme la plupart des généraux, en se retirant méthodiquement d'une ligne à l'autre, défendant bien la première, puis la seconde, puis la troisième, et ne parvenant ainsi qu'à gagner du temps, ce qui n'est pas à dédaigner, mais ce qui ne suffit pas pour terminer heureusement une crise : il faisait la guerre défensive comme l'offensive ; il étudiait le terrain, tâchait d'y prévoir la manière d'agir de l'ennemi, de le surprendre en faute et de l'accabler, ce qu'il fit contre Blücher et Schwarzemberg en 1814, et ce qui eût assuré son salut, si tout n'avait été usé autour de lui, hommes et choses.

(THIERS.)

1478. — En 1814, le maréchal duc de Dalmatie, après avoir opéré sur l'Adour, fut obligé de quitter le bassin de cette rivière, et il vint prendre sa ligne d'opération sur Toulouse. — En cela il fit sagement, car il éloignait ainsi l'armée anglaise du centre de la France, plus sûrement qu'en se retirant sur Bordeaux où elle l'aurait suivi : un petit corps de troupes soutenu par des gardes nationales, placé en arrière des landes et couvrant Bordeaux, aurait garanti cette ville, si l'esprit de l'époque et les complications politiques de l'intérieur n'eussent pas rendu inutiles ces sages dispositions.

(Maréchal MARMONT.)

1479. — En 1552, l'électeur Maurice de Saxe osa se déclarer ouvertement contre Charles-Quint, maître de l'Espagne, de l'Italie et de l'Empire germanique ; contre Charles-Quint, victorieux de François Ier et pressant la France dans ses serres. Cette levée de boucliers qui transporta la guerre jusqu'au cœur du Tyrol, arrêta le grand homme qui menaçait de tout envahir.

En 1706, le duc de Savoie, Victor-Amédée, se déclarant contre Louis XIV, change la face de la guerre en Italie et ramène l'armée française des rives de l'Adige jusqu'aux murs de Turin, où elle éprouva la sanglante catastrophe qui immortalisa le prince Eugène.

Combien d'hommes d'État paraîtraient petits à ceux qui ont médité sur ces deux événements et sur les hautes questions auxquelles ils se rattachent !

(JOMINI, Tableau des principales combinaisons de la guerre.)

OPÉRATIONS SECONDAIRES.

Opérations secondaires de la guerre. — Diversions.
Partisans. — Reconnaissances.

1480. — En 1805, Napoléon occupait Naples et le Hanovre ; les alliés imaginèrent de porter des corps anglo-russes pour le chasser d'Italie, et des corps anglo-russes et suédois pour l'expulser du Hanovre ; près de 60,000 hommes sont destinés à ces deux opérations centrifuges. Mais, tandis que leurs troupes se rassemblent aux deux extrémités de l'Europe, Napoléon a ordonné l'évacuation de Naples et du Hanovre ; Saint-Cyr vient joindre Masséna dans le Frioul, et Bernadotte, quittant le Hanovre, vient prendre une part décisive aux événements d'Ulm et d'Austerlitz. Après ces étonnants succès, on reprit aisément Naples et le Hanovre. — Voilà qui prouve contre les diversions.

(Jomini.)

1481. — En 1806, Curély, alors sous-lieutenant, à la tête d'un détachement de 20 hussards, se porta à 20 lieues en avant de l'armée française et jeta la terreur dans Leipsick où se trouvaient 3,000 Prussiens.

En 1809, à 15 lieues en avant de sa division, à la tête de 100 cavaliers, il traversa inaperçu l'armée austro-italienne, que son but était de reconnaître, et pénétra jusqu'au milieu de l'état-major de l'archiduc, général en chef.

En 1812, à Polosk, à la tête de 100 chasseurs, il enleva 24 canons à l'ennemi, et fit prisonnier le général de l'armée russe.

(Général de Brack.)

1482. — *Corps de partisans de Colomb en 1813 et 1814.*
— Après la bataille de Lützen, lorsque les alliés se repliaient devant les Français, le capitaine prussien Colomb reçut la permission de faire la guerre de partisans sur les derrières de l'armée de Napoléon, avec un escadron de 90 chasseurs volontaires.

Colomb quitta le camp de Meissen dans la nuit du 7 mai 1813, remonta la rive droite de l'Elbe et, marchant jour et nuit, arriva le 17 à Schneidenbach. Son service de sûreté était toujours fort simple et n'exigeait que très peu d'hommes. Pour vivre, Colomb arrivait dans un village à midi, heure à laquelle les paysans mangent habituellement, et il y prenait quartier pour ses hommes.

Cela se faisait sans peine dans un pays ami. Il se mettait en route aussitôt après avoir mangé. Pendant le repas, la surveillance se faisait avec le plus grand soin. Une partie de la troupe mangeait pendant que l'autre faisait le guet.

Vers cette époque, il faillit s'emparer du prince Eugène et fit prisonniers deux officiers supérieurs français, porteurs de dépêches. Le 21, il arrivait à Neustadt, qu'il prit pour centre de ses opérations. Il noua de là des intelligences avec des hommes de confiance qui lui fournirent des nouvelles très précises.

Le 22 mai, les partisans surprirent et enlevèrent dans le village de Zülnitz, près Roda, 1 officier, 28 hommes et 33 chevaux. — Le 25, Colomb dressa une embuscade à Lacesdorf et prit un convoi wurtembergeois de 13 voitures, avec les 54 fantassins et les 51 chevaux qui l'accompagnaient.

Le 29 mai, dans une embuscade très habilement combinée, ce hardi partisan attaqua, près de Zwickau, un fort convoi d'artillerie. Après un court combat, il resta maître du champ de bataille, et prit 24 canons, 36 caissons de munitions, des forges de campagne et autres fourgons; en tout 72 voitures, 398 chevaux, plus de 300 hommes et 6 officiers.

La même année, à la fin de l'armistice, Colomb, nommé major, reçut le commandement d'un corps franc de 162 cavaliers qu'il partagea en deux escadrons.

Il commença à opérer dans les environs de Schleitz et se mit, le 9 octobre, à suivre le corps du maréchal Augereau qui revenait d'Espagne; il lui enleva un grand nombre de traînards. De retour à Neustadt, il surprit successivement une patrouille de cuirassiers à Breitenbach, une grand'garde dans le village d'Hinternah, et enfin le cantonnement de Schleusingen où se trouvait le quartier général du commandant des dépôts de 7 régiments de cavalerie. Il fit ainsi prisonniers 23 officiers, 380 sous-officiers et soldats et 390 chevaux.

Il revint ensuite à Posseck, et chemin faisant, vers le 15 octobre, un de ses détachements surprit à Dunheim un cantonnement de train d'artillerie français auquel il enleva 85 chevaux.

Plus tard, pendant la campagne de 1814, le major Colomb fit encore quelques coups de main audacieux sous les ordres de Bülow, avec un petit corps composé de cavalerie et d'infanterie.

OPÉRATIONS SECONDAIRES. — EXEMPLES.   555

Le 9 janvier, ayant appris qu'un escadron de cavalerie de Macdonald se trouvait dans le village de Meyel, il attaqua lui-même l'avant-garde, pénétra dans le village à la suite d'un combat assez vif, et s'empara de 60 cavaliers et de 76 chevaux.

Le 1er février, Colomb étant à Chiny, sur la Semoy, fit attaquer un parti de lanciers polonais qui perdirent 1 officier, 34 prisonniers et 68 chevaux.

Mais, une fois en France, Colomb put s'apercevoir de la position difficile d'un corps de partisans dans un pays dont les habitants lui sont hostiles. Il n'osait plus faire d'entreprises audacieuses comme il avait fait en Thuringe en 1813, et il ne formait de détachements qu'avec la plus grande prudence.

(Rustow, *La Petite Guerre*, passim.)

Exemples de batailles et de combats.

1483. — Bataille de Rosbach. — Le 3 novembre 1757, l'armée prussienne prit position en face des Français et des Impériaux. Elle appuya sa droite à Bebra et sa gauche à Rosbach.

Le 5, le prince de Soubise, qui commandait l'armée alliée, voulut attaquer les Prussiens en imitant la manœuvre du roi de Prusse. Il marcha par lignes et par la droite pour tourner leur gauche, les prendre à revers, et leur couper les routes de Weissenfels et de Mersebourg.

« Le roi, qui observait les alliés depuis deux heures, avait pris « toutes ses dispositions pour tomber sur leurs flancs et sur leur « tête, profitant des collines qui masquaient son mouvement. »

Il marcha par sa gauche en arrière et perpendiculairement à son front. Seydlitz, avec 43 escadrons et quelques batteries d'artillerie légère, prit rapidement les devants. Le prince Henri marcha avec 6 bataillons pour l'appuyer. Le roi suivit avec le reste de l'armée. Seydlitz devança les alliés et se forma perpendiculairement à la route qu'ils suivaient. Le prince Henri se mit en bataille parallèlement à cette route, à la droite de Seydlitz. L'artillerie se plaça entre eux sur le Janus-Berg.

Lorsque les colonnes des alliés s'approchèrent, l'artillerie les canonna et porta le désordre dans leurs rangs. Seydlitz les chargea, et, soutenu par le prince Henri, il les mit en déroute et les refoula sans qu'elles pussent parvenir à se déployer et à prendre pied quelque part. Les alliés perdirent 7,000 hommes, 27 drapeaux et 72 pièces de canon.

(Général Berthaut.)

1484. — **Austerlitz** (1805). — L'Empereur, s'apercevant que l'armée austro-russe semble vouloir tourner la droite de l'armée française pour la couper de Vienne, prend la résolution de profiter de cette disposition pour attirer son ennemi sur un champ de bataille qu'il a choisi d'avance, et le faire tomber dans un piège qui doit le perdre.

Abandonnant à l'ennemi l'avantage apparent du plateau de Pratzen, il établit la ligne française en arrière du ruisseau de Goldbach, la gauche appuyée à la colline du Santon, fortement défendue, la droite appuyée aux étangs, en arrière d'Augezd. Lannes occupe la gauche du front avec 3 divisions, à cheval sur la route de Brünn; Soult forme le centre, Davoust forme l'aile droite avec les divisions Legrand et Friant qui défendent les villages de Sokolnitz et de Telnitz. Le corps de Bernadotte est en réserve derrière celui de Soult qui doit, au moment opportun, s'emparer du plateau de Pratzen, pour couper en deux l'armée ennemie.

L'armée austro-russe, établie en avant d'Austerlitz, occupe comme position principale tout le plateau de Pratzen; la droite, sous Bagration, est à cheval sur la route en arrière de Bozenitz; le centre, commandé par Miloradowich, occupe le plateau de Pratzen; la gauche, formant trois fortes colonnes, sous les ordres de Buxhowden, se dispose à tourner la droite de l'armée française. Les coalisés ont 90,000 hommes, les Français 65,000 seulement.

Napoléon, qui avait prévu le dessin de Kutusoff, forme de très grand matin, à la faveur du brouillard, la masse principale qui doit attaquer le centre de l'adversaire; puis il laisse toute la gauche de l'armée alliée entamer son mouvement tournant et venir attaquer les villages de Telnitz et de Sokolnitz où le maréchal Davoust offre une résistance énergique et suffisamment prolongée pour tromper et engager complètement l'ennemi. A neuf heures du matin, l'Empereur, voyant le centre des Austro-Russes dégarni, lance les divisions Vandamme et Saint-Hilaire à l'attaque du plateau de Pratzen qui, mal défendu, est enlevé avec impétuosité. Le but de la bataille est atteint. En effet, le centre de la ligne des coalisés étant percé, le maréchal Soult effectue avec ses deux divisions un changement de front à droite et prend à revers les colonnes de la gauche ennemie et les écrase en descendant vers Augezd; pendant ce temps, Bernadotte, qui a suivi le mouvement de Soult, prend sa place sur le plateau de Pratzen qu'il occupe fortement. A gauche, Lannes repousse tous les efforts de Bagration, prend une vigoureuse offensive soutenue par la cavalerie de Murat, et s'établit sur la route d'Olmütz. Napoléon, voyant la bataille nettement décidée, se porte lui-même avec sa garde sur le plateau de Pratzen pour briser les dernières résistances de l'ennemi ; il achève de désorganiser l'aile gauche, qui, dans un complet désordre, se réfugie sur les lacs glacés où beaucoup trouvent la mort. L'aile droite est également en pleine déroute, et le maréchal Davoust reçoit l'ordre de se porter rapidement sur la route de Hongrie vers la Morawa, de manière à couper la retraite à l'armée coalisée.

Cette éclatante victoire où l'ennemi perdit 35,000 hommes tués, blessés ou prisonniers, 45 drapeaux, 200 canons et 400 voitures, ne nous coûta que 800 tués et 6,000 blessés. C'est une action décisive qui, par la profondeur et la simplicité du plan, non moins que par la précision et l'énergie de l'exécution, sera toujours considérée comme le modèle des grandes batailles modernes.

1485. — **Friedland.** — L'armée russe, forte de 75,000 hommes, est commandée par Beningsen, qui s'est établi à Friedland, sur la rive gauche de l'Alle, pour couvrir la route de Kœnigsberg ; les deux ailes, appuyées à deux coudes de l'Alle, sont flanquées par des batteries de la rive droite ; mais le front de l'armée est coupé en deux par le ravin de Mühlfloss qui rend les communications difficiles entre le centre et l'aile gauche.

Le gros de l'armée française, prévenu à temps par Lannes, arrive successivement et se déploie : Ney, à droite, en avant de Posthenen, Mortier à gauche, s'appuyant à Heinrichsdorf et à cheval sur la route de Kœnigsberg ; Lannes au centre.

Victor appuye Ney et la garde est en réserve. En tout 80,000 hommes.

Napoléon, ayant reconnu le terrain et les positions des deux armées, se décide à attaquer vigoureusement l'aile gauche des Russes afin de s'emparer de leur seule ligne de retraite. Il donne ses ordres en conséquence ; le centre et la gauche doivent former deux échelons et seulement entretenir le combat pendant que Ney, formant un échelon avancé, marche à l'attaque de Friedland. Cette attaque principale est préparée par une puissante batterie sous les ordres de Sénarmont qui éteint d'abord le feu de l'artillerie russe, puis couvre leur infanterie de mitraille ; alors les deux divisions Marchand et Bisson, soutenues par la division Dupont, s'avancent résolument vers Friedland, culbutent les Russes et s'emparent de la ville. La cavalerie attachée au corps de Ney repousse la cavalerie russe et soutient les attaques de l'infanterie.

Après le succès de Ney, l'Empereur porte l'armée en avant ; on aborde les Russes sur tout le front et on les refoule sur l'Alle. La victoire est décidée partout ; l'ennemi perd 80 canons et a 25,000 hommes hors de combat ; nous perdons 7,000 à 8,000 tués ou blessés. Cette grande victoire décide du succès de la campagne et amène la paix de Tilsitt.

(Vial.)

1486. — En novembre 1870, après Coulmiers, si le général en chef avait eu assez de confiance dans l'armée de la Loire, il eût été possible, en mettant à profit l'enthousiasme produit par la victoire du 9, d'atteindre et d'achever de battre le corps du général de Tann avant qu'il eût fait sa jonction avec l'armée du duc de Mecklembourg ; on se serait ensuite porté contre celle-ci et on aurait pu prendre ainsi les Allemands en détail avant l'arrivée des renforts que le prince Charles, parti de Metz, amenait avec la plus grande célérité dans la vallée de la Loire.

(Général Chanzy, *La Deuxième Armée de la Loire*.)

Batailles défensives.

1487. — De tous temps on a gagné des batailles défensives. Les victoires de Kollin, Bergen, Kunersdorf, Liegnitz, Fleurus,

Rivoli, Austerlitz et Waterloo, pour ne citer que celles qui appartiennent aux campagnes dont nous avons parlé dans cette étude, ont été remportées par des armées qui ont combattu défensivement. Wellington a presque toujours livré des batailles défensives en Espagne et en Portugal, et il a obtenu de très grands succès.

Les batailles de Liegnitz, Rivoli, Austerlitz et Waterloo ont donné de très grands résultats, parce que le vainqueur a su tirer parti de son succès. D'autres, telles que Kollin, Kunersdorf, Fleurus et Hohenlinden, auraient eu aussi, comme nous l'avons vu, les suites les plus graves pour le vaincu, si le vainqueur avait exécuté la poursuite avec l'énergie nécessaire. La défensive, qui pouvait conduire à un succès décisif avec les armes anciennes, est aujourd'hui dans une situation beaucoup plus favorable, parce que les armes nouvelles ont augmenté sa puissance dans une proportion plus considérable que celle de l'offensive.

(Général Berthaut.)

1488. — Un général ordinaire n'a l'esprit frappé que des pertes qu'il a éprouvées et surpassant à peine celles de l'ennemi ; de là une indécision et une timidité funestes, au lieu d'une confiance que tout autorise.

En 1795, Schérer, après la bataille de Loano, eût pu sans combat sérieux envahir l'Italie. Dans la même année, Clairfayt, après sa victoire signalée devant Mayence, serait arrivé facilement jusque sous les murs de Strasbourg, s'il eût marché sans retard. En 1790, Marceau aurait dû, par des mouvements rapides, compléter ses succès à l'ouverture de la campagne. Dans la même année, Brune, en Italie, après le passage du Mincio et de l'Adige, pouvait détruire entièrement l'armée autrichienne qui se retirait devant lui.

Napoléon est le premier de notre époque qui ait tiré d'une victoire toutes les conséquences dont elle était susceptible.

(Maréchal Marmont.)

Poursuites après les batailles.

1489. — Après la bataille de Hohenlinden, Moreau est resté sept jours dans une inaction à peu près complète et a permis à l'archiduc Jean de se rallier, de reformer son armée, d'organiser une bonne arrière-garde et de défendre le terrain pied à pied jusqu'à l'Enns. « Sans cette lenteur impardonnable, dit Napoléon, « Moreau eût évité plusieurs combats, pris une énorme quantité « de bagages, de prisonniers isolés et coupé des divisions. Il était « beaucoup plus près de Salzbourg, le lendemain de la bataille « de Hohenlinden, que l'archiduc qui s'était retiré sur le bas Inn. « En marchant avec activité dans la vraie direction, Moreau l'eût « acculé au Danube, et fût arrivé à Vienne avec les débris de « son armée[1]. »

(Général Berthaut.)

Poursuites des Prussiens par Napoléon.

1490. — En 1806, l'Empereur se proposait, en débordant la gauche de l'armée prussienne, de séparer cette armée de la portion principale du territoire prussien, où elle avait la plus grande partie de ses renforts et de ses ressources, et de la refouler vers l'ouest. Il livra la bataille d'Iéna d'après cette idée stratégique, en attaquant l'ennemi sur son flanc gauche et en le prenant en même temps de revers, pour l'empêcher de passer sur la rive droite de la Saale et lui fermer les routes de Dresde, Torgau, Wittenberg et Dessau. Il dirigea la poursuite en se maintenant également dans l'idée du plan stratégique.

Aussitôt que la victoire fut décidée, il porta en avant sa cavalerie, qui culbuta les troupes de Hohenlohe et de Rüchel et les poussa jusqu'à Weimar où elles arrivèrent dans le plus grand désordre. Le corps du duc de Brunswick, en marche d'Auerstædt sur Weimar, rencontra les troupes de Hohenlohe qui l'entraînèrent dans leur déroute. « La consternation et le désordre étaient « extrêmes dans les débris de l'armée ennemie[2]. »

Le lendemain de la bataille, le 15 octobre, les troupes prussiennes se rallièrent en partie à Sommerda, sous les ordres de Kalkreuth, et se dirigèrent sur Magdebourg, par Nordhausen et

---

1. Napoléon, *Commentaires*, t. IV, p. 316.
2. Napoléon, *Corresp. milit.*, t. IV, p. 242, 5ᵉ bulletin de la Grande-Armée.

Halberstadt. Ce qui restait du corps de Hohenlohe passa l'Elbe à Magdebourg, le 20. Kalkreuth traversa ce fleuve le 21, au nord de Magdebourg, à Rogätz. Blücher, qui marchait par Osterode et Brunswick, le passa plus au nord encore, à Sandau. Le corps de réserve de Magdebourg, qui était venu prendre position, le 14, à Merseburg, se retira, le 15, sur Halle.

« Le 15 au matin, Napoléon ordonna la poursuite générale, « dont l'idée principale était de couper les Prussiens de l'Elbe [1]. » Il lança Ney et Soult contre la queue des colonnes prussiennes, par Erfurt et Buttestædt. Il dirigea Bernadotte entre ces colonnes et l'Elbe, par Nebra et Querfurt, et Davout sur Wittemberg, par Leipzig.

Ney s'empara d'Erfurt, Bernadotte marcha de Querfurt sur Halle, battit le corps de réserve, le refoula sur Dessau et Magdebourg, et se porta sur Barby où il passa l'Elbe.

Soult, précédé par la cavalerie, arriva le 21 à Wanzleben. Il laissa Ney devant Magdebourg et se dirigea sur Sandau.

Le 20 octobre, le prince de Hohenlohe, qui avait pris le commandement des troupes réunies à Magdebourg, se dirigea sur Stettin par Genthin, Protzen, Gransée, Zehdenick, Prentzlow; Blücher forma l'arrière-garde avec les troupes qui s'étaient dirigées sur Sandau.

Napoléon informé par la cavalerie, qui était en contact avec les Prussiens, de la direction que prenaient les colonnes ennemies, dirigea ses corps d'armées vers le nord pour leur couper la route de Stettin. Il porta Davout sur Berlin, où il entra le 26 ; Lannes, Augereau et Murat, avec la réserve de cavalerie de la garde, sur Potsdam où ils arrivèrent le 24 ; et Bernadotte, de Barby sur Brandenburg qu'il atteignit le 25.

De Potsdam, Murat se porta, avec la réserve de cavalerie et le corps de Lannes, sur Prentzlow, par Oranienburg et Zehdenick.

Hohenlohe, qui était arrivé à Gransée le 25, apprit pendant la nuit la présence de la cavalerie de Murat à Oranienburg. Il se dirigea vers le nord, sur Fürstemberg, pour gagner Prentzlow, par Lychen et Boitzenburg. Le 28, ses troupes, épuisées par les fatigues et les privations, arrivaient à peine à Prentzlow, que les

---

1. Rüstow, *l'Art militaire au dix-neuvième siècle.*

Français se présentaient devant cette ville : il n'avait plus que 10,000 hommes, incapables de faire une résistance sérieuse ; il se décida à capituler.

Blücher était le même jour à Boitzenburg. A la nouvelle de la capitulation, il se dirigea vers Neu-Strélitz et fit sa jonction, le 30, avec le corps du duc de Weimar. Il prit le commandement de ces troupes, dont l'effectif s'élevait à environ 20,000 hommes. Il avait devant lui le corps de Murat et il était suivi par Bernadotte, qui s'était porté de Brandeburg vers le nord, par Nauen et Gransee : en outre, Soult avait passé l'Elbe à Tangermünde et se dirigeait, par Wusterhausen, sur Mirow.

Reconnaissant l'impossibilité d'atteindre l'Oder, Blücher se décida à marcher à l'ouest, vers le bas Elbe, et prit la direction de Lauenburg. A la nouvelle de ce mouvement, Murat et Lannes se mirent à sa poursuite et Soult se porta, à marches forcées, dans la direction de Lauenburg. Aussitôt qu'il eut connaissance de l'arrivée de Soult sur le bas Elbe, Blücher se porta, par Ratzburg, sur Lübeck. Il y fut attaqué, le 6 novembre, par 60,000 hommes, sous les ordres de Murat, Soult et Bernadotte. « Il évacua la ville après « un combat terrible et se mit en retraite sur Ratkau, où il capi- « tula le 7, avec les 8.000 hommes qui lui restaient, sans pain et « sans munitions, devant un ennemi sept fois plus nombreux[1]. »

Cette poursuite peut être considérée comme un modèle de l'application judicieuse des véritables principes.

(Général BERTHAUT.)

Des retraites stratégiques. — Retraites de Chanzy en 1870-1871.

1491. — La retraite d'une armée battue est une des opérations les plus difficiles de la guerre. A l'époque moderne, ces difficultés ont encore augmenté. Les armes actuelles permettent en effet, plus qu'autrefois, de prolonger la lutte jusqu'à l'épuisement des forces ; les troupes sont plus jeunes et moins endurcies, les masses plus nombreuses, les *impedimenta* plus encombrants.....

---

1. Rüstow, *L'Art militaire au dix-neuvième siècle*, t. 1er, p. 309.

Au moment de la retraite, l'artillerie doit tenir jusqu'à la dernière extrémité pour assurer le salut de l'armée.

Pendant que les réserves et l'artillerie font un dernier effort, il est indispensable d'activer le mouvement de retraite. Dans ce but, on doit employer tous les chemins disponibles et multiplier les colonnes afin de les écouler au plus vite. On peut même prendre des routes divergentes au début du mouvement, sauf à reprendre ultérieurement des directions convergeant vers les lieux de rassemblement.

. . . .

Après la bataille de la Rothière, Napoléon dissimula sa retraite en faisant prendre au corps de Marmont une position de combat sur le flanc de la direction suivie. Cette position couvrait, en outre, son passage dans le défilé que formait le pont de Lesmont, sur l'Aube. L'opération réussit complètement.

. . . .

La guerre de 1870-1871 offre divers exemples de retraites forcées. Un de ceux qui ont le plus surexcité l'opinion et qui méritent le plus d'être remarqués, est la retraite exécutée par le général Chanzy, en décembre 1870, depuis Loigny jusqu'à la Loire, puis sur le Loir et enfin sur la Sarthe.

(Général Derrécagaix.)

1492. — Après quatre jours de combat entre la forêt de Marchenoir et Beaugency, le général Chanzy, commandant en chef de la deuxième armée de la Loire, appréciant la gravité de la situation, donna, le 10 décembre au soir, ses ordres pour opérer une retraite régulière, le 11 au matin [1].

Pour dissimuler son mouvement, il prescrivit aux troupes de prendre le 11, au point du jour, les positions de combat habituelles, d'exécuter les reconnaissances ordinaires et de faire tous les préparatifs d'attaque.

Si l'ennemi ne bougeait, le mouvement devait commencer à 10 heures du matin ; chaque corps devait, d'ailleurs, faire partir ses convois à l'avance pendant la nuit.

---

1. Le 9 décembre, dans la nuit, le général avait envoyé secrètement à Vendôme un de ses aides de camp pour étudier et préparer le mouvement et indiquer les routes à suivre.

Chaque corps avait ses routes indiquées, et ceux des ailes étaient chargés de faire reconnaître par leur cavalerie la direction de l'ennemi.

Ainsi la retraite devait s'effectuer à l'abri de la forêt de Marchenoir, dont les débouchés nord étaient occupés, et par un changement de direction, face en arrière sur l'aile gauche.

Le 11, la retraite commença. Mais les dispositions adoptées dès le matin, laissèrent croire au X° corps prussien que nous nous disposions à prendre l'offensive, et ce fut seulement vers midi que les troupes avancées de l'aile gauche ennemie constatèrent notre départ, mais ne firent aucune tentative sérieuse de poursuite.

Les objectifs prescrits par le général Chanzy furent atteints le soir, sans encombre.

Le 12, grâce à la ferme attitude donnée à nos troupes par les dispositifs de marche et par les prescriptions du général en chef, le mouvement de retraite se continua avec succès; les Allemands ne poursuivirent pas, croyant que l'armée était en état de repousser une attaque avec énergie.

(Général DERRÉCAGAIX.)

1493. — Pendant la retraite du Mans sur Laval, en 1870, l'amiral Jauréguiberry commandant le 16° corps, ayant passé la nuit du 14 janvier à Saint-Jean-sur-Erve, résolut au matin d'arrêter la poursuite des Allemands.

Il disposa son artillerie derrière des abris naturels, sur la crête qui domine Saint-Jean-sur-Erve; la 1re division prit position au-dessus et en arrière du village, ce qui restait de la 2° division, fut placé à droite, avec deux compagnies en avant du village sur la route du Mans. Ces divisions ne comptaient plus à elles deux que 6,000 combattants.

Les Allemands se présentèrent le 15 janvier, vers 11 heures et demie du matin, et leur avant-garde appuyée d'artillerie attaqua nos positions.... Au centre et à gauche, le combat très vigoureusement engagé se continua jusqu'à 5 heures et demie du soir, sans que nos troupes perdent un pouce de terrain et que l'ennemi puisse pénétrer dans le village de Saint-Jean. Ce n'est que vers 6 heures que l'aile droite ayant commencé un mouvement de retraite, les Allemands purent pénétrer dans le village à la faveur de l'obscurité et après avoir fait dans cette journée des pertes considérables. — Le même soir, le 16ᵉ corps reprit son mouvement régulier de retraite sans être inquiété par l'ennemi qui, après ce combat, renonça à la poursuite.

(Général Chanzy, *Deuxième armée de la Loire*.)

1494. — Le 12 au soir, le général en chef donna ses ordres pour la marche du lendemain et pour l'occupation des positions de Vendôme . . . .

Tous les convois devaient être dirigés d'avance sur la rive droite du Loir et les troupes du génie étaient envoyées à Vendôme, pour préparer les ouvrages de défense sur les positions et pour assurer la protection et la destruction éventuelle des ponts[1].

. . . .

Malgré la progression de l'ennemi sur la rive gauche de la Loire, malgré l'occupation de Blois par les Allemands et la retraite de la division Barry jusqu'à Saint-Amand, la deuxième armée était parvenue à s'établir le 13 décembre au soir sur la ligne du Loir.

Ce mouvement difficile de retraite avait été effectué par des troupes fatiguées et ayant déjà perdu leur force de cohésion. — Les difficultés que présentait la retraite de Vendôme ont donné un relief particulier aux qualités militaires du général en chef qui, sans se laisser ébranler, conservait son sang-froid, son énergie, son opiniâtreté, prenait toutes les mesures qu'exigeait la situation, restait inaccessible au découragement, donnait à tous le bon exemple et conservait devant l'ennemi une attitude vaillante qui lui en imposait.

(Général Derrécagaix, *Tactique*.)

1495. — Championnet réunit un conseil de guerre et lui dit : « Une retraite est impossible sans faire une capitulation contraire à la gloire et à l'honneur de la France. Autant vaudrait « une bataille perdue. L'armée serait enveloppée par 70,000 ennemis. Je vous ai réunis pour vous faire connaître ma décision et « non pour délibérer ; ma résolution est de vaincre ou périr. »

En 15 jours, Championnet disperse l'armée royale à Fermo, Terni, Civita-Castellana. Il rentre dans Rome après avoir enlevé les magasins de l'ennemi, 75 canons et 240 voitures d'artillerie.

(Général Ambert.)

---

1. Voir Chuquet, *le Général Chanzy*.

Défense des places.

1496. — *Défense de Tuyen-Quan.* — L'épisode le plus glorieux de la guerre du Tonkin est la défense de Tuyen-Quan par le commandant Dominé.

Simple bicoque, dominée de toutes parts, ce poste ne pouvait avoir les honneurs d'un siège en règle que par l'héroïsme de ses défenseurs.

La vigueur de l'attaque est attestée par ses travaux considérables, par le nombre et la fréquence des assauts, enfin par les nombreux cadavres que l'ennemi laissa sur les brèches; elle suffit à faire l'éloge de l'intelligence et de la bravoure du défenseur, qui, d'ailleurs, ne se contenta pas d'une défense passive et fit jusqu'au dernier jour d'audacieuses sorties.

En raison de l'importance qu'acquirent les travaux de fortification et du rôle que joua la guerre souterraine, cette défense énergique mit en lumière un modeste héros, le sergent du génie Bobillot, dont le zèle et l'intelligente initiative rappellent la belle conduite du garde Saint-Jacques au siège de Monzon.

Avec un outillage très restreint, le sergent Bobillot fit exécuter un ouvrage de campagne à 300 mètres de la place et n'hésita pas à lutter contre les mineurs chinois. A mesure que les brèches étaient produites par les explosions de l'ennemi, Bobillot les faisait occuper par un retranchement rapide; deux fois la mine fit sauter les défenseurs, sans pouvoir leur faire abandonner la gabionnade ni les palissades. Les soldats furent dignes de leurs chefs dans cette admirable défense, et l'éloge de leur bravoure et de leur dévouement est désormais inséparable des noms glorieux du commandant Dominé et du sergent du génie Bobillot. De tels exploits doivent nous rendre la confiance en nous-mêmes et l'espérance en l'avenir.

(Azibert, *les Sièges célèbres.*)

Mort au champ d'honneur.

Vérone, 19 novembre 1796.

1497. — *Lettre au général Clarke.* — Votre neveu Elliot a été tué sur le champ de bataille. Ce jeune homme s'était familiarisé avec les armes ; il a plusieurs fois marché à la tête des colonnes ; il aurait été un jour un officier remarquable. Il est mort avec gloire et en face de l'ennemi ; il n'a pas souffert un seul instant. Quel est l'homme raisonnable qui n'envierait pas une telle mort? — Quel est celui qui, dans les vicissitudes de la vie, ne s'abannerait pas pour sortir de cette manière d'un monde si souvent méprisable? Quel est celui d'entre nous qui n'a pas regretté de ne pas être ainsi soustrait aux effets de la calomnie, de l'envie, et de toutes les passions haineuses qui semblent presque exclusivement diriger la conduite des hommes?

(BONAPARTE, général en chef de l'armée d'Italie.)

ÉPILOGUE

L'avenir est aux nations qui pensent;

Il y a dix-sept ans, le général Chanzy, inaugurant l'Académie militaire d'Oran, le 11 mai 1876, prononçait les paroles suivantes :

« C'est l'armée d'Afrique qui a créé et organisé
« notre belle colonie d'Algérie. Aujourd'hui, si un ré-
« gime nouveau a pu s'installer ici, c'est encore grâce
« au concours de l'armée qui, depuis longtemps, par
« ses labeurs et par son dévoûment, a préparé l'avè-
« nement progressif des institutions civiles.

. . . .

« Vous êtes *l'armée*, Messieurs, ce qui dans un pays
« où tout citoyen est soldat veut dire que vous êtes la
« meilleure partie de la nation ; vous êtes l'armée
« forte, unie, disciplinée, qui sait rester étrangère aux
« intrigues et aux agitations stériles de la politique.
« Vous avez la garde de ce précieux patrimoine de
« l'honneur et des grandes pensées qui font les peuples
« puissants dans la bonne comme dans la mauvaise
« fortune.....

« L'art militaire, depuis vingt ans, a grandi avec
« les découvertes des hommes de génie, et l'on peut
« affirmer que chaque progrès accompli dans les arts

« de la paix amène un progrès correspondant dans la
« science de la guerre. Il ne suffit donc plus, pour un
« officier, d'être brave pour vaincre, il faut encore
« être très instruit et surtout *savoir penser*.

« A notre époque, les grandes inventions se multi-
« plient, l'industrie prend un essor merveilleux, le
« champ des connaissances humaines devient de plus
« en plus vaste. L'armée ne saurait rester en arrière
« dans ce grand mouvement moderne et elle doit en-
« trer hardiment dans la voie du progrès. »

C'est ainsi qu'en termes éloquents, l'un de nos plus illustres capitaines, qui fut aussi un puissant administrateur, exhortait ses officiers, non seulement à s'instruire, mais surtout à penser et à faire preuve d'activité et d'initiative.

C'est qu'en effet toute la valeur dirigeante d'un chef est dans ces deux mots : *savoir penser*, c'est-à-dire ne pas se contenter de recettes et de formules routinières, mais posséder une intelligence souple et éveillée, instruite à comparer les idées et à combiner promptement les éléments variés dont se compose toute question militaire ou scientifique. Savoir penser et juger, tel est le but auquel doit conduire tout système d'éducation rationnel fondé sur des principes solides et sur la recherche sincère et expérimentale de la vérité.

Or, c'est seulement par une sélection et par un classement méthodiques des faits bien connus et des principes clairement démontrés que le philosophe devient un penseur profond et finit par acquérir cette acuité pénétrante, cette intuition de l'esprit qui fait discerner la vérité et grouper dans une puissante synthèse les éléments essentiels de toute combinaison nouvelle.

L'histoire démontre que c'est toujours par le rayonnement de la pensée et de l'art que s'est manifestée l'évolution civilisatrice chez les grands peuples de l'antiquité. Cette loi humaine n'a pas changé aujourd'hui. Pascal a pu dire avec l'éloquence du génie : « L'homme « n'est qu'un roseau, le plus faible de la nature, mais « c'est un roseau pensant! et c'est par la pensée qu'il « domine le monde. » Tant que la France a été dirigée par de grands législateurs ou par des penseurs tels que Charlemagne, Louis XI, Henri IV, Richelieu, Louis XIV, Montesquieu, Voltaire, Turgot, Carnot, Napoléon, elle a toujours vaincu ses ennemis et tenu la tête de la civilisation moderne.

La suprématie appartient non pas aux peuples composés de rhéteurs, mais à ceux qui ont pour guide la foi dans une grande idée unie au sentiment profond de la patrie.

C'est le génie Napoléonien agissant avec une logique et une activité merveilleuses qui a transformé les soldats démoralisés de l'armée d'Italie en héros disciplinés, qui a su les mener au combat et en a fait en quelques mois les vainqueurs immortels d'Arcole et de Rivoli.

C'est la pensée Napoléonienne qui électrisait la Grande Armée et entraînait nos aigles de triomphe en triomphe à Austerlitz, à Friedland, à Iéna.

C'est la *méditation réfléchie* qui fit de Turenne et de Catinat de grands hommes de guerre ; c'est elle aussi qui permit au maréchal Bugeaud, le glorieux vainqueur d'Isly, de conquérir l'Algérie malgré la résistance désespérée des Arabes et les critiques des bavards et des politiciens de Paris.

Mais quand le règne de la démagogie aveugle ou de la faveur despotique arrive, alors la pensée austère et vigilante disparaît ou s'affaiblit tellement que tout se désorganise et la décadence commence. Le ressort gouvernemental se relâche et, malgré la valeur des troupes, la direction manquant, les résultats sont incomplets. C'est ce que nous avons vu en 1848, puis plus tard, en 1859, pendant la guerre d'Italie, où la période des faiblesses et des hésitations fatales a commencé pour la France. La campagne regrettable du Mexique, engagée par des intrigues, mal dirigée par une pensée indécise, aboutit à une catastrophe, malgré de beaux faits d'armes. En 1866, l'absence de volonté et de netteté dans les idées de ceux qui dominent en France, laisse l'Allemagne se concentrer et grandir sous la direction logique et vigoureuse d'un profond esprit. En 1867, l'incertitude et l'irrésolution des dirigeants s'accentuent. En 1870, enfin, l'orage surprend la France désunie, sans pensée directrice à sa tête, sans chef capable de commander ses armées.

Sur les champs de bataille de Gravelotte et de Sedan, inondés du sang de nos héroïques soldats, nul n'a senti de direction supérieure ; nul n'a senti planer au-dessus de nos légions cette âme active, cette pensée clairvoyante du vrai général en chef qui faisait jadis accomplir des miracles aux soldats de César, de Condé, de Turenne, de Carnot, de Napoléon, de Bugeaud.

On ne remplace pas la direction savante et le patriotisme d'un bon général en chef par des discours et des décrets. — Telle est la conclusion de l'historien.

À la guerre, lorsque la pensée suprême est absente, il n'y a plus ni plan ni but, et l'armée est perdue d'avance, quelle que soit la valeur réelle du soldat.

Celui qui n'a pas su acquérir la faculté de penser par le travail et la méditation, sera nécessairement incapable, au jour du danger, de tout commandement, de toute action dirigeante.

C'est l'habitude de réfléchir et de juger, et non la routine et les simples règlements, qui donne la suite dans les idées, la méthode dans le travail, la prévoyance, l'initiative, la volonté, la résolution, et enfin cette harmonie morale dans l'action dirigeante, qui seule permet de faire accomplir aux hommes des œuvres solides et durables.

Le général Chanzy avait donc grandement raison de dire à la jeune armée d'Afrique : « Il faut qu'un « chef militaire soit instruit, mais il faut surtout qu'il « apprenne à penser. »

C'est sous l'influence de cette vérité, dont nous étions profondément convaincus nous-mêmes, que nous avons entrepris de recueillir et de grouper patiemment dans nos annales historiques, dans les mémoires et les meilleurs ouvrages, les plus sages maximes formulées par les maitres de la science sociale et de l'art militaire.

Telle fut l'origine de la première édition de cet ouvrage.

Nous avons espéré qu'en réunissant et concentrant ainsi dans un seul volume les éléments essentiels de la philosophie et de l'art de la Guerre, puisés aux meilleures sources, nous pourrions faciliter la tâche des officiers qui veulent acquérir par la méditation une forte éducation morale.

Ce livre ne leur enseignera pas le *métier de l'homme de guerre* qui ne s'acquiert que par la pratique; mais en leur rappelant les vrais principes et les opinions plus accréditées, en leur démontrant l'influence du moral à la guerre, il pourra contribuer à former leur jugement et à développer en eux l'*Esprit de la guerre*.

Ne perdons jamais de vue cette vérité fondamentale : que la force d'un peuple n'est pas seulement dans la valeur de son matériel de guerre, *mais qu'elle réside essentiellement dans la pensée profonde et toujours active des généraux en chef et dans la discipline exacte des armées.*

Oran, le 3 octobre 1893.

Colonel HENRY.

INDEX BIBLIOGRAPHIQUE
DE L'ESPRIT DE LA GUERRE

NOMS DES AUTEURS CITÉS ou consultés.	OUVRAGES PRINCIPAUX.
ABOUT (Edmond)	Le Progrès.
ALEMBERT (d')	Œuvres philosophiques.
AMBERT (général)	Histoire de la guerre de 1870. — Soldat. — Portraits militaires.
ANTHOUARD (général d')	Discussion de la loi sur l'avancement.
ARBOY (archevêque d')	Oraisons funèbres.
ARCHIDUC CHARLES	Principes de stratégie, 1818.
ARDANT DU PICQ (colonel)	Études sur le combat, 1880.
ARISTOTE	Traité de la Politique.
AUGIER (Émile)	Œuvres.
AURELLE DE PALADINES (d')	La première armée de la Loire, 1873.
AZIBERT	Les Sièges célèbres, 1890.
BACON (chancelier)	Novum organum.
BAGEHOT	Lois scientifiques du développement des nations.
BARATIER (intendant)	Subsistance des troupes en campagne. — Réforme de la masse individuelle.
BARDIN (général)	Dictionnaire militaire.
BARTHÉLEMY (l'abbé)	Voyage du jeune Anacharsis en Grèce.
BASTIAT	Paix et Liberté. — Contradictions économiques.
BELMAS (commandant)	Les Sièges d'Espagne.
BEUDANT	Discours à la Faculté de droit, 1890.
BERNARDIN DE St-PIERRE	Études de la Nature.
BERTHAUT (général)	Principes de stratégie. — Marches et combats.
BERTHIER (le maréchal)	Lettres et mémoires.
BERTRAND (Joseph)	Éloges académiques. — D'Alembert. — Pascal.
BLONDEL (général)	Traité des états-majors.
BLUNTSCHLI	Le Droit international codifié, 1874.
BONAPARTE	Lettre sur la mort du jeune Elliot, 1796. — Correspondance.
BONNAL	Histoire de Desaix.
BOSSUET	Histoire universelle. — Oraison funèbre du prince de Condé.

NOMS DES AUTEURS CITÉS ou consultés.	OUVRAGES PRINCIPAUX.
BOURBAKI (général)	Rapports et instructions.
BRACK (général de)	Avant-postes de cavalerie légère.
BRANTOME	Vies des grands capitaines.
BRIALMONT (général)	La Défense des États. — Les Camps retranchés. — Œuvres diverses. — Les Régions fortifiées, 1890.
BRONSART DE SCHELLENDORF (général)	Le service d'état-major.
BUGEAUD (maréchal)	Œuvres et écrits divers sur l'art militaire. — Aperçu sur quelques détails de la guerre, 1832.
CABANIS (docteur)	Les Rapports du physique et du moral.
CALVO	Droit international d'Europe et d'Amérique, 1872.
CANROBERT (maréchal)	Discours au Sénat.
CARNOT (capitaine du génie)	Éloge de Vauban, 1784. — De la Défense des places fortes, 1809.
CARRELET (général)	Mémoires.
CÉSAR	Commentaires. — Guerre civile.
CESSAC (de)	Guide de l'officier en campagne.
CHAMBRAY (de)	Philosophie de la guerre, 1829.
CHANZY (général)	La deuxième armée de la Loire, 1872. — Discours. — Études sur l'armée.
CHARETON (général)	Projet de réorganisation de l'armée, 1871.
CHASSELOUP-LAUBAT (gén.)	Discours, 1832.
CHENU (médécin principal)	Rapport au Conseil de santé des armées. — Statistique médicale.
CHOUMARA	Œuvres sur la fortification, 1847.
CHUQUET	Histoire du général Chanzy, 1885.
CICÉRON (Tullius)	Des Devoirs.
CLARETIE (Jules)	Œuvres diverses.
CLAUSEWITZ (général de)	De la Grande Guerre, 1849.
CODE MILITAIRE.	
CODE NAPOLÉON.	
COMTE (Auguste)	Philosophie positive.
CONSTANT (Benjamin)	Cours de politique constitutionnelle.
CORNEILLE (Pierre)	Œuvres complètes.
COURNAULT (colonel)	Mémoire sur la défense de Paris.
COUSIN (Victor)	Du Vrai, du Beau, du Bien.
DARWIN	De l'Origine des espèces par voie de sélection naturelle (trad. Reyer, 1862).
DECKER (de)	Tactique des trois armes, 1835.

INDEX BIBLIOGRAPHIQUE.

NOMS DES AUTEURS CITÉS ou consultés.	OUVRAGES PRINCIPAUX.
DELAMBRE (général)	Cours d'art militaire. — Conférences.
DELAPERRIÈRE (sous-int.)	Cours d'administration militaire.
DELORME (A.)	Souvenir d'un sous-officier, 1892 (guerre de 1870).
DERRÉCAGAIX (général)	La Guerre moderne (1890).
DESCARTES	Œuvres philosophiques.
DESPRELS (colonel)	Les Leçons de la guerre.
DIDEROT	Œuvres philosophiques.
DUBOIS-CRANCÉ (ancien Ministre de la guerre).	Discours à la Convention. — Rapports (1792).
DUMAS (membre de l'Institut)	Discours à l'Académie des sciences en 1871.
DUMONT	Théorie scientifique de la sensibilité (1881).
DURUY	Histoire universelle (1864).
DUVAL-LAGUIERCE (colonel)	Rapport sur l'Exposition universelle de 1889.
ENCYCLOPÉDIE.	
ESPINASSE (général)	Instructions sur le combat.
ESPITALIER (capitaine)	Les Ballons à la guerre.
FALLOT et *LAGRANGE*	Cours d'art militaire (Bruxelles, 1857).
FAVÉ (général)	Histoire tactique des trois armes (1850).
FAUCHER (Léon)	Études et lettres politiques.
FÉNELON	Télémaque. — Examen de conscience d'un roi.
FEUQUIÈRES (général Antoine de Pas de).	Mémoire sur la guerre (1731).
FERVEL (colonel du génie)	Études militaires diverses.
FERRON (général)	Considérations sur la défense de Paris (1872).
FEUERBACH (philosophe)	La Philosophie de l'avenir (1843).
FÉZENZAC (général duc de)	Mémoires et rapports.
FIGUIER (Louis)	Découvertes scientifiques. — Vies des savants illustres.
FLÉCHIER	Oraison funèbre de Turenne.
FOLARD (le chevalier de)	Esprit du chevalier Folard et nouvelles découvertes sur la guerre.
FONTENELLE	Œuvres philosophiques.
FRANKLIN (Benjamin)	Mémoires.
FRARY (Raoul)	Le Péril national.
FRÉDÉRIC-CHARLES (prince)	Mémoires.
FRÉDÉRIC II	Instructions secrètes à ses officiers. — Mémoires.
FREYCINET (Charles de)	La Guerre en province, 1872. — Discours ministériels.
FUSTEL de COULANGES	La Cité antique. — Œuvres diverses.

NOMS DES AUTEURS CITÉS ou consultés.	OUVRAGES PRINCIPAUX.
G. G. (Gilbert).	Études militaires (1891-1892).
GAMBETTA	Œuvres. — Discours.
GEOFFROY-SAINT-HILAIRE.	La Philosophie naturelle.
GERLACHE (sous-intendant de).	Administration des armées en campagne.
GŒTZE (capitaine du génie prussien).	Opérations du corps du génie allemand en 1870 (traduction par Grillon et Fritsch).
GOLTZ (général von der).	La Nation armée (1890).
GOUVION SAINT-CYR (maréchal de).	Mémoires (1821-1831.)
GRÉARD (académicien).	Œuvres universitaires. — Discours.
GRÉGOIRE (l'abbé).	Mémoires.
GRANT (général).	Discours et œuvres politiques.
GRILLON (général).	Réforme du corps du génie.
GUIBERT (général de).	Essai général de tactique.
GUICHARD (général).	Cours d'art militaire à l'École de Fontainebleau.
GUIZOT	Mémoires. — Histoire de France.
HARDEGG (de).	Science de l'état-major en général.
HEFFTER.	Droit international public de l'Europe (1857).
HENNEBERT (colonel).	L'Art militaire et la science (1889).
HENRI IV.	Lettres.
HENRY (colonel).	Projet de loi sur l'avancement, 1873. — Mémoire sur la défense de la région de Paris, 1873. — Abrégé de la philosophie de la guerre, 1879. — Ponts et viaducs mobilisables, 1892.
HOHENLOHE (prince de).	Lettres sur l'artillerie.
HOMÈRE.	L'Iliade et l'Odyssée.
HUGO (Victor).	Œuvres diverses.
HUXLEY.	Éléments de physiologie.
JACQMIN (directeur de la Compagnie de l'Est).	Les Chemins de fer.
JARRAS (général).	Mémoires (1892).
JOMINI (général de).	Précis de l'art de la guerre. Tableau des grandes opérations militaires.
JOSÈPHE.	Histoire de la guerre des Juifs contre les Romains.
JUDET (Ernest).	Articles divers.
JUNG (général).	La Guerre et la société. — Stratégie et tactique.
JUVÉNAL.	Satires (traduction Nisard).
KELLER.	Vie de Lamoricière.

INDEX BIBLIOGRAPHIQUE.

NOMS DES AUTEURS CITÉS ou consultés.	OUVRAGES PRINCIPAUX.
LA BRUYÈRE, ...	Caractères.
LAKANAL (conventionnel). . .	Discours et rapports (1890).
LAHAUSSOIS	La France armée (1873).
LAHURE (baron), ...	Notes sur les états-majors.
LAMARE	Journal du siège de Badajoz.
LAMARQUE (général)	Mémoires.
LAMARTINE (de).	Histoire des Girondins.
LAMENNAIS	Œuvres diverses.
LAMORICIÈRE (général) . . .	Discours.
LANFREY	Histoire de Napoléon Ier (1867).
LANGLAIS	Rapport au Corps législatif.
LANGLOIS (colonel)	L'Artillerie en liaison avec les autres armes (1891).
LAMI.	Dictionnaire encyclopédique (1886).
LAPPARENT (de), ingénieur .	Le Siècle du fer (1889).
LA ROCHE-AYMON (gén. de) .	Introduction à l'art de la guerre (1803).
LAVALLÉE.	Histoire des Français (1873).
LE BAS.	Encyclopédie.
LEBLEU (ingénieur).	Rapport sur l'encombrement de Clerval en 1870.
LE FORT	Service de santé aux armées.
LÉON LE PHILOSOPHE (emp.)	Institutions militaires publiées en 1612 et traduites par Maizeroy.
LEWAL (général)	La Réforme de l'armée. — Études de guerre.
LITTRÉ.	La Science.
LLOYD (général).	Mémoires militaires (1801).
L'ORME (chevalier de). . . .	Traité des mines.
LUTHER	Œuvres philosophiques.
MACHIAVEL (Nicolas) . . .	Le Prince. — L'Art de la guerre.
MAHY (de)	Projet de loi sur l'état-major.
MAILLARD (le colonel) . . .	Éléments de la guerre (1891).
MAISTRE (Joseph de)	Les Soirées de Saint-Pétersbourg.
MARBOT (général).	Mémoires (1892).
MARMONT (le maréchal). . .	Mémoires. — De l'Esprit des institutions militaires (1845).
MARMONTEL.	Œuvres diverses.
MARTENS (de)	Précis du droit des gens de l'Europe (1789).
MARTIN (Aimé).	De la Civilisation du genre humain par les femmes.
MASCARON.	Oraisons funèbres. — Éloge de Turenne.
MATHIEU-DUMAS (général). .	Souvenirs (1839).
MICHEL	Histoire de Vauban (1879).

NOMS DES AUTEURS CITÉS ou consultés.	OUVRAGES PRINCIPAUX.
MICHELET.	Le Peuple. — Histoire de la Révolution (1816).
MIRABEAU.	Discours sur la guerre.
MONTAIGNE.	Essais.
MONTALEMBERT (comte de)	Des Intérêts catholiques au xix⁰ siècle.
MONTALEMBERT (génér¹ de)	La Fortification perpendiculaire (1776-1796).
MONTÉCUCULLI	Mémoires et art militaire.
MONTESQUIEU.	Grandeur et décadence des Romains. — Esprit des lois (1748).
MONTHOLON (comte de)	Mémoires pour servir à l'histoire de France sous Napoléon, écrits à Sainte-Hélène (1823).
MONTLUC (Blaise de)	Commentaires (1592).
MORAND (général comte)	L'Armée selon la charte.
MORIN	Lois relatives à la guerre.
NAPOLÉON I⁰ʳ	Correspondance. — Mémoires et notes militaires.
NAPOLÉON III	Histoire de César.
NATURE (la) [Tissandier]	Articles divers.
NEY (Napoléon).	L'Armée française, publiée par le Monde illustré en 1890.
NOÉ (de), évêque de Luçon.	Discours.
OBAUER (colonel).	Alimentation des troupes en campagne.
ONOSANDER (tacticien grec).	Le Général d'armée.
PALISSY (Bernard de).	Œuvres (1777).
PARÉ (Ambroise).	Œuvres (1561).
PARIS (comte de)	La Guerre civile en Amérique.
PARIS (général prussien).	Traité de tactique appliquée (1876).
PASCAL (Adrien).	Histoire de l'armée (1847).
PASCAL (Blaise).	Pensées. — De l'esprit géométrique (édit. Havet).
PELET (général).	Œuvres diverses.
PERRIN	Des Fournitures militaires.
PETSCHE (ingénieur).	Mémoire sur les ponts de chemins de fer stratégiques.
PLATON	La République.
PLUTARQUE.	Vies parallèles des hommes illustres.
PORTALIS	De la Guerre considérée dans ses rapports avec les destinées du genre humain.
PRADIER-FODÉRÉ.	Commentaire sur le Code de justice militaire.
PRÉVAL (de).	Études militaires.

INDEX BIBLIOGRAPHIQUE. 581

NOMS DES AUTEURS CITÉS ou consultés.	OUVRAGES PRINCIPAUX.
PRÉVOST (le général)	Études historiques sur l'attaque et la défense des places.
PRÉVOST-PARADOL	La France nouvelle. — Rôle de la femme dans l'éducation.
PROUD'HON	La Guerre et la paix.
PUFFENDORF	Droit de la nature et des gens.
QUATREFAGES (de)	Discours à la Société de géographie et à Lyon.
QUINET (Edgar)	La Révolution.
RABELAIS	Histoire de Gargantua et Pentagruel (éd. R. Lacroix, 1827).
RÈGLEMENTS MILITAIRES	Règlement prussien. — Règlements sur le service intérieur. — Règlements sur le service des places. — Règlements sur le service en campagne, etc.
RENAN (Ernest)	Œuvres philosophiques.
ROVEL (commandant)	Les Chemins de fer militaires.
REVUE DU GÉNIE	Chemins de fer. — Ponts militaires mobilisables.
REVUE (Nouvelle)	Articles militaires.
RIVIÈRES (général de)	Mémoires sur la défense de la frontière.
ROCQUANCOURT	Traité d'art militaire.
ROUSSEAU (J.-Jacques)	Émile. — Contrat social.
RUSTOW	Introduction à l'étude des sciences militaires. — Tactique générale. — La petite guerre.
SAINT-ÉVREMONT (de)	Génie du peuple romain.
SAINT-GERMAIN (comte de)	Mémoires (1779).
SAINT-MAURICE (de)	Éloge de Vauvenargues.
SAINT-SIMON (de)	Mémoires (F. Chéruel, 1856).
SAXE (maréchal de)	Rêveries. — Lettres et mémoires.
SCHNÉEGANS (général)	Notes sur l'artillerie.
SÉGUR (général de)	Histoire de Napoléon et de la Grande-Armée.
SÉNÈQUE	Œuvres philosophiques.
SOCRATE	Cité par Xénophon (voir Xénophon).
SOULT (maréchal)	Mémoires.
SPECTATEUR MILITAIRE	Articles divers.
STAËL (Mme de)	De l'Allemagne.
STENDHAL	Œuvres complètes publiées par Mérimée (1855).
STUART-MILL	Le Gouvernement représentatif.
SUCHET (maréchal)	Mémoires.

NOMS DES AUTEURS CITÉS ou consultés.	OUVRAGES PRINCIPAUX.
SUZANE (général)	Histoire de l'infanterie. — Histoire de l'artillerie.
TAINE (Henri)	Philosophie de l'art.
THIÉBAUT (général)	Manuel général du service des états-majors. — Mémoires.
THIERS	Le Consulat et l'Empire.
THIVAL (capitaine)	Les Cours d'eau.
THOUMAS (général)	Les Capitulations (1888).
TILLANCOURT (de)	Œuvres parlementaires.
TISSANDIER	Les Ballons.
TOLSTOÏ	La Guerre et la paix.
TOPPFER	Réflexions d'un peintre genevois. — L'art.
TRIPIER (général)	Étude sur la défense de Paris.
TROCHU (général)	L'Armée française en 1867.
TURGOT	Œuvres complètes (Guillaumin), 1844.
VALAZÉ (général)	Observations sur la défense des places.
VANDEVELDE	Tactique appliquée au terrain.
VAUDONCOURT (général de)	Œuvres militaires.
VATTEL (Emmerik de)	Le Droit des gens.
VAUBAN (maréchal de)	Mémoires militaires. — Attaque et défense des places. — Oisivetés.
VAUVENARGUES (marquis de)	De l'Introduction à la connaissance de l'esprit humain.
VERDY DU VERNOIS	L'Art de conduire les troupes.
VIAL (colonel)	Cours d'art militaire.
VIGO-ROUSSILLON	Cours d'administration militaire.
VÉGÈCE	Institutions militaires.
VILLE (chevalier de)	De la Charge des gouverneurs (1655).
VILLENOISY (général de)	Aperçu historique sur la fortification.
VINET (Alexandre)	Œuvres philosophiques et pédagogiques.
VITRUVE	Architecture militaire. — Machines.
VOLTAIRE	Œuvres complètes. — Histoire de Charles XII.
XÉNOPHON	La Retraite des dix mille. — Cyropédie. — Le général de cavalerie. — Entretiens de Socrate.
YUSUF (général)	La Guerre en Afrique.
ZASTROW (général de)	Histoire de la fortification.

RÉPERTOIRE ALPHABÉTIQUE

DES

SUJETS PRINCIPAUX

TRAITÉS DANS L'ESPRIT DE LA GUERRE

A

	Pages.	Numéros des citations.
Abnégation. — Vertu du soldat	162, 178	575, 586, 587, 606, 656, 658
Administrateurs (Qualités nécessaires aux).	204	677, 679, 696, 711, 715, 734
Administration générale. — Définition.	69, 215, 219	262, 731, 732
Administration militaire	203, 205	672, 681, 684, 690
Aérostation. — Son utilité à la guerre.	322, 349	1014 à 1023
Aérostatique (Parc).	323	1015, 1018
Alexandre le Grand. — Ses campagnes.	85, 541	330, 1471
Allemands. — N'ont fait que copier les Français. — Leurs capitulations.	xxii, 1 54, 55	224, 225, 560
Ambition. — Qualité utile aux officiers.	612	570
Américains.	73, 345	282, 813, 942
Américaines (Instructions).	41	180, 183
Amérique (Guerre d').	179	291, 666, 942
Amour de la gloire	xv, 177	651 à 655, 663
Amour de la patrie	80, 178	296, 297, 657
Anciens. — Leur valeur militaire	xxii,161,168	499, 562, 601
Annibal. — Ses campagnes.	542	443, 1471
Aptitudes et qualités dirigeantes.	113, 115, 116, 121	388, 397, 401, 403, 413, 414, 422, 433
Aptitudes guerrières.	121, 195	431, 438, 453
Armées. — Leur organisation	59, 62, 67, 69, 75 à 78	226, 231, 257, 258, 262, 270, 271, 283
Armées improvisées.	64	241, 242
Armées romaines.	62, 66	229, 230, 247, 252, 253,265,322,335,500
Armes. — Les quatre armes.	233,239,255 à 270	753, 756, 855

	Pages.	Numéros des citations.
Arrière-garde. — Son importance.	486	1272, 1273, 1276
Art en général. — Définition.	5	12, 18
Art militaire.	xix, 8	37, 38, 43, 41
Artillerie. — Importance et organisation.	246, 250, 508	816 à 838
Artillerie (Tactique de l').	508, 531	1430 à 1439
Avancement (Principes d').	83, 126, 128, 129, 130 à 134	325, 459, 468, 471, 477, 483
Avant-garde.	430, 465	1216, 1217, 1269, 1270
Aviation. — Opinion de M. Janssen.	324, 353, 354	1023, 1025

B

	Pages.	Numéros des citations.
Bacon (François). — Les inventeurs.	5	17
Bagehot (Les Sociétés).	7, 17	27, 46, 66
Barbanègre (Le général).	49	206
Barthélemy. — Éducation.	24	103
Base d'opérations.	397	1146
Batailles.	522, 540, 555	1487
Bataille d'Austerlitz.	556	1484
Bataille de Friedland.	557	1485
Bataille de Rosbach.	555	1483
Belligérants.	40	174, 180
Bivouac.	434	1233 à 1240
Bobillot, sergent du génie à Tuyen-Quan.	56, 566	1495
Bombardement.	291, 305	949
Bonne volonté (Hommes de).	177	655
Bravoure.	160, 162	559, 567

C

	Pages.	Numéros des citations.
Campagnes d'Annibal, de César, de Turenne, de Napoléon.	542, 545	1471, 1484, 1485
Camps. — Campement. — Bivouac.	432, 433	1226, 1227, 1237
Camp retranché.	282, 290, 406	905 à 911, 914, 1080
Cantonnements.	435	1241 à 1248
Capitulations.	47 à 54	193 à 225
Capitulations des forteresses prussiennes en 1806.	55, 560	225, 1490
Caractère.	163, 167, 176, 195	434, 453, 480, 571, 575, 645
Carnot.	ix, 49, 55, 211, 292, 408	205, 715, 927, 1132, 1190
Catinat.	114, 163	390, 577, 578

	Pages.	Numéros des citations.
Causes de la guerre............	16, 22	56, 58, 88, 89
Cavalerie.................	240 à 245, 261, 465, 470,510,535	787 à 793, 796, 802 à 819, 1264, 1441 à 1446
Centralisation.............	210	708, 709
César. :.................	196, 544	565, 1471
Chanzy (Retraites de).........	63, 309, 562, 569	1491, 1492, 1493, 1494
Championnet (général)........	565	1474
Chemins de fer.............	314 à 319	971, 972, 999, etc.
Choix des hommes...........	118	419, 420, 422, 423
Circonspection.............	xiii, 167	600
Circonvallation.............	283 à 285	915, 919, 922, 923
Civilisation................	7, 14, 22, 32, 37, 44, 46	26, 89, 139, 155, 191, 192, 290
Colonnes de compagnie........	239, 507	780, 1429
Combats...............	502, 507	1389, 1410, 1429
Combinaison permanente des 4 armes.	233, 255, 527	753 à 756, 852
Commandement (Principes du)....	110, 130	271, 380, 386, 389, 401, 413, 414, 479
Commission militaire supérieure des chemins de fer.	316, 317	984, 985, 988
Communications militaires......	310, 325	952, 957, 968
Conduite des troupes dans le combat..	505, 522	1421, 1424
Conduite d'un général après les batailles.	514	1463 à 1467
Confiance.................	151, 183	486, 609, 611, 614, 616
Connaissance du cœur humain....	80, 162, 167	295, 392, 566, 568, 598
Conseils.................	50, 69, 115	208, 261, 384, 397, 398, 401
Convois.................	476, 486, 487	1317 à 1330
Corruption...............	120, 144	471, 511, 430
Cosaques.................	245	812
Coup d'œil militaire..........	xii, 422	358, 364
Coup d'œil stratégique.........	421, 500	1114, 1123, 1399
Courage (Physiologie du)......	159, 188	552, 555, 567, 618, 635

D

Davout et la discipline.........	140, 167, 440	490, 600
Déclaration des droits de l'homme...	6, 7, 80	24, 29, 299, 303
Déclaration de guerre..........	21	85, 87
Défense des places...........	285, 288, 420	924, 939 à 951

	Pages.	Numéros des citations.
Défense de Sébastopol.	56, 289	941
Défense de Paris	280, 306	897
Desaix (Général)	168, 176	579, 602, 649
Désintéressement. — Vertu nécessaire aux chefs.	166	583, 592, 602, 603, 604
Destruction des communications.	317, 336	988 à 993
Despotisme.	68, 80	27, 259, 298
Détachements	473, 475	1310, 1315
Devoirs de l'homme.	81, 90	296, 304, 317, 350, 351, 622
Dévouement	179, 185	620, 655
Direction générale de la guerre. — Stratégie. — État-major.	357, 379, 390 à 424	1036, 1038, 1039, 1040, 1046, 1049, 1062, 1068, 1080, 1110, 1112, 1132, 1142, 1152 à 1156, 1164, 1185
Discernement	175, 300	640, 1399
Discipline dans l'antiquité.	139, 140	484, 491 à 502
Discipline des troupes.	142, 144, 150	503 à 515
Dominé	56, 566	1495
Drapeau	161, 173	631, 632, 634
Droit des gens	39, 43, 44	155, 166, 185, 186, 187, 188
Drouot (Général)	169	604

E

Échiquier stratégique de défense.	304	919, 940, 941
Écoles.	106, 201, 381	378, 475
Économie	203, 204	670, 678, 682
Éducation civile et publique.	24, 79, 83, 101	103, 290, 298, 301, 318, 319, 379, 600
Éducation militaire de la nation armée.	87, 91, 95, 107 à 111	328, 304, 352, 373
Égalité.	67	256
Enseignement	83, 91, 105	82, 309, 316, 361
Entraînement des troupes.	86, 104	336, 337, 378, 1205
Espace. — Son influence en tactique	390, 418, 443	1116, 1181, 1213, 1273
Esprit de la Guerre.	xix, xx, 176	637, 649, 650
États-majors	360 à 385	1084 à 1095
État-major général de l'armée.	363 à 366	1066, 1067, 1069, 1070, 1074, 1077
Exercices militaires.	87, 88	341, 344, 349, 1092

	Pages.	Numéros des citations.
F		
Fabert (Maréchal)	55	
Faidherbe, général en chef de l'armée du Nord.	131,268,309	869
Favoritisme	120,127,572	430, 431, 469, 470, 476
Fer et acier. — Leur importance. . .	301,314,321	974, 976, 988, 995, 1009
Fermeté de caractère	122, 129,160,176	443, 480, 561, 648
Flanqueurs.		1277, 1278
Force morale	157,196,574	534, 536, 539, 547 à 570
Fort. — Forteresse	281	901, 902, 905, 934
Fortification (Science et art de la) . . .	273, 303	860, 863, 867, 884
Fortification. — Définition générale . .	273, 297	859, 888
Fortification permanente	278, 281	885, 886, 889, 894, 901
Fortification passagère. — De campagne.	273, 297	840, 844, 866, 877, 878, 882
Fortifiées (Régions).	305, 307	897, 911, 940, 944
G		
Général	115, 121,137,194	395, 396, 408, 434, 438, 448, 453, 598.
Généralissime	135, 194,417,428	480, 1191, 1408
Génie de la guerre	ix, xv, 14, 113,421,423	54, 389, 411, 433, 598
Génie militaire	266 à 292	842, 849, 851, 855, 869, 884
Giffard, inventeur	351	1024
Gloire	177, 567	651, 653, 654, 660, 1496
Gouvernement	32, 113, 117 219	388, 411, 424, 680
Gouverneur de place	48, 285, 290	199 à 214, 924, 930, 948
Grandeur d'âme	163, 500	574, 590, 927, 930, 948, 1194, 1401
Guerre. — Définition. — C'est une science et un art.	7, 11	30, 31 à 36 .
Guerre d'invasion	542, 555	1137, 1151, 1471

	Pages.	Numéros des citations.
Guerre offensive et défensive......	398, 403	1131, 1137, 1156, 1166, 1172, 1175, 1178
Gymnastique.............	87, 98	332, 335, 378

H

Habillement..............	212 et 213	717, 719, 721, 723
Héros.................	165,172,566	583, 588, 603, 622, 1495
Héroïques (Sentiments).........	162,177,567	541, 569, 666, 1496
Hoche (Général).............	xvi, 168	603
Homme de guerre............	xi, 167, 194	55, 360, 580, 598
Hommes (Éducation des).........	81, 84, 89, 95, 209	290, 294, 299, 303, 305, 318, 341, 349, 378
Honneur (Sentiment de l')........	178, 179	136, 137, 661, 663, 666
Honneur (Légion d')...........	149	541
Honneur militaire des Nations.....	180	667, 669
Humanité...............	5, 6, 7, 13	17, 19, 24, 33, 44, 89
Hygiène militaire............	216	738, 745

I

Identité (Marques d')...........	216	742
Indépendance du généralissime....	113,114,115 116,390,416 423	381, 393, 398, 399 1110, 1114, 1115 1119
Indiscipline..............	141, 146	518, 525, 529, 562
Industrie militaire...........	271,284,292	868, 884, 916
Industrie (Influence de l')........	304	
Infanterie...............	235, 239, 528, 529	761, 762, 763, 779, 784
Influence de la guerre..........	17	62
Ingénieurs civils............	13, 292,324 326	15, 17, 884, 1025
Ingénieurs militaires..........	207,267,272 293	858, 868, 870
Initiative nécessaire aux officiers...	xv, 189	
Institutions militaires..........	35, 66, 94	247 à 250, 255 à 260
Institut ou Académie militaire.....	94, 202	377
Instruction des troupes et des officiers.	86 à 95	334, 344 à 350, 857 à 877
Intelligence..............	117, 176	411, 415, 650, 651

	Pages.	Numéros des citations.
Intrépidité............	160	558
Introduction à l'*Esprit de la Guerre*..	xi	
Inventeurs (Grands)............	5, 13	15, 16, 17, 18
Invention (Esprit d')...........	xiv, 274, 289	867, 940
Inventions importantes dans la science militaire.	9, 15, 304, 313, 319, 321, 323, 325, 326 à 355	42, 44, 967, 969, 996, 1009, 1014, 1020, 1025, 1030

J

Jugement................	xii, 174	635, 644
Justesse d'esprit............	175	640
Justice militaire............	39, 145	167, 518, 521, 531, 523, 525, 611, 628, 630
Justice (Sentiment de la)........	146, 170, 173	

L

Législateurs..............	22, 145	92, 517
Liberté.................	7, 33, 39	29, 135, 166, 193
Ligne d'opérations............	397, 418	1145, 1179, 1188
Limite du droit des belligérants....	37 à 41	155, 180, 165, 180
Lois militaires..............	144 à 147	517, 519, 522
Lois naturelles.............		
Logique................		
Logistique...............	432, 437	1226 à 1241 et 1249

M

Major général de l'armée.......	365, 379	1066, 1067, 1080
Manœuvres...............	87, 511	339, 348, 1447 à 1457
Marche (Tactique de).........	426	1199, 1202, 1206
Marches militaires...........	97, 98, 504	345, 878, 1818
Masséna................	160	559
Méthode................	viii, 81	303, 307, 313, 323
Ministère de la guerre.........	214	730, 1066
Mobilisation.............	393, 417	1127, 1128
Moral des armées............	157, 180, 196, 500	543, 547, 596, 1403, 1404
Mort (Crainte ou mépris de la)....	158, 170	550, 551, 566
Moyens de relever le courage des troupes.	161, 162	561, 568, 567, 610

N

Napoléon. — Ses campagnes.....	547, 556	1471, 1473, 1481, 1485, 1490

	Pages.	Numéros des citations.
Navigation aérienne.	323, 324, 351, 352	1024, 1025
Neutralité.	18	67, 70
Ney (Le Maréchal).	160, 279	560, 893
Noblesse de la profession des armes.	164, 181, 193	580 à 586, 589, 590

O

Offensive. — Guerres offensives.	18, 394, 396	71, 1131, 1134, 1137, 1471
Officiers. — Officiers d'état-major.	191, 367	1085, 1093, 1095
Opérations stratégiques.	397, 416 et suiv.	1145, 1149, 1152 à 1156, 1473 à 1479
Opérations secondaires de la guerre.	165, 474, 481, 553	1312, 1315, 1324, 1342, 1480
Orchestre. — Image de la discipline appliquée.	152, 153	
Ordres (Nécessité de la précision dans les).	369	1096, 1097, 1100, 1101, 1115
Organisateur (Esprit).	113, 119, 125	274, 366, 397, 405, 414, 433
Organisation des armées.	65, 71, 75, 393	72, 246, 250, 254, 257, 258, 262, 264, 272, 349, 1126
Orientation.	32, 34, 367	1088, 1127
Outillage.	271, 273, 293, 319	853, 864, 995, 1002, 1013
Ouvrages de campagne.	273 à 278	865, 866, 870, 876, 878, 879, 881, 882, 905
Ouvriers militaires de chemins de fer.	317, 334, 335	988

P

Paix.	25, 26, 32	114, 115, 119, 124
Paix perpétuelle.	26	118, 122
Paniques.	144, 183, 562	223, 225, 513, 546, 565
Parlementaire.	41, 179, 371	178, 665, 1106, 1107
Particularisme.	169, 269	604, 624
Partisans.	478	1331, 1337, 1342, 1482
Passage des rivières.	267, 320	de 1000 à 1013
Passions humaines.	20, 21	77, 80, 86, 89, 184

RÉPERTOIRE ALPHABÉTIQUE.

	Pages.	Numéros des citations.
Passion de la gloire.	28, 177	131, 601, 653, 654, 659
Patrie	165, 178	287, 291, 579, 587, 656
Patrimoine.	12	
Patriotisme	29, 80, 178	135, 297, 586, 658, 659, 667
Pénétration d'esprit.		
Pensée (Influence de la).	176, 194, 272, 294, 569	637, 641, 649, 650, 858, 868, 1398, 1404
Penseurs.	4, 26, 570	11, 122
Persévérance.	176	645, 647
Peur.	171, 188	564, 617, 618
Philopœmen	xvii, 85, 91	329
Philosophie en général	xix, xx, 4	7, 10
Philosophes (Influence des)	4, 5, 163, 168	11, 18, 92, 372, 576, 600, 1109
Philosophie nécessaire aux généraux.	11, 15, 91, 114, 176	42, 55, 334, 360, 390, 648
Physiques (Qualités).	95, 104, 122	308, 314, 341, 378, 440
Pivots stratégiques	281, 305	897, 901, 908
Places d'armée	280, 303	895, 902, 905, 944
Plan de campagne.	391, 393	1120 à 1125
Politiciens.	xxi, 20, 23, 110	80, 86, 95, 100, 132, 425, 661
Politique générale	6, 10, 23	22, 25, 49, 62, 95, 103
Politique de la guerre.	17, 19, 25, 31	65, 68, 72, 87, 93, 107, 112, 116
Pontonniers	320	1004
Ponts militaires.	320 à 322, 338	1000 à 1013
Ponts mobilisables en acier	318, 337	993, 1009, 1012
Porcon de la Barbinois, le Régulus français.	179	665
Portrait du général en chef	117 à 129	413, 415, 453, 455, 460
Poursuites stratégiques	559, 560	1488, 1490
Précipitation (Danger de la).	393	1128
Préparation de la guerre	356 à 363	1030 et suiv.
Prépondérance du moral sur le physique.	171, 177, 183	614, 649, 650
Principes (Nécessité d'avoir des).	5, 9, 497	14, 40, 41, 42, 1390
Principes généraux de l'organisation des armées.	62, 75, 78	226 à 289

	Pages.	Numéros des citations.
Principes généraux de la défense des places.	48, 51, 56, 285 à 291, 305	200, 211, 213, 214, 924, 927, 932, 940, 941
Principes généraux de la stratégie...	401 à 418	1164 à 1191
Principes généraux de l'administration des armées.	209, 221	702, 703, 704 726 à 738
Principe général de la guerre	401, 418	1104
Prisonniers de guerre	36, 39, 56, 179	149, 169, 176, 664
Progrès de l'art militaire	9, 14, 17	44, 61, 66
Puissance des peuples	17, 21, 24	68, 83, 91, 97, 103, 109, 126, 254
Puissance de la pensée	176, 177	637, 649, 650, 1403
Puissance morale	80, 83, 114, 121, 136, 140, 149, 155, 158, 161, 196, 500	292, 295, 300, 304, 318, 334, 392, 417, 433, 447, 469, 486, 511, 547, 558, 649, 653, 1401, 1404
Punitions	147, 173	592, 627
Psychologie du soldat	170 à 174, 200	609 à 634 770, 772, 776
Psychologie du tireur	236	437, 453, 486, 635
Psychologie du général en chef	124, 125, 176, 390, 391, 394, 396, 408, 416, 421, 424	637, 643, 647, 649, 1112, 1114, 1115, 1116, 1120, 1132, 1142, 1188, 1191

R

	Pages.	Numéros des citations.
Ravitaillements	217, 315, 333	699, 713, 715, 738, 750, 751, 752, 977, 978
Récompenses	148, 156	536, 541, 542
Reconnaissances militaires	446, 469	1296, 1299, 1303
Reconnaissances offensives	457	1305, 1307
Réflexion. — Méditations militaires...	vii, xiii, xx	
Régénération morale	vii, 158, 571	548, 552, 568, 573
Régiment	173, 174	627, 631, 634
Régions fortifiées. — Échiquiers défensifs.	278 à 282, 303, 305	274, 897
Renouvellement des troupes	65, 71, 76	272, 273, 275
Réparation des ouvrages d'art	318, 321	993 à 996, 1010
Repos (Tactique de)	432, 517	1226, 1231, 1232

	Pages.	Numéros des citations.
République.	6, 7, 23, 43	21, 76, 93, 193, 231, 268
Républiques antiques.	17, 65	66, 247, 563
Réquisitions	207, 208	692, 693, 696, 701
Résistance.	289, 291	943
Responsabilité des chefs	48, 213	202, 780
Retraites.	442, 568	1491, 1492, 1493
Retranchements à intervalles	274, 276	872, 881
Révolution.	27, 42, 71	124, 184, 236, 246, 274, 305
Romains. — Leurs institutions militaires.	17, 62	62, 135, 229, 563

S

	Pages.	Numéros des citations.
Sagesse	4, 7, 19, 23, 25, 27	9, 18, 26, 41, 53, 72, 93, 97, 111, 112, 120, 128
Science. — Définition générale.	2, 5	2, 6, 14, 869
Science de la guerre	12, 13	36, 48
Sécurité	447, 449, 451, 466	1252, 1261, 1265, 1275, 1283
Sentiment du devoir	65, 83, 90, 140, 155, 165, 172, 178, 191	247, 296, 304, 317, 350, 490, 587, 623, 648, 658, 664
Service militaire obligatoire	63, 65, 76	234, 237, 238, 243, 244, 247, 248, 250
Servitude et Liberté.	22, 27, 39, 67, 81	90, 126, 168, 193, 255, 298, 303
Sévérité des lois militaires	141, 145, 147	496, 499, 501, 506, 519, 526, 528, 533, 564
Sièges des places.	283, 284	912, 913, 915, 918, 919 à 924
Soldat français (Qualités du)	169, 173, 177, 185, 189	607, 616, 621, 630, 656, 1131
Stratégie. — Définition. — Principes. .	386, 396, 401, 415	1118, 1139, 1142, 1143, 1164, 1186
Stratégie de Carnot et de Napoléon . .	VII, 394, 402	1132, 1135, 1168, 1190
Stratégie offensive	394, 395, 398	1131, 1137, 1151, 1156
Stratégie défensive	403, 405, 406	1172, 1175, 1177, 1180

	Pages.	Numéros des citations.
Suchet (Maréchal).	211	716
Supériorité morale de la France.	7, 43	187, 188, 190, 191
Sûreté (Service de).	300, 447, 453	1256, 1257, 1258, 1282
Syracuse et Archimède.	272, 290, 292	860, 946
Système de défense moderne des États.	288, 289, 305	939, 940, 941, 944
Système d'artillerie.	247, 265, 301	
Système de ponts mobilisables.	318, 319, 321, 337	995, 996, 1009, 1010 816, 820, 892
Systèmes de ballons militaires.	323, 324, 352	1017, 1020, 1022
Systèmes de Vauban.	281, 296	890, 898, 901

T

	Pages.	Numéros des citations.
Tactique. — Définitions.	411, 425, 426, 437	1192, 1193, 1197
Tactique des diverses armes.	505, 528 à 540	1429 à 1446
Talents militaires.	XVII, 118, 175	420, 689, 644, 647
Télégraphie électrique et optique.	324, 343, 343	1026, 1027
Temps. — Son influence à la guerre.	357, 417, 520	410, 1034, 1116, 1215, 1273, 1381
Tir de guerre.	98, 237	768, 772, 776
Tirailleurs d'élite.	99, 237	771, 773
Todleben.	56, 289	941
Topographie.	XVIII, 359, 463, 469	329, 358, 446, 1049, 1050, 1053
Train des équipages.	217, 218	De 747 à 751
Transports en chemins de fer.	218, 311, 315	753, 958, 966, 969, 976, 981
Travail personnel de l'officier.	XVI, 85, 93	328, 334, 359, 369, 371, 375
Turenne. — Son éloge. — Ses vertus.	125	455, 595
Turenne. — Ses campagnes.	544	454, 455, 1471
Tuyen-Quan.	56, 566	1496
Tyrans. — Tyrannie.	6, 20, 38, 80	25, 76, 159, 298

	Pages.	Numéros des citations.

U

Uniformes	125	455, 595
Unité de commandement. — Principe . .	71, 416, 544	271, 454, 455, 1471
Unité stratégique. — Corps d'armée . .	72, 74, 400	278, 282, 284, 286, 1158
Unités tactiques.	73, 236, 256	754, 766, 768

V

Vaillance.	159, 160, 171 188	553, 556, 561, 618
Vapeur. — Sa grande influence	9, 313	44, 967, 974, 978
Vertus militaires	143, 162, 165 182 à 190	504, 506, 534, 570 à 590, 655
Victoire	199, 515, 558	1397, 1406, 1433, 1458, 1470, 1484, 1485, 1488
Violation du droit des gens	36, 41, 43, 46	147, 149, 169, 173, 187
Vitesse de marche	426, 431, 443	1201, 1206, 1207, 1215, 1223
Vivres	206, 208, 225	687, 689, 690, 700, 704, 715
Volonté	115, 150, 176 192, 530	389, 401, 415, 431, 442, 648, 650, 663, 1381

X

Xénophon. — Retraite des dix mille, etc.	87, 113, 203 396	341, 381, 385, 484, 485, 671, 673, 676, 1188

TABLE ANALYTIQUE DES MATIÈRES

Pages.

PRÉFACE de la nouvelle édition v

INTRODUCTION. — Qualités physiques et morales de l'homme de guerre. — Coup d'œil militaire et jugement. — Nécessité des études militaires et du travail personnel. — Moyens d'acquérir le coup d'œil militaire. — Moyens de se former le jugement. — Possibilité de faire un recueil des principes et des maximes de guerre émis par les maîtres de l'art militaire. — *L'Esprit de la guerre.* — Les Grecs, les Romains et les Français ont posé les véritables bases de la science de la guerre. — Ce qu'il nous reste à apprendre des Allemands. — Maxime du maréchal Bugeaud. — Essai d'une classification des principales maximes extraites des auteurs qui ont traité de la science militaire. — But de cet ouvrage. XI

PREMIÈRE PARTIE

SCIENCE ET POLITIQUE DE LA GUERRE

CHAPITRE 1er.

DÉFINITIONS GÉNÉRALES.

La Science. — L'Invention. — La Politique. — L'Art.
La Guerre est une science et un art.

La Science. — La Philosophie. — L'Art et les Inventions. — La Politique et la Civilisation. — La Guerre. — Art de la guerre. — Science de la guerre. 3

La Guerre est à la fois un art et une science progressant avec la civilisation   11

CHAPITRE II.

CAUSES, BUT ET INFLUENCE DE LA GUERRE. — POLITIQUE DE LA GUERRE.

Causes générales de la guerre. — But et influence de la guerre. — Alliance et Neutralité. — Guerre offensive et défensive. — Insurrections, guerres civiles et brigandages. — Déclaration de guerre. — Comment elle doit être décidée. — Influence générale de la guerre. — Principes généraux de la politique. — État de paix. — On ne doit faire la guerre qu'en vue d'obtenir la paix. — État de guerre. — Conquêtes. — Honneur militaire des nations. — Armistices et traités   16

Politique générale de la guerre   31

CHAPITRE III.

LOIS GÉNÉRALES DE LA GUERRE. — LE DROIT DES GENS.

Bases du droit des gens. — Respect de la propriété privée et de l'existence des citoyens non belligérants. — Limites morales des excès de la guerre. Droits inviolables de l'humanité. — Devoirs généraux des chefs d'armée. — Droits des belligérants. Loi martiale. — Insurgés et rebelles armés. — Le mépris du droit des gens attire la réprobation universelle. — Supériorité morale de la France   36

Le droit des gens   44

CHAPITRE IV.

CAPITULATIONS.

Responsabilité des gouverneurs de place. — Exemples de capitulations honorables. — Danger d'assembler des conseils pour discuter la durée de la défense. — Devoirs du gouverneur d'une place de guerre. — Les capitulations en rase campagne ne sont jamais honorables. — Opinion de Napoléon . .   47

Capitulations. — Honneur militaire   54

DEUXIÈME PARTIE

PRÉPARATION DE LA GUERRE.

INSTITUTIONS MILITAIRES.

Pages.

Moyens moraux, matériels, administratifs et industriels de la guerre 59

CHAPITRE V.

ORGANISATION DES ARMÉES PERMANENTES.

Recrutement. — Principes généraux d'organisation. Unités stratégiques et unités tactiques.

Influence de l'organisation sur les masses armées. — Supériorité des armées permanentes nationales. — Impuissance des armées improvisées. — Le service obligatoire et personnel est une charge publique. — Il doit être la base du recrutement des armées nationales. — Principes qui doivent servir de base aux institutions militaires. — Une nation doit toujours maintenir son organisation militaire au niveau, sinon au-dessus de celle de ses ennemis. — Importance des mesures qui ont pour objet la mobilisation et l'alimentation des armées en hommes et en matériel. — L'armée doit être répartie sur le territoire par unités stratégiques toujours prêtes à marcher. — Unité tactique et unité stratégique. — Corps d'armée organisés en permanence. — L'esprit de patrie est préférable à l'esprit de corps 61

Principes généraux des institutions militaires 75

CHAPITRE VI.

ÉDUCATION MILITAIRE DE LA NATION ARMÉE.

Principes généraux de l'éducation. — Préparation physique et morale de l'homme de guerre.

Importance capitale de l'éducation au point de vue politique et militaire. — Principes généraux de l'éducation publique. — Exercices et instruction des armées. — Nécessité d'étudier d'avance les choses de la guerre. — Endurcissement corporel et entraînement des armées par des exercices continuels. — Tous les exercices militaires doivent avoir pour but d'habituer l'officier et le soldat à ce qui se fait à la guerre. — Éducation psychologique et formation de l'esprit guerrier chez les soldats et chez les chefs. — Nécessité absolue d'organiser en France l'éducation militaire nationale 79

Éducation civile et militaire 100

CHAPITRE VII.

COMMANDEMENT ET AVANCEMENT.

Qualités indispensables à ceux qui commandent. — Portrait du général en chef. — Principes rationnels qui doivent régler l'avancement.

Importance de l'unité de commandement. — Responsabilité des chefs. — Qualités dirigeantes. — Importance du choix des hommes que l'on emploie. — Qualités et connaissances nécessaires aux généraux en chef. — De l'avancement par le mérite personnel. — Nécessité de n'accorder l'avancement qu'au mérite reconnu par un tribunal spécial et dans des formes légales 112

Principes de l'avancement et du commandement . . . 130

CHAPITRE VIII.

DISCIPLINE ET JUSTICE MILITAIRES.

Nécessité de maintenir d'une façon absolue l'ordre et l'obéissance dans les armées. — La discipline dans les armées de l'antiquité. — Puissance de la loi. — Objet de la discipline. — Principes à observer dans l'organisation des lois militaires. — Récompenses et punitions 139

Nécessité de la discipline, des punitions et des récompenses 150

CHAPITRE IX.

DU MORAL DES CHEFS ET DES TROUPES.

Caractère et vertus du soldat. — Patriotisme.

Du moral des troupes. — Le vrai courage. — Moyens de relever le courage ébranlé des soldats. — Vertus militaires. — Noblesse de la profession des armes. — Caractère, qualités et désintéressement des grands hommes de guerre. — Tout général en chef doit être un penseur et un philosophe. — Napoléon, Turenne, Catinat, Drouot. — Psychologie du soldat. — Impressionnabilité. — Confiance. — Dévouement. — Abnégation. — Le Régiment et le Drapeau. — Influence de la vertu, du jugement et de la science sur la valeur morale des généraux. — Grandeur d'âme. — Amour de la gloire. Patriotisme. Honneur national. 157

Du Moral des armées. 180

CHAPITRE X.

DE L'ADMINISTRATION MILITAIRE.

Entretien et conservation des armées.

L'administration est une des plus importantes attributions du commandement. — Mesures de prévoyance. — Définition et utilité de l'administration militaire. — L'administration doit être faite pour l'armée et non pas l'armée pour l'administration. — Réquisitions. — Importance de la clarté et de la régularité dans les ordres supérieurs. — Une bonne administration doit être simple, économique, et n'immobiliser qu'un personnel restreint de non-combattants. — Inconvénients d'une excessive centralisation et de la multiplicité des écritures. — L'habillement doit être commode, sévère et dépourvu de tout ornement coûteux et inutile. — Qualités et devoirs des intendants. — Hygiène du soldat et service sanitaire. — Chemins de fer et transports militaires 203

De l'Administration militaire. 219

CHAPITRE XI.

MOYENS D'ACTION DE L'ARMÉE POUR LE COMBAT.

Infanterie. — Cavalerie. — Artillerie. — Génie.
Tactique. — Formations. — Manœuvres.

Nécessité de la combinaison permanente des *quatre armes* dans l'unité stratégique. — Les manœuvres d'école doivent être simples, applicables à tous les terrains et faites en vue de la guerre 233

Infanterie. — son importance et ses qualités. — Feux de tirailleurs et feux de troupe. — Psychologie du tireur. — Les procédés de la tactique prussienne moderne sont l'application des idées françaises. — Avantages que présentent les colonnes de compagnies. — L'infanterie en bon ordre peut toujours résister à la cavalerie. — Organisation de l'infanterie moderne................................. 241

Cavalerie. — Conditions que doit remplir une bonne cavalerie. — Instruction et recrutement des hommes et des chevaux. — Entraînement. — Opinion de Xénophon et du maréchal de Saxe. — Tactique de la cavalerie. — Rôle de la cavalerie dans la guerre moderne. — La cavalerie légère est à la fois l'organe du tact et celui de la vision des armées. — Éclaireurs. — Cosaques.................... 245

Artillerie. — Son importance s'est accrue, mais son objet n'a pas changé. — Tactique. — Répartition de l'artillerie dans une armée.. 247

Génie. — Troupes et outillage du génie. — Leur utilité. — Sapeurs de chemins de fer. — Pontonniers. — Télégraphistes... 250

Combinaison des quatre armes dans les armées modernes. 254

Du Rôle des quatre armes en campagne........ 255

CHAPITRE XII.
GÉNIE ET INDUSTRIE MILITAIRE.

Fortifications. — Travaux. — Attaque et défense des places.

Importance que les anciens et les maîtres de l'art ont de tout temps attribuée à l'art de l'ingénieur et aux travaux de défense. — Avantages que présentent les retranchements à intervalle. — Emploi fréquent de la fortification passagère par les généraux américains. — Opinion de Napoléon sur l'usage de la fortification de campagne. — L'artillerie est l'âme de la défense des places. — Avantage des places fortes bien armées dans une guerre défensive. — Camps retranchés. — Principes généraux de l'attaque des places. — Importance des sièges à la guerre. — Défense des places. — Avantages des défenses offensives. — Le principe excellent de la défense extérieure active a été appliqué par le général français Meusnier à Mayence. — Régions fortifiées. — Échiquier stratégique de défense. — Celui qui défend jusqu'à l'extrême limite la place confiée à son honneur se fait un nom immortel....................................... 271

Du Génie militaire et des fortifications.......... 292

CHAPITRE XIII.

COMMUNICATIONS MILITAIRES.

Service de l'arrière. — Chemins de fer. — Ponts d'armées. — Aérostation. — Télégraphie.

Communications. — Transports stratégiques. — Service des étapes. — Rétablissement et destruction des voies ferrées en campagne. — Avantages des ponts mobilisables en acier pour le rétablissement rapide des ouvrages d'art. — Lenteur des réparations de lignes ferrées faites en 1870 par les Prussiens. — Aérostation militaire. — Ballons captifs et dirigeables. — Aviation. — Télégraphie électrique et optique. — Cryptophonie. 316

Importance des communications militaires 325

CHAPITRE XIV.

PRÉPARATION DE LA GUERRE.

État-major de l'armée. — Chefs d'état-major. — Service d'état-major.

La préparation de la guerre dans ses moindres détails est le premier devoir d'un gouvernement prévoyant. — C'est une absolue nécessité d'être en état d'entretenir et de renouveler plusieurs fois dans une même campagne tout le personnel et le matériel des armées. — Importance des études topographiques, des reconnaissances et des cartes bien faites et nombreuses. — Préparation à la guerre des officiers et des troupes. — Grandes manœuvres. — État-major de l'armée. — États-majors. — Chefs d'état-major. — Le service d'état-major en temps de paix devrait être une initiation au service de guerre. — Devoirs des officiers d'état-major et des aides de camp. — Des ordres. — Importance de leur rédaction précise et de leur exacte transmission. — Espionnage. — Qualités et devoirs du parlementaire 356

Préparation de la guerre et Service d'état-major . . . 372

TROISIÈME PARTIE

DIRECTION ET EXÉCUTION DE LA GUERRE

STRATÉGIE. — TACTIQUE. — COMBATS.

CHAPITRE XV.

DIRECTION GÉNÉRALE DE LA GUERRE.

*Concentration des armées. — Mobilisation. — Stratégie.
Principe fondamental.*

Pages.

Direction et conduite de la guerre. — La direction de la guerre exige un but défini et dépend de deux facteurs essentiels : le temps et l'espace. — Conditions que doit remplir un bon plan de campagne. — La mobilisation est l'orientation instantanée de toutes les forces du pays vers un but unique : la défense nationale. — Stratégie offensive. — C'est dans l'offensive et non dans la simple résistance qu'il faut chercher la victoire définitive. — N'attendez jamais l'ennemi dans vos foyers; allez le chercher chez lui. — Définition générale de la stratégie et de la tactique. — La stratégie est la mécanique rationnelle de la guerre. — Lignes et bases d'opérations. — Avantages que présentent les mouvements offensifs exécutés avec rapidité et audace. — Exemples historiques. — Les armées modernes doivent être bien concentrées et manœuvrières. — Principes de la stratégie. — Le *principe fondamental* de la stratégie consiste à combiner la marche des grandes unités de manière à agir successivement sur chaque point de l'échiquier stratégique avec une *somme de force vive* supérieure à celle que l'ennemi peut opposer sur ce point. — Influence des chemins de fer. — Stratégie défensive. — C'est toujours prendre un mauvais parti que de se laisser entourer et enfermer dans un camp retranché. — Importance des grandes places stratégiques. — Nécessité pour les généraux de s'exercer aux applications de la stratégie 389

Importance des principes relatifs à la direction des armées et de la stratégie. 408

CHAPITRE XVI.

TACTIQUE GÉNÉRALE.

Tactique de marche et de stationnement. — Logistique.

Tactique générale.—Tactique de marche. — Principes de Napoléon, de Davout, de Bugeaud. — Échelonnement. — Avant-garde. — Arrière-garde. — Leur importance dans la tactique moderne. — Marche en retraite. — Ordre de marche du corps d'armée allemand. — Tactique de repos. — Camp et bivouac. — Cantonnements et quartiers d'hiver. — Utilité de l'art de la tactique de repos pour l'officier de guerre . . 425

Principes généraux des marches et de la logistique . 437

CHAPITRE XVII.

SURETÉ DES ARMÉES. — RECONNAISSANCES.

Avant-garde. — Service d'exploration.

Un chef habile doit avoir la constante préoccupation de surprendre son ennemi sans être jamais surpris par lui. — Service d'exploration et de sûreté. — Service de sécurité de marche. — Utilité de l'avant-garde. — Elle donne à la masse le temps et l'espace nécessaire pour prendre son dispositif de combat. — Rôle de l'arrière-garde dans la marche en retraite. — Flanqueurs. — Avant-postes. — But. — Mission. — Organisation. — Devoirs du général chargé des avant-postes. — Patrouilles et éclaireurs. — Reconnaissances offensives. — Dangers qu'elles peuvent présenter 446

Il faut toujours connaître les forces de son ennemi et lui dissimuler les siennes. 459

CHAPITRE XVIII.

DÉTACHEMENTS. — CONVOIS. — PARTISANS.

Mission et rôle des francs-tireurs.

Principes à observer au sujet des détachements. — Responsabilité du chef de détachement. — Dangers que présentent les grands détachements. — Précautions à observer. — Convois. — Nécessité de les faire toujours escorter par de l'infanterie.

— Règle pratique de Napoléon. — Organisation des convois. — Devoirs du commandant d'un convoi. — Mission et rôle des corps de partisans et de francs-tireurs. — Qualités nécessaires à un chef de partisans 473

Des Détachements 481

CHAPITRE XIX.

TACTIQUE DE COMBAT. — COMBATS ET BATAILLES.

Rôle des trois armes. — Manœuvres.

Tactique de combat. — Influence du sol sur l'emploi des formations tactiques. — Il est indispensable qu'un général sache combiner l'emploi des diverses armes sur le terrain. — Nécessité d'étudier d'avance les combats de localités. — Combats et batailles. — Définitions et maximes générales. — Disposition des troupes. — Avantage des fronts étendus et des intervalles. — Rôle moral et intellectuel du général en chef. — Place que doit occuper le général en chef sur le champ de bataille. — Combat offensif. — Différents modes d'attaque. — Conduite des troupes dans le combat. — Rôle des trois armes dans le combat : *Infanterie. — Cavalerie. — Artillerie.* — Manœuvres sur le champ de bataille. — La victoire est aux troupes qui manœuvrent. — Démonstration. — Mouvement tournant. — Danger des grandes conversions d'armée. — Distinction entre l'enveloppement stratégique et l'enveloppement tactique. — Conduite après les batailles. — Condition essentielle pour bien faire la guerre. 489

De la Tactique dans la guerre moderne 516

CHAPITRE XX.

EXEMPLES ET APPLICATIONS DE LA STRATÉGIE ET DE LA TACTIQUE DE COMBAT.

Opérations. — Batailles. — Retraites.

1° Exemples relatifs à la conduite des grandes opérations stratégiques. — Guerres d'invasion. — Guerres offensives et défensives. — Campagnes d'Alexandre, d'Annibal, de César, de Turenne, de Napoléon. 541

2° Opérations secondaires de la guerre. — Diversions. — Partisans 545

TABLE DES MATIÈRES.

	Pages.
3° Exemples de batailles : Rosbach, Austerlitz, Friedland . . .	549
4° Poursuite de l'ennemi après la victoire. — Campagne de 1806. — Poursuites des Prussiens par Napoléon.	554
5° Retraites stratégiques. — Retraites de Chanzy en 1870-71.	558
6° Sièges : siège de Tuyen-Quan	561
7° Lettre de Bonaparte sur la mort du jeune Elliot à Arcole . .	561

ÉPILOGUE.

Influence de la pensée dans l'art de la guerre 569

INDEX bibliographique des auteurs consultés 575

RÉPERTOIRE alphabétique des principaux sujets traités dans l'Esprit de la guerre. 583

Nancy, impr. Berger-Levrault et Cⁱᵉ.

Documents manquants (pages, cahiers...)
NF Z 43-120-13

www.ingramcontent.com/pod-product-compliance
Lightning Source LLC
Chambersburg PA
CBHW071153230426
43668CB00009B/938